머 리 말

최근 타계한 Drucker 교수는 근세에 들어와서 몇 가지 혁명이 일어났으며, 이는 인류사회에 엄청난 변혁을 가져왔다고 주장하였다. 그가 주장하는 혁명은 첫째 산업혁명, 둘째 생산성혁명, 셋째 경영혁명으로 요약할 수 있으며, 이 가운데 경영혁명은 지식혁명, 지식경영의 시대를 여는 원동력이 되었다.

지식경영의 시대는 지식사회를 기반으로 발전하게 되었는데, 지식사회의 특징을 간단히 살펴보면 다음과 같이 설명될 수 있을 것이다.

첫째, 시·공의 초월시대이다. 과학기술의 발달은 지구촌시대를 가져왔으며, 나아가 미국의 화성탐사선 스피릿호가 성공적으로 화성탐사를 수행하는 등 인류가 우주정복의 꿈을 본격적으로 키워 나가고 있는 시대가 도래하였다. 문자 그대로 시간과 공간을 초월하고 압축하는 시대가 우리 앞에서 전개되고 있는 것이다.

둘째, 통신수단의 발달로 커뮤니케이션의 혁명을 가져왔다. 역사적인 예로 동독의 멸망을 들 수 있다. 28년 동안 지켜 왔던 베를린 장벽이 무너지는 과정은 채 28시간도 걸리지 않았다. 그것은 TV 한 대 때문이었다. 동독 사람들이 서독의 TV를 보는 순간 동독은 무너지기 시작했던 것이다. 아프리카 밀림에서 일어난 사건이 전파를 타고 순식간에 전세계 구석구석으로 전달되는 시대에 우리는 살고 있다.

셋째, 라이프 사이클의 단축시대에 살고 있다. 오늘의 신제품은 내일의 낡은 제품이 되고 만다. 자동차왕 포드는 T형 자동차를 30년 동안 생산하였지만, 오늘날의 자동차모델 변화를 보라. 1년, 2년 사이에 새로운 자동차가 밀물처럼 쏟아져 나오고 있다. 또한 우리들 사이에 필수품이 되어버린 휴대전화의 유형변화를 보라. 놀라지 않을 수 없다.

이와 같은 지식사회의 결과는 속도의 문명, 편리의 문명, 다양성의 문명을 가져왔는데, 이는 지식경영이 낳은 산물이라고 할 수 있다. 이와 같이 현대 문명의 요체는 지식경영이라 할 수 있다. 따라서 현대 경영학은 지식경영시대를 이해하고 기술하고 예측하여 창조적인 경영의 기본 틀을 마련해야 한다고 믿는다. 그래서 본서는 지식사회, 지식경영시대의 철학과 비전을 제시하고 실전전략을 펼칠 수 있는 내용을 담고자 노력하였다.

구체적으로 이 책은 4부 15장으로 구성되었다.

먼저 제1부에서는 경영을 이해하기 위해서 꼭 필요한 기초적 지식, 주요 경영환경에 대한 이해, 그리고 기업의 사회적 책임과 기업윤리에 대하여 살펴봄으로써 경영의 기초적 마인드를 정립하는 데 도움을 주고자 했다.

제2부에서는 지식경영시대의 경영관리과정을 상세하게 다루었다. 즉, 창업으로부터 시작하여 계획, 조직화, 지휘, 통제에 이르는 경영관리 프로세스를 일관성 있는 흐름 아래 제시하여 독자들의 이해를 돕고자 하였다.

제3부에서는 경영을 구성하는 주요 기능적 활동들을 각 장으로 편성하였다. 즉, 인적자원의 관리, 마케팅관리, 생산관리, 재무 및 회계관리, 경영정보시스템 등과 같은 경영의 부문별 기능들을 포괄적으로 다룸으로써 추후 경영의 세부 기능들을 보다 구체적으로 학습할 수 있는 기초를 제공하고자 하였다.

마지막으로 제4부는 미래 지식사회를 중심으로 지식경영과 창조적 경영을 위한 사고의 전환점을 제시하고자 하였으며, 나아가 미래 사회의 변화에 효율적으로 대처할 수 있는 경영혁신과 조직개발의 마인드를 제공하고자 하였다.

이 책에서는 현장의 다양한 관련사례들을 '잠깐 쉬어갑시다'의 형식을 빌어 제공하였으며, 특히 각 장의 끝에는 그 장과 관련된 '읽을거리'를 두어 자칫 딱딱해지기 쉬운 원론서로서의 함정을 피하고 독자들에게 경영학에 대한 흥미를 지속적으로 제공하고자 하였다.

본서와 인연을 맺게 되는 독자들에게 두 가지 화두(話頭)를 제시하고자 한다.

첫째는 수평적 경영이다.

징기스칸의 위대성은 부족 간의 치열한 전쟁을 일삼던 몽고인의 관심을 외부로 돌릴 수 있었다는 점 때문이다. 유목사회인 몽골은 부족끼리 뺏고 빼앗기는 보복의 악순환 속에 살고 있었다. 부족을 통일한 징기스칸은 부족 간의 투쟁을 피하기 위해 세계정복의 길을 선택했다. 수평적 경영의 살아 있는 사례라고 할 수 있겠다.

둘째는 예방경영이다.

진실로 경영의 요체는 예방경영이라 할 수 있다. 치욕의 병자호란도 예방할 수 있었고, 저잣거리에 동족의 썩은 시체가 쌓였던 임진왜란도 예방할 수 있었다. 6.25의 비극 또한 예방할 수 있었고, 성수대교의 참사도, 삼풍백화점의 붕괴도, 그리고 IMF의 폭탄도 예방할 수 있었다. 예방경영은 경영학을 공부하는 마지막 화두라고 할 수 있다.

본서는 위에서 밝힌 저술취지에 동참하고자 하는 몇 사람의 교수들이 뜻을 함께 하여 저술한 공동저작물이다. 경영학을 공부하는 학생과 독자들이 이 책을 통하여 수평적 경영과 예방경영의 지혜를 터득할 수 있다면 수많은 경영학 서적에 또 한 권의 경영학 서(書)를 더하는 헛수고는 되지 않으리라 생각한다. 미진한 부분은 계속적으로 보완할 것을 약속드린다.

본서가 완성되기까지 원고정리에 수고를 아끼지 않은 광주대학교 경영학부 정종기 군에게 감사드리며, 어려운 출판 환경에서 한국 경영학의 발전을 기하고, 소장학자들에게 경영교육의 동기를 부여하기 위해 이 책의 출판을 허락하여 주신 박영사 안종만 회장님, 황인욱 전무님, 편집부 직원들에게 감사드리고, 박영사의 무궁한 발전을 기원하는 바이다.

2006년 2월

開仙山房에서 대표저자

목 차

제 1 부 경영의 이해

제 1 장 경영과 경영자

제 2 부 경영관리 프로세스

제 3 부 경영의 부문별 기능

제 9 장 인적자원의 관리

제12장 재무 및 회계관리시스템

제13장 경영정보시스템

제 4 부 미래 사회와 경영

제 1 부

경영의 이해

제1장 경영과 경영자

제2장 경영환경과 기업문화

제3장 사회적 책임과 기업윤리

제 1 장

경영, 그리고 경영자

이 장을 공부하고 나면

1. 경영과 조직의 기본적인 개념을 이해할 수 있습니다.
2. 경영의 목적을 다양한 시각에서 이해할 수 있습니다.
3. 경영의 기본적인 프로세스를 이해할 수 있습니다.
4. 경영자란 누구이며, 경영자의 역할과 기능에 대하여 이해할 수 있습니다.
5. 경영에 대한 다양한 접근법들이 역사적으로 어떠한 과정을 통해 발전되어 왔는지를 이해할 수 있습니다.

이 장의 주요 목차는

워밍업

경영이란 무엇일까? 비록 경영학을 전공하지 않더라도 경영은 생활 속의 용어처럼 보편적으로 쓰이고 있다. 그러나 그와 같은 경우 대부분 조직운영 또는 관리 이상의 의미를 부여하지 않는다. 그러나 경영에는 단순한 조직운영과 관리 이상의 깊은 논리와 철학이 있으며, 깊이 공부하지 않으면 안 되는 기본적인 원리가 있다.

이를 위하여 이번 장에서는 경영이란 무엇이며, 왜 조직운영상의 기본원리로서 경영이 필요한지를 알아보고자 한다. 조직은 목적성을 지니고 있으며 조직을 둘러사고 있는 다양한 환경적 조건하에서 제약된 자원을 가지고 조직의 목적을 다른 조직보다 보다 효율적으로 달성하고자 한다.

경영의 발자취를 거슬러 올라가면 끝이 없을 정도이지만 학문적 영역의 하나로 자리잡은 것은 불과 한 세기 전의 일이다. 산업혁명 이후 나타난 새로운 생산조직과 생산방식의 변화는 새로운 문제들을 야기시켰고 그 결과 경영학이 태동되었다. 그 이후 과학과 경영은 급속하고 지속적인 발전을 거듭하고 있다. 보편적 원리의 추구에 초점을 둔 고전적 경영 접근방식, 인간의 욕구에 관심을 두고 있는 행동과학적 접근방식, 문제해결을 위해 수학적 기법을 적용하고 있는 계량적 경영 접근방식, 조직을 시스템적 관점으로 인식하고 있는 시스템적 접근방식, 그리고 역동적이고 복잡한 환경을 적절히 고려하고 있는 상황적합적 사고방식 등이 새로운 시대에 기업의 성과와 기업활동의 질적인 측면에서 연달아 등장하게 된다.

주요 용어와 개념

- 경영과 조직
- 유효성, 능률, 생산성
- 경영의 과정
- 경 영 자
- 소유경영자
- 전문경영자
- 경영자의 역할
- 경영자의 기능
- 과학적 경영
- 관리적 경영
- 포드시스템
- 관료제 조직
- 인간관계이론
- 경영과학
- 시스템이론
- 상황적합적 이론

제 1 절

경영의 의의

1. 경영이란?

경영이란 용어는 우리의 생활에서 흔히 쓰는 일상적인 용어가 되었지만 실제 경영의 의의가 무엇인지 명확히 정의하기는 쉽지 않다. 왜냐하면 경영은 그 대상과 주체도 다양하거니와 우리의 주변에는 경영이라고 표현해도 틀리지 않는 활동들이 얼마든지 있을 수 있기 때문이다.

과거에는 경영은 곧 경영자의 활동을 의미하는 것이기도 했고, 비영리조직의 운영과 관련된 활동은 경영으로 보기 어렵다고도 하였으나 오늘날에 있어서는 비영리조직이나 공공조직 또한 경영의 주요 대상이 되고 있다.

따라서 경영에 대한 정의를 한마디로 표현하기는 어려운 일이나 많은 경우 경영은 "조직의 목적달성을 위하여 인적자원을 중심으로 조직이 지닌 여러 가지 자원들을 활용하는 과정"이라고 정의된다.

이와 같이 경영을 정의할 때 경영은 다음과 같이 이해할 수 있다.

- 경영은 기업과 같이 영리를 목적으로 하는 조직뿐만 아니라, 사회복지기관 · 학교 · 병원 · 종교기관 · 공공조직을 포함하는 대부분의 조직에 폭넓게 적용되는 개념이다.
- 경영은 목표지향적이다. 즉, 경영의 대상이 되는 여러 가지 자원의 활동 또는 결합은 궁극적으로 조직이 지니는 특정한 목표를 효과적으로 달성하기 위한 것이다.
- 경영은 일순간의 활동이 아니며, 조직목표 달성을 위한 연속성과 순환성을 지닌 과정이다. 즉, 경영은 기본적으로 계획수립, 조직화, 지휘, 통제의 4가지의 기능이 중심이 되며, 이와 같은 기능은 연속성과 순환성을 지닌다.

잠깐 쉬어갑시다

경영(經營)이란?

경영이란 용어는 독일어의 배트립스(betriebs)를 번역하여 일본인 학자들이 만든 한자조어(漢字造語)이다. 박수웅 등(2002)에 의하면 경영학의 학명(學名)은 1926년 일본경영학회가 창설되기 이전인 1925년 「경영경제학서론」이 출판됨으로써 쓰여지기 시작하였다고 한다. 사실 오늘날 서구에서 생성되어 동양으로 전래된 대다수의 학문들은 일본인 학자들에 의해 한자어로 번역되었고, 당시 일본인들에게 국가가 강제 침탈당하고 있던 우리나라는 일본의 영향을 대부분 여과 없이 받아들일 수밖에 없어서, 오늘날 우리가 당연시 사용하고 있는 전문 용어들 중에는 과거의 문헌에서는 찾아볼 수 없는 것들이 많이 존재하고 있다.

다음에서는 이와 같은 부분과 관련된 몇 가지 중요한 문제들을 살펴보기로 하자.

2. 조직이란?

우리의 주변에는 수없이 많은 다양한 형태의 조직이 있다. 그런데 그와 같은 조직은 누가 왜 만들었을까? 그 대답은 매우 간단하다. 개인의 힘으로는 달성하기 어려운 공동의 목표가 있었기 때문이며, 인적 결합을 통하여 목표를 보다 효과적으로 달성할 수 있을 것으로 믿기 때문이다. 예를 들어 조합, 연합 등의 이름을 붙인 각종 비영리조직, 기업을 중심으로 한 영리조직 등은 모두 그와 같은 상황에 의해 만들어진 것이다.

따라서 조직은 "공동의 목표를 위하여 인위적으로 만들어진 사람들의 집합"이라고 정의된다.[1)]

이와 같은 정의는 목적, 형태나 규모에 상관없이 어떠한 조직에든 적용된다. 또한 이와 같은 조직의 정의에 따를 때 단순히 스포츠 경기를 관람하기 위하여 경기장에 모인 사람들이나, 목욕을 하기 위하여 목욕탕에 모인 사람들은 조직이 아니라는 것을 알 수 있다. 즉, 단순히 사람들이 모여 있다고 하여 조직이 되는 것은 아니며, 조직에는 목표와 아울러 목표달성을 위해 요구되는 다양한 일의 체계적 분담, 그리고 그에 따른 권한체계가 형성되어 있어야 한다는 것이다.

3. 조직유효성과 능률

앞서 살펴본 것과 같이 조직은 목표를 지니고 있다. 그와 같은 목표는 노동조합과 같이 목표가 분명하고 가시적으로 나타나는 경우에 있으나 때에 따라서는 조직구성원 간에 공유되는 암묵적인 목표를 지닌 경우도 있다. 또 소규모 기업일수록 목표 자체가 없는 것처럼 보이는 경우도 있으나 시장에서의 생존과 수익 확보, 사업의 지속성을 확보하여야만 한다는 당연한 목표가 전제되어 있다.

이와 같이 조직과 목표는 따로 놓고 생각할 수 없는 밀접한 관계를 지니다는 점에서 조직의 성과는 곧 조직이 추구하는 목표를 얼마나 효과적으로 달성하였는가에 따라 결정된다. 이 말은 조직의 목표달성 여부도 중요하지만 그에 못지 않게 조직의 목표와 과업을 얼마나 경제적으로 달성하였는가 하는 점 또한 매우 중요하다는 것을 의미한다. 우리는 전자를 유효성(effectiveness), 그리고 후자를 능률(efficiency)이라는 개념으로 정리하기로 하자. 또한 능률은 흔히 생산성(productivity)을 통하여 파악된다.

(1) 유 효 성

유효성은 경영자나 조직이 목표 또는 과업을 달성한 정도를 나타내는 개념이다.[2] 그러나 유효성은 단순히 목표의 달성 정도에 의해 결정되는 것은 아니다. 예컨대, 시장점유율 30%를 목표로 하는 기업이 있다고 하자. 만약 그 기업이 연말에 자사제품의 시장점유율을 분석한 결과 30%를 달성하였다면 그 조직은 유효성이 높다고 할 수 있을 것이다.

그러나 만약 그 과정에서 종업원에 대한 적절한 보상을 기피하였고, 하청업체에 대한 불공정거래행위를 통하여 생산단가를 낮춤으로써 시장점유율의 목표를 달성할 수 있었다고 한다면 과연 그 조직은 유효성을 확보하였는가? 분명 그렇게 보기는 어려울 것이다. 이는 도덕적이거나 관념적인 문제가 아니라, 결국 그와 같은 방법을 통하여 일시적으로 조직목표를 달성하였다 할지라도 장기적인 차원에서 본다면 그와 같은 방법들은 조직목표 달성에 오히려 해가 될 것이기 때문이다. 이와 같은 관점에서 최근에는 결과로서가 아니라 과정적인 차원에서 유효성을 평가하거나, 조직과 관련된 이해관계자들의 만족의 관점에서 조직의 유효성을 판단하여야 한다는 관점이 보다 설득력을 얻고 있다.[3)]

(2) 능 률

능률은 최소한의 노력, 비용, 낭비로 작업을 완료하는 개념이다. 능률은 절대능률과 상대능률로 구분된다. 절대능률은 산출량과 투입량의 비율을 나타낸다는 점에서 생산성과 같은 개념이다. 반면 상대능률은 특정의 투입량기준에 비하여 실제로 투입된 양과의 비를 의미한다. 따라서 보통 능률은 이와 같이 표준과 실적간의 대비를 나타내어 이를 백분율로 표시한 상대능률의 개념을 의미한다. 예컨대, 1900년대 초반 테일러(F. W. Taylor)가 과학적 관리법을 통하여 표준작업량과 표준작업시간 등을 산정하고 차별성과급제를 통하여 작업능률을 높이고자 했던 것을 생각해 보면 능률의

도표 1-1 능률과 조직유효성의 측정

	내 적	외 적
능률	• 작업시간당 생산제품수 • 투자자본에 대한 회수율 • 판매제품의 원가 • 단위당 폐물 • 판매원당 판매량 • 재고비용	• 자본비 • 시장점유율 • 원자재비 • 노동비 • 제품가격의 선도권 • 신제품 개발 • 신시장 개발
유효성	• 종업원 이직률 • 결근율 • 불평, 불만건수 • 종업원의 태도 • 종업원의 몰입 • 조직풍토 • 대인관계	• 조직에 대한 지역사회 만족 • 조직에 대한 공급자의 만족 • 소비자의 만족 • 문제 또는 기회의 확인 능력 • 사회적 책임 • 생활의 질 • 환경의 영향

개념을 쉽게 이해할 수 있다.

그러나 테일러의 과학적 관리법이 지닌 한계에서도 드러나듯이 능률적이라고 하는 것이 언제나 경쟁우위와 성공을 의미하는 것은 아니다. 이는 능률이 높다고 하여 그것이 곧 조직의 목표달성 정도를 나타내는 유효성을 의미하는 것은 아니기 때문이다. 능률과 유효성 간의 관계는 [도표 1-1]과 같이 나타낼 수 있다.[4)]

(3) 생산성(productivity)

생산성은 일반적으로 생산을 위해 투입된 여러 요소(노동력, 원자재, 자본, 지식 등)의 양과 이에 의해 이루어지는 성과와의 상대적인 비율로 표시된다. 예컨대, 가장 간단한 예로 보통 우리가 자동차의 연비를 따질 때, 같은 연료량을 가지고 보다 많은 거리를 주행할 수 있는 차가 생산성이 높은 차라고 할 수 있는 것과 같다.

개별기업 차원에서 생산성을 중요시하는 것은 동일한 투입적 요소를 가지고 더 많은 제품이나 서비스를 만들어낼 수 있다면, 이는 결국 고객에게 보다 낮은 가격에 제품이나 서비스를 제공할 수 있게 되어 시장경쟁력과 지배력을 높일 수 있으며, 결과적으로 기업에 보다 많은 수익을 가져올 수 있기 때문이다. 최근 원가절감에 의한 기업경쟁력이 어려워짐에 따라 많은 기업들이 생산성 향상을 추구하는 것도 이 때문이다. 생산성은 여러 가지 형태로 파악이 가능하지만, 일반적으로 부분생산성과 다중요인생산성의 두 가지로 구분할 수 있다.

1) 부분생산성(partial productivity)

부분생산성은 특정한 결과의 산출을 위하여 특정 유형의 투입적 요소가 얼마나 들어갔는가을 의미한 것으로 다음과 같은 형태로 표시된다.

$$\text{부분생산성} = \frac{\text{산출}}{\text{단일투입요소}}$$

따라서 부분생산성에 초점을 맞출 경우 투입된 개별요소에 따라 자본생산성, 기술생산성, 노동생산성 등 다양한 형태로 생산성을 파악할 수 있다.

노동생산성의 경우를 생각해 보자. 일반적으로 노동생산성은 일정한 결과를 산출하는 데 소요되는 노동비 또는 노동시간을 의미한다. 따라서 노동생산성이 높은 기업은 그렇지 않은 기업에 비하여 훨씬 적은 인건비를 가지고 제품을 생산할 수 있다는 의미를 지니게 된다. 예컨대, 유사한 성능과 기능을 가진 자동차를 생산하는 국내의 두 회사가 있다고 가정해 보자. A회사는 한대의 자동차를 조립하는 데 30시간이 걸리고, B회사는 33시간이 걸린다면 B회사는 시간당 자동차 생산대수 면에서 A회사보다 경쟁력이 떨어질 뿐 아니라, 자동차 한대를 생산하는 데 초과되는 시간만큼의 더 많은 인건비를 지불하지 않으면 안 될 것이다.

2) 다중요인생산성(multifactor productivity)

다중요인생산성은 일정한 산출에 요구되는 모든 투입적 요소를 고려한 생산성을 의미한다. 앞서 살펴본 부분생산성의 산출에 고려될 수 있는 요소들, 즉 노동력, 자본, 원자재, 에너지, 지식 등의 모든 요소가 다중요인생산성을 산출하기 위한 투입요소가 된다.

도표 1-2 우리는 어떤 조직인가?

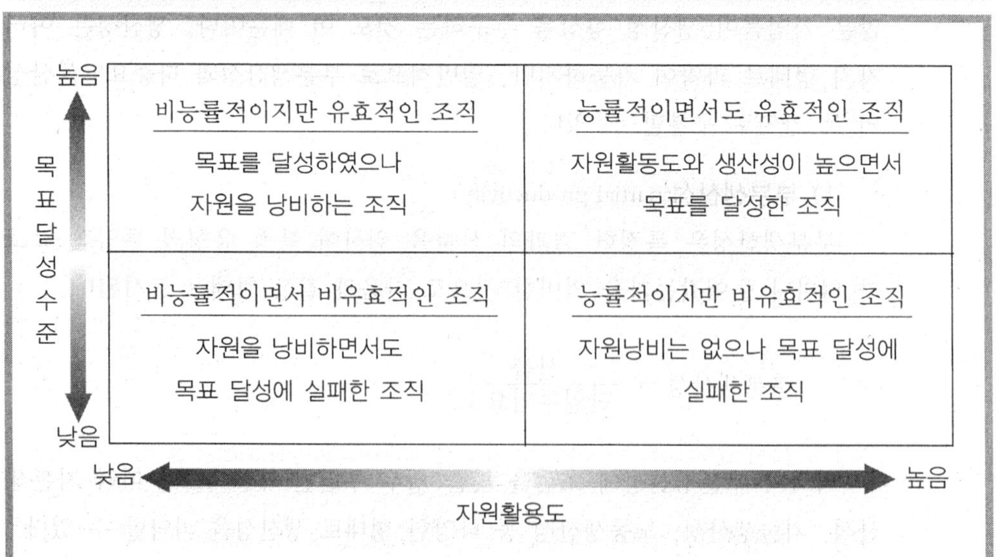

$$\text{다중요인생산성} = \frac{\text{산출}}{\text{노동력}+\text{자본}+\text{원자재}+\text{에너지 등}}$$

따라서 일반적으로 생산성이라고 할 때는 모든 생산요소를 포함하는 다중요인생산성을 의미하며, 이를 통하여 경쟁기업과의 생산성의 비교가 가능해진다. 그러나 다중요인생산성은 전반적인 생산성에 기여하는 개별 투입요소들의 기여도를 나타내 주지 못한다는 점에서 기업의 전체적인 생산성을 평가하고 문제의 분석과 대처방안의 마련을 위해서는 부분생산성을 함께 분석할 수밖에 없다.[5)]

[도표 1-2]는 이상에서 살펴본 유효성과 능률의 개념을 결합하여 나타낸 것이다. 조직의 경쟁력은 유효성과 능률이 모두 높은 조직에서 찾을 수 있을 것이다.

4. 경영의 과정

앞서 경영이란 “조직의 목적 달성을 위하여 인적자원을 중심으로 조직이 지닌 여러 가지 자원들을 활용하는 과정”이라고 정의하였다. 그럼 그와 같은 과정에는 어떠한 활동들이 포함되는 것일까? 다음에서 이와 같은 문제들에 대해 살펴보기로 하자.

(1) 목표의 설정

인간이 의도한대로의 성과 또는 결과를 얻기 위해서는 순차적인 단계를 밟아 실행에 옮겨야 하는데, 첫째 단계는 무엇을 할 것인지 또는 어디로 가야 하는지와 같이 활동의 목표를 결정하는 것이다.

마찬가지로 경영활동의 출발은 목표 설정에서 비롯된다. 목표는 조직의 행동방향에 대한 지표로서의 역할을 할 뿐 아니라 조직유효성의 달성 여부를 결정하는 중요 기준이 된다. 또한 목표는 조직이 달성한 성과평가를 위한 구체적인 기준을 제공하고, 조직구성원에 대해서는 동기부여의 수단이 된다.

(2) 계획수립(planning)

목표가 설정되었으면 그와 같은 목표를 어떻게 달성할 것인가에 대한 계획을 수립하는 것은 당연한 과정이라 할 것이다. 즉, 계획수립은 조직의 목표를 달성하기 위한 방법을 결정하는 과정이다.

계획은 방침, 수단, 방법, 절차, 예산 등을 고려하여 구체적이며 실현가능토록 수립한다. 즉, 방침에서 고객 또는 소비자 및 구성원에 대한 경영체 또는 경영자의 관점을 명확히 밝힌 다음, 목표 달성방안을 모색하여 이를 구체적으로 기술하는 것이 계획이다. 따라서 계획수립에는 필요한 인적·물적 자원이 무엇이고 얼마나 필요하며 어떻게 마련할 것인지, 또 어떠한 방법과 절차를 통해 목적을 달성할 것인지 등이 포함되는데, 특히 예산편성은 계획의 마지막 단계로 계획을 수립할 때는 반드시 포함시켜야 하는 중요한 항목이다.

(3) 조직화(organizing)

조직화는 경영목표을 달성하기 위해서 조직구성원들이 자원들을 효과적이고 효율적으로 활용할 수 있도록, 또 맡은바 역할을 제대로 수행할 수 있도록 분업을 통한 협동체계의 틀을 구상하여 조직 속에 경영활동에 필요한 인적·물적자원을 배치하는 것을 말한다. 특히, 조직화 단계에서는 경영활동의 뼈대가 되는 조직을 만드는데, 이는 경영의 고유영역에 속하는 기본적이고 전략적인 활동이고, 여기에 인적·물적자원의 배치나 보충은 관리활동에 속한다고 할 수 있다.

(4) 지휘(leading)

지휘는 조직의 목표달성을 위하여 요구되는 행위들을 의욕을 가지고 수행할 수 있도록 조직구성원들을 동기부여시키고 이끌어가는 과정이다. 어찌 보면 경영활동 중 가장 중요한 문제이면서 어려운 문제가 바로 지휘와 관련된 것이다. 이는 다른 자원들과 달리 인적자원은 독립적인 인격체로서 경영자의 의지와 목적에 의해 마음대로 움직여지지 않으면서도 가장 중요한 자원이기 때문이다. 성공한 경영자일수록 인적자원과 관련된 분야에 가장 많은 시간과 열정, 그리고 투자를 한다.

(5) 통제(controlling)

통제활동은 계획수립의 과정을 통해 개발된 설정기준과 실제 운영성과와의 차이를 측정하고 분석하는 지속적인 과정이다. 통제활동을 통하여 조직이 목표와 계획에서 벗어나지 않도록 지속적인 관리가 가능해진다. 즉, 경영활동을 수행과정에서 발생될 수 있거나 또는 발생된 계획과 실천과의 차이 등과 같은 문제점들에 대해서는 지속적인 검토와 수정작업을 통해 목표에서 벗어나지 않도록 하기 위한 활동을 유지할 수 있도록 하여야 한다.

잠깐 쉬어갑니다

경영과 관리

경영활동과 호환되어 빈번히 사용되고 있는 용어에 관리활동이 있다. 이들 용어들은 서로 비슷한 의미로 사용되지만 엄밀한 의미에서 양자는 차이가 있다. 즉, 유효성 원칙에 입각한 의도적이고 인위적인 활동이라는 측면에서는 양자가 동일하지만 경영활동은 조직체 또는 시스템의 존속 · 발전과 직 · 간접적인 관계를 맺고 있는 환경과 관련하여 그들 전체적인 차원에서 이루어지는 총체적 활동이고, 관리활동은 조직체나 시스템 내부의 하위단위인 각 부문에서 수행하는 부문 활동을 지칭한다. 즉, 관리는 부문의 목적 달성을 위해 계획(plan), 실천(do), 통제(see) 그리고 피드백이라는 골격을 가진 순환과정으로 이루어져 있다. 우리는 이것을 관리의 순환과정이라 하여 간단히 PDS라 한다.

제2절

경영자의 유형과 역할

우리는 지금까지 경영의 개념을 위해하는데 도움이 되는 몇 가지 중요한 문제 또는 개념들에 대하여 살펴보았다. 이제 경영의 주체인 경영자에 대해 알아보자

1. 경영자란?

경영자란 말은 사용하는 사람에 따라 각각 그 내용·범위가 다를 경우가 많다. 따라서 경영자의 직능도 그와 같은 차이에 따라 각각 달리 규정된다. 우리나라에서 경영자란 곧 대주주나 소유경영자, 또는 그와 동동한 권한을 갖는 사람들을 통칭해서 부르고 있으나, 미국에서는 우리나라에서 말하는 경영자와 관리자를 구별하는 보편적 용어가 없어 'management', 'executive', 또는 'manager'란 말을 사용하고 있다. 따라서 우리나라에서 말하는 경영자란 적어도 미국의 최고경영층(top management zone)에 속하는 사람들을 지칭하는 것으로 이해된다.

또 관리자란 우리나라에서는 중간관리층에 속하는 사람들로서 미국에서 말하는 'middle management'를 의미한다고 볼 수 있다. 이는 미국에서 중간관리층이란 용어는 사용하면서도 관리자란 말을 분리해 사용하지 않는 사실로 미루어 보아 짐작할 수 있다. 우리나라에서 이와 같이 개념상 경영자와 관리자의 신분적인 격차를 인식하면서 부르게 된 원인은 오랜 전통으로서 경영이 관리의 상위개념으로 인식해 온 데 있다고 하겠다.

그러나 경영자란 자기 스스로의 힘뿐만 아니라 다른 사람, 즉 부하를 통하여 조직의 목적을 달성하는 사람이므로 어떠한 조직이든지간에 부하를 거느리고 있으면 경영자라고 부를 수 있다. 이러한 경영자는 권한과 책임이 분화되어 여러 경영자가 생겨나는 데 이를 경영자계층이라 한다. 경영

자계층의 구조는 [도표 1-3]과 같이 나타낼 수 있다.

도표 1-3 경영자계층의 구조

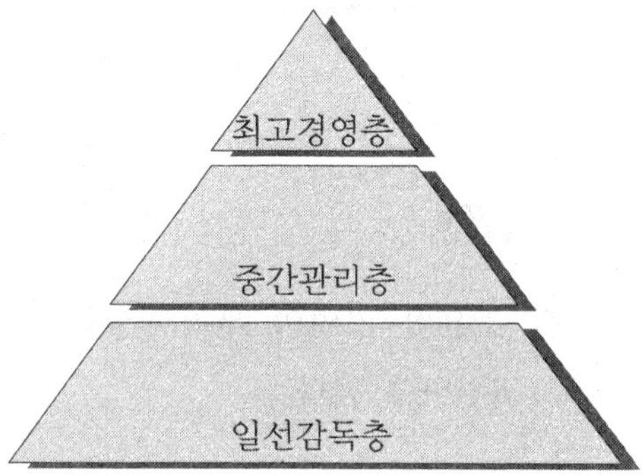

(1) 최고경영층(top management)

최고경영층은 기업의 장기적 목표와 전략 등을 결정하고 혁신기능과 함께 기업의 사회적 책임을 지는 경영자로서 기업 전체에 장기적이며 전반적으로 영향을 미치는 의사결정을 주로 하게 된다. 우리가 흔히 접하는 CEO(chief executive officer), COO(chief operating officer), CFO(chief financial officer), 부사장 등은 모두 최고경영층에 속하는 경영자계층이다.

(2) 중간관리층(middle management)

중간관리층은 최고경영층이 설정한 경영목표와 전략 · 정책을 집행하기 위해 전사적인 방침에 따라 각 부문의 활동, 예를 들면 생산, 마케팅, 재무, 인적자원관리 및 구매 등과 같은 기업내 활동을 하게 된다. 중간관리층의 역할을 세분하면 다음과 같이 나타낼 수 있다.

- 최고경영층이 설정한 목표, 전략, 정책의 집행을 위한 활동수행
- 일선감독층에 대한 지휘 · 감독
- 최고경영자와 일선감독층 간의 상호 관계조정 역할의 수행

(3) 일선감독층(supervisory management)

일선감독층은 현장에서 실제로 작업을 하는 노동자나 일반 사무원을 직접 지휘·감독하는 경영층으로서 현장경영층 또는 하위경영층이라고도 한다.

2. 경영자 성격의 변천

경영자의 성격은 소유와 경영의 분리과정을 통해 소유경영자, 고용경영자, 전문경영자로 변천하여 왔다.

(1) 소유경영자

일반적으로 기업에 참여하기 위하여 자본을 납입한 주체를 자본가라 하는데 법률적으로는 사원이라 하며 특히, 주식회사의 출자자는 주주(shareholders)라고 한다. 가족기업 또는 대기업이라 하더라도 많은 경우, 자본가들이 직접 자본을 출자할 뿐만 아니라 기업을 운영하는 책임을 지는 경영자가 되기도 한다. 이와 같이 자본가 또는 주주가 경영의 책임까지도 맡고 있을 때 이를 기업가(entrepreneur)라 하며 소유경영자라고도 한다.

초기의 기업들은 대개가 자본가인 동시에 경영자인 기업가들, 즉 소유경영자들에 의해서 경영권이 장악되었으며 오늘날에도 소규모 기업일수록 소유경영자인 경우가 많다.

(2) 고용경영자

고용경영자는 기업규모가 확대되고 경영활동이 복잡성을 띠게 되면서 기업가 스스로 모든 경영기능을 감당할 수 없게 됨에 따라 경영기능의 일부를 위임받아 수행하게 되는 대리인이다. 이들은 외견상으로는 독립된 경영담당자와 같아 보이지만 어디까지나 기업가를 대리하여 기업가의 이익을 위해 일한다. 즉, 경영자의 속성보다 종업원의 속성이 더 강하다고 할 수 있다.

우리나라에서 전문경영자라고 일컬어지는 사람들은 사실상 고용경영자로서 서양의 전문경영자와는 그 성격이 구분될 수 있는 존재이다. 사실 아직까지 우리나라에서는 전문경영자라 할 수 있는 경영자가 그렇게 많지 않다. 따라서 우리가 전문경영자라고 부르는 경영자들은 엄밀한 의미에서 고용경영자라 할 수 있다. 가장 특징적인 예로는 우리나라의 전문경영자라고 불리우는 집단이 서구에서 말하는 전문경영자라는 계층의 사람들에 비해 실제적이고 자율적인 권한은 적게 보유하고 있으며 소유주에게 고용되는 성격이 두드러지는 점을 들 수 있다.

(3) 전문경영자

전문경영자란 자본의 출자와는 관계없이 경영의 규모가 커지고 복잡해짐에 따라 오로지 경영에 관한 지식, 기술 및 풍부한 경영정보 등과 같은 자질과 능력에 따라 영입되는 경영자들을 말한다. 과거 도산위기에 빠졌던 미국의 크라이슬러 자동차회사를 위기에서 구한 아이아코카 회장이나 성공경영의 대명사 GE사의 잭 웰치 회장의 경우 등을 생각해 보자.

한편, 이들은 경영을 합리적으로 관리하는 지식과 기술을 바탕으로 경영관리를 자기의 직능으로 보고 이를 전문직업으로 하는 사람들이라는 측면에서는 고용경영자와 크게 다를 바 없으나 소유경영자의 존재가 부정된다는 점에서 독특하다. 다시 말하면 전문경영자는 직능면에서 독자성을 지니 것으로 보며 모든 생산요소를 합리적으로 결합시키고 혁신을 유발하며 경영방침을 자주적으로 수립해 나가는 사람이기 때문에 소유경영자의 지시에 의해 주어진 방침을 수행하는 자격밖에 지니지 못한 고용경영자와는 구별되어야 한다. 전문경영자는 자주적으로 경영발전을 계획하고 자본가를 포함한 모든 이해관계자집단 간의 이해관계를 조정하는 조정자로서의 책임을 아울러 수행할 수 있어야 하는 것이다.

3. 경영자의 역할

앞서 조직 내의 다양한 경영층에 대하여 살펴보았지만, 각각의 경영층이 수행하는 역할과 그와 같은 역할을 수행하기 위하여 요구되는 기술은 내용과 수준이 같지 않다.

민츠버그(H. Mintzberg)의 연구에 따르면 경영자들은 의사결정에 관련된 정보를 세심하고 체계적으로 처리하는 사람이라는 기존의 경영자직무에 대한 관점과는 달리 다양하고, 비정형적이며, 단기차원의 의사결정을 한다.[6) 특히 경영자 활동의 50%가 9분을 지속하지 못할 만큼 심사숙고 할 수 있는 여건이 되지 못함을 발견하였다.

이와 같은 이유로 민츠버그는 경영관리계층의 역할에 대한 전통적인 기능접근방법이 비현실적이라고 비판했다. 평범한 경영자들은 기능적 접근방법이 제시하는 것처럼 사려깊은 계획수립자도 아니고, 교향악단 지휘자도 아니라고 보았다. 이에 민츠버그는 기능 개념이 경영자가 실제로 수행하는 것을 거의 설명하지 못하며, 기껏해야 애매모호한 목적을 제시하는데 기여할 뿐이라고 비판했다. 따라서 민츠버그는 경영자들이 수행하는 주요 역할, 즉 경영자로서 마땅히 맡아서 해야 할 행동 또는 성격에 초점을 두고 경영자들의 직무를 연구하는 방법을 제시하였다. 민츠버그는 모든 경영자들에게 공통적이라고 믿는 10개의 역할을 분리해 냈는데 이 역할들은 대인적, 정보적, 결정적 역할로 구분할 수 있다.

(1) 대인적 역할(interpersonal roles)

경영자는 공식적 권한과 직급상 높은 신분을 바탕으로 대인적 접촉, 특히 동료 및 부하들과 접촉을 하게 되는데 이와 같이 경영자가 수행하는 대인적 역할은 외형적 대표자, 지도자, 연락자로서의 역할이다.

1) 외형적 대표자(figurehead)

방문객의 영접, 법적 서류 서명 등 상징적인 대표자로서 법률적 내지 사교적 성질의 정형적 임무를 수행한다.

2) 지도자(leader)

직무가 적절히 수행되도록 종업원의 채용, 배치, 훈련, 동기부여와 활성화 등과 같은 종업원과 관련된 모든 활동을 수행한다.

3) 연락자(liaison)

정보를 제공하는 정보제공자와 수평적 외부접촉을 통해 자기개발과 네트워크를 유지한다.

(2) 정보적 역할(informational roles)

모든 경영자는 주어진 과제와 관련된 정보를 받거나 수집하여 다양한 형태로 활용하는 정보의 중앙처리장치 역할을 한다. 경영자는 조직의 혈액이라고 할 수 있는 자금이나 정보와 관련된 활동을 수행한다는 점에서 중요하다. 이들이 수행하는 전형적인 정보적 역할은 모니터, 전파자, 대변인으로서의 역할이다.

1) 모니터(monitor)

조직과 환경의 이해를 도모하기 위해 다양하고 광범위하게 정보를 탐색(정기간행물 구독과 개인적 접촉 유지)하여 경영활동을 수행하는 과정에서 유리하게 활용될 수 있는 정보를 꾸준히 탐색하는 신경망 센터로서 활동하는 것이다.

2) 전파자(disseminator)

외부 또는 종업원들로부터 받은 사실 또는 해석이 포함된 필요한 정보를 조직구성원에게 전달(정보를 중계하기 위한 모임 개최 등)해 주는 역할을 한다.

3) 대변인(spokesperson)

조직의 계획, 정책, 행동, 결과 등 조직과 관련해 수집한 정보의 일부를 기업 외부의 사람들에게 전달(언론기관에 정보제공 등)해 주는 역할이다.

(3) 결정적 역할(decisional roles)

민츠버그는 경영자들이 경쟁관계에 있는 이해를 균형시키고 선택을 행하는 의사결정과 관련된 활동에 주목하였다. 왜냐하면 이와 같은 의사결정을 통해 전략이 형성되고, 행동으로 옮겨지기 때문이다. 결정적 역할은 기업가, 분쟁해결자, 자원배분자, 협상자로서의 역할 등 네 가지로 분류할 수 있다.

1) 기 업 가

이 역할은 기업성장과 발전을 위해 솔선수범하며, 창의적 노력을 기울이는 활동을 말한다. 변화를 초래할 '개선 프로젝트'를 창조하고 기회포착을 위해 조직과 환경을 탐색(전략구성과 신규 계획개발 모임 개최 등)한다.

2) 분쟁해결자(disturbance handler)

이 역할은 파업, 고객파산, 계약위반 등 기업 내외에서 발생하는 각종 애로사항에 대해 적극적인 해결방안을 모색하는 활동이다. 중요하고 예기치 못한 분쟁을 조정할 책임을 지게 된다.

3) 자원배분가(resource allocation)

이 역할은 기업의 인적·물적·금전적 자원을 어떻게 그리고 누구에게 배분할 것인지를 결정하는 것을 말한다. 조직이 갖고 있는 모든 종류의 자원 배분에 책임(일정계획과 종업원 직무설계 등)이 있다.

4) 협상자(negotiation)

이 역할은 조직에 유리한 이득이 나타나도록 공급업자와의 계약체결 또는 노동조합과의 견해차이 조정과 같은 활동을 말한다. 주요 협상 시 조직을 대표하는 책임(노사협상에 참여 등)이 있다.

한편 민츠버그의 역할 분류를 검증한 결과에 따르면 조직의 수준이나 형태와 상관없이 모든 경영자들이 유사한 역할을 수행함을 지지하고 있으나, 다양한 역할에 대한 비중은 경영계층별로 차이가 있다. 즉, 전파자, 외형적 대표자, 협상자, 연락자, 대변인의 역할은 상위경영자층에서 더 중요하고, 리더의 역할은 중간이나 상위경영자층보다 하위감독자층에게 더 중요한 것으로 나타났다.

4. 경영자의 기능

경영자가 성공을 하기 위해서는 무수한 역할을 충족시키는 것은 물론 수많은 특별한 기능(技能, skill)을 필요로 한다. 공인회계사, 변호사, 의사 등 전문가로 지칭되는 사람들이 특정 분야의 과제를 처리할 수 있는 능력을 소유하고 있는 것과 마찬가지로 전문경영자는 경영기능과 역할을 수행하기 위해 필요한 전문적 능력을 갖추어야 한다.

경영기능(managerial skills)은 전문경영자로서 특정한 경영직무를 수행할 수 있는 기술과 능력을 의미한다. 즉, 경영기능은 경영자가 그 직무를 성공적으로 수행해내기 위해 반드시 갖추어야 할 공통적인 기능을 의미한다.

한편, 성공한 경영자를 대상으로 그들이 지닌 경영기능을 찾아내려는 연구들이 이루어져 왔다. 그 가운데 대표적 학자인 카츠(R. L. Katz)는 경영자가 성공하기 위해서는 기술 · 인간 · 개념 등 세 가지 분야에 관한 기능을 갖추고 있어야 한다고 주장했는데, 이는 일명 경영자의 '기능배합' (skill mix)이라고도 불리운다.[7)]

다만 각 경영자가 속한 조직계층에 따라 각 기능의 상대적 중요성에는 차이가 있다.

(1) 개념적 기능(conceptual skills)

개념적 기능이란 추상적 또는 일반적 사고를 이해하고 이를 특정 상황에 적합시키는 능력을 의미한다. 따라서 환경적 상황을 분석하고 이에 조직전체를 맞추어 나가는 능력, 조직 전체의 복잡성을 이해하고 자기 자신의 행동이 전체로서의 조직 어느 부분에 관련되는 지를 인식하는 능력이 그 중심이 된다.

따라서 이와 같은 개념적 기능은 조직의 계층구조상 비정형적 의사결정이 중심적 역할이 되는 최고경영자층에 올라갈수록 점차 필요해지는 능력이라 할 수 있다.

(2) 대인적 기능(interpersonal skills)

이는 조직 내에서 다른 사람들과 협력하여 일하고, 또 타인들을 통해 일을 처리해 나가는 능력을 의미한다. 따라서 조직의 전반적인 관리를 담당하는 최고경영자층에 있어서든, 부문관리를 담당하는 중간경영층에 있어서든, 현장에서 작업을 담당하는 현장감독자든 그 모든 부문에 있어 공통적인 중심활동이 되는 것이 인간적 기술이다.

특히 후기산업사회에 접어들게 됨에 따라 조직 내에서 심화되어가는 인간성 상실의 문제, 노동소외의 현상 등을 방지하기 위해서는 이러한 인간적 기술이 점차 중요해지고 있다.

(3) 기술적 기능(technical skills)

기술적 기능은 특정 직무를 수행하는데 필요한 지식 · 방법 · 기술 및 장비 등을 활용하는 능력을 의미한다. 따라서 이와 같은 기술적 기능은 조직계층구조상 정형적 의사결정이 중심이 되는 하위관리층 및 현장감독자층으로 내려갈수록 중심이 되는 능력이라 할 수 있다.

지금까지 살펴본 경영자에게 요구되는 기능을 앞서 살펴본 경영층의 유형과 결합하여 정리하면 [도표 1-4]와 같이 나타낼 수 있다.

도표 1-4 경영자의 유형과 요구되는 기능

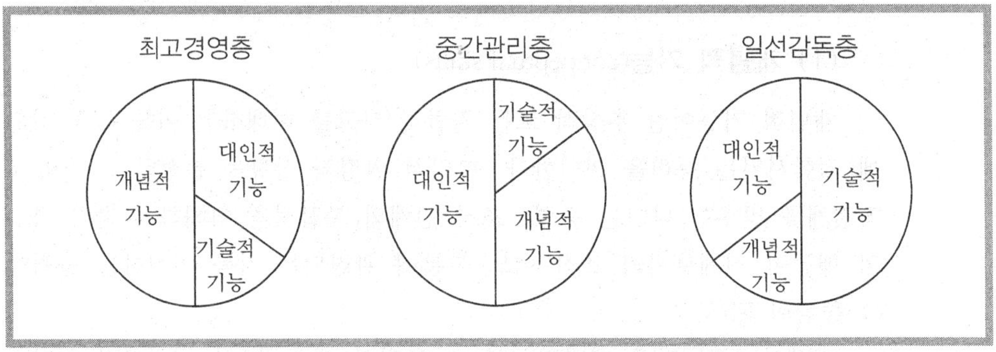

〈자료〉 Robert L. Katz(1974), "Skills of an effective administrator," *Harvard Business Review*, September-October, pp. 90~102.

제 3 절

경영사상의 발전

1. 경영학의 발자취

고대 경영학의 흔적은 B.C. 5000년경으로 거슬러 올라간다. 고대 수메르 사람들은 정부와 상업적 활동으로 경영을 활용했던 기록이 남아 있다. 그 이후 이집트 피라미드의 건설이나, 로마제국의 번영, 그리고 14세기 이탈리아 베니스의 상업적 성공에 경영이 중요한 요인으로 등장하게 된다.

경영에 관한 가장 획기적인 전환점은 18세기의 산업혁명으로 볼 수 있다. 산업혁명은 거대한 사회적 변화를 야기했고, 섬유재나 소비재의 제조에 중요한 도약의 계기가 되었다.

산업의 변화나 혁명은 노동의 분업과 전문화된 과업을 통해 효과적인 생산을 해야 한다는 아담 스미스(Adam Smith)에 의해서 가속화된다. 아담 스미스는 그의 유명한 저서 「국부론」(國富論)에서 분업의 이점을 언급했으며, 시장에서 '보이지 않는 손'에 의한 자유방임을 강조하였다.

산업혁명으로 신학과 군사학이 지배했던 사회는 과학과 산업이 지배하는 사회로 전환된다. 생산성이 낮고 성장률이 정체된 전산업사회를 고도의 생산성과 경제성장률을 지닌 사회로 전환시키는 경제적 변화도 수반되었다. 생산양식과 관련하여 보면, 가내생산에서 공장제 생산으로의 변화를 야기했고, 따라서 분업을 통한 생산이 등장하게 되었고, 생산성과 이윤의 극대화가 분업을 통해 이루어지게 된다. 자연히 초기 경영학의 최대의 관심사는 혁신적인 능률의 개선을 통한 이윤의 극대화였다. 노동력의 착취, 인간의 기계화, 통제 등과 같은 비인간적인 요인들이 동시에 발생되게 되고, 그 와중에서 경영학이 태동되었다.

이와 같은 경향은 20세기 테일러(Frederick W. Taylor)에 의해서 발전되면서 고전적 경영학이 성립된 계기가 되었다. 한편 같은 시대에 테일러와

쌍벽을 이루면서 포드(H. Ford)는 동시관리(synchronization management)를 통하여 그 후의 관리형태에 큰 영향을 미쳤다. 그는 작업조직의 철저한 합리화에 의하여 작업의 동시진행을 기계적으로 실현하고 이에 따른 경영관리를 자동적으로 전개하려고 시도했다.

잠깐 쉬어갑니다

고대 수메르인들의 경영활동

인류의 역사는 수메르 문자 문명에서 시작했다. 고대 메소포타미아의 유프라테스강과 티그리스강 하류지역에 살고 있던 여러 도성국가의 시민들은 기원전 3,300년경부터 문자라는 매개체를 그들의 경제활동과 시민생활에 활용하였다.

이들 도성국가의 연맹체를 '수메르'라고 불렀다. 수메르 도성국가 사람들은 누구에게 양을 몇 마리 받았다는 영수증부터 누구의 땅을 얼마에 산다는 계약서까지 모두 점토판에 기록하여 보관했다. 점토는 쉽게 구할 수 있었고 그것으로 토판을 간단히 만들 수 있었던 데다가, 점토판에 기록한 내용은 부식하거나 부패하지 않기 때문에 오래 보존할 수 있었다. 그들은 단순히 계약서에 거래물건의 내용과 가격, 그리고 증인들의 이름과 공증인의 이름만 기록한 것이 아니라, 계약을 이행하지 않으면 보상금을 지불해야 하며, 거짓으로 계약을 체결한 사람은 신(神)의 저주를 받을 것이라고 첨부하여 기록했다.

이렇듯 수메르 사람들은 문자로 사회생활의 한 단면을 기록함으로써 인류의 역사시대를 열었던 것이다. 또한 수메르 사람들은 '두 바퀴 달린 수레'를 발명하여 물질문명의 발달에 혁신을 일으켰다. 사람들이 가축을 신전에 주고 영수증을 받아 보관할 당시인 기원전 3,300년경에는, 이미 강가에 성벽을 쌓고 도시를 만들었다. 수메르신화는 통치자와 세세히 분류된 관리직이 있었으며, 신전 중심의 경제체제를 형성하는 도시국가 구조였다.

여름에 비 한번 내리지 않는 메마른 기후조건에서, 여러 도시국가의 유능한 통치자들은 서로 협력하여 유프라테스강과 티그리스강 사이에 많은 수로를 만들어 경작지를 넓혔으며, 연간 두세 차례의 수확을 통해 부(富)를 축적했다. 또한 매년 봄에 일어나는 홍수는 강 상류의 비옥한 흙을 실어 날라, 씨만 뿌리면 곡식생산이 가능한 좋은 환경을 만들었다. 물론 강바닥에 쌓이는 침적토를 파내는 작업도 꾸준히 해야만 그런 천혜의 혜택을 영위할 수 있었다. 특히 성안으로 넘쳐 들어오는 강물은 신전을 파괴하고 인명피해를 유발하는 경우가 많았다. 따라서 공동작업을 원활하게 수행하는 것이 통치자로서의 주요한 역량이었다. 훌륭한 통치자는 홍수를 지혜롭게 이용할 수 있는 사람이었으며, 이렇게 축적된 곡물생산물은 도시를 부유하게 만들었다.

〈자료: 조철수(2003), 수메르신화, 서해문집〉

그 이후 과학과 경영은 급속하고 지속적인 발전을 거듭하고 있다. 보편적 원리의 추구에 초점을 둔 고전적 경영 접근방식, 인간의 욕구에 관심을 두고 있는 행동과학적 접근방식, 문제해결을 위해 수학적 기법을 적용하고 있는 계량적 경영 접근방식, 조직을 시스템적 관점으로 인식하고 있는 시스템적 접근방식, 그리고 역동적이고 복잡한 환경을 적절히 고려하고 있는 상황적합적 사고방식 등이 새로운 시대에 기업의 성과와 기업활동의 질적인 측면에서 연달아 등장하게 된다.

2. 고전주의 경영학

경영의 고전적 관점은 19세기에서 20세기 초에 걸쳐 형성되었다. 이 관점은 대규모적이고, 복잡해진 조직을 운영할 수 있도록 공장시스템과 현대 기업의 관리 원칙을 제시하였다.

(1) 과학적 경영(scientific management)

19세기 후반, 조직들은 새로운 기술에 대한 대규모의 투자를 했음에도 불구하고 작업자들에 의해 생산성의 증가를 달성할 수 없었다. 이로 인해 20세기가 시작될 무렵 기업의 생산성 향상에 더 많은 관심을 기울이게 되었다.

그 선두주자는 1911년 「과학적 관리의 원칙」(*The Principal of Scientific Management*)을 저술한 테일러(F. W. Taylor: 1856~1915)이다. 테일러는 주로 공장과 작업장을 대상으로 근로자의 생산성과 효율을 극대화시키기 위해 과학적 관리기법을 전개하였으며, 이를 통해 기업은 노무비 절감과 고임금의 지급이 가능하게 되었다. 과학적 관리법의 근간은 다음과 같다.

1) 시간연구와 동작연구

테일러는 노동자들의 일일 작업표준량을 설정하기 위해서 '시간연구'의 개념을 활용하였다. 이 연구를 토대로 조직에서 요구한 과업의 가장 효율적 방식을 개발하였으며, 노동자들의 동작을 연구하였다.

2) 표준작업시간과 표준과업량의 설정

시간연구는 '동작연구'와 병행함으로써 주먹구구식의 관리방식을 탈피하고, 과학적 방법을 통한 생산성 향상을 꾀하게 된다. 이로 인해 표준작업시간이 설정되고, 작업을 세분화하여 불필요한 동작을 제거하게 된다. 작업의 표준화가 이 두 가지 연구에 의해서 이루어졌다.

3) 차별성과급제

노동자들을 자극하는 수단으로 경제적 유인을 사용했다. 즉, 임금을 과업 달성의 동기적 수단으로 활용하는 것이다. 일일 작업표준량을 달성한 노동자에게는 높은 임금률을, 달성하지 못한 노동자들에게는 낮은 임금률을 적용함으로써 생산성과 능률의 증진을 꾀하였다.

과학적 관리에 대한 테일러의 연구는 후속 연구자들에 의해서 계승·

잠깐 쉬어갑시다

테일러가 고민한 이유

테일러가 과학적 관리법을 모색하게 된 가장 큰 이유는 당시에 생산현장의 큰 문제였던 노동자들의 만성적인 조직적 태업(systematic soldiering)을 해결하지 않으면 안 되었기 때문이다. 테일러는 조직적 태업의 원인이 임금제도보다는 표준작업량의 불명확성에 있다고 보고 시간연구, 동작연구와 같은 방법을 통해 과학적인 수치에 의한 표준작업량을 책정하여 태업해결과 아울러 능률증진을 시도한 결과 합리적인 경영관리를 이룩할 수 있었다. 당시에 활용되던 조직적 태업의 방법들을 살펴보면 다음과 같다.

- 1일 및 주단위 생산고의 규제
- 간접적인 작업속도의 제한
- 작업질의 통제
- 작업실시의 경우 되도록 많은 시간을 소비
- 불필요작업의 실시, 동일작업의 반복
- 작업반 내지 기계 1대당의 노동자수의 규제와 불필요 노동자의 고용요구
- 작업이 일정조합의 구성원에 의해 수행되도록 요구
- 고용주 및 직장(職長)이 특정 숙련직종에서 작업하는 것을 금지
- 기계사용 및 노동절약의 방법을 희석시키거나 금지

발전하게 되었다. 특히 테일러와 같은 시대 학자인 길브레이스 부부(Frank and Lillian Gilbreth: 1868~1924, 1878~1972)는 관리 수단으로서 동작연구를 강조하였다. 그들이 벽돌공을 대상으로 한 연구에서, 벽돌공의 동작의 횟수를 감소시킨 결과, 3배의 생산성이 증가되었다. 길브레이스 부부의 이러한 연구들은 현대 작업장에서도 여전히 활용되고 있는 모든 기법들, 즉 직무 단순화, 작업 표준화, 그리고 성과급제 등의 발전에 기초를 제공하는 계기가 되었다.

(2) 관리적 경영

두 번째 고전주의 경영학의 지류는 관리적 경영(administrative management) 접근방식이다. 테일러의 과학적 경영은 생산 현장의 노동자에게 연구의 초점을 두었다면, 관리적 경영은 기업 전체를 관리하는 관리자에게 연구의 초점을 두고 있다.

초기 관리적 경영의 창시자의 한 사람은 관리과정에 새로운 시각을 제시하였던 프랑스의 페이욜(Henri Fayol: 1841~1925)이다. 페이욜은 1916년 저술한 「산업 및 일반관리」(*Administration Industrielle et Generale*)에서 관리자의 관리원칙을 제시하고 있다. 또한 관리의 일반이론의 기본적 사고방법 및 개념까지도 언급을 하고 있는데, 그 서문에서 "관리란 산업, 상업, 정치, 종교 및 기타, 모든 사업의 경영에 있어 중요한 역할을 수행하는 것"이라고 정의하였다.

한편 그는 어떠한 경영이든 '경영의 활동'에는 여섯 가지의 활동 또는 기능이 있다고 보았다. 그가 제시한 여섯 가지 관리활동을 살펴보면 다음과 같다.

- 기술적 활동(생산, 제조, 가공)
- 영업적 활동(구매, 판매, 교환)
- 재무적 활동(자금의 조달과 관리)
- 보전적 활동(자산 및 종업원의 보호)
- 회계적 활동(재산목록, 대차대조표, 원가 및 통제 등)
- 관리적 활동(계획, 조직, 명령, 조정, 통제)

여기서 중요한 것은 관리적 활동으로 언급된 '계획하고, 조직하며, 명령하고, 조정하며, 통제하는 것'이 오늘날 경영관리 원칙의 골격을 이루게 되는 경영관리 5요소이다.

도표 1-5 페이욜의 관리원칙

1. 계획	미래를 위한 활동계획의 작성
2. 조직	계획을 실행하기 위해 여러 자원들을 조직하고 공급하는 것
3. 명령	종업원들로 하여금 최고의 업적을 얻기 위해 여러 기능을 수행토록 하는 것
4. 조정	모든 활동과 노력들을 결합하고, 정보를 분배하여 문제를 해결하는 것
5. 통제	계획에 따라 실행된 활동들을 확인하고, 주어진 명령에 따라 수행되도록 주의하는 것

한편 페이욜은 이러한 6가지의 관리활동을 뒷받침하고, 관리활동을 수행함에 있어서 따라야 할 일반적인 규율을 다음과 같은 14가지 원칙으로 제시하였다.

그 원칙들을 살펴 보면 ① 분업의 원칙, ② 권한과 책임의 원칙, ③ 규율의 원칙, ④ 명령일원화의 원칙, ⑤ 지휘일원화의 원칙, ⑥ 개인 이익의 전체 이익에의 종속, ⑦ 보상의 원칙, ⑧ 집권화의 원칙, ⑨ 계층적 연쇄의 원칙, ⑩ 질서의 원칙, ⑪ 공정성의 원칙, ⑫ 고용안정의 원칙, ⑬ 창의력 개발의 원칙, ⑭ 단결의 원칙 등이다.

(3) 포드시스템

포드 자동차 회사를 설립한 포드(H. Ford)는 기업을 하나의 사회 봉사기관으로 보고 근로자에게는 높은 임금을 주고 소비자에게는 싼 가격으로 자동차를 파는 '고임금, 저가격'을 이념으로 하는 관리방법을 제시하였다. 즉 그는 과거의 정지조립작업방식이 부품 및 재료의 운반, 공구의 준비와 처리에 불필요한 동작들이 가해져 많은 노동량이 소모되기 때문에 불필요한 노동량을 최소한도로 줄이고 노동량을 유효적절하게 활용하기 위해 컨베이어시스템(conveyor system)에 의한 일관생산방식을 도입하였다.

그리고 규모의 이익을 얻기 위해 대량생산방식을 도입하고, 대량생산을 위한 기본요건으로 제품의 표준화, 부품의 규격화, 기계나 공구의 특수화, 작업의 단순화를 제시하였다. 이는 오늘날 3S, 즉 제품의 표준화(standardization), 공정의 단순화(simplification), 공정의 전문화(specialization)로 변모하였다.

(4) 관료제 조직

19세기 후반, 독일의 사회학자이면서 경영학에 지대한 영향을 미친 베버(Max Weber: 1864~1920)는 대규모화된 조직을 합리적이고, 능률적으로 운영할 수 있는 이상적인 조직형태로 관료제를 제시하였다.

그는 관료제 조직이란, 기계와 같이 설계되고 운영되는 조직으로서 산업사회의 기계화와 어떤 심각한 관련성이 있다고 언급하면서, 관료제의 특징을 다음 [도표 1-6]와 같이 설명하고 있다.

도표 1-6 관료제의 특징

1. 과업의 분업화	직무를 명확히 규정하고, 업무의 능률을 극대화 함
2. 권한의 계층화	조직의 위계에 따라 책임과 권한 부여를 구체적으로 규정
3. 규칙과 절차의 정형화	행동과 의사결정에 관한 규칙과 절차를 문서화하고 공식화 함
4. 비개인성	규칙과 절차들은 누구에게나 공평하게 적용되어야 함
5. 장점에 기초한 경력 계발	노동자들은 능력과 업무성과에 기초해 선발되고 승진되어야 함

관료제 조직은 현재까지 공기업과 사기업을 불문하고 그 잔재를 엿볼 수 있는데, 특히 대부분의 공기업에서는 관료제의 특징들이 조직을 움직이는 중요한 요소로 현존하고 있다. 사기업 역시 많이 희석되기는 했지만, 사기업의 조직적 모태가 되는 관료제는 아직까지 많은 조직에 지대한 영향을 미치고 있는 실정이다.

또한 관료제 이론은 근본적으로 권한구조에 관한 이론에 기초를 두고 있다. 베버는 권한의 유형을 카리스마적 권한, 전통적 권한, 합법적 권한으로 분류하고 합법적 권한에 기초를 둔 관료제 모형이 근대 사회의 대규모 조직을 설명하는 데 가장 적합한 것이라고 하였다.

3. 경영학의 행동론적 접근

고전주의 경영학이 기계론적 접근으로 인간의 인격성을 간과하고, 조직이 지나치게 생산성이나 능률에 치우친다는 비판이 제기되면서, 새로운 경영학의 사조가 일어나기 시작했다. 1920년대에 접어들면서, 작업장에서의 인간적 관점에 관한 강조가 논의되기 시작하였고, 특히 테일러리즘을 입증하기 위해 1924년부터 8년 동안 실시한 호오손 연구(Hawthorne studies)는 행동학적 경영이론을 체계화하는 데 단서를 제공하였다.

행동학적 경영학에서 주요 분야로는 맥그리거(D. McGregor)의 X/Y이론, 아지리스(C. Argyris)의 성숙/미성숙 이론뿐만 아니라, 매슬로우(A. Maslow)의 욕구이론과 유명한 메이요(E. Mayo)의 호오손 연구 등을 포함한다.

(1) 호오손 연구와 인간관계

호오손 연구는 미국의 웨스턴전기회사(현재는 Lucent Technologies社)의 호오손 공장에서 1924년 11월부터 시작하여 1932년 5월까지 메이요(Elton Mayo: 1880~1949)를 중심으로 뢰스리스버거(F. J. Roethlisberger)와 호만스(G. C. Homans) 등이 참여한 하버드 대학의 산업조사부에 의해 노동자의 작업능률과 그것에 영향을 미치는 객관적 및 주관적인 여러 조건과의 관계를 연구하려 한 대규모적인 조사와 실험을 지칭하는 것이다.

호오손 연구에서 초기의 관심은 과학적 관리(테일러리즘)에 초점을 두고 있었다. 즉 작업장의 환경(조명과 작업능률 간의 관계)이 근로자의 생산성에 미치는 영향을 알아보기 위한 실험이었다.

하지만 이와 같은 1차 실험은 실험집단이나 통제집단 모두에서 생산성이 향상되는 예기치 못한 결과가 나타났으며, 이로 인해 "인간의 심리적 요인"(psychological factors: 감정이나 태도 등)이 생산성을 증대시키는데 더 중요하다는 점을 발견하게 되었다. 후속연구들에서도 종업원의 생산성이나 작업능률을 좌우하는 것은 물적 요인이라기보다는 인적 요인에 있다는 점을 밝혀냈으며, 이때부터 인간관계의 연구가 활발하게 진행되었다.

특히 작업장에서의 종업원간의 상호 작용(개인의 사회적 관계)이나 비공식 집단이 근로자의 태도와 행동을 형성하는데 중요한 역할을 한다는 사실을 지적하였다. 따라서 온정적이고 가부장적인 종업원관을 기초로 개인의 감정이나 태도와 같은 인적요소를 중시함으로써 경제인이 아닌 사회인(social man)으로 인간을 규정하였다. 이러한 배경에 근거를 둔 당시의 관리목표는 감정의 논리(logic of sentiments)를 중심으로 한 종업원의 개인적인 만족에 두었다. 즉 작업자는 만족을 느낄수록 더 생산적이 된다는 가정을 갖게 되어 당사의 호손 실험자들을 '암소사회학자'라고 불리게 되었다.

따라서 이 당시의 관리형태는 온정주의적인 성격을 갖게 되어 종업원들에게 절대적으로 필요한 복지후생시설을 제공함으로써 종업원의 만족감을 높이고자 하였으나 이러한 의사결정은 어디까지나 부모가 자식에게 대하는 것과 같은 일방적인 방식이었다. 그러나 인간성을 중시하게 된 인간관계론적 접근방법은 인간의 행동을 이해하고 예측하는데 통찰력을 제공하여 주었고 나아가서는 조직행동론의 도입 및 활용에 기여한 바가 크다고 할 수 있다.

(2) 매슬로우의 욕구단계이론

미국의 심리학자 매슬로우(A. Maslow: 1908~1970)는 인간의 욕구에 관한 연구를 통해 인간관계를 설명하였다. 욕구란, 인간이 충족하고 싶어하는 생리학적이고 심리학적인 결핍이다. 따라서 욕구는 인간의 작업태도와 행동에 영향을 미친다.

매슬로우는 인간의 욕구를 5단계로 분류하고, 순차적으로 가장 저차원적 욕구로부터 가장 고차원적 욕구로 서열화되어 있으며, 이전 단계의 욕구가 충족되어야만 그 다음 단계의 욕구가 의식을 지배하여 동기유발을 하게 된다고 주장한다. 또한 욕구의 출현과 소멸은 결핍과 충족의 과정을 통해 나타나고, '결핍된 욕구는 개인의 의식을 지배한다'라고 설명하고 있다.

욕구 5단계는 결핍욕구(생리적 욕구, 안전욕구, 소속 및 애정의 욕구)와 성장욕구(존경욕구, 자아실현욕구)로 구분된다. 이 중에서 자아실현욕구는 결핍과 충족의 원리로는 설명될 수 없으며, 자아실현욕구는 만족하면 할수록 그 강도가 더욱 커지게 된다. 따라서 자아실현욕구의 완전한 만족은 없다는 것이다.

인간관계적 사고와 동일하게, 매슬로우의 욕구이론은 경영자들이 조직 구성원들의 욕구를 만족시켜 줌으로써 보다 나은 생산성을 달성할 수 있음을 제시하였다.

(3) 맥그리거의 X / Y이론

맥그리거(D. McGregor: 1906~1964)는 호오손 연구와 매슬로우의 욕구이론을 기반으로 하여 이론을 전개하였다. 맥그리거는 경영자들이 인간에 대하여 지니고 있는 가정을 두 가지 범주로 나누어 X이론적 인간관과 Y이론적 인간관으로 구분하고 있다.

X이론적 인간관은 인간부정적 이론으로 인간들은 일하는 것을 싫어하며, 야망이 없고, 책임지기를 싫어하며, 변화에 저항하고, 통제받기를 좋아한다는 가정을 통해 조직의 요구에 인간을 얽매어 놓는 전통적 경영 이념으로 규정짓고 있다. 따라서 X이론은 대부분 관리자들이 명령체계에 의해 관리를 하고, 저차원적 욕구충족에 의한 동기유발을 통해 인간을 움직

도표 1-7 X/Y이론의 가설

X 이 론	Y 이 론
1. 일이란 원래 대부분의 사람에게 있어서 하기 싫은 것이다.	1. 일이란 작업조건만 잘 정비되면 놀이를 하거나 쉬는 것과 같이 극히 자연스러운 것이다.
2. 대부분의 사람들은 야망이 없고 책임지기를 싫어하며 지휘받기를 좋아한다.	2. 조직목표를 달성하는 데는 자기통제가 불가결하다.
3. 대다수의 사람들이 조직문제를 해결하는 데 창의력을 발휘하지 못한다.	3. 조직문제를 해결하기 위한 창의력은 누구에게나 있다.
4. 동기부여는 생리적 욕구나 안전욕구의 계층에서만 가능하다.	4. 동기부여는 생리적/안전욕구의 계층에서는 물론이고 상위계층의 욕구에서도 가능하다.
5. 대다수의 사람들은 엄격히 통제되어야 하고, 조직목표를 달성하기 위해서는 강제되어야 한다.	5. 사람은 적절하게 동기가 부여되면 일에 자율적이고 창의적이다.

이게 된다는 것이다.

이와 대조적으로, Y이론적 인간관은 인간긍정적 이론으로 인간들은 조건만 주어지면 기꺼이 일을 즐기면서 할 수 있고, 자율적이며 창의적이고, 자기통제(self-control)와 자기감독(self-direction)이 가능하며, 자기가 수행한 업무에 책임감을 가지려 한다. 이는 인간을 수동적인 존재보다는 능동적인 존재로 인식하는 경향이 강함을 나타내는 것으로, 급속히 진행된 산업화 과정에 일치하는 인간관으로 제시되었다. 매슬로우의 이론에 입각한 Y이론은 고차원적 욕구충족과 관련이 있으며, X이론보다 Y이론이 더 적절하다고 맥그리거는 주장하였다.

(4) 아지리스의 성숙/미성숙 이론

미국 에일대학의 교수인 아지리스(C. Argyris)는 매슬로우와 맥그리거에 의해 발전된 인간의 본성에 대한 연구를 한층 더 진일보시켰다. 그는 성숙한 인간과 미성숙한 인간은 서로 다른 태도와 행동을 갖게 된다고 주장하면서, 그의 저서 「조직과 퍼스낼리티」에서 X이론적 인간관을 미성숙한 유아적 인간관으로 규정하고, X이론으로부터 Y이론으로의 연속적 발전을, 건전한 성인으로 성장해 가는 인간의 성숙의 과정이라고 언급하고 있다.

또한 통제를 지나치게 강조하는 조직(예, 관료제)은 조직의 구성원을 미성숙한 인간으로 취급하는 것과 같다고 하였다. 이는 종업원들이 그들의 작업환경에 대해 자발적 통제가 거의 불가능하기 때문에, 조직의 구성원들

도표 1-8 아지리스의 미성숙/성숙적 인간의 특징

미성숙한 인간(X이론적 인간관)	성숙한 인간(Y이론적 인간관)
• 수동적 활동	• 적극적 활동
• 의존적 상황	• 독립적 상황
• 단순한 행동	• 복잡한 행동
• 산만하고 얕은 관심	• 깊고 강한 관심
• 단기적 전망	• 장기적 전망
• 종속적 지위에 만족	• 대등 혹은 우월적 지위에 만족
• 자아의식의 결여	• 자아의 의식 및 통제

은 수동적이고, 의존적인 성향을 야기할 수밖에 없다고 우려하였다.

4. 경영학의 계량적 접근

경영학의 행동론적 접근을 통한 이론의 발전과 동시에, 또 다른 학자들에 의해서 계량적 경영학이 태동되었다. 이들은 어떻게 계량적 기법들이 조직의 의사결정을 증진시키는지에 대한 연구를 시행하였다. 경영학의 계량적 접근방식은 수학적 기법들이 경영의 의사결정과 문제해결에 유용하게 활용될 수 있다는 가정에 기초하고 있다.

오늘날 이러한 응용기법들은 컴퓨터 기술과 소프트웨어 프로그램에 의해 점점 더 발전하고 있다.

(1) 경영과학

경영과학이라는 용어는 종종 경영문제들을 해결하기 위하여 수학적 기법들의 과학적 적용으로 묘사되어 사용되어진다. 즉 경영문제를 수학적 모델을 통해서 분석하고 해답을 구하려는 접근방법을 경영과학(management science)이라고 한다.

경영과학의 전형적인 접근방식은 다음과 같은 절차에 따라 진행된다. 어떤 문제가 발생되면, 그것을 체계적으로 분석하고, 적절한 수학적 모델과 산출방식을 적용시켜, 최적의 해결안이 도출된다. 이런 도출과정에서, 일반적으로 많은 경영과학의 기법들이 적용된다. 이러한 기법들에는, 선형계획법(linear programming), 대기행렬이론(queuing theory), 네트워크모델(network models), 모의실험(simulation), 정수계획법(integer programming) 등이 있다.

(2) 오늘날의 계량적 분석

현재 경영과학, OR, 그리고 계량적 실무 분석에 관한 대학 과정은 위와 같은 계량적 경영의 기초를 제공한다. 또한 계량경영은 재화나 서비스의 물질적인 생산품에 적용되기도 한다. 대부분의 경영과학 기법들은 매우 정교하기 때문에, 기업에서는 종종 경영자들이 효과적으로 기법들을 활용할 수 있도록 이 분야의 전문가들을 고용하고 있다.

하지만 소프트웨어의 발전은 이러한 기법들을 좀더 손쉽게 활용하게 해 주었다. 이러한 활용성은 작업장 전역으로 확대되었고, 각각의 기법의 유용성을 이해하는 것이 경영자들에게 훨씬 더 중요하게 되었다. 물론, 모든 경우에 있어서, 문제들에 대한 수학적 해결책들은 적절한 관리적 판단과 인간의 인식에 의해서 지원되어야 한다고 본다.

5. 경영학의 현대적 접근

경영학의 현대적 접근은 전적으로 고전적, 행동학적, 그리고 계량학파들에 의해서 확립된 기초에 바탕을 두고 발생되었다. 특히 현대 경영학의 접근방식들이 강조하고 있는 것은 모든 상황에서 보편적으로 적용되는 모델이나 이론은 존재하지 않는다는 점이다.

현대적 경영방식에 따르면, 인간들은 복잡하고 가변적인 존재이다. 그들은 시시때때로 변할 수 있는 다양한 욕구를 가지고 있다. 또한 그들은 성장 가능한 능력과 재능을 소유하고 있다. 따라서 조직이나 경영자들은 다양한 경영전략들과 함께 인적자원의 개별적 차별성에 대응해야 한다. 이러한 현대 경영학의 핵심은 조직의 시스템적 사고와 상황적합적 사고를 포함하고 있다.

(1) 시스템적 사고

형식적으로 규정하면, 시스템이란 공동의 목표를 달성하기 위해서 함께 작용하는 상호 관련된 부분들의 조합이다. 따라서 조직의 부분적 이해보다는 부분들 간의 상호 관련성 속에서 전체를 파악하려는 이론이다. 이 이론의 적용에 공헌한 초기의 학자는 버나드(C. I. Barnard)였다. 버나드는 1938년 자신의 관리경험에 토대를 두고 저술한 「경영자의 기능」이라는 저서를 출간하였다. 이 책에서 조직을 협동체계로 묘사하고 있으며, 각 개인들의 조직에 대한 공헌이 공동의 목표를 위해 통합되어져야 한다고 언급하고 있다.

시스템적 사고는 오늘날까지도 경영이론과 실제에 지속적으로 영향을 미치고 있다.

도표 1-9 하위시스템의 상호 작용에 관한 복잡한 네트워크 구조

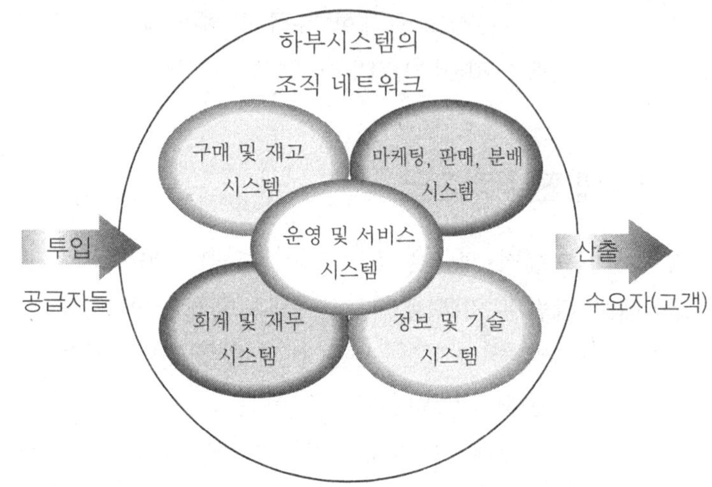

[도표 1-9]는 시스템적 접근방식을 도식화한 것으로, 공급업체들에 의한 투입으로부터 고객으로의 산출로 변환시키는 과정에서 환경과 상호작용하는 개방체계(open system)로 조직을 규정하고 있다.

또한 운영 및 서비스 시스템은 중추적인 역할을 수행하기 때문에, 다른 하위시스템, 즉 구매, 회계, 판매, 그리고 정보시스템의 통합을 제공한다.

잠깐 쉬어갑니다

시스템 이론

시스템 이론은 생물학자인 버틀란피(L. V. Bertalanffy)가 동물들이 어떻게 먹이를 먹고, 어떻게 배설물을 발생시켜 균형상태를 유지하는가를 설명하기 위한 이론이 효시였는데, 시스템은 '원소(元素)및 원소들의 집합체인 부분(部分) 각각이 서로 유기적(有機的)인 관계하에 모여 복합적으로 구성된 하나의 완성체' 를 의미하는 용어로 ~체, 체계, 조직 등의 용어로 번역되어 사용되기도 하지만 그냥 시스템이라고 사용하는 것이 일반적이다.

버나드에 따르면, 조직 전체의 높은 성과는 각 하위시스템별로 과업이 만족스럽게 수행되고, 다른 하위시스템과의 통합이 실행될 때에만 발생된다는 것이다. 그것은 전적으로 최고경영자(CEO: chief executive officer)들의 몫이다.

(2) 상황적합적 사고

현대 경영은 상황지향적이다. 즉, 경영의 실제는 환경적 요구에 적절하게 대응해야 한다. 상황이론은 조직성과에 영향을 미치는 유일한 최선의 방법은 존재하지 않으며, 그때그때 상황에 따라 다르게 대응해야 함을 강조하고 있다. 다시 말하면, 모든 상황에 적합한 '유일한 최선의 방식'(one best way)을 찾는 것은 불가능함을 나타내고 있다.

상황적합적 사고는 모든 관리기능에 확장해서 적용되어질 수 있다. 계획, 조직화, 지휘, 통제과정은 물론이고, 불확실한 환경하에서 전략을 구축하는 데에도 현대 경영에서 활용하고 있다. 이를 통해 환경의 불확실성을 최소화하고, 불확실성이 조직에 가져다 줄 충격을 최소화할 수 있어야 한다.

도표 1-10 기업의 가치사슬

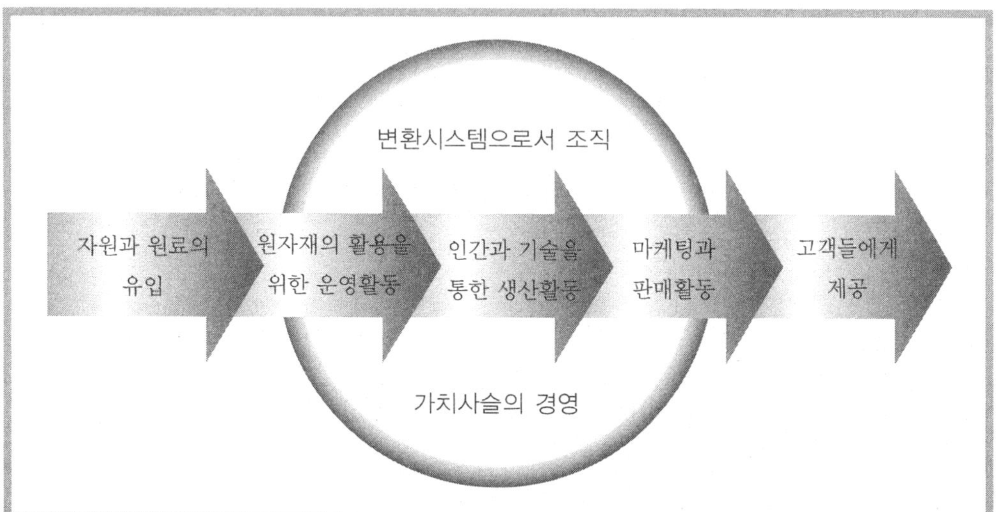

(3) 가치사슬 경영

기업은 일반적으로 가치를 창출하는 여러 가지의 행위를 수행한다. 가치를 생성하는 주체인 기업은 가치사슬로 구성되어 있으며, 이를 통해 가치 경영을 실현하게 된다. 가치사슬이란, 원자재를 재화나 서비스로 전환하는 일련의 구체적인 연쇄 활동을 의미한다. 가치사슬을 구성하는 주 활동의 모든 노력들은 전사적 품질관리(TQM: total quality management)를 통해 이루어진다.

[도표 1-10]에서와 같이 가치사슬의 주 활동은 원자재의 구입, 생산, 물류, 마케팅과 판매, 고객서비스 등의 다섯 가지로 구분된다. 이러한 가치사슬은 기업이 경쟁전략을 수립할 경우나, 활동위주의 원가분석을 수행할 때 많이 사용된다.

오늘날 고객에 대한 가치의 제공이 기업의 입장에서는 중요한 문제이기 때문에, 기업은 그들의 고객에게 양질의 재화나 서비스를 제공하는 능력, 즉 가치사슬에 의한 품질향상을 통해 경쟁우위를 점할 수 있다.

읽을 거리

헨리 포드와 알프레드 슬로언

자동차산업은 20세기 미국을 경제강국으로 만든 주요 산업 중 하나다. 그리고 20세기 미국 자동차산업에서 가장 중요한 인물 두 사람을 뽑으라면 주저없이 헨리 포드(Henry Ford)와 알프레드 슬로언(Alfred Sloan)을 꼽을 수 있다. 한 사람은 포드자동차의 창업자이고 다른 한 사람은 GM의 전문경영인이다. 포드가 '모델 T'로 대표되는 대량생산으로 포드자동차를 20년 동안 타의 추종을 불허하는 일등 자동차회사로 만들었다면, 슬로언은 탁월한 제품전략과 조직관리로 GM을 50년 동안 미국 자동차산업의 지배자로 군림하게 한 인물이다.

포드자동차가 미국 자동차시장을 석권하게 된데는 창업자 포드의 비젼이 결정적인 역할을 했다. 포드는 모든 사람들이 사치품으로 여기던 제품을 대중 필수품으로 바꾸어 놓았다. 제조과정의 혁신을 통해 포드는 수천 달러에 판매하던 자동차를 600달러 이하로 판매하고도 20~30%의 이익률을 유지할 수 있었다.

그러나 승승장구하던 포드는 1920년대 중반에 들어서면서 몰락의 길을 걷기 시작하여 1931년에는 결국 GM에게 선두자리를 내주게 된다. 1920년대 들어서면서 미국 자동차시장은 빠르게 변화하고 있었지만 포드는 이런 시장변화를 감지하지 못하였다. 모델 T 덕택에 포드자동차를 미국 최고기업으로 키울 수 있었던 포드는 모델 T가 영원하리라고 믿고 있었다.

GM은 1908년 뛰어난 금융자본가였던 윌리엄 듀란트(William Durant)에 의해 설립된 회사이다. 그는 금융자본가의 성격상 후일 GM의 대표적 자동차 브랜드가 될 여러 자동차회사를 인수했고 수직적 계열화를 목표로 다양한 부품회사를 인수하였다. 이 인수과정에서 당시 베어링회사를 운영하던 알르레드 슬로언이 GM에 합류하게 된다. 그러나 얼마되지 않아 무리한 인수합병으로 인한 재정압박을 견디지 못하고 듀란트는 GM의 경영권을 잃게 된다. 1920년대 초부터 GM의 최고경영자가 된 슬로언은 일관성있는 제품전략과 이에 맞는 조직개편을 통해 GM을 세계최고의 자동차회사를 만들어냈다. 전문경영인인 슬로언에게는 포드같이 창업자에게서 풍기는 카리스마가 없었다. 그러나 슬로언은 일관성있는 전략과 용의주도한 조직관리를 통해 포드가 해낸 일 이상의 업적을 이루었다.

1920년대 미국 자동차시장은 성숙화의 징조를 보여 성장이 정체되고 대체수요가 점차 중요해지기 시작한다. 이때 슬로언은 포드와 달리 시장변화를 정확히 읽고 시장 성숙화와 함께 소비자가 다양한 자동차 모델을 찾을 것이기 때문에 광범위한 제품차별화가 타당하다고 주장하였다. 이러한 슬로언의 믿음에 따라 GM은 소득기준으로 시장을 세분화하고 각 세분시장에 적절한 자동차 브랜드를 개발한다는 제품차별화전략을 제시했다. 소득이 낮은 젊은 고객에게는 시보레(Chevolet), 중간층은 폰티액(Pontac), 올스모빌(Oldsmobile), 뷰익(Buick), 그리고 최고급차를 원하는 고객에세는 캐딜락(Cadillac)을 판매하는 방식이다.

슬로언은 시장세분화전략을 수행하기 위해서는 분권화된 조직이 보다 효과적이라 믿고 향후 수많은 대기업조직의 표본이 되는 분권조직을 제시한다. 각 자동차 브랜드를 하나의 독립된 회사 또는 본부(division)으로 운영하여 제조 및 판매에 대한 책임을 지우는 대신 최대한 자율성을 보장하였다. GM의 중앙관리본부는 전사적인 조정이 필요한 업무와 장기적 자원배분의 문제만을 다루었다. 대량생산에 필요한 규모의 경제를 유지하면서 시장상황에 보다 유연하고 기민하게 대처하기 위해서는 분권조직이 유리하다는 것이 슬로언의 계산이었다. 이와 같은 슬로언의 지도력으로 GM은 50년 동안 미국 자동차산업의 절대강자로 군림한다. 그의 조직관리기법은 학계에서도 널리 인용되어 슬로언을 '현대 관리이론의 아버지' 라 부르기도 한다.

〈자료: 김병도(2003), 코카콜라는 어떻게 산타에게 빨간 옷을 입혔는가, 21세기 북스, pp.37~41.〉

토론문제

1. 여러분은 경영이 무엇이라고 생각하는가? 인생경영과 조직경영은 어떤 공통점과 차이를 지니고 있는 것일까?
2. 고성과조직이란 어떤 조직을 의미하는 것일까? 유효성과 능률의 차원에서 생각하여 보시오.
3. 경영의 과정이란 무엇을 의미하는가? 각각의 과정이 지닌 의미를 생각하여 보시오.
4. 경영자에게 요구되는 기능은 무엇인가? 각각의 경영자계층을 중심으로 설명하여 보시오.
5. 잭 웰치가 성공한 CEO로서 인정받고 있는 이유는 무엇인가? GE의 성공과 연계하여 토론하여 보시오.
6. 경영학의 고전이론의 가장 큰 특징을 제시하고 오늘날에 어떻게 적용되고 있는지 자료를 찾아 논하시오.
7. 경영학의 신고전이론에서 공통점과 문제점을 찾아보고 오늘날의 경영이론에 어떠한 영향을 미쳤는지 분석해보시오.
8. 테일러의 과학적 관리법이 지니는 의미와 문제를 설명하여 보시오.
9. 베버의 관료제이론의 출발배경과 그 주요 내용을 설명하여 보시오.
10. 상황적합적 이론을 설명하고 그 사례를 제시하여 보시오.

참고문헌 및 자료

1) J. R. Schermerhorn, Jr(2002), *Mangement*, 7th ed., New York: John Wiley & Sons, Inc., p. 11
2) L. E. Boone & D. L. Kurtz(1992), *Management*, 4th ed., New York: McGraw-Hill, Inc., p. 12.
3) 박성수 외(2004), 새로운 인적자원관리, 전남대학교 출판부, pp. 433~435
4) R. H. Kilmann & R. P. Herden(1976), "Towards a systematic methodology for evaluation of interventions on organizational effectiveness," *Academy of Management Review*, Vo1. 3, pp. 87~98.
5) 박성수 외, 전게서, pp. 433~434
6) H. Mintzberg(1975), "The manager's job: Folklore and fact," *Harvard Business Review*, July-August, pp. 49~61.

7) Robert L. Katz(1974), "Skills of an effective administrator," *Harvard Business Review*, September-October, pp. 90~102.

제 2 장

경영환경과 기업문화

이 장을 공부하고 나면

1. 경영에 있어 환경의 중요성을 인식할 수 있습니다.
2. 환경의 주요 유형에는 어떠한 것들이 있으며, 또 어떠한 영향을 미치는지를 이해할 수 있습니다.
3. 경영환경이 최근 어떠한 모습으로 변화되고 있는지를 인식할 수 있습니다.
4. 기업문화란 무엇이며, 왜 중요한지를 인식할 수 있습니다.
5. 기업문화의 구성요인과 형성과정을 이해할 수 있습니다.
6. 바람직한 기업문화를 창조하고 정착시키기 위해서는 어떠한 노력과 시도가 이루어져야 하는가를 알 수 있습니다.

이 장의 주요 목차는

워밍업

일반적으로 환경은 시스템의 통제외적으로 존재하는 모든 객체 또는 대상을 의미한다. 그러나 오늘날 경영환경은 경영조직의 성과에 영향을 미칠 수 있는 모든 대상을 포함하는 광범위한 개념으로 이해하여야 한다. 최근에 와서는 조직을 둘러싼 환경요인들이 독자적으로 전개되기보다는 상호 관련성을 지니고 상호 복합적으로 전개되며, 그 전개양상이 매우 복잡 · 불확실 · 가변적으로 이루어지고 있다. 이에 따라 현대기업은 실로 구체화시키고 가시화시키기 어려운 수많은 환경적 요인 아래 자신들의 생명력과 성장을 확보하도록 요구받고 있다.

따라서 오늘날에는 기업을 둘러싼 환경적 요인들에 순응하기보다는 적극적인 분석과 대응을 통하여 위기를 기회로 만드는 경영자가 요구되고 있으며, 이를 위해서는 무엇보다도 기업성과에 영향을 미칠 가능성이 있는 환경적 요인에 대하여 철저한 분석과 그에 따른 중 · 장기적인 대응전략의 수립이 요구된다.

한편 기업문화는 사내기업가정신과 함께 조직의 내부환경을 구성하는 중요한 요인이다. 기업문화는 기업의 구성원들이 공유하고 있는 가치관, 신념, 이념, 관습 등을 총칭하는 것으로서 일반적 문화와 마찬가지로 기업과 구성원의 행동에 방향을 결정하고 정당성을 제공한다. 기업문화는 고정적인 것은 아니지만, 일단 형성된 기업문화는 손쉽게 바꾸기 어렵다는 점에서 기업의 특성과 장기적 전략방향과 일치되는 바람직한 기업문화를 형성하는 것은 기업의 성과결정에 매우 중요하다.

주요 용어와 개념

- ▶ 경영환경
- ▶ 외부환경
- ▶ 일반환경
- ▶ 과업환경
- ▶ 친여론경영
- ▶ 내부환경
- ▶ 사내기업가정신
- ▶ 기업문화
- ▶ 기업문화의 구성요소와 기능
- ▶ 기업문화의 창조자
- ▶ 지식혁명
- ▶ 3간의 활용
- ▶ 밥상문화
- ▶ 니치(niche)

제 1 절

경영환경의 변화와 중요성

1. 시작하면서

최근 붐을 일으키고 있는 홈시어터시스템에 대해 생각해 보자. 홈시어터시스템의 가장 큰 특징은 고화질과 대화면, 그리고 5.1채널 이상의 박진감 넘치는 음향효과라 할 수 있는데, 그 가운데서도 고품질의 음향효과는 가히 일품이다. 그러나 그와 같은 음향효과가 기술력에 의해 최근에 와서와 가능해졌을까? 그러나 이미 1981년에 4채털 스테레오 음향기기가 시장에 출시된 적이 있다는 사실을 아는 사람은 그렇게 많지 않다. 25년 전에 시장에 선보인 4채널 음향기기는 출시된 지 불과 6개월 만에 시장에서 사라져 버렸다. 왜 그랬을까? 가장 큰 이유는 소비시장이 그와 같은 새로운 기기를 받아들일 수 있는 준비가 전혀 성숙되지 않았다는 데 있다. 우리는 그와 같은 사례를 주변에서 쉽사리 발견할 수 있다. 오늘날 가장 보편화된 통신기기인 휴대폰 역시 그와 같은 사례에 해당한다.

과거에 음반시장의 주축이었던 플라스틱 음반은 이제 자취를 감추고 그 대신 컴팩트 디스크(CD)가 그 자리를 대신하고 있다. 그러나 CD 역시 최근 MP3 플레이어에 그 위치를 위협당하고 있다. 한때 영상매체로 각광을 받던 VCD는 이제 DVD로 대체되고 있다. 그러나 DVD가 시장에서 계속될 것이라고 믿는 사람은 없다.

30년 가까이 국내 항공업을 지배하고 있던 대한항공은 1988년 아시아나항공의 출현에 의해 독점적 위치에서 벗어나 경쟁시장에서 경영활동을 전개하지 않으면 안 되게 되었다. 그러나 최근 단거리를 중심으로 하는 새로운 민항사가 설립되면서 이제 항공사 간의 경쟁은 더욱 치열해지고 있다. 과거 통신시장에서 독점적 위치를 누리던 한국통신은 데이컴 · 온세통신 등과 같은 새로운 경쟁자와 끊임없이 경쟁하여야만 하는 상황에서 새로운 경영전략의 개발에 몰두하고 있다.

이러한 사례들은 무엇을 의미하는가? 바로 기업의 사업분야와 그 사업분야에서 기업이 거둘 수 있는 성과는 기업이 속한 내·외부 환경여건에 따라 항시 유동적이라는 것이다. 아울러 제1장에서 우리는 조직의 성과가 유효성과 능률의 차원에서 평가되어질 수 있다는 것을 알 수 있었다. 그럼 조직의 성과는 무엇에 의해 결정되는 것일까? 고성과조직의 힘은 어디에서 나오는 것일까? 성공한 기업과 실패한 기업의 근본적인 차이는 어디에서 비롯되는 것일까? 우리는 이와 같은 문제를 화두로 하여 이번 장에서는 경영환경과 기업문화에 대해 알아보고자 한다.

2. 경영환경의 의의와 중요성

일반적으로 환경은 시스템의 통제외적으로 존재하는 모든 객체 또는 대상을 의미한다. 그러나 오늘날에 와서 경영환경은 조직의 성과에 영향을 미칠 수 있는 모든 대상을 포함하는 광범위한 개념으로 이해하여야 한다. 과거에는 통제가능성 여부에 초점을 두고 통제가 가능한 것은 자원, 통제가 불가능한 것은 환경이라 하였으나, 통제가능성의 수준을 결정하기란 쉽지 않은 일이다.

최근에 와서는 조직을 둘러싼 환경요인들이 독자적으로 전개되기보다는 상호 관련성을 지니고 상호 복합적으로 전개되며, 그 전개양상이 매우 복잡·불확실·가변적으로 이루어지고 있다. 이에 따라 현대기업은 실로 구체화시키고 가시화시키기 어려운 수많은 환경적 요인 아래 자신들의 생명력과 성장을 확보하도록 요구받고 있다.

이와 같은 환경적 요인들은 니치(niche) 공간을 형성한다.[1] 따라서 기업이 처한 산업니치는 그 산업을 구성하는 조직들이 운영하고 생존할 수 있는 자원공간을 형성하는 자원기회 및 제약조건에 의해 영향을 받는다. 소비자의 욕구변화, 기술적인 혁신 및 진보, 정부의 정책들은 자원공간을 정의하는 대표적인 요인들이라 할 수 있는데, 자원공간으로서 니치는 그 형태(shape)와 규모(size)로서도 나타내질 수 있다. 니치형태는 조직이 수행할 수 있는 활동의 범위 또는 유형을 정의하는데 비해, 니치규모는 그와 같은 활동이 얼마나 많이 이루어질 수 있는가를 좌우하게 된다.

예컨대, [도표 2-1]에서는 니치규모와 범위에 있어서의 변화의 사례를 보여주고 있다[2)]

[도표 2-1(b)]에서는 반도체기술의 발달이 개인용 컴퓨터의 설계혁신으로 이어짐으로써 A형태에서 B형태로 종형모습의 확장이 이루어진 사례를 보여주고 있다. 그에 비하여 [도표 2-1(C)]에서는 1980년대 초반 개인용 컴퓨터의 급속한 보급이 가정용 비디오게임시장을 잠식해 들어감으로써 기술적 진보가 현재의 성과를 대체하거나 제거해버릴 수 있다는 것을 나타내고 있다. 플라스틱 레코드음반에 의존하였던 음반시장이 CD나 MP3로 변화된 것도 같은 사례이다. 또한 (d)는 평균수명의 증가와 그에 따른 고령화가 과거 낮은 수준에 머물렀던 실버산업을 확대시킴으로써 니치사이즈가 증가하는 반면, (e)에서는 출산율의 저하가 산부인과 및 소아과 의료시장의 니치사이즈가 축소로 이어지는 현상을 나타내고 있다.

도표 2-1 경영환경과 조직성과

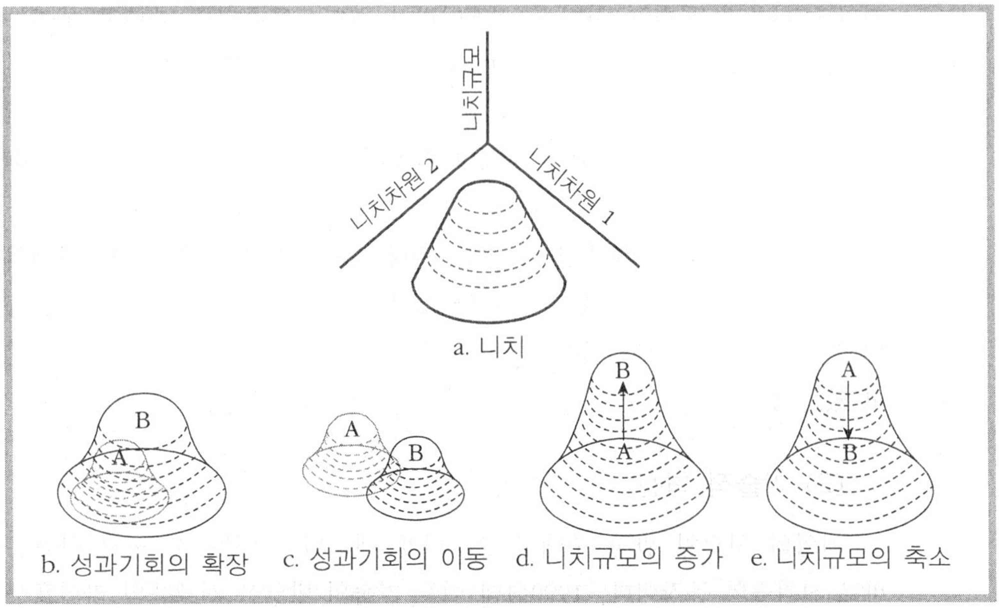

〈자료〉 A.G.Bedeian & R.F.Zammuto(1991), *Organizations*, Chicago: The Dryden Press, p. 363.

3. 주요 경영환경변화의 모습

기업은 외부세계와 단절되고 분리된 한 집단에 불과한 것이 아니라, 기업이 존재하는 사회의 각 집단과 관계를 맺고, 교류하고, 활동하는 사회적 조직체이다. 따라서 기업은 이러한 외부로부터의 지배 · 제약 · 압력 · 규제 및 이해관계에서 오는 영향력과 교섭하여 자기기업에 유리하도록 관계를 맺고 자기기업의 생존 발전을 도모하는 사회적인 존재인 것이다. 오늘날에 있어서 경영환경의 변화는 정보화 · 세계화 · 국제화 · 글로벌화 등에 초점을 맞추어 급격하게 변화하고 있는 실정이다.

글로벌 경영이 몰고 온 기업환경의 변화는 다양하게 나타나고 있다. 이러한 경영환경의 변화 모습을 몇 가지로 요약하면 다음과 같다.

(1) 정보화 사회의 출현

고도의 전자기술의 발달로 인해 현 시대에 있어서 컴퓨터와 같은 정보기기를 다루지 못하는 사람을 컴맹이라고 한다. 컴퓨터를 다루지 못하는 사원들은 우선 기업 내에서 능력이 없는 사람으로 낙인찍히고 만다. 이러한 현실은 불과 10년 전만 하더라도 생각지도 못하였던 일이지만, 현대의 정보기술의 발달은 이와 같은 사태가 일어나도록 유도하고 있다. 정보기술의 발달로 인하여 누구든지 단말기 앞에 앉아서 지구의 반대편에서 일어나는 일을 실시간으로 자기 앞에 있는 모니터에 나타낼 수가 있다. 경쟁의 우위를 점하고 있는 기업들은 이러한 최신 정보들을 최대한 신속하게 취하면서, 기업경영을 하고 있다. 교역의 중심도 역시 컴퓨터 모니터로 옮겨지고 있는 것이다.

(2) 기술적 혁신

기업의 외적인 환경 중에서 중요하게 대두되고 있는 것 중의 하나는 바로 신기술의 등장이다. 1990년대 이후 기술의 발달은 신제품의 라이프사이클을 단축시켰고, 다양한 제품 간의 기술적인 융합이 가능하도록 하는 계기가 되었다. 컴퓨터 기술에 의한 의사소통의 진전, 정보의 프로세싱,

그리고 운송기술의 발달은 오늘날 대규모 국제적 기업을 운영할 수 있게끔 만들고 있다.

또한 파이버옵틱스(fiber optics: 유리 섬유에 의한 빛의 굴절 전달장치), 무선기술, 그리고 인터넷과 3W(world wide web)는 매우 적은 비용으로 방대한 양의 정보의 진행을 가능하게 했다. 기술적 혁신이 기업환경의 변화를 몰고 온 것이다.

(3) 경쟁의 글로벌화

글로벌화(globalization)란 기업이 국가단위로 각기 다른 전략을 취하는 것이 아니라 전세계의 시장을 하나의 시장으로 보고 동일한 전략을 수행하는 것을 의미한다. 글로벌화와 국제화는 약간 다른 의미로 해석되는데, 국제화(internationalization)는 과거에 국가단위로 구성되었던 경제상황에서 한 국가에 있는 기업이 다른 국가로 진출하는 것을 의미하는 반면, 글로벌화는 국경에 따른 시장구분이 더 이상 의미가 없어졌다는 것을 뜻한다.

글로벌화 된 산업에서는 자유무역의 환경 하에서 제품·기술·서비스가 자유롭게 이동하며, 인적자원과 자본의 흐름도 자유롭게 된다. 이로 인해 국내의 모든 기업은 이제 그들의 경쟁기업이 국내에만 있는 것이 아니라, 세계에 있는 같은 업종에 종사하는 모든 기업이 경쟁업체로 부상하게 되었다.

이러한 국가 간의 무역 활동이 증가하면서, 이를 보호하고 촉진하기 위한 법과 제도가 필요성이 대두되었는데, 현재 국가 간의 법적, 제도적 체제는 크게 두 가지 유형으로 구분되어진다. 첫째, 전세계 대부분의 나라들이 참여하는 범세계적인 다자주의 체제이다. 그 대표적인 예는 관세 및 무역에 관한 일반 협정(GATT: General Agreement on Tariffs and Trade)과 이어 출범한 세계무역기구(WTO: World Trade Organization)가 그것이다.

다른 하나는 몇 개의 나라들만이 참여하여 그들 국가들끼리만 관세 철폐를 통한 상품무역의 자유화나 자본이동의 자유화 등 보다 긴밀한 경제협력 체제를 유지하는 지역주의체제이다. 예를 들어, 미국을 중심으로 한 북미자유무역협정(NAFTA: North American Free Agreement), 유럽을 통합하여 생겨난 유럽경제공동체(EEC: European Economic Community), 그리고 아시아·태평양 지역의 경제협력 증진을 위한 역내 각료들의 협의기구인 아시아 · 태평양경제협력체(APEC: Asia-Pacific Economic Cooperation) 등이 있다. 한국 · 칠레 자유무역협정도 지역 협력체제의 하나이다. 대부분의 나라들은 국제통상 관계에서 이 두 가지를 상호 보완적으로 활용하는 경향을 보이고 있다.

(4) 무역장벽의 철폐

근래에 들어서까지, 고도로 산업화된 국가들은 국내 기업들을 보호하기 위해서 외제품에 대해 높은 관세를 부과해 왔다. 예를 들어, 1950년대 독일, 이탈리아, 영국과 같은 국가들은 외제품에 대해서 평균 25%의 관세를 부과하였다. 개발도상국에서도 이러한 정책을 시행하여, 인위적으로 외제품의 가격을 높게 형성되도록 유도하였다. 개발도상국에서는 종종 외제품의 관세가 제품가격의 100%를 초과하기도 했었다.

하지만 이제는 국내산업보호정책이 대부분의 국가들에 있어서, 기업 · 국가 · 고객들에게 해를 끼친다는 점을 인식하고 있다. 따라서 외제품에 대한 관세, 즉 무역장벽은 국내 기업이 세계적인 기업으로 성장할 기회의 상실이나 재화나 서비스에 대한 고객선택의 축소, 그리고 경기침체를 야기할 우려가 있기 때문에 서서히 무너지고 있다.

(5) 고객의 세계화된 기호(嗜好)와 욕구의 다양화

고객의 취향과 선호도는 비록 각 나라와 문화에 따라 차이가 존재할지라도, 점점 더 유사하게 한 방향으로 집중되고 있다. 코카콜라, 소니, 맥도날드 등과 같은 기업의 성공은 이러한 경향을 나타내 주는 실례이다. 세계적으로 단일화되고 있는 고객의 취향과 선호도의 원인은 대중매체의 동시성, 재화나 서비스의 세계화, 그리고 비용절감 때문에 표준화된 제품을 선호하는 다국적 기업의 비차별적 전략에 기인한다.

반면에, 고객의 욕구는 더 이상의 획일화된 욕구가 아니라, 다양한 욕구를 추구하고 있다. 고객 욕구의 다양화로 인해 과거 기업의 전통적인 현금 창출역할을 했던 사업 및 제품들이 앞으로 그 역할을 계속할 것으로 믿기에는 많은 불확실성이 존재한다. 따라서 기업들은 고객의 욕구에 맞추기 위하여 그들의 생산형태를 다품종 소량생산, POS시스템(판매시점관리:

point of sales management)의 개발, EDI(Electronic Data Interchange) 등 다양한 기법들을 도입하고 있다.

잠깐 쉬어갑니다

뜨는 사업, 지는 사업

중소기업이 업종 부침에 따라 희비가 엇갈리고 있다. 젓가락 제조업체, 일회용 라이터 제조업체 등은 중국 업체와의 경쟁에 밀려 사양산업으로 사라지는가 하면, 최근 산업구조 재편에 따라 재활용품이나 컴퓨터부품 관련업체는 우후죽순 생겨나고 있다. 중소기업협동조합 중앙회에 따르면 2004년 10월 현재 총 766개 협동조합(지방조합 포함) 중 최근 5년간 해산된 조합은 16개, 새롭게 설립된 조합은 43개다. 특히 해산된 조합들의 면면과 해산 이유가 눈길을 끈다. 지난 3월 해산된 한국라이터공업협동조합은 중국과의 경쟁에 밀려 '사양산업'이 된 대표적인 예, 지퍼를 만드는 업체들의 조합인 대한화스나공업협동조합 역시 같은 이유로 지난해 12월 해산됐다.

이밖에 지난 1999년 자체 해산한 한국컴퓨터판매업협동조합과 2002년 중기청에 의해 해산된 한국화장품판매업협동조합연합회 등은 국내 유통망 재편에 따라 공중분해된 경우다. 컴퓨터판매업조합은 전자 양판점, 전자상가 등의 급부상으로, 화장품판매업조합은 대형 화장품 유통업체의 등장으로 참여업체수가 30개를 밑돌았던 것으로 전해졌다. 최근에는 또 대형 할인점 때문에 고사위기에 몰린 슈퍼마켓협동조합들이 각 지역 단위로 해산 신고를 검토 중인 것으로 알려졌다.

이에 비해 최근 5년간 신설 신고를 낸 조합의 면면은 요즘 '뜨는 업종' 현황을 보여준다. 총 43개 신설조합 중 재생용재료수집판매업, 재활용범퍼가공업, 생활용품재활용업, 지정폐기물수집운반처리업 등 재활용 관련업 종이 4개로 가장 많다. 이밖에는 컨벤션이벤트업 · 전자게임산업 · 게임제작업 · 골프용품공업 협동조합이 신설돼 기협 중앙회에 신선한 바람을 불어넣고 있다.

〈자료: 문화일보, 2004. 10. 13〉

제2절 경영환경의 유형

경영환경은 여러 가지 기준에 의해 구분할 수 있지만, 시스템적 사고에 바탕을 두고 [도표 2-2]와 같이 일반환경과 과업환경, 그리고 내부환경으로 구분하여 살펴보자.

도표 2-2 경영환경의 분류

1. 외부환경(external environment)

외부환경은 조직의 외부에 존재하면서 경영에 영향을 미치는 환경요인들을 의미한다. 외부환경은 일반환경과 과업환경으로 구분할 수 있다.

(1) 일반환경(general environment)

일반환경은 경영상의 제반 활동에 직접적이고 즉각적인 영향을 미치지는 않지만 점진적으로 변화를 야기시키거나 영향을 미치는 환경요인을 의미한다. 일반환경에는 정치 · 법적 환경, 경제적 환경, 사회 · 문화적 환경, 시장 · 경쟁환경, 기술적 환경, 지리적 환경 등이 있다.

경기의 하락이 자동차구매도에 미치는 영향과 같이 직접적이고 즉각적인 경우도 있으나 대부분의 일반환경은 점진적인 특성을 지닌다. 일반환경의 가장 큰 특징은 앞서 차후 살펴볼 환경요인들과는 달리 경영자가 기업경영에 유리하도록 통제나 협상이 불가능하다는 것이다. 따라서 이러한 환경의 변화는 제어하기보다는 차라리 그러한 변화에 신속하게 대응하는 것이 유리하다.

1) 정치 · 법적 환경

정치적 환경은 경제적 환경에도 영향을 미치고 동시에 기업의 의사결정에 대한 영향도 크고 광범위하다. 또 법률적 환경에서 법률은 개인이나 기업에 대해 강제성을 갖는 법규나 규칙을 말한다. 국제법과 국제규약 등도 중요한 환경이다.

2) 경제적 환경

경제적 환경이란 기업활동에 직접적인 영향을 미치는 경제시스템의 전체로서 시장경제체제하에서 자유경쟁의 원리에 따라 시장을 대상으로 생산활동을 수행하는 환경이다. 국내경제 환경으로는 GNP성장률, 산업구조의 변화, 물가, 소비구조의 변화 등을, 그리고 국제경제 환경으로는 수출입, 환율변동, 경제협력, 외국의 소득 및 생산구조 등을 들 수 있다.

3) 사회 · 문화적 환경

사회 · 문화적 환경이란 사회나 집단을 구성하고 있는 개인의 행동에 영향을 미치는 문화나 가치관, 생활양식, 전통 내지 관습 등과 같은 사회적 제도나 태도 등을 말한다. 사회적 · 문화적 환경요인의 예로는 공기와 수질오염에 대한 사회적 압력이라든가 생활의 질을 추구하는 패턴 등은 기업에게 새로운 도전이 되고 있다. 오늘날 대부분은 1~2명의 자녀만을 선호하는 가치관의 변화는 유아용품회사에 큰 영향을 미친다. 혼자 사는 은퇴한 사람, 독신자 등은 주방용품과 식품가공업자에게 새로운 변수를 제공한다.

4) 기술적 환경

기술적 환경이란 기업이 제품이나 서비스를 생산할 수 있는 기술의 수준 또는 상태를 말하며, 구체적으로 제품공정, 신제품 개발 능력, 물적유통, 정보이용, 시험능력 등을 가리킨다.

5) 시장 · 경쟁환경

기업은 시장과 경쟁환경이 그 기업이나 전략사업단위의 미래에 어떤 영향을 미칠 것인가를 결정해야 한다. 시장에 영향을 미치는 주요 환경 요인은 인구의 변화, 연령변화, 소득분포, 제품 또는 서비스 수명주기 등이 있다. 경쟁환경이 기업에 미치는 영향은 주요 경쟁자의 탈퇴와 신규진입, 대체재의 이용가능성, 현재 경쟁자의 전략 변화 등을 들 수 있다.

6) 지리적 환경

지리적 환경은 기업의 입지를 결정할 때 고려해야 하는 원자재의 조달, 시장과의 거리, 고객과의 접촉의 용이성, 기후, 용수 등의 자연적 요인을 말한다. 이는 인구, 일정 소득인구, 원가의 절감, 생활의 질 등의 이유로 발생된다. 지리적 환경에는 기업이 한 국가의 국경을 넘어 국제기업활동을 수행할 때 당면하는 국제적 환경을 고려할 수도 있다.

(2) 과업환경(task environment)

과업환경은 특정 조직이 활동과정에서 직접적으로 상호작용하는 이해자집단과의 관계라고 할 수 있다. 정부를 비롯하여 종업원집단 또는 노동조합, 소비자, 지역사회, 공급자, 채권자, 주주, 경쟁업체, 언론기관 등이 포함된다. 주요 과업환경과 기업에 미치는 영향을 살펴보면 다음과 같다.

1) 주　주

주주들은 회사의 주식을 취득하여 기업과 재정적인 이해관계를 맺는다. 주주들은 자신들의 투자에 대해 합당한 보상이 이루어지기를 바란다.

만약 소규모 투자자들이 기업의 재정적 보상에 만족하지 못한다면, 그들은 그들의 주식을 지속적으로 보유하고자 하지 않을 것이다. 그리고 개별적 대주주, 개방형 투자 신탁(mutual fund), 연금신탁(pension fund) 등은 이사회나 주주회의를 통해 보다 적극적으로 경영에 영향을 미치려고 할 것이다. 1990년대 애플컴퓨터(Apple Computer), GM, IBM, 그리고 아메리칸 익스프레스(American Express) 등의 최고경영자(CEO)들이 기대에 어긋난 재무적 성과 때문에 투자자 집단의 영향력으로 실직된 예는 주주가 진정한 기업의 주인임을 밝히고 있다.

따라서 주주들에게 기업경영을 투명하게 공개하는 노력을 게을리 하거나, 주주이익을 위한 제도를 도입하지 않을 경우 주식시장에서 자금을 조달하기 어렵게 되어 결국 기업은 자금경색으로 인한 기업의 쇠퇴에 직면할 수 있다.

2) 소 비 자

고객은 기업으로부터 재화나 서비스 등 가치를 제공받고, 기업은 고객으로 인해 생존하는 일종의 교환관계를 유지한다. 따라서 고객의 욕구, 즉 어떤 가치를 원하는지에 대한 지속적인 연구가 기업에서 이루어져야 한다. 고객들은 합리적인 가격으로 양질의 제품을 구매하는데 지속적인 관심을 두고 있다. 이에 적절히 대응하는 전략이 각 기업으로서는 절실히 요구된다.

현재의 고객집단은 과거와 달리, 기업의 생리를 전환시킬 수 있는 엄청난 역량을 가지고 있다. 소비자운동, 소비자보호주의 등과 같은 여러 형태의 단체가 기업을 감시하고 있으며, 적절한 대응을 통하여 고객의 권리를 신장시키고 있다. 예를 들어, 고객집단들은 때때로 반도덕적이고, 무책임하게 행동하는 기업들에 대항하여 불매운동(boycott)을 조직화하는 경우도 있다. 이러한 소비자운동의 결과로 고객의 단결이 강하게 형성됨에 따라, 상대적으로 기업은 보다 어려운 소비자 환경에 놓이게 된다. 뿐만 아니라 경쟁구도의 심화에 따라 고객의 선택의 폭이 넓어지고 있는 것도 기업과 고객간의 힘의 우위관계가 고객 쪽으로 기울게 되는 요인으로 등장하고 있다.

잠깐 쉬어갑니다

친(親) 여론 경영

최근 재미있는 논문이 하나 발표됐다. 이상휘 ABS농어민방송 홍보마케팅국장이 발표한 '기업 여론 전담팀 유무에 따른 언론의 보도태도에 관한 연구' 다. 이 논문에서는 여론팀을 보유한 기업과 그렇지 않은 기업의 대응 태도에 대해 신문 기사를 근거로 분석했다. 결과는 어땠을까. 당연히 해당 기업에 대한 호의적인 기사가 그렇지 않은 기업보다 훨씬 높게 나타났다.

기사 출처에서도 여론팀을 보유한 기업에서는 직접 인용이 46%로 높게 나타났지만 없는 기업은 24%에 불과해 큰 차이를 보였다. 언론 보도에 따라 소비자 여론이 크게 좌우되는 만큼 관련팀을 따로 두고 이를 소비자들과의 관계 개선에 적극적으로 활용하는 기업들이 그만큼 소비자들로부터 좋은 평가를 받을 수 있다는 얘기다.

실제 삼성, LG, 현대차 등은 공식, 비공식 여론 전담팀을 두고 여론을 경영에 적극 활용하고 있다. 삼성은 구조조정본부에 정보팀을 두고 있는 것으로 알려져 있다. LG도 경영정보팀을 따로 두고 고객 여론 추이를 면밀히 관찰하고 있다. 이 국장은 "기업들도 이런 현실을 충분히 이해하고 있어 소비자 여론을 살피는 데 많은 시간과 비용을 투자하고 있다" 고 말했다.

하이트 맥주가 진행하는 공장견학 프로그램은 소비자와 기업 간의 유대관계를 강화시키는 데 성공한 대표적인 사례로 꼽힌다. 지난해 하이트맥주 공장에 방문한 고객수만 5만 명이 넘는다. 올해는 10만 명 이상이 방문할 것으로 전망한다. 하이트맥주 공장견학제도 도입배경은 소비자들과의 친밀감을 한 단계 성숙시켜 고객을 자사의 잠재적인 '팬' (Fan)으로 만들자는 데 있다. 제조전 과정을 공개해 신뢰감을 쌓을 수 있어 한번 견학을 다녀온 후에는 하이트만 찾을 정도로 매니아 층을 형성할 수 있다는 설명이다. 1인당 방문비용이 평균 2만 원에 달하지만 전액 회사가 지원해 연간 20억 원에 달하는 비용을 고객과의 유대관계 강화에 ' 투자' 하는 셈이다.

〈자료: 매경 ECONOMY, 2003. 8. 2일자〉

3) 정 부

정부는 각종 제도와 법적 정치를 통하여 사회적 문제해결과 정책의 실현을 추구한다. 이 과정에서 일어나는 각 기업의 로비활동은 일반적 현상이다. 각 기업의 로비스트(lobbyist)들은 정부기관의 요원, 국회의원, 행정관료 등과의 친숙한 유대관계를 유지하고, 기업체에 불리한 변화가 일어날 때는 미리 탐지하여 사전에 예방할 수 있도록, 그들을 찾아가서 기업체의 입장을 설명하고 지원을 부탁하는 등의 행동을 취한다. 그러나 로비활동 에 따른 부정적인 시각도 존재한다. 정경유착의 고리가 형성되는 원인이 될 수 있으며, 이에 따른 부작용은 전체 경제에 악영향을 미치는 요인으로 등장한다.

4) 종 업 원

노동조합이나 종업원이 경영환경으로서 중요한 이유는 기업의 목표달성을 위한 행동의 주체가 바로 종업원들이기 때문이다. 따라서 최근에는 종업원을 내부고객으로 인식하고 내부고객의 만족이 외부고객 만족을 이끄는 중요한 선행요인으로 인식하는 것이 보편적으로 받아들여지고 있다.

종업원들은 자신들의 직무에 초점을 둔다. 직무를 수행함에 있어서 의사결정의 주체자로서의 역할도 수행한다. 그들은 기업으로부터 배려와 함께 정당하게 대우받기를 원한다. 신입사원들은 자신들의 경력을 진일보할 수 있는 도전적인 직무를 맡기를 원하고, 반면에 선임 종업원들은 직무의 안전성이나 퇴직금에 더 많은 관심을 갖는다.

종업원 집단을 무시하는 기업들은 노동조합의 반발을 불러일으키며, 작업중단을 통한 생산의 방해나, 가치 있고 역량 있는 종업원들의 상실, 결국에는 기업능력의 저해로 이어질 수 있다. 이에 따라 오늘날의 기업 활동은 종업원 집단의 역할을 수행하는 노동조합과의 관계 개선이 매우 중요한 요소로 작용할 수밖에 없다.

2. 내부환경

기업의 내부환경은 기업내부에 존재하는 여러 가지의 강점과 약점으로서 내부적으로 통제가능한 환경요인을 말한다. 이 같은 내부환경은 외부환경의 변화속도가 심할수록 그 영향을 크게 받는다.

내부환경을 결정해 주는 요인에는 재무 · 회계요인, 판매 · 유통요인, 생산 · 기술요인, 인사 · 노동조합 요인, 기업자원 및 기업 자체요인 등을 들 수 있다. 이와 같은 내부환경이 튼튼하면 그 기업의 강점이 되고 그 자원 중 하나가 약하면 그 기업의 약점으로 작용한다. 기업 강점의 예를 들면 다음과 같다.

- 고객에 대한 서비스의 우수성
- 제품혁신능력

- 저렴하고 효율적인 공장과 조직의 운영
- 회사에 대한 고객의 좋은 평판
- 운송과 물류비용의 효율적 관리
- 저렴하고 효율적인 설비 능력
- 우수한 영업사원, 광고선전의 우수성

반면, 기업 약점의 예를 들면 다음과 같다.

- 제품 및 시장 개발과정에서 불충분한 고객연구
- 애매한 서비스 정책
- 유통구조의 중복성
- 숫자화된 목표가 없음
- 조직 내의 너무 많은 보고 단계
- 신제품 개발과정에서 최고 경영층의 참여 결여

따라서 기업들은 기업내외부적으로 기업의 가치와 이미지를 정립하기 위하여 특정한 유형의 내부환경을 조장하고자 노력한다. 예컨대, 혁신에 가치를 두는 기업은 창조적 사고나 새로운 사고의 개발을 장려하는 경향을 보인다.

이와 같은 움직임은 사내기업가 정신을 장려하고 구성원들에 의해 공유되는 강한 기업문화를 만들고자 하는 움직임으로 나타난다.

잠깐 쉬어갑니다

사내기업가정신

기업환경이 급격히 변화되고 있는 상황에서 비만증에 걸려 허우적거리는 조직으로는 환경변화에 대처할 수 없다. 따라서 그러한 기업환경에 능동적으로 대처하기 위해 혁신적 조직을 만들겠다는 기업이 늘어나면서 사내에서 혁신적이고 창조적인 사고를 지닌 종업원의 아이디어를 발굴하고 그들의 아이디어를 받아들여 재도약의 발판으로 삼으려는 의식도 높아지게 되었다. 그러한 기업의 시대적 요청에 맞게 등장한 것이 바로 사내기업가(intrapreneur)이며, 그들이 만들어 가는 창업정신을 사내기업가정신(intrapreneurship)이라 부른다.

예컨대, 3M(Minnesota Mining & Manufacturing)사는 종업원들이 근무하는 시간의 15%를 업무와 무관한 독자적인 프로젝트에 쓰는 것을 장려하고 있으며, 포스트잇(Post-it) 또한 그 결과 한 화학엔지니어에 의해 개발된 산물이다.[3]

제 3 절

기업문화

1. 기업문화의 중요성과 구성요소

(1) 기업문화란?

기업문화(corporate culture)란 한 기업의 구성원들이 공유하고 있는 가치관, 신념, 이념, 관습 등을 총칭하는 것으로서 기업과 구성원의 행동에 영향을 주는 기본적인 요인이라고 할 수 있다. 즉, 기업문화는 조직의 전통 및 기본적 가치와 밀접한 관계가 있다.

기업문화는 전통문화에 뿌리를 둔 조직체를 둘러싸고 형성된 문화로 현대사회는 조직사회라고 명명되고 있는 것에서 볼 수 있는 바와 같이 조직사회에서의 기업문화의 개발은 그 의의가 매우 크다.

기업문화는 조직구성원들에 대해 조직 내에서의 행동방향 및 지침을 제공한다. 이는 조직이 기대하는 행동패턴 및 조직이 지향하는 바를 암시하기 때문이다. 또한 기업문화는 조직구성원의 행동에 정당성을 제공함으로써 결국 조직의 결속 및 협동체계를 강화하는 역할을 한다.

(2) 기업문화의 구성요소

기업문화는 조직구성원들의 공유가치를 중심으로 여러 가지의 구조적·제도적·기술적·인간적 요소로 구성되어 있고 이들 요소가 구성원 및 전체 조직체의 행동요인이 되고 있다.

기업문화가 무엇으로 구성되어 있는지에 관하여는 여러 가지의 견해가 있지만, 그 중 기업 문화를 이해하는 데에 실질적인 도움을 주는 것은 파스칼과 피터스(R. T. Pascale & T. J. Peters)의 7S 모형이다. 파스칼과 피터스는 일본 기업에 관한 연구에서, 그리고 피터스와 워터만(T. J. Peters & R. H. Waterman)은 미국의 우수기업에 관한 연구에서 기업문화의 구성요소로서

잠깐 쉬어갑니다

문화중심주의와 문화상대주의

문화중심주의는 자기민족 중심적인 차원에서 타민족의 문화를 이해하고 분석하고자 하는 것을 의미한다. 반면 문화상대주의는 해당 국가나 지역의 문화가 형성된 사회적, 자연적, 환경적, 역사적 배경을 고려하고자 하는 시각이다. 문화상대주의의 예는 언어나 문자에도 나타난다. 예컨대 우리말에는 눈(雪)을 뜻하는 말이 '눈' 하나이지만, 알래스카인들에게 있어 눈은 '내리는 눈', '쌓인 눈', '집짓는데 쓰는 눈' 등 3가지로 구분된다. 우리 역시 농경문화의 영향을 받아 모, 벼, 쌀, 밥으로 구분하지만 영어로는 이를 'rice' 로 표현한다.

소나 돼지를 가르키는 말 역시 우리는 하나이지만, 중국인들에게 있어서는 약 20여 가지에 이른다. 몇 가지만 살펴보자. 馬(말), 駒(2년된 말), 騋(7척말), 驕(6척말), 馰(이마가 하얀말), 駮(얼룩말), 馵(뒷왼발이 하얀말)… 이 외에 8년된 말, 이마가 흰털이 난 말을 뜻하는 한자도 있다.

다음의 일곱 가지를 들고 있다.[4)]

1) 공유 가치(Shared Value)

기업문화의 첫째 구성요소는 기업체의 구성원들 모두가 공동으로 소유하고 있는 가치관과 이념 그리고 전통가치와 기업의 기본목적 등 기업체의 공유가치이다.

2) 전략(Strategy)

기업문화의 둘째 구성요소는 기업체의 장기방향과 기본성격을 결정하는 전략으로서 기업체의 장기적인 목적과 계획 그리고 이를 달성하기 위한 장기적인 자원의 배분패턴을 포함한다. 기업의 전략은 기업의 이념과 목적 그리고 기본가치를 중심으로 이를 달성하기 위해 기업체 운영에 장기적인 방향을 제공함으로써 다른 기업문화 구성요소들에게 많은 영향을 준다.

3) 구조(Structure)

구조는 기업체의 전략을 수행하는 데에 필요한 틀로서 조직구조와 직무설계 그리고 권한관계와 방침·규정 등 구성원들의 역할과 그들 간의 상호관계를 지배하는 공식요소들을 포함한다. 따라서 구조는 관리시스템과 더불어 구성원들의 일상 업무수행과 행동에 많은 영향을 준다.

4) 관리시스템(System)

기업문화를 구성하는 또 하나의 중요요소는 기업체 경영의 의사결정과 일상운영에 틀이 되는 관리제도와 절차 등 각종 시스템이다. 따라서 시스템은 기업체의 기본가치와 장기 전략목적 달성에 적합한 보상제도와 인센티브, 경영정보와 의사결정시스템, 경영계획과 목표설정시스템, 결과측정과 조정·통제 등 경영 각 분야의 경영관리제도와 절차를 포함한다.

5) 구성원(Staff)

기업문화는 기업체 구성원들의 행동을 통하여 실제로 나타난다. 따라서 구성원은 기업체의 인력구성과 구성원들의 능력과 전문성, 가치관과 신념, 욕구와 동기, 지각과 태도 그리고 그들의 행동패턴 등을 의미한다. 구성원들의 가치관과 행동은 기업체가 의도하는 기본가치에 의하여 많은 영향을 받고 있고, 인력구성과 전문성은 기업체가 추구하는 전략에 의하여 지배되는 것이 사실이다.

6) 기술(Skill)

기술도 기업문화를 형성하고 있는 중요요소로서 각종 기계장치와 컴퓨터 등 생산 및 정보처리 분야의 하드웨어는 물론 이를 사용하는 소프트웨어 기술을 포함한다. 뿐만 아니라 구성원들에 대한 동기부여와 행동 강화, 갈등관리와 변화관리, 목표관리와 예산관리 등 기업체 경영에 적용되는 관리기술과 기법도 포함된다.

7) 리더십 스타일(Style)

기업문화의 마지막 구성요소는 구성원들을 이끌어나가는 전반적인 조직관리 스타일로서 구성원들의 행동조성은 물론 그들 간의 상호 관계와 조직분위기에 직접적인 영향을 주는 중요요소이다. 기업체의 개방적·참여적·온정적·유기적 성격 등은 일상경영에 적용되는 관리 및 리더십 스타일로부터 많은 영향을 받으며 이를 통하여 기업체의 기본성격이 형성된다.

2. 기업문화의 창조자

그럼 기업문화는 누가 만들어 나가는 것일까? 대부분의 기업문화는 기업의 창업자에 의해 직간접적으로 영향을 받는다. 때때로 창업자가 형성한 문화체계가 약한 경우에는 새로운 리더가 강력한 문화의 뿌리를 내리게 된다. 또한 환경의 변화에 따라 기존에 형성된 문화가 조직생존의 방향과 부적합하게 될 때도 기업문화는 변화하게 된다.

(1) 창 업 자

기업문화의 창조자 중 가장 핵심적인 역할은 창업자 자신이라 할 수 있다. 조지 워싱턴은 미국 제1대 대통령으로써 두 번의 임기를 마치고 여러 번 출마할 수 있는데도 고향에 계신 어머니한테로 돌아갔다. 그는 미국 건국의 아버지로서 미국의 정치문화 발전에 큰 역할을 하였다. 기업이나 대학이나 창업자의 역할은 지대하다. 듀퐁, 마쓰시다(松下幸之助), 이병철, 정주영은 기업문화의 창조자들이다.

(2) 최고경영자

오늘날은 CEO의 시대이다. GE사의 전회장 잭 웰치(Jack Welch)는 GE의 문화창조를 통해서 GE가 세계 초일류기업으로 성장하는데 결정적인 역할을 하였다. 그는 관료적이고 보수적이었던 비대한 공룡 GE를 변모시켜 기업의 시장가치를 120억 달러에서 4,500억 달러로 끌어올린 '경영의 신' 으로까지 불리운다.

(3) 핵심구성원

기업문화는 창업자나 최고경영자에 의해서 창조되기도 하지만 그들이 그들의 역할을 다하지 못할 때 핵심구성원, 때로는 일반구성원들에 의해서 새로운 기업문화가 창조되기도 한다.

(4) 국가 · 사회문화

그 조직이 존립하고 있는 국가사회의 문화가 기업문화에 영향을 주는 경우이다. IMF 이후 우리나라는 큰 변화를 겪었다. 모든 조직에 구조조정의 바람이 불 때 기업문화도 재정립되지 않을 수 없다. 한국의 많은 조직과 많은 기업의 문화가 변화되고 재형성되었다고 할 수 있다.

잠깐 쉬어갑니다

칼리 피오리나와 HP

칼리 피오리나(Carly Fiorina)는 1998년부터 6년 연속 미국에서 가장 영향력있는 여성기업가로 선정될 정도로 뛰어난 경영자로 인정받아 왔지만 휴렛팩커드(HP) 회장 겸 최고경영자(CEO)로서의 위치는 그리 순탄하지 못하였다. 피오리나가 1999년 7월 CEO에 오른 뒤 HP 주가는 5년 반만에 50%나 급락했으며, 2002년 컴팩과 합병한 뒤에도 주가는 15% 하락했다. 오히려 HP 이사회가 피오리나 해임을 결정한 이후 뉴욕증시에서 HP 주가는 6.9% 급등하는 기현상을 보였다.

뉴욕타임스는 피오리나 경질에 대하여 HP 실적 저조과 아울러, 무엇보다 HP가 지니고 있던 기존의 조직문화와 피오리나의 경영스타일 간의 갈등이 중요한 요인이 된 것으로 보고 있다.

종래 HP는 설립 당시부터 경영진과 종업원 간에 격의 없는 대화가 강점이었고 형식보다는 실질적인 공감대 형성이 성공을 가져온 비결이었다. 실제로 창립 동지인 휴렛과 패커드는 반팔 옷차림에 여기저기 어슬렁거리면서 직원들과 식사하고 대화하기를 즐겼다. 반면 창립 이래 처음으로 외부에서 영입된 CEO인 피오리나 스타일은 크게 달랐다고 뉴욕타임스는 평가했다. 그녀는 회사로비에 자신의 대형사진을 내걸고 회사돈으로 전용 자가용비행기를 구입하여 타고다닐 만큼 CEO로서 자신의 위치를 중요시했다. 그녀는 형식을 중요시했고 직원들과 어울리면서 식사하기보다는 자기 방에서 혼자 점심식사하기를 선호했다. 또 직원들이 그녀를 면담하기 위해서는 수주 전부터 날짜와 시간을 잡아야 했다.

반면 많은 사람들에게 HP는 단순한 기업 이상의 의미로 받아들여져 왔다. HP는 종업원들이 신나게 웃고 다니는 회사, 최악의 불경기에도 해고가 없는 회사, 최고경영자는 비행기를 탈 경우 항상 이코노미클래스만 이용할 정도로 검소한 생활을 하는 회사로 유명하다. 이와 같이 오두막에서 출발하여 소탈하고 형식에 얽메이기를 불편해하는 기존의 HP 문화에 비하여 회사로비에 떡하니 자신의 대형사진을 내걸고 전용비용기를 구입하며 최고경영자로서의 위상을 강화하고자 했던 피오리나는 찰떡 궁합이 아니었던 것이다.

3. 기업문화 정착을 위한 방안

기업문화가 성공적이기 위한 가장 중요한 전제조건의 하나는, 기업문화는 반드시 조직구성원 전체가 함께 누리는 가치체계이어야 한다는 것이다. 조직 내의 집단 및 구성원 상호 간에 일체감이 조성되지 못하고, 각자가 나름대로의 지나친 자기 몫 찾기에 열중하는 환경 아래에서 기업문화는 꽃피우기 힘들다.

이러한 면에서 조직 내에 바람직한 기업문화가 정착되기 위해서는 무엇보다도 조직구성원 및 조직 내의 집단 상호 간에 존재하는 불일치와 불신이 제거되고 공동문화 및 공동선(공동목표)이 구축되어야 한다.

공동문화와 공동선을 달성하기 위해서는 다음과 같은 부분이 먼저 성숙되고 충족되어질 수 있어야 한다.

- 조직구성원 상호 간에 공동체의식의 함양이 이루어져야 한다.
- 조직이 창출한 과실에 대하여 적정배분과 공정한 관리가 이루어져야 한다.
- 인간과 조직의 시스템에 대한 신뢰풍토가 형성되어야 한다.
- 인간본위의 조직관리를 통하여 조직의 성장을 추구하여야 한다.
- 장기적 안목에서 조직 및 구성원의 발전을 기할 수 있는 비전(vision)의 제시와 함께 그에 대한 신뢰감이 확보될 수 있어야 한다.

한문의 경구에 "我生汝生 我死汝死"라는 말이 있다. 즉, 내가 살면 너도 살고, 내가 죽으면 너도 죽는다는 말이다. 진정한 의미의 공동문화·공동선은 공생공사의 정신을 필요로 한다고 하겠다.

위에서 제시한 공동문화 및 공동선의 달성방안은 조직 내에서 리더의 역할의 중요성과 아울러, 조직 전체의 유지시스템의 개발이 지니는 의의를 제시하고 있다. 여기서 다시 한번 강조하는 바는 기업이 추구하는 가치는 조직구성원 전체에 공유될 수 있어야 하며, 그러한 공유된 가치에 절대적인 신뢰성이 부여될 수 있어야 한다. 그러나 이러한 가치체계가 도덕성을 상실하거나 조직구성원들이 지니는 개별적인 가치체계와 일치되지 않는 상황하에서 기업문화의 정착을 기대하기는 어려울 것이다.

따라서 기업문화의 정착을 위해서는 무엇보다 다음과 같은 부분이 매우 중요하다.

첫째, 올바른 목표체계를 정립하여야 한다. 이러한 목표는 조직이 추구하는 의도에 따라 명확히 제시될 수 있어야 할 것인바, 그러한 목표는 창업정신으로서 정립되어야 할 것이다.

둘째, 그러한 창업정신이 조직구성원 모두에게 명확한 목표로 인식되고 공동문화 · 공동선을 형성하기 위한 가치체계로 인식되기 위해서는 보다 구체적인 방식으로 표현될 수 있어야 한다. 이러한 방향의 대표적인 방법이 사훈의 제정이라 할 수 있는데, 사훈은 만드는 것보다 실천이 중요한 덕목이다.

셋째, 창업정신의 구현을 위한 구체적 목표가 설정되어져야 한다. 조직의 구체적 목표를 설정하고 실천을 위한 하부목표를 세우고 실천전략을 수립하여야 한다. 목표를 세우고 그 목표를 달성하기 위한 신념하에 지속적인 학습을 하고 피드백을 통하여 평가제도를 확립하여야 한다.

오늘날 기업문화의 개념은 기업을 둘러싼 외부환경의 급격한 변화에 따라 기업내부에 점차 가중되고 있는 구조적 변화의 요구에 대해 기업조직이 추구해야 할 위상을 정립하는 데 바람직한 방향을 제시해 주고 있다.

지금까지의 많은 연구들에 따르면, 기업문화가 잘 정착되어 있을수록 구성원들의 직무에 대한 만족도, 일체감, 조직에 대한 동조성과 애사심을 높여 구성원들의 행동양식에 일정한 준거틀을 제공할 뿐 아니라, 외부인들의 그 조직에 대한 이미지를 고양시키고, 그 조직에 일관성 있는 가치를 부여하게 되는 것으로 알려지고 있다.

그러나 비단 그러한 장점이 기업문화를 정립함으로써 확보되어질 수 있다는 사실에 집착하지 않더라도, 앞으로 예측되는 경영환경하에서 기업이 올바른 위상을 정립하고, 계속적인 성장과 발전을 이루기 위해서는 조직내에 구성원 모두가 함께 누릴 수 있는 가치체계를 형성하는 것이 매우 중요한 의미를 지니게 된다.

4. 지식경영시대의 기업문화

(1) 지식혁명의 특징

1) 시 · 공의 초월시대

지식혁명의 결과 인류사회에 엄청난 변화의 물결을 가져왔다. 과거에는 과거, 현재, 미래라는 경계가 있었고 시간과 공간을 구별하는 확실한 선과 개념이 있었다. 오늘의 인간은 시간과 공간을 초월하며 삶을 유지한다. 그 사례를 보자. 미국의 CNN은 24시간 뉴스를 방영한다. 세계의 구석구석을 찾아 생방송으로 뉴스를 전달한다. 이는 시간과 공간을 초월한 단적인 예이다.

다른 예를 보자. 우리는 휴대폰으로 때와 장소를 가리지 않고 원하는 곳, 원하는 사람에게 전화를 한다. 지리산 산 속에서도 백두산에 올라서도 소식을 전한다. 미국의 통신위성은 하늘을 날으며 24시간 전파를 쏘아보내고 군사위성은 24시간 지구의 곳곳을 감시한다. 과거의 시간과 공간을 초월하고 시간과 공간을 압축한 시간에 살고 있다.

2) Communication의 혁명

시간과 공간의 초월시대는 통신혁명의 시대를 가져왔다. 달에 가서도 화성에서 가서도 지구로 자료를 전송하는 시대가 왔다. 인터넷이라는 괴물을 통하여 소식을 전하고 쇼핑을 즐기고 전자상거래를 하고 게임을 하고 조직체를 만들고 동호인을 구하고 가히 무소불위(無所不爲)의 인간의 삶을 누리고 있다.

사이버대학(Cyber University)이 유행처럼 설립되어 운영되고 있다. 미국 애리조나주의 사이버 대학은 학생수가 4천 명인데 학교에는 한번도 나오지 않고 모두 자기 나라, 자기 집에 앉아서 학사, 석사, 박사 공부를 하고 있다. 이 학교의 학생들은 모두가 사이버 대학에서 공부하는 것에 대하여 만족한다고 한다.

놀랄 만한 예를 더 들어보자. 동독이 서독에 흡수 통합되어 역사적인 독일 통일을 가져왔는데 고르바쵸프의 개방정책의 힘도 컸었지만 중요한 원인은 TV의 개방 때문이었다고 한다. TV 한대가 동독의 문을 닫게 하였다. 통신혁명은 정보의 혁명을 가져왔다.

3) 생명주기(Life Cycle)의 단축

지식혁명은 지식과 제품의 생명주기의 단축을 가져왔다. 자동차의 왕 포드는 T형 자동차(형을 바꾸지 않고 동일한 차종)를 30년 동안 생산하였던 미국의 중산층이 선호했던 자동차였다. 그러나 그렇게 시장을 맹신한 결과 GM에 선두자리를 내주게 되었다. 오늘의 자동차를 보라. 자동차의 생명주기는 2, 3년 만에 바꾸어지고 있다. 지식도 마찬가지다. 오늘의 지식은 내일은 낡은 지식이 되고 만다. 불행한 일이지만 현실이다.

4) 문화이동 – 문화 전쟁의 시대

통신수단의 발달로 정보의 혁명을 가져왔고 수송수단의 발달로 인구의 대이동이 일어나고 있다. 소득수준의 향상으로 관광객의 이동이 급증하고 있다. 인구의 이동은 문화의 대이동을 의미한다. 인구가 이동하면서 자기 고유의 문화를 가지고 이동하기 때문에 21세기는 문화의 대이동, 문화 전쟁의 시대가 될 것이다.

(2) 지식경영시대의 조직문화 패러다임

1) 예방경영문화의 정착

미국에서 포드자동차가 출발할 당시에는 미국의 자동차회사는 무려 200개사가 난입하였다. 100년이 지난 현재 미국의 자동차회사는 3개사로 줄어들었다. 뿐만 아니라 미국의 대기업의 수명은 10년이요, 일본의 그것은 20년이요, 한국 대기업의 수명은 16년이라는 통계가 나와 있다.

수많은 중소기업은 밤하늘의 별처럼 명멸하고 있는 것이 기업의 현실이다. 현실적인 예를 들면 미국에서 100개의 중소기업을 설립하면 5년이 지나면 50%가 살아지고 10년이 지나면 잘해야 10개 정도가 살아남는다고 한다.

경영학의 길에 들어서서 화두로 삼았던 것은 기업도산이라는 불행을 예방할 수 없을까 하는 명제였다. 그래서 예방경영이라는 용어를 생각하기에 이르렀다. 기업뿐만 아니라 모든 조직이 계속해서 성장·발전할 수 있는 대전제로 예방경영문화라는 기본 철학이 필요하다고 생각한다.

2) 비전의 제시

문화창조의 제 1 의 과제는 그 조직의 미래에 대한 비전(vision), 즉 미래의 설계도를 제시하는 것이라 하겠다. 미래 학자들은 미래를 예측하지 말라는 역설을 설파하지만 미래를 예측 · 분석하고 그 토대 위에서 미래의 청사진을 제시하고 그 청사진을 구현하기 위한 전략을 짜야 한다고 생각한다.

비전(vision)을 제시하고 그것을 실천한 예를 보자. 코카콜라는 출범 시 '세계인이 coke을 마시도록 하겠다' 는 비전을 제시하였는데 지금 세계 모든 사람들이 coke을 마시고 심지어 이라크에서까지 coke사업이 잘 되고 있다.

빌 게이츠는 10대 때 '세계 모든 사람들의 책상 위에 PC 한 대를!' 이라는 꿈을 꿨는데 그 꿈은 지금 현실화되어 세계 최고의 부자가 되어 있으며 컴퓨터의 황제로 군림하고 있다. 비전을 제시하고 그 비전을 실현하기 위하여 끊임없이 혁신경영을 계속하면 듀퐁 같은 장수 기업으로 살아남을 수 있지 않을까 생각한다.

3) 수평적 전략(인간 · 시간 · 공간 차원)

전쟁의 3요소는 영토, 살상, 속도라고 한다. 현대 조직사회에서도 총소리 없는 전쟁은 계속되고 있다. 현대 조직사회에서 승자가 되기 위해서는 인간, 시간, 공간이라는 삼간(三間) 활용을 전략을 잘 짜서 수행해야 한다.

도표 2-3 三間의 활용

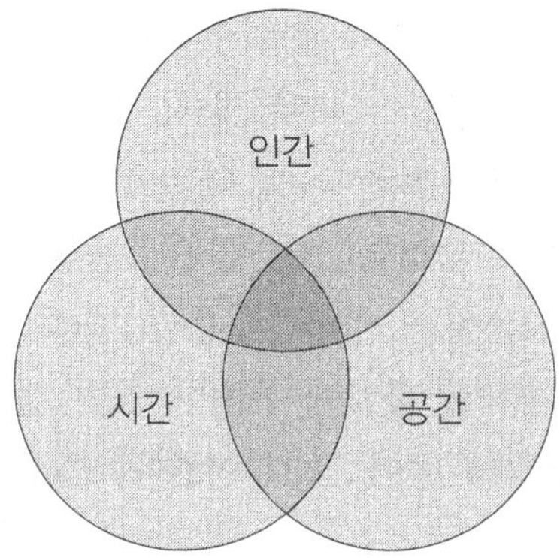

- 인간관리: 하늘 아래 가장 중요한 것은 인간관계이요, 가장 어려운 것도 인간관계관리다. 조직을 운영하고 기업문화를 창조하는 주체는 인간이다. 조직의 패러다임을 구성하는데 제일 중요한 과업은 인적자원을 관리하는데 있다. 지식은 남의 것이요, 지혜는 나의 것이다. 그래서 사이버시대의 지혜를 가진 인적자원을 모으고 관리하고 활용하는 문화창조가 필요하다. 지식사회는 블루칼라 → 화이트칼라 → 골드칼라 → 다이아몬드칼라의 시대가 되었다. 다이아몬드의 인재를 확보해야 한다. 한 조직체의 핵심인재 5%가 나머지 95%를 먹여 살리는 시대에 우리는 살고 있다.
- 시간 · 공간관리: 위에서 지식사회의 특징으로 시간과 공간의 초월시대라고 이야기하였다. 사이버시대는 속도전의 시대이다. 세계가 지구촌으로 모든 정보가 순간에 세계 구석구석까지 전달되는 시대에 살고 있다. 시간과 공간관리를 효율적으로 하는 문화창조와 전략이 필요하다. 지금은 컴퓨터 시대이며, 세계의 영토가 cyber영토이다. 이 시대에는 옛날식 활과 창으로 싸우고 주판으로 계산을 하는 사고로는 예방경영문화를 이룩할 수 없다.

4) 밥상문화 퇴출

한국의 기업경영을 가리켜 우리는 문어발식 경영이라고 비판에 비판을 거듭하여왔다. 그 결과가 IMF를 가져왔다고 혹평하는 사람들도 있다. 이런 풍토는 기업경영뿐만 아니라 정부 · 대학 · 다른 조직 등 모든 조직체에 만연되어 있다고 생각한다. 그 원인은 한국의 밥상문화에서 왔다고 생각한다. 한국의 한정식은 반찬이 너무 많다. 얼마전 지리산 화엄사 아래 어떤 한식집에서 한정식으로 점심식사를 하는데 반찬이 무려 40가지였다. 그 중 적어도 80%는 그대로 남겼다. 그 식사는 종류는 많았지만 특색이 없었다. 이것이 한국의 밥상문화다. 한국의 정부, 대학, 기업은 그 조직과 제품과 학과는 밥상의 반찬처럼 많지만 특색이 거의 없다. 이런 대학, 이런 기업 문화로는 세계경쟁에서 살아 남기 어렵다. "밥상문화 퇴출하자" 이것이 필자의 구호다.

보잉은 비행기로, 듀퐁은 화학에서 생명공학으로, 빌게이츠는 컴퓨터 소프트웨어로 세계를 제패하고 있다. 밥상문화를 퇴출하고 상징적인 제품을 생산하고 그것에 핵심역량을 집중하는 포인트 경영문화의 정착이 미래 기업문화의 핵심요소이고 전략이라고 주장하는 바이다.

다음 [도표 2-4]를 통해서 사례를 들어보자.

도표 2-4 지식의 체계도

삼성전자는 최근에 세계 최초로 50나노 기술을 이용한 16기가 낸드플래시 메모리의 개발에 성공함으로써 앞으로 플로피 디스크와 하드디스크를 박물관에서나 찾아볼 수 있도록 만들고 있다. 잭 웰치는 1등이 아닌 것은 모두 갈아치우라는 구호아래 GE라는 공룡을 수술하여 세계 일류기업을 만

들었다. 밥상문화를 퇴출하고 지혜 경영을 하는 것은 핵심역량을 한 곳에 모아 위의 사례에서 강조한 바와 같이, 차별화된 경영을 하는 것이다.

5) 성과평가: 보상 · Feedback

조직이 이룩한 성과는 공정성 원리에 의하여 공정하게 평가하고 그 평가의 결과는 반드시 보상으로 이어져야 한다. 조직관리의 원리는 기대를 주고 그 기대를 마음 속에 그리면서 행동을 하고 그 결과의 과실이 자신에게 돌아올 때 다음의 일을 위해서 지혜를 모으고 충성을 하게 되는 것이다. 미래지식사회는 새로운 문화창조가 요청되는 시대이다. 예방경영문화의 창조를 통해서 시행착오를 줄이고 개인과 조직이 함께 발선해 나가야 할 것이다.

잠깐 쉬어갑니다

재벌변천사

1960년대와 비교하여 오늘날까지 상위 10대 재벌에 들었던 기업 가운데 현재까지 그 위상을 유지하고 있는 곳은 삼성과 LG에 불과하다. 1964년 당시 10대 기업집단은 삼성, 삼호, 삼양, 개풍, 동아, 락희(현재의 LG), 대한, 동양, 화신, 한국 글라스 등의 순이었다. 1960년대에서 1970년대로 넘어오면서 10대 기업집단 중 삼양, 개풍, 동아, 동양, 화신, 한국글라스가 10위권에서 밀려났고 대신 현대, 한국화약, 동국, 효성, 신동아, 선경, 한일합섬이 진입했다. 1980년대에 들어서는 동국, 대한, 신동아, 한일합섬이 밀려나고 대우, 쌍용, 한진, 대림, 한국화약(재진입) 등이 새로 진입했다. 1998년 들어 1997년에 30대 기업으로 지정됐던 그룹 가운데 대우, 기아, 한라 등 9개 기업이 탈락했다.

제 4 절

환경변화와 경영자의 자세

1. 환경변화에 대한 기업의 대응유형

기업의 경영전략을 전개하는데 있어 중요한 것은 기업환경의 각 구성요소들을 어떻게 분석하고 평가해서 실제의 기업경영 전략에 적용할 것인가의 문제이다. 기업경영에 있어서 환경변화에 대한 기업의 대응패턴은 크게 다음과 같은 네 가지 형태로 구분할 수 있다.

(1) 무반응적 대응

환경이나 사회로부터 강력한 압력을 받더라고 자신들의 정책기조를 고집하고 끝까지 자신들의 정책변경을 거부하는 경우이다.

(2) 반응적 대응

외부로부터 강한 변화의 압력에 부딪치면 뒤늦게나마 환경변화에 대처하려고 노력하고 정책변경을 시도하는 경우이다.

(3) 사전반응적 대응

환경변화를 미리 예측하고 한발 앞서 기업경영에 유리한 방향으로 이루어질 수 있도록 영향력을 행사하는 경우이다.

(4) 상호작용적 대응

환경변화가 예측될 수 있을 때 기업은 이러한 환경변화에 조화할 수 있도록 자신의 목표나 정책기조를 미리 조정해 나가는 경우이다.

2. 기업환경과 경영자의 자세

수 년 전까지만 하더라도 기업환경은 기업의 입장에서 통제가 불가능한 경영 외적 요인으로 간주되어 왔다. 그러나 과거 만성적자에 허덕이던 크라이슬러 자동차회사를 성공기업으로 이끈 아이아코카(Lee Iacocca), GE사의 잭 웰치(Jack Welch), MS사의 빌 게이츠(Bill Gates) 등과 같이 어떤 경영자들은 환경에 대한 적극적인 대응을 통하여 기업성장의 동력으로 바꾸어 놓기도 한다.

따라서 오늘날에는 기업을 둘러싼 환경적 요인들에 순응하기보다는 적극적인 분석과 대응을 통하여 위기를 기회로 만드는 경영자가 요구되고 있으며, 이를 위해서는 무엇보다도 기업성과에 영향을 미칠 가능성이 있는 환경적 요인에 대하여 철저한 분석이 중요하다.

생물들의 생활을 관찰한 학자들의 연구에 따르면 같은 종(種)에 속하는 생물은 같은 장소에서, 다른 종(種)은 다른 장소에서 생활함으로써 서로의 생활공간이 겹치지 않을 뿐만 아니라, 같은 종 사이에서도 활동시간이 서로 다르거나 대상으로 하는 먹이가 서로 다르게 취함으로써 서로 다른 삶의 터전을 유지하고 있다고 한다.[5] 이는 공간적 · 시간적으로 상호 간의 삶의 터전(niche)이 다르기 때문에 공존이 가능하다는 것을 의미한다.

그러나 기업의 생존과 성장의 발판이 되는 시장에서의 상황은 어떠한가? 기업은 기업활동의 터전이 되는 시장도 한정되어 있을 뿐만 아니라, 많은 기업들이 같은 시장을 대상으로 보다 높은 시장지배력을 얻고자 노력하기 때문에 이와 같은 상황에서는 자연히 공존은 어렵게 되고 경쟁이라는 개념이 나타난다.

더욱이 그와 같은 경쟁관계는 기업을 둘러싸고 진행되어지는 환경의 여러 조건에 의해 더욱 격화되어 가는 경향이 있다. 환경적 요인들이 생물들의 생활의 장과 마찬가지로 기업의 생존영역인 니치(niche)공간을 형성하게 되기 때문이다. 기업이 처한 산업의 니치는 그 산업을 구성하는 조직들이 운영하고 생존할 수 있는 자원공간을 형성하는 자원기능 및 제약조건에 의해서 영향을 받는다. 소비자의 욕구, 기술적인 진보 및 혁신, 정부의 정책 등은 그와 같은 자원공간을 정의하는 대표적인 요인들이라 할 수 있다.

한 문헌에서는 이윤극대화의 원리를 취하는 기업이 있다 할지라도 그것은 기업행동의 원인이 아니라 오히려 환경의 선택결과로 평가할 수 있다는 입장을 보임으로써[6] 환경이라는 주체가 높은 이윤을 낼 수 있는 기업을 살아남을 수 있는 기업으로 선택한다고까지 사고의 폭을 역전시키고 있다. 이는 기업은 그와 같은 경영환경하에서 자신의 생존과 위치를 확보해 나가기 위하여 환경의 변화에 수동적으로 적응할 뿐만 아니라, 능동적이고 혁신적인 적응과정을 통하여 환경자체를 자신들에게 유리한 방향으로 이끌어 나가려는 시도를 계속해야만 하는 당위성을 제시하고 있는 것으로 보아야 할 것이다.

그러나 문제는 그러한 혁신정책을 종합적으로 수행할 수 있는 경영자의 능력이 중요시되는 만큼, 경영자 스스로 자구적 노력을 기울이지 않으면 안된다. 새로운 창조력과 신사고의 고려, 위험을 감수하는 기업가 정신이 절실히 요구되는 것이다.

읽을 거리

잃어버린 산업혁명의 역사

유명한 미래학자 앨빈 토플러(Alvin Tofler)는 1980년에 출간한 그의 저서「제 3 의 물결」(*The Third Waves*)에서 미래사회를 정보화사회로 규정하고 앞으로 20~30년 이내에 본격적인 정보화혁명이 이루어질 것이라고 예견하였다. 또한 10년이 지난 1990년에 출간한「권력이동」(*Powershift*)에서는 세계가 산업화 시대에서 정보화 시대로 옮겨가면서 권력과 부의 원천이 과거와 같은 물리적 힘과 돈에서 컴퓨터로 대변되는 지식으로 급속히 진행되고 있다고 주장하였다.

그러나 그의 예견에 대해 논쟁을 벌릴 시간도 없이 그 후 채 수 년이 지나지 않아 우리는 정보화사회, 지식정보화사회로 규정되는 현시대를 살아가면서 그의 탁견에 감탄할 여유도 없이 컴퓨터와 최첨단 IT기기, 정보통신기술의 급속한 발전의 모습을 직접 목격하고 있으며, 격변하는 사회의 모습과 구조하에서 정신을 차릴 수 없을 정도로 큰 변화와 혼동을 경험하고 있다. 피터 드러커(P. Drucker)는 이 시대를 단절의 시대라 했다. 새로운 가치창조의 효율적 도구로서 과거의 지식과 경험이 지닌 효용은 계속 감소하고 있다. LP에서 CD로, 비디오 테이프에서 DVD로, 브라운관TV에서 PDP · LCD TV로 과거의 기술로부터 단절된 새로운 혁신이 지속적으로 이루어지고 있다. 모든 것이 디지털화되어 가고 있고, 지식과 정보가 만들어지고 산업현장에서 활용되는 속도와 양은 엄청나게 변화하고 있으며, 그에 따라 사회는 더욱 치열한 경쟁구조로 만들어져가고 있다. 조직은 개개인에게 양적으로나 질적으로 더욱 더 많은 업무를 부담시키고 있으며 그럼에도 조직에서 일할 수 있는 시간은 '오륙도' 에서 '사오정', '삼팔육' 을 지나 이제는 아예 이십대 태반이 백수라는 '이태백' 이라는 말처럼 아예 일할 수 있는 기회조차 주어지지 않을 정도로 줄어들고 있다.

영국에서 시작된 산업혁명의 물결는 유럽과 미국 등 구미제국으로 퍼져 나가기 시작하였으나 그 물결은 불과 300년을 지탱하지 못하였다. 20세기의 종언과 함께 새로 불어닥친 정보화혁명이 지식정보화사회라는 새로운 사회구조를 만들어냄으로써 그 자리를 대체하여 가고 있기 때문이다. 원시공동사회로부터 고대예제사회, 중세봉건사회, 그리고 산업혁명으로부터 시작한 자본주의 사회를 거쳐 나가는 동안 인류의 역사는 끊임없는 변화와 혁신을 거듭하였으나 그 어느 시대를 보더라도 과거로부터 단절된 적은 없었다. 하나로 연결된 사슬처럼 과거의 사회가 새로운 변화의 바탕이 되고 무엇인가에 대한 절실한 필요가 새로운 발명과 변화를 이끌어냈다고 볼 수 있다.

그러나 그 가운데서 살아가는 사람들 가운데 얼마나 많은 사람들이 그와 같은 시대의 흐름을 읽고 거기에 대처하고 적응하면서 살아갔을까를 생각해 보면 참으로 헤아리기 어려운 일일 것이다. 산업혁명이라는 거대한 물결하에서 그 당시를 살아가던 사람들은 자신들이 그와 같은 변화의 큰 물결 속에서 살아가고 있다는 것을 깨닫기나 했을지 모를 일이다. 아마 현재 우리가 살아가는 지식정보화사회가 지난 수십 년 후 우리의 후손들이 선조인 우리들을 바라보면서 똑같은 느낌을 갖지는 않을까?

과학기술의 급속한 발전, 소비구조의 다양화와 다변화, 정신을 가다듬기 어려운 급격한 기업환경변화와 정보의 홍수 속에서 경영자들은 기업경영에 힘들어 하고 미래의 모습을 예측할 수 없음을 두려워한다. 그러면서 과거를 그리워한다. 우리가 한창 경제성장을 추구하던 불과 수십 년 전까지만 하더라도 주변에서 돈 잘버는 기업은 연탄공장, 막걸리공장, 신발공장, 식기공장이었다. 그러나 지금도 그 같은 분야에서 성공하고 있다는 이야기는 더 이상 들리지 않는다. 오늘날 성공한 기업과 기업인의 대부분은 산업구조와 소비구조의 변화에 맞추어 재빠르게 변화의 흐름을 알아채고 기업가정신으로 뛰어들며, 새로운 지식과 기술을 접목시키고자 노력했던 특징이 있다.

시간과 시대는 지금까지 그래 왔듯이 그 안에서 살아가는 사람들을 무시한 채 지나간다. 그 가운데에서도 정신을 가다듬고 미래의 변화에 소홀하지 않고 예측하며, 적응하는 기업에게 항상 새로운 기회는 있기 마련이다. 또 한번 성장의 물결을 타고 안정단계에 접어들면 새로운 성공과 발전의 기회는 계속된다.

〈자료: 김종재 · 윤종록 · 이경근, 중소기업의 창업과 경영, 박영사, pp.564~565〉

토론문제

1. 글로벌화 된 경쟁이 우리나라 기업에 미치는 영향은 무엇인지 생각해 봅시다.
2. 고객 성향의 변화가 야기하는 기업환경은 무엇인지 논의해 봅시다.
3. 규모의 경제와 속도의 경제의 차이점은 무엇이고, 현존하는 기업들은 어떤 방향으로 가야하는지에 대해 논의하시오.
4. 감성경영이 중요하게 대두된 배경은 무엇인지 토론해 봅시다.
5. 성공적인 기업의 기업문화적 특성을 찾아내어 해당 기업문화의 어떤 점이 기업성공에 중요한 요인으로 작용하였는지를 밝혀봅시다.
6. 기업성공에 장애요인이 될 수 있는 기존의 기업문화를 대신하는 새로운 기업문화를 창조하고자 할 때 현장에서 적용할 수 있는 절차나 방법에 대하여 논의하여 봅시다.
7. HP의 기업문화에 대하여 분석하고 칼리 피오리나와 어떠한 갈등이 있었는지 조사 · 분석하여 봅시다.

참고문헌 및 자료

1) 원래 니치란 생물학에서 생물들이 선택하고 있는 생존의 공간을 의미하는 것으로 다양한 종류의 생물들이 서로 경쟁하지 않고 살아가는 것을 각기 다른 생존의 공간을 택하고 있기 때문인 것으로 본다. 따라서 만약 동일한 생존의 공간을 책하는 두종류의 생물들이 존재할 경우에는 궁극적으로 어느 한쪽이 배제되어 버리는 가우제의 베타원리(Gause's exclusion principles)가 적용된다.

2) A. G. Bedeian & R. F. Zammuto(1991), *Organizations*, Chicago: The Dryden Press, p. 363.
3) L. E. Boone & D. L. Kutz(1992), *Managemet*, New York: McGraw-Hill, Inc., p. 54.
4) T. J. Peters & R. H. Waterman(1992), *In search of excellence*, N.Y.: Warner Books.
5) 西山賢一(1991), 기업의 적응전략 – 생물학적 접근, 차근호 · 조영권(역), 서울: 경문사, pp.73~75.
6) 상게서, p. 7.

제 3 장

사회적 책임과 기업윤리

이 장을 공부하고 나면

1. 오늘날 기업경영에 사회적 책임이 강조되는 이유를 이해할 수 있습니다.
2. 사회적 책임에 대한 다양한 관점과 내용을 이해할 수 있습니다.
3. 기업윤리와 사회적 책임 간의 관계에 대하여 이해할 수 있습니다.
4. 윤리경영이 강조되는 이유와 그 배경에 대하여 인식할 수 있습니다.
5. 윤리경영이 기업의 성과에 어떠한 영향을 미치는지를 파악할 수 있습니다.
6. 우수기업이 지니고 있는 윤리경영체계에 대하여 이해할 수 있습니다.

이 장의 주요 목차는

워밍업

기업의 사회적 책임이란 각종 이해집단이 기업에 대해 지니고 있는 기대의 수준을 가능한 한 충족시켜주어야 할 책임인 동시에 이익의 창출을 통해 기업을 유지 · 발전시켜야 할 의무라 할 수 있다. 현대 사회는 기업의 사회적 책임을 강조한다. 그러나 실제로 기업의 사회적 책임의 범위가 어디까지인가에 대해서는 명확한 합의를 내놓지 못하고 있다.

그럼에도 불구하고 사회적 책임은 오늘날 기업의 중요한 책임의 하나로 제시되고 있으며, 사회적 책임을 다하는 기업이 사회적으로 인정받고 성장한다는 점에서 경영자는 기업의 다양한 이해관계자의 요구를 다양한 경로를 통해 수렴하고 이에 대한 적극적인 반응을 보일 수 있어야 한다,

기업윤리는 현대산업사회의 핵심적 위치를 차지하고 있는 기업이 각종 경영활동을 수행하면서 당연히 지켜야할 원칙, 규범 및 도덕의식을 의미하는 것이라 할 수 있으며, 윤리경영은 이러한 기준에 맞게 기업의 의사를 결정하고 행동에 반영하는 것을 의미한다. 그러나 실제 윤리경영의 범위는 단순히 이해관계자 이상의 도덕적이고 사회통념상의 기준을 포함하고 있다. 즉, 윤리경영은 사회적 책임 이상을 요구하는 훨씬 고차원적이고 상위의 개념이다.

오늘날 우리나라 기업들의 웹사이트를 들어가보면 많은 기업들에서 윤리경영에 대한 사이트를 개발하고 윤리경영을 강조한다. 그만큼 윤리경영에 대한 사회적 · 국제적 압력이 가중되고 있으며, 윤리경영은 경영성과를 평가하는 중요한 기준이 되고 있다. 우리나라 기업들도 과거와 달리 윤리경영을 경영수익과 생존전략을 위해 필수적인 것으로 이해하고 이를 적극 실천하는 자세를 추구하고 있다. 이는 경영자들이 윤리경영과 기업의 경영성과가 밀접히 관련되어 있다는 것을 인식한 결과에 따른 것이다.

주요 용어와 개념

- 사회적 책임
- 사회적 책임의 옹호론
- 사회적 책임의 부정론
- 경제적 책임
- 법적 책임
- 윤리적 책임
- 자율적 책임
- 기업윤리
- 윤리경영
- 윤리경영의 범위
- 윤리경영헌장
- 윤리경영의 발전단계
- 윤리경영과 경영성과
- 윤리경영의 요건

제 1 절

기업의 사회적 책임

1. 사회적 책임의 의의와 배경

(1) 사회적 책임의 의의

기업의 사회적 책임이란 사회유지와 발전의 중요한 한 축으로서 기업이 사회를 이롭게 하는 정책을 추구하고, 의사결정을 내리며 행동을 취하는 기업의 책무라 할 수 있다. 비록 원가의 증가가 발생하더라도 기업이 생산하는 제품의 포장방식을 변경한다든가, 사회복지기관에 대한 정기적인 기부활동을 전개하는 기업, 후진국 아동들을 위한 의료 및 문맹퇴치사업을 전개하는 기업들의 사례를 보고 우리는 해당 기업에 대하여 좋은 이미지를 형성하게 된다.

그러나 이와 같은 정의에도 불구하고 기업의 사회적 책임의 대상과 내용이 무엇인지에 대해서는 의견의 일치가 쉽게 이루어지지 못하고 있는 것 또한 사실이다. 예컨대, 제약회사를 비롯한 많은 생명공학분야의 기업들에서는 신약개발을 위하여 쥐나 토끼 등을 대상으로 한 동물실험이 매우 광범위하게 이루어지고 있다. 그러나 동물학대반대론자들이나 윤리적 처우를 요구하는 기관들은 동물들에 대한 임상실험을 근본적으로 반대하고, 때때로 조직적으로 대항하기도 한다. 따라서 그와 같은 사태에 직면한 기업들은 새로운 실험방법의 개발과 적용에 수많은 비용을 사용할 수밖에 없으며, 이는 신약개발기간과 비용의 증가를 가져와 결국 사용자의 부담을 가중시킴으로써 기업이 사회적 책임을 다하지 못한 결과를 가져올 수 있다. 또한 만약 그 신약의 효과성에 대해서 의문이 제기된다면 가장 좋은 방법은 동물들에 대한 임상실험결과일 것이다. 만약 이와 같은 상황에서 과연 그 기업이 사회적 책임을 다한다는 것은 무엇일까?

(2) 사회적 책임의 배경

경영학의 경험대상과 인식대상에 비추어 볼 때, 그리고 기업이 존재하는 기본가치에 비추어볼 때 기업이라는 존재는 근본적으로 영리추구에 목적이 있다. 따라서 영리의 추구라는 대명제를 전제로 할 때 기업이 이윤을 확보하기 위한 노력은 어쩌면 당연한 것이라 할 수 있다.

과거 산업혁명 초기 또는 1800년대 후반까지만 하더라도 기업활동에 참여하는 기업의 수가 그리 많지 않았던 시기에는 기업활동 자체가 생활수준의 향상과 복지를 이끌어 내게 되고, 가격과 생산량 자체도 시장가격에 의해 결정되어 생산자와 소비자 모두에게 이익과 효용을 제공했다고 볼 수 있다.

이것이 고전경제학에서 스미스(A. Smith)가 말하는 보이지 않는 손(invisible hands)의 원리이다. 즉, 개개인이 모두 자신들의 최대이익만을 위해 행동한다 할지라도 신의 보이지 않는 손에 의해 각각의 이해가 자연스럽게 조화를 이루게 되고 사회의 복지는 최대로 달성된다는 것이다.

이러한 논리에 따를 때 기업의 사회적 책임이란 사회가 필요로 하는 재화나 용역을 투입 및 산출의 비율 차원에서 최대한 능률적으로 창출해 냄으로써 최대이윤을 추구하는 것이라 볼 수 있다. 과거에는 이러한 논리가 가능했고 또 사회적으로도 자본주의사회의 첨병으로써 기업의 위치를 인정하여 왔다.

그런데 문제는 여기에서 발생한다. 즉, 점차 산업화가 진전됨에 따라 기업이 수행하는 역할이 단순히 재화와 용역의 창출 차원을 넘어 인간의 생활 그 자체가 되어버렸다는 것이다. 우리는 매일 아침 잠자리에서 일어나서 다시 잠자리에 들 때까지 기업이 생산하고 제공하는 재화와 서비스에 대한 의존하지 않고서는 거의 생활할 수 없다.

따라서 기업의 책임은 인간생활의 주체로서 단순히 재화와 서비스를 제공하는데 국한할 수 없게 되었다. 이는 결과적으로 기업이 사회 내에서 영리를 추구하는 경제적 실체이지만 동시에 사회적 기관임을 강조하는 방향으로 전개되고 있다. 결국 기업의 사회적 책임론의 출현근거는 기업을 둘러싼 내·외적 환경변화에서 찾을 수 있다. 즉, 기업이 개방시스템으로 유지되는 이상 그들은 환경에 대해 응분의 책임과 역할을 다해야 한다는 것이 사회적 책임의 요지인 것이다.

2. 사회적 책임에 대한 관점

현대 기업은 가치창조의 주체로서 재화와 서비스의 창출을 통해 인류사회의 공헌, 지역사회의 발전, 그리고 국가발전의 토대를 구축하는 역할을 수행한다. 따라서 기업은 사회발전을 증진시키기 위한 사회적 의무, 즉 사회적 책임을 가져야 한다. 특히 기업간 경쟁이 심화되고, 소득향상을 통한 고객의 생활수준이 높아짐에 따라 공해문제, 환경문제, 윤리적 책임, 경제적 책임 등과 같은 기업에 대한 다양한 사회적 책임을 요구하고 있다.

예를 들어, 자연환경에 대한 사회적 책임은 다양한 사회적 책임 중의 한 영역이다. 공기, 물, 그리고 토지를 오염시키는 기업들은 깨끗한 공기로 호흡하고, 깨끗한 물을 마시고 싶어 하는 공동체 속에 살고 있는 인권을 고려해야 한다.

또한 그러한 기업들은 각종 오염방지를 위한 지출을 해야 하고, 이를 위반할 경우 사회와 정부의 제재조치를 받아야 한다.

그러나 이와 같은 기업의 사회적 책임에 대한 견해는 찬반양론으로 대립되고 있다.

(1) 사회적 책임의 옹호론

기업의 사회적 책임을 주장하는 지지자들은 궁극적으로 조직의 존속과 발전을 기할 수 있도록, 사회적 책임을 포함한 넓은 범위의 목표를 추구해야 한다고 주장한다. 기업이 오직 이익만을 추구하기 위해서 재화나 서비스를 생산하는데만 초점을 둔다면, 장기적으로 기업의 성과에 악영향을 미치며 결국에는 기업의 존재마저 위협하는 결정적인 요인으로 작용하게 될 것이다. 결국, 기업의 사회적 책임은 기업의 성과에 긍정적인 관계에 놓여 있는 것이다.

(2) 사회적 책임의 부정론

이에 반해, 기업의 사회적 책임에 대한 부정적인 견해도 존재한다. 기업의 사회적 책임은 이윤극대화를 위한 능률향상과 원감절감 등 사회의 최대의 이익을 가져다 줄 수 있는 여러 가지 노력을 방해하는 요인으로 인식되고 있다. 즉 기업은 저렴한 가격에 우수한 품질의 제품을 통해 고객의 욕구를 충족시키고, 거기에서 창출한 이윤을 주주들에게 배당하는 '경제적 목표'만을 위해서 노력해야 하며, 그렇게 함으로써 기업조직과 사회 쌍방이 이롭게 된다는 것이다. 따라서 기타의 노력들은 정부의 몫이며, 기업은 경제적 문제에만 주의를 기울려야 한다는 것이다.

노벨 경제학상의 수상자인 프리드먼(M. Friedman)은 이와 같은 견해를 지지한 대표적인 학자이다. 그는 경영자의 책임은 주주(stockholder)의 이익을 대변하는 것이지, 이해관계자(stakeholder)를 위한 것이 아니라는 점을 분명히 밝힌 바 있다. 따라서 사회적 문제는 사기업에서 책임질 문제는 아니며, 기업에 대하여 사회적 책임을 강조하는 것은 정부의 역할을 떠넘기는 것이나 다를 바 없음을 지적하였다.[1]

이 두 가지의 시각을 종합하면 [도표 3-1]과 같다.

도표 3-1 사회적 책임의 찬반양론

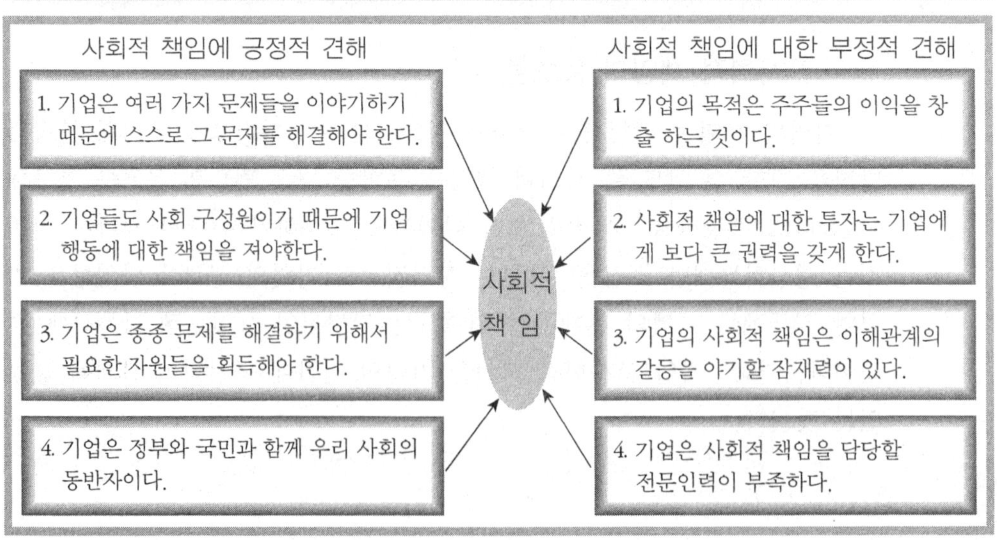

제 2 절 사회적 책임의 내용

기업의 사회적 책임이란 각종 이해집단이 기업에 대해 지니고 있는 기대의 수준을 가능한 한 충족시켜 주어야 할 책임인 동시에 이익의 창출을 통해 기업을 유지 · 발전시켜야 할 의무라 할 수 있다.

캐롤(A.B.Carroll)은 피라미드식 사회적 책임모델을 제시하면서 기업의 사회적 책임을 경제적 책임, 법적 책임, 윤리적 책임, 자율적 책임 등과 같이 크게 네 가지로 구분하여 제시하였다.[2] 이 모델에 따르면 좌측에 있는 것일수록 기본적 책임이 되고 우측에 있을수록 고차적 책임이 되는데 경제적 책임이 가장 기본적인 책임이, 그리고 자선적 책임이 가장 고차원적인 책임으로 제시되고 있다.

도표 3-2 기업의 사회적 책임의 구성

경제적 책임	법적 책임	윤리적 책임	자율적 책임

〈자료〉 A. B. Carroll(1979), "A three-dimentional conceptual model of corporate performance," *Academy of Management Review*, 4, pp.497-505.

1. 경제적 책임(economic responsibilities)

기업활동을 위한 각종 경영전략, 기술혁신, 인사정책, 이익 최적화를 위한 활동 등을 말한다. 이것은 기업의 이익을 위한 윤리적 이기주의론에 근거한 것인데, 주주와 이해관계자가 기업경영자에게 요구하는 책임이다.

2. 법적 책임(legal responsibilities)

뇌물, 폐수방류, 가격담합 등이 여기에 속한다. 이 책임은 공리론에 입각한 행위인데 사회적 가치관의 최저 수준을 말하며 지키지 아니하면 처벌을 받는 강제적 책임이다.

3. 윤리적 책임(ethical responsibilities)

환경보호, 인권존중, 신뢰, 투명한 거래, 정직한 판매 활동 등 기업윤리에서 취급하는 문제들이 여기에 속한다. 이 책임은 의무론에 입각하여 사회의 보편적인 가치관에 합당하게 기업이 해 주기를 사회가 기대하는 것으로, 의무적으로 강요하는 것은 아니지만 지키지 않으면 기업의 이미지에 해가 된다.

4. 자율적 책임(discretionary responsibilities)

자율적 책임이란 기업이 순수하게 자발적으로 떠맡는 책임을 의미한다. 불우이웃 돕기, 장학금지급, 사회봉사활동 등이 여기에 속한다. 이 책임은 정의론에 입각하여 사회적 약자를 돕자는 취지인데 사회의 일반적인 가치관에 따라서 기업이 그런 활동을 해 주기를 사회가 바라는 것이기는 하지만 기업이 반드시 지켜야 할 책임은 아니다.

제 3 절 기업윤리

1. 기업윤리란?

기업윤리가 무엇인지에 대해 살펴보기에 앞서 우리는 윤리가 지니고 있는 의미에 대해 먼저 알아둘 필요가 있다. 윤리(ethics)란 행동을 규정하는 옳고 정당한 것과 부정한 것과 그릇된 것을 판단하기 위한 원칙이다. 우리는 아주 어렸을 적부터 윤리나 도덕을 강조하는 사회환경하에서 살아오고 있다. 왜냐하면 사회의 건전한 발전을 위해서는 사회의 한 구성원으로서 개개인이 윤리나 도덕을 잘 지키는 것이 무엇보다 중요하기 때문이다. 만약 개개인이 윤리나 도덕을 무시한 채 사적 이익과 개인적 편리만을 추구한다면 사회 전체적인 균형은 깨어지고 대단히 혼란스러운 상황이 전개될 수밖에 없을 것이다.

따라서 이와 같은 윤리의 개념을 확장하여 보면 기업윤리(corporate ethics)란 현대산업사회의 핵심적 위치를 차지하고 있는 기업이 각종 경영활동을 수행하면서 당연히 지켜야 할 원칙, 규범 및 도덕의식을 의미하는 것이라 할 수 있으며, 윤리경영은 이러한 기준에 맞게 기업의 의사를 결정하고 행동에 반영하는 것을 의미한다.

기업윤리는 종업원들이나 경영자들의 의사결정과 행동을 위한 지침이나 표준을 제공한다. 윤리적 기준이 명확할 경우 경영자의 의사결정과 종업원의 행동은 그와 같은 기준하에서 이루어지는 반면, 윤리적 규범의 부재는 종종 적절한 도덕적 원칙들에 대한 공감대의 부재로 이어진다. 이럴 경우, 어떤 형태로든 기업의 반사회적 활동과 범법사실은 노출되기 마련이며, 따라서 기업은 막대한 타격을 받게 될 수밖에 없다.

한 때 미국에서 가장 신망받는 기업이자 세계 최대의 에너지기업 가운데 하나였던 엔론(Enron)사가 장부조작과 분식회계, 그리고 최고경영층의 도덕적 해이로 말미암아 결국 파산의 길을 걷게 된 것은 기업윤리를 지키지 못하는 기업은 결국 소비자들로부터 외면받을 수밖에 없다는 것을 잘 보여 준 사례라 할 수 있다. 일본 최대의 식품회사인 유키지루시(雪印) 역시 광우병 발생지역인 호주산 쇠고기를 원산지를 속이고 일본산으로 판매한 것이 드러나 소비자가 해당회사의 제품을 철저히 외면함으로써 사건 발생 한 달 만에 파산하고 말았다.

또한 우리 나라에서도 일부 대기업과 벤처기업을 중심으로 나타난 도덕적 해이가 큰 사회문제로 대두된 바 있다.

이와 같이 도덕적 기준에 비추어 비도덕적인 기업은 아무리 거대기업이라 할지라도 결국은 시장에서 영원히 퇴출될 수밖에 없다는 사실을 증명한 여러 사례는 기업경영자가 윤리경영을 중요한 경영패러다임의 하나로 고려할 수밖에 없도록 만들었다. 따라서 최근 우리나라 기업들도 대기업과 벤처기업들을 중심으로 윤리경영의 움직임이 활발해지고 있으며, 윤리경영이 경영의 주요한 지표의 하나로 자리잡아가고 있다.

잠깐 쉬어갑니다

GE의 윤리경영

GE의 전 회장인 잭 웰치는 건전한 기업정신을 구성원들에게 강하게 심어주는 대표적인 사람이었다. 특히 잭 웰치는 도덕성이 훼손된 사건이 발생되었을 경우 그 부서의 책임자까지 엄중하게 문책함으로써, 도덕성의 유지 및 관리가 경영관리 업무의 핵심임을 구성원들에게 강조하였다. 예를 들면, GE의 항공기엔진사업부 직원이 이스라엘 전투기 엔진 공급사업에서 이스라엘의 공군 장성과 공모해 정부예산을 유용한 사건이 있었다. 잭 웰치는 직접 이 사건을 조사하고, 당사자를 해고함은 물론 연루된 사람 21명을 해직 · 강등 · 견책조치하였고 사업부 경영자 2명을 강등조치했다. 이처럼 최고경영자의 확신과 강력한 실천의지가 있을 때, 조직이 건전한 기업정신을 갖출 수 있다.

〈자료: 허진, 건전한 기업정신은 사회 가치관의 척도, http://www.life.lg.co.kr〉

2. 윤리경영의 배경과 범위

(1) 윤리경영의 배경

앞서 살펴본 것과 같이 이제 윤리경영은 더 이상 대기업이나 소수의 몇 개 기업에 한정된 문제라기보다는 현대 기업으로서 당연히 취해야 할 경영패러다임으로 등장하고 있다. 미국과 EU를 중심으로 하여 세계 각국은 정부나 기업이 중심이 되어 윤리경영을 위한 법적·제도적 장치를 만들어 나가고 있으며, 윤리경영의 수준을 평가하기 위한 지표를 개발하여 이를 근거로 개별기업의 윤리경영수준을 평가하고 있다.

우리 나라 기업 역시 그와 같은 범주에서 크게 벗어날 수 없는데 이는 윤리경영과 관련된 내·외적 요구가 더욱 강화되고 있기 때문이다. 주요 내용을 살펴보면 다음과 같다.[3)]

1) 윤리경영에 대한 국제적 압력강화

세계 각국은 국제상거래에 '공정하고 투명한 경쟁규칙'을 적용하기 위하여 국제 경제기구인 WTO, OECD, ICC 등을 주축으로 '부패방지라운드'를 추진하고 있다. 더욱이 전세계경제가 디지털화됨에 따라, 국경의 의미가 사라지고 있는 때에, 우리는 '윤리경영의 인식 강화'라는 국제적 추세로부터 자유로울 수 없고 우리기업은 세계적 수준의 윤리경영을 실천할 것을 끊임없이 요구받게 될 것이다. 따라서 우리기업들도 21세기 세계정상급 기업으로 도약하기 위해서 '윤리적 관행'을 최우선 가치로 삼고 모든 업무활동을 투명하고 공정하게 수행함은 물론 임직원의 윤리의식을 고취할 필요성이 절대적인 것이다.

2) 시장과 사회적 요구 강화

투명성과 책임성, 공정성을 가지고 합리적으로 기업 활동을 전개하는 추세가 강화되고 있다. 기업은 이윤을 획득하는 기관이다. 그러나 근본적으로 따져보면 사회적 합의에 의해서 발생한 기업은 시민사회에 공헌을 하지 않는다면 그 존재가치는 사라진다. 공헌의 결과 경제적 가치 창출일 수도 있고 사회의 삶의 질 향상일 수도 있다. 이러한 인식하에 기업의 사회적 책임이라는 개념이 발생되었고, 이에 따라 기업의 이윤획득활동에서 어디까지나 법의 테두리를 벗어나지 않아야 하며, 한발 더 나아가서는 투명성과 책임성, 공정성을 가지고 합리적으로 기업 활동을 전개하여야 한다. 그렇지 못한 기업은 점차 사회적으로 도태될 수밖에 없는 방향으로 시장이 변화하고 있다.

3) 기업의 주요 전략으로서 가치 증대

기업윤리는 21세기에 기업성공의 필수조건뿐만 아니라 기업의 생존전략으로 부상하고 있다. 오늘날 기업은 이익만을 추구하려는 비윤리적 행위 때문에 비난을 받고 있다. 1997년 한국경제 위기 당시, 기업의 연쇄도산사태가 발생하자, 그 배후에는 예외 없이 정경유착 및 부패 스캔들이 있었다. 그 당시 부정에 참여한 사람은 소수에 불과했지만 그 파급효과가 엄청나서 다수의 이해관계자에게 큰 타격을 입혔다.

이에 따라 기업의 부패문제가 단순히 한 기업에 국한되는 문제가 아니라 전 사회에 영향을 준다는 인식이 커지게 되었고, 비윤리적인 기업은 사회적으로 외면당하는 사회적 공감대가 형성되었다. 이러한 사회적 분위기를 인식한 기업은 기업관행을 개선하지 않고는 지속가능한 성장을 이룰 수 없다는 결론에 이르게 되었다. 현재 '윤리경영'을 기업의 생존전략, 나아가서는 기업경쟁력 요소로 인식하는 기업의 수가 점차 늘어나고 있다.

(2) 윤리경영의 범위

윤리경영은 기업의 이해관계자(Stakeholder), 즉 기업의 생존과 성패에 영향을 미치는 소비자, 자금을 대출해 준 채권자, 그 기업의 주식을 사 준 주주, 기업을 직접적으로 움직이는 종업원, 원료와 중간재를 공급하는 협력업체, 함께 살아가는 지역사회, 기업경영에 영향을 미치는 법·제도, 시장에서 유사한 제품으로 경쟁하는 경쟁기업, 정부, 정치, 지구환경 등 수많은 주체 및 요소들에게 '좋은기업, 바른기업, 윤리적인 기업'이 되도록 노력하는 하나의 경영 패러다임이다.[4)]

그러나 실제 윤리경영의 범위는 단순히 이해관계자 이상의 도덕적이고 사회통념상의 기준을 포함하고 있다. 앞서 살펴본 것과 같이 기업의 사회적 책임은 경제적 책임, 법적 책임, 윤리적 책임, 자율적 책임으로 구분되어진다. 그러나 그와 같은 사회적 책임은 엄밀한 의미에서 기업이 윤리경영을 하기 위한 전제조건이라 할 수 있다. 즉, 윤리경영을 사회적 책임 이상을 요구하는 훨씬 고차원적이고 상위의 개념이다.

따라서 기업이 법과 사회가 요구하는 기업의 사회적 책임을 다할 뿐 아니라, 법과 제도가 미치지 않는 분야에서도 사회와 시장의 윤리와 질서를 준수하는 것이 바로 윤리경영이다. 예컨대, 법적 책임이 없는 경우에도 사회의 통념에서 벗어나면 사회가 요구하는 윤리기준을 선택하는 경영방식이 윤리경영이라 할 수 있다. 따라서 윤리경영은 기업이 자신의 사회적 책임에 대해 어떤 행태를 보이는가에 따라 '비윤리경영'(immoral management)이나 '탈윤리경영'(amoral management)과 구분되어질 수 있는데, 이를 사회적 책임과 관련하여 살펴보면 [도표 3-3]과 같다.

도표 3-3 사회적 책임에 대한 태도를 기준으로 한 기업경영형태

<table>
<tr><th>경영형태 / 사회적 책임</th><th>비윤리경영</th><th>탈윤리경영</th><th>윤리경영</th></tr>
<tr><td>경제적 책임</td><td>기업성장과 이윤을 위해서는 탈법적 행위도 용인</td><td rowspan="2">법의 테두리 안에서는 무엇을 해도 무방</td><td rowspan="3">입법의 취지나 사회통념을 감안한 기업윤리준수</td></tr>
<tr><td>법적 책임</td><td></td></tr>
<tr><td>윤리적 책임</td><td></td><td></td></tr>
</table>

〈자료〉 최인철 · 유석진 · 이상민, "윤리경영의 선진사례와 도입방안," *CEO Information*, 삼성경제연구소, 2002. 6. 5, p. 6.

잠깐 쉬어갑니다

윤리경영헌장

우리 기업은 온 국민과 함께 지난 날의 가난과 어려움을 딛고 땀과 창의로 오늘날의 자랑스러운 경제발전을 이룩하였다.

우리 기업은 세계가 하나의 시장으로 열리고 경제력이 나라의 흥망을 가름하게 될 세기적 변화의 문턱에서, 나라와 민족의 장래를 떠받쳐야 할 소중한 사명을 짊어지고 있다. 머지 않아 다가올 통일에 대비하기 위해 우리 기업은 국부를 늘리고 국력을 키우는데 더욱 힘을 쏟아야 하며, 지속적인 성장과 발전을 통해 선진 복지국가를 만들어 우리 후손에게 평화롭고 풍요로운 삶의 터전을 물려주어야 한다.

우리 기업은 창의와 활력이 넘치는 기업가 정신을 발휘하여 경영과 기술을 혁신하고, 투명한 기업경영을 통해 시대정신과 국민적 여망에 부응하는 바람직한 정경문화를 정착시켜, 건실하게 성장해 나가야 한다. 우리 기업은 자유시장경제체제를 창달하여 국민의 희망과 꿈을 실현시키고, 국민으로부터 신뢰받는 기업으로 만들어 나가야 한다. 세계와 호흡을 같이 하고 국민으로부터 사랑받는 기업문화를 가꾸어 나가는 것이야말로 우리 기업이 나가야 할 참다운 길이다. 이에 우리 기업은 새로운 마음가짐으로 다음과 같이 우리가 힘써 행할 바를 정하여 이를 실천해 나가고자 한다.

우리 기업은 기업시민으로서 사회적 책무를 다한다.

우리 기업은 창의와 혁신을 통해 정당한 이윤을 창출한다.

우리 기업은 투명경영을 하는데 노력을 다한다.

우리 기업은 정치권 및 정부와 건전하고 투명한 관계를 유지한다.

우리 기업은 전문경영인의 육성을 위해 노력한다.

우리 기업은 기업 상호 간에 공정한 경쟁을 한다.

우리 기업은 대·중소기업 간 협력을 발전시켜 나간다.

우리 기업은 소비자와 고객의 권익증진에 힘쓴다.

우리 기업은 모든 기업구성원의 이익을 향상시킨다.

우리 기업은 환경친화경영을 지향한다.

우리 기업은 지역사회의 발전에 기여한다.

해외진출 기업은 현지국의 선량한 기업시민으로서 현지국의 법률을 준수하고 현지국의 문화와 거래관행을 존중한다.

우리 기업은 이 헌장을 준수하고 실천이 가시화되도록 공동 협력하여 국민으로부터 신뢰받는 기업을 만드는데 노력한다.

〈자료: 전국경제인연합회 윤리경영팀 http://csr.fki.or.kr〉

3. 한국기업의 윤리경영

1990년대 초반 우루과이 라운드(UR)에 의해 세계무역기구(WTO)가 설립되고, 1997년 그린라운드(GR)에 의해 국제무역에서 환경, 공해문제의 중요성이 강조되었으며, 최근에는 미국을 중심으로 비윤리적 기업의 제품(서비스)은 국제거래에서 규제하자는 윤리라운드(Ethics Round, ER)가 시작되고 있다.

또한 우리 나라가 가입한 OECD에서는 1997년 "OECD국제상거래뇌물방지협약"을 통하여 국제상거래과정에서 뇌물을 범죄행위로 규정하고, 그와 같은 범죄에 연루된 직원과 법인의 형사처벌을 권고하고 있다.

특히 '록히드뇌물사건' 이후 1977년 "해외부패방지법"(the Foreign Corrupt Practices Act)을 제정하여 국제간 거래에서 외국관리에게 뇌물제공을 엄격히 금지하고 있는 미국의 경우 윤리경영에 대한 표준화의 움직임은 훨씬 구체적으로 전개되고 있다. 예컨대, 미국의 윤리임원협의회(EOA: Ethics Officer Association)에서는 2000년 이후 미국 국내산업 전체에 적용할 수 있는 가이드라인 필요성 제기됨에 따라 윤리경영제도표준안 제정안(BCMSS: Business Conduct Management System Standard)을 미국표준화기구(ANSI)에 제출하여 궁극적으로 국제표준화기구(ISO)의 표준안채택을 추진하고 있다.

(1) 윤리강령의 채택수준

이와 같은 국제적 상황에 비추어 볼 때 우리나라 기업의 윤리경영은 아직 여러 선진국수준에는 미치지 못하고 있으나 최근 윤리경영의 중요성에 대한 인식과 제도의 정비 및 투자에 많은 노력을 기울고 있다. 예컨대, 전국경제인연합회가 2001년 조사한 결과에 따르면 500개 대상기업 중 45.2%가 윤리강령을 채택한 것으로 나타나 2000년의 21.8%보다 2배 이상 증가한 것으로 나타나고 있으나,[5] 2003년의 조사결과에 따르면, 응답사 총 309개사(61.8%) 가운데 185개社(59.9%)가 윤리헌장을 보유하고 있는 것으로 나타나 해가 갈수록 윤리경영에 대한 인식이 개선되고 있는 것으로 나타나고 있다.[6] 특히 30대 기업집단 소속 기업 91개사 중 85% 이상(79개사)이 윤리헌장 제정한 것으로 나타나고 있는데, [도표 3-4]에서 알 수 있는 것과 같이 윤리경영의 필요성이 매우 급속히 확산되고 있다.

도표 3-4 기업윤리헌장 보유현황

(단위: %(개))

구 분	1999년(%)	2001년(%)	2002년(%)	2003년(%)
30대 기업	33.3	69.4(59/85)	76.3(61/80)	86.8%(79/91)
전 체	21.8	45.2(137/303)	49.7(145/292)	59.9%(185/309)

〈자료〉 전국경제인연합회, 기업윤리 정기실태조사 결과, 2003.12.

(2) 윤리경영의 필요성과 분야

또한 윤리경영이 필요한 이유를 조사한 결과에 따르면[7] 윤리경영이 '경영수익과 생존전략을 위해 필요하다'는 응답이 과거에 비하여 크게 증가한 반면, '사회적 책임'이나 '사회적 분위기' 때문에 필요하다고 응답하는 비중은 전년에 비해 감소한 것으로 나타나 윤리경영에 대해 소극적인 자세를 탈피해 적극적인 경영전략의 하나로 간주하는 현상이 점차 높아지고 있는 것으로 나타나고 있다.

도표 3-5 윤리경영이 필요한 이유

(단위: %)

구 분	사회적 책임	수익성 및 생존전략	사회 분위기
1999년	92.2	6.8	1.0
2001년	68.7	28.4	0.3
2002년	69.1	28.5	2.4
2003년	62.7	36.0	0.6

〈자료〉 전국경제인연합회, 기업윤리 정기실태조사 결과, 2003.12.

또한 기업내부영역과 외부영역으로 구분하여 우리나라 윤리헌장제정 기업들이 가장 초점을 두고 있는 기업윤리영역을 조사한 결과에 따르면, 내부윤리측면으로는 내부규정준수(32.7%), 납품공급업자와의 관계(29.6%)에서의 윤리를 들고 있다. 한편 외부윤리 측면에서는 소비자와의 관계(35.3%), 사회봉사(27.0%), 환경(22.8%) 등이 중요한 항목으로 파악되고 있는 것으로 조사되었다.

도표 3-6 기업의 윤리적 발달단계

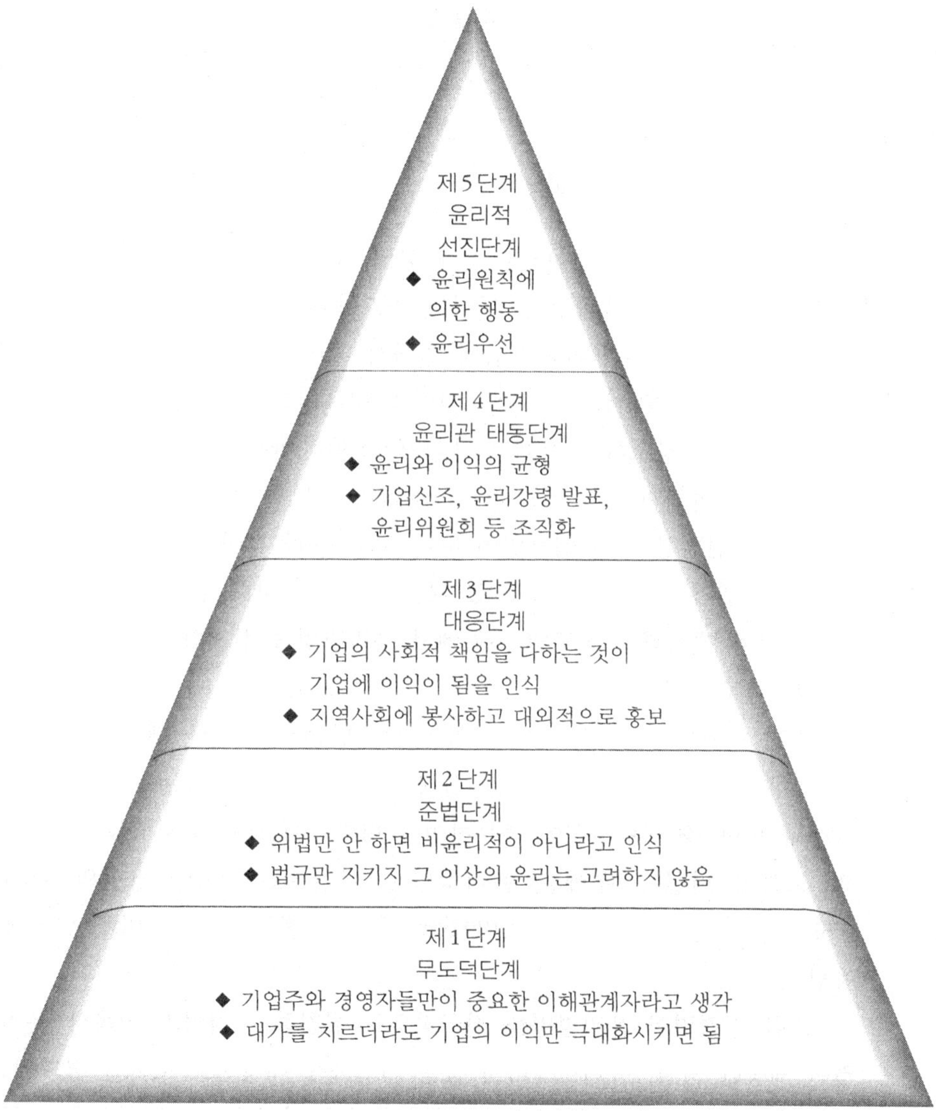

〈자료〉 R. E. Reidenbach & D. P. Robin(1991), "A conceptional model of corporate moral development," *Journal of Business Ethics*, April; 최인철 · 유석진 · 이상민, "윤리경영의 선진사례와 도입방안," *CEO Information*, 삼성경제연구소, 2002. 6. 5, p. 4에서 재인용.

이와 같은 결과는 우리 나라의 기업들 가운데 많은 기업들이 기업윤리의 발전단계 중 제3단계의 수준에 와 있으며, 앞으로 점차 그 이상의 단계로 발전되어 갈 것임을 암시하는 고무적인 결과라 할 수 있다. 그러나 아직까지도 일부 기업들이 비윤리경영 및 탈윤리경영을 통하여 소비자와 국민들을 우롱함으로써 결과적으로 기업에 대한 불신을 야기시키는 사례가 발견되는 것이 현실이다.

4. 윤리경영과 경영성과

앞서 조사결과에서 나타난 것과 같이 대기업을 중심으로 우리나라 기업의 윤리경영에 대한 인식은 과거와 비교하여 매우 많은 변화가 이루어지고 있다. 그러나 우리나라 기업에 있어서 윤리경영은 아직 기업의 적극적인 필요에 의해서라기보다는 일부기업의 비윤리적 경영으로 인한 실패사례나 윤리경영을 강조하는 사회적 분위기에 대한 반응이라는 점도 부인할 수 없다. 이는 아직까지도 부정직한 회계처리, 계열기업간 내부거래, 주식이나 재산의 편법상속, 환경오염에 따른 문제 등과 같이 윤리적 기준에 반하는 기업행위가 자주 발견되고 있다는 점을 통해서도 알 수 있다. 따라서 윤리헌장을 제정하는 정도의 수준에서 윤리경영을 실천하는 것으로 생각하는 경영자도 있다.

그러나 보다 중요한 것은 기업윤리는 단순히 문서나 태도로서 존재하는 것이 아니라는 점이다. 또한 실제 윤리경영을 추구하는 기업일수록 경영성과 또한 좋다는 사실에 주목하여야 한다. 예컨대, 앞서 살펴본 전경련의 조사에 따를 경우에는 윤리경영은 기업여건(74%), 기업의 이미지(75.7%), 매출액(68.0%), 주가(80.6%) 등에 밀접한 영향을 미치는 것으로 응답하고 있다.

또한 전경련이 윤리경영을 적극적으로 실천하는 기업과 명목상 윤리헌장만 제장한 기업, 윤리헌장마저 없는 기업들을 대상으로 조사한 결과에 따르더라도 윤리헌장 제정과 아울러 전담부서를 설치하여 윤리경영을 적극적으로 실천하고 있는 기업의 경영성과가 훨씬 강한 것으로 나타나고 있다.

미국의 경우에도 「포춘」(*Fortune*)지가 선정하는 '미국에서 가장 존경받는 10대 기업' 들의 주가수익률은 S&P 500기업들의 평균치에 두 배 이상에 이를 정도로 높은 것으로 나타나고 있다.[8)]

또한 여러 연구에 따르더라도 기업이 사회적 법규와 규범을 준수하고 윤리적인 경영을 할 때 조직구성원들은 보람을 느끼게 되고 기업활동에 대한 몰입도도 강화되어 경영성과를 높이는데 크게 기여할 수 있음을 제시하고 있다.[9)]

윤리경영과 경영성과간의 관계에 대한 이와 같은 결과는 윤리경영은 기업의 이해관계자를 위한 것이라기 보다는 기업 스스로를 위한 경영패러다임이라는 것을 의미한 것이다.

잠깐 쉬어갑니다

Johnson & Johnson

존슨앤존슨은 1999년, 2000년 연속으로 월스트리트 저널이 선정하는 '미국의 존경 받는 기업 1위' 에 꼽힌 기업으로서 윤리경영으로 성공을 거둔 대표적인 사례로 꼽힌다. 자칫 그럴싸한 웅변에 그치기 쉬운 윤리강령이 존슨앤존슨의 기업 경쟁력의 핵심 요소로 떠오른 데에는 '타이레놀 사건' 이 결정적 계기가 됐다.

지난 1982년 미국 시카고에서 주력 제품인 타이레놀을 복용한 사람 7명이 사망한 사건이 발생했다. 이 회사는 발 빠르게 '고객에 대한 책임' 을 명시한 '우리의 신조' 에 따라 행동했다. 존슨앤존슨은 시카고 지역 제품만 수거하라는 미국식품의약국(FDA) 권고를 뛰어넘어 전국에서 약 3,000만 병, 1억 달러어치의 타이레놀을 전량 회수했다.

또 "사건 원인이 규명되기 전에는 타이레놀 제품을 절대 복용하지 말라"고 소비자들에게 대대적으로 홍보했다. 당시 타이레놀은 이 회사의 연간 매출액의 7%(3억 5,000만 달러), 이익의 17%를 차지하는 주력 상품이었던 점을 감안할 때 이러한 조치는 상당한 불이익을 감수한 결정이었다. 사건 직후 35%였던 시장점유율은 7%까지 떨어졌으나 3년 만에 제자리를 회복했다. 소비자들이 존슨앤존슨의 윤리적 태도를 신뢰하는 쪽으로 기운 것이다.

만약 J & J이 윤리경영보다 경제적 이익을 우선시했다면 문제를 해결하려기보다는 오히려 시간을 끌면서 여론이 잠잠해지기를 기다렸을 것이다. 더 이상의 피해를 줄이고 위험에 노출되어 있는 소비자를 보호하는데 적극 나선 J & J의 조치는 이윤추구에 앞서 공중의 안전을 먼저 생각하는 책임있는 행동의 본보기로 여겨지고 있다.

5. 윤리경영을 위한 요건

그럼 윤리경영의 올바른 실천을 위해서 어떠한 노력들이 필요할까? 다음에서는 기업들이 윤리경영을 제대로 실천하기 위해 중요한 몇 가지 포인트를 살펴보고자 한다.[10)]

(1) 윤리경영에 대한 올바른 이해

윤리경영 실천을 위해서는 무엇보다 윤리경영에 대한 올바른 이해가 우선되어야 한다. 윤리경영이 바람직하긴 하지만 이익을 창출하는 데는 별 도움이 되지 못한다는 인식이 있다. 이는 윤리경영을 비용으로만 인식하고 윤리경영이 가져다 주는 효익을 간과하기 때문이다. 그러나 앞서 살펴본 것과 같이 윤리경영은 기업의 경영성과와 밀접한 관련을 지니고 있다.

또한 윤리경영은 기업의 이해관계자들과의 관계에도 중요한 영향을 미친다. 윤리적인 기업은 종업원, 고객, 지역사회, 주주들로부터 존경과 신뢰를 얻게 되는데 이것은 기업의 눈에 보이지 않는 자산이 된다.

Motolora, IBM, GM 같은 기업들은 탁월한 경영성과와 함께 윤리적 경영으로 사회적인 인정을 받는 일류기업들이다. 이들 기업들은 하나같이 윤리경영을 미래의 핵심 역량으로 간주하고 여기에 많은 투자를 해오고 있다. 이제 윤리경영은 선택이 아니라 초일류 기업으로 가는 필수조건이 되고 있는 것이다.

(2) 성과평가시스템의 정비

윤리경영 촉진을 위해서는 성과에 대한 평가도 그에 맞게 정비되어야 한다. 특히, 윤리경영의 실천 여부를 모니터링할 수 있도록 평가항목을 정비하는 것이 필요하다. 어떠한 기준으로 평가받는가가 경영자의 의사결정과 행동에 커다란 영향을 미치기 때문이다.

그러나 윤리경영을 제대로 실천하도록 하기 위해서는 성과평가 항목이 주가, EVA, M/S, 당기 순이익 등 재무적 지표를 중심으로 한 단기성과만이 아니라 장기적 관점의 질적인 요인에 대한 평가도 균형적으로 이루어져야 한다. 예컨대, 소비자의 기업에 대한 평판, 기업이 지역사회에 공헌한 정도, 종업원의 기업경영에 대한 만족도 등 윤리경영에 관한 지표들을 평가할 필요가 있다. 윤리경영을 촉진하기 위해서는 이같이 장기적이고 종합적인 지표들이 평가에 같이 고려되어야 할 것이다.

(3) 조직문화의 구축

윤리경영의 올바른 실천을 위해서 중요한 세 번째는 윤리경영이 하나의 조직문화로 체화되도록 하는 것이다. 이를 위해서는 사전에 철저한 준비와 구성원들과 공유하려는 노력이 필요하다. 윤리경영은 단순히 경영기법이나 스킬이라기보다는 구성원들 사이에 내재된 의식이며 가치이기 때문에 특히 자발적인 참여와 의사소통이 중요하다.

미국의 유명한 방위 산업체인 Lockheed Martin은 2년마다 한 번씩 전 종업원을 대상으로 회사의 윤리경영 지침과 실천에 대한 설문조사를 하고 있다. 그리고 조사결과를 통해 드러난 문제점과 개선사항을 새로운 윤리규정에 포함시키고 윤리교육 자료로 활용한다. 이러한 과정은 종업원들의 윤리의식을 고취시키고 윤리경영에 대한 자발적인 참여를 불러 일으키는 좋은 수단이 되고 있다.

(4) 최고경영자의 리더십과 의지

윤리경영의 실천을 위한 가장 중요한 요인은 최고경영자의 리더십이라 할 수 있다. 기업의 장기적인 비전이나 전략수립 등 중요한 의사결정에 최고경영자의 리더십은 핵심적인 역할을 하기 때문이다.

기업이 윤리경영을 제대로 전개하기 위해서는 투자가 필요하다. 윤리위원회와 같은 전담 조직을 만들어야 되고, 윤리헌장 선포를 통한 전사적인 의식개혁 활동도 추진해야 한다. 또, 제대로 기업윤리를 실천하고 있는지 감시하기 위해서는 지속적인 모니터링도 필요하다. 환경보호를 위해 정화장치를 들여오거나 종업원 복지 향상을 위해 각종 제도와 시설을 도입하는 것 역시 많은 비용과 시간, 인력 등이 요구된다. 이러한 투자는 최고경영자의 윤리경영에 대한 확고한 의지와 지속적인 관심 없이는 불가능한 것이다.

읽을 거리

국내 기업의 윤리경영 실태

전경련이 최근 상장 500대 기업을 대상으로 실시한 「국내기업의 윤리경영 실태조사 결과」에 따르면 윤리경영을 도입한 기업이 전년에 비해 10% 이상 큰 폭으로 증가한 것으로 나타났다. 또한, 전담부서 설치 및 전담자 지정, 내부고발제도 도입, 윤리경영 교육실시 등 기업윤리 프로그램을 본격적으로 실천해가고 있어 도입 초기에 머무르고 있는 국내 기업의 윤리경영 수준이 실천단계로 진입한 것으로 보인다.

전경련이 2003년 11월 한달 동안 실시한 조사에서 500대 기업 중 309개(61.8%) 기업이 조사에 응해 이 중 185개(59.9%)의 기업이 윤리경영을 도입하고 있다고 응답했다. 또한 30대 기업집단의 경우 91개사가 조사에 응해 이 중 79개 기업, 86.8%가 윤리경영을 도입하고 있다고 응답해 양적으로는 선진국 수준에 근접한 것으로 조사됐다.

윤리경영의 필요성에 대해서도 대부분의 기업(98.7%)이 매우 필요하거나(68.0%), 어느 정도 필요하다(30.7%)고 응답했으며, 필요이유를 묻는 질문에 대해서는 사회적 책임완수(62.7%)에 이어 수익성 및 생존전략(36.0%)이라고 응답해 윤리경영이 기업의 경영전략의 하나로 정착되어 가고 있는 것으로 나타났다.

윤리경영의 결정적 요소에 대해 전년에 이어 CEO의 의지(64.0%)가 가장 많은 응답을 차지했으나, 윤리경영을 추진하기 위한 '국가 · 사회적 인프라 구축'에 응답한 기업도 22.4%나 돼 CEO의 강력한 윤리경영 추진의지와 함께 사회적 인프라 구축이 시급한 것으로 조사됐다.

한편, 전경련이 그 제정을 준비하고 있는 『윤리경영 大賞(가칭)』에 대해서도 대다수의 기업(71.7%)이 '매우 바람직하고 시급히 추진(21.5%)' 해야 하거나 '각종 단체들의 윤리경영관련 시상제도의 남발을 막기 위해서라도 추진해야 한다(50.2%)' 고 응답해 긍정적인 의견이 압도적으로 많았다.

윤리경영 우수기업에 대한 정부의 역할에 대해서는 각종 조사면제(33.0%)나 신용등급 우대(26.9%), 민 · 형사법상 처벌 경감(24.2%) 등 정부 인센티브를 통한 윤리경영 유도가 바람직한 것으로 조사됐다.

윤리경영을 실천하고 있는 기업들의 82.2%가 윤리경영 또는 준법감시 전담조직을 운용하고 있는 것으로 조사됐으며, 전담조직 운용기업의 대부분은 담당 임원 및 책임자가 선임되어 있다고 응답해 향후 윤리경영 추진을 밝게 했다. 또한 윤리경영 도입기업 중 78.4%가 임직원에 대한 지속적 교육을 실시하고 있고, 특히 내부신고제도를 운용(73.0%)해 기업윤리를 도입한 기업들이 윤리경영의 내실화에 주력하고 있는 것으로 나타났다. 내부신고제도는 지난해 도입 및 운용비율이 38.6%에 불과했으나 올해 두 배 가까이 증가한 것으로 조사됐다.

〈자료: 전국경제인연합회, 기업윤리 정기실태조사결과, 2003. 12〉

토론문제

1. 사회적 책임이 강조되는 이유를 설명하여 보시오.
2. 본문의 사례에서 신약개발을 위한 동물실험 반대에 대한 여러분의 의견을 사회적 책임과 연관하여 발표하여 보시오.
3. 사회적 책임의 옹호론과 부정론의 근거를 들고 여러분의 생각을 정리하여 보시오.
4. 자선활동을 적극적으로 전개하는 기업의 사례를 살펴보고 해당 기업에 대한 사회적 평가와 이미지를 생각하여 보시오.
5. 윤리경영을 실천하기 위하여 우리 나라 기업들은 어떠한 움직임을 보이고 있는지 사례를 찾아 토론하여 보시오.
6. 윤리경영이 기업의 경영성과의 향상에 직접적인 도움이 되는 이유를 설명하여 보시오.
7. 비윤리적 기업행위의 사례를 찾아보고 그에 대하여 어떻게 대처하여야 될지 토론하여 보시오.

참고 문헌 및 자료

1) M. Friedman(1970), "The social responsibility of business is to increase its profits," *New York Times Magazine*, 13. Sep., pp.122~126.
2) A. B. Carroll(1979), "A three dimensional conceptual model of corporate social performance," *Academy of Management Review*, Oct., pp. 497~505.
3) 산업정책연구원(2002), 기업윤리경영실태조사 평가지표개발 및 실태조사에 관한 연구, pp. 1~2.
4) 김석중, "윤리경영, 피할 수 없는 선택," http://www.life.lg.co.kr
5) 최인철 · 유석진 · 이상민, "윤리경영의 선진사례와 도입방안," *CEO Information*, 삼성경제연구소, 2002. 6. 5.
6) 전국경제인인합회, 기업윤리 정기실태조사 결과, 2003. 12.
7) 상게자료.
8) 남경완, "기업의 사회적 책임과 윤리경영," 생명보험, pp. 7~22.
9) 박헌준, "윤리경영 잘하는 기업이 경영성과도 좋다," http://www.life.lg.co.kr
10) 이 부분은 윤언철, "윤리경영 실행력을 높일 때다," LG주간경제, 727호, LG경제연구원, 2003. 5의 글에 바탕을 두고 있음.

제 2 부

경영관리 프로세스

제 4 장

창업과 기업가정신

이 장을 공부하고 나면

1. 창업의 의의와 방법을 이해할 수 있습니다.
2. 기업의 성공과 실패에 영향을 미치는 주요한 요인들에 대하여 인식할 수 있습니다.
3. 창업의 성공요인으로 무엇이 중요한지 인식할 수 있습니다.
4. 창업아이디어를 개발방법에는 어떠한 것들이 있는지 알아볼 수 있습니다.
5. 다양한 기업형태의 특징과 장단점에 대하여 이해할 수 있습니다.
6. 어떠한 이유로 기업가 정신이 기업성공의 핵심적 요인이 되는지를 이해할 수 있습니다.

이 장의 주요 목차는

워밍업

기업의 시작은 창업에서 비롯된다. 창업은 말 그대로 기업을 새로이 창조하는 일로서 전혀 새로운 사업을 시작(startup)하거나 타인의 사업을 인수(buyout)하여 새로이 사업을 시작하는 것을 의미하는 것이지만, 창업의 과정에는 창업가의 원대한 꿈과 이상이 실려있다. 오늘날 전세계적인 기업으로 명성을 떨치고 있는 휴렛팩커드(HP)사나 마이크로소프트(MS)사를 보더라도 시작은 단 두 사람이 모여 허름한 창고에서 시작하였을 정도로 극히 미약하였다.

창업의 중요한 요소로는 여러 가지를 들 수 있으나 그 가운데에서도 창업자, 창업아이디어, 자본 등의 세 가지 요소야말로 창업의 성공을 결정짓는 핵심요인이다. 창업자는 프로정신, 장인정신, 주인정신을 지닐 수 있어야 하며, 자신의 창업아이디어를 사업성공과 연결시킬 수 있는 혁신적인 사고능력을 갖출 수 있어야 한다. 아울러 창업된 기업의 성공과 실패사례에 대한 면밀한 분석을 통하여 타산지석을 삼는 노력 또한 중요하다.

대부분의 경우 새로 창업된 기업은 개인기업의 형태를 취한다. 우리 나라에 있어서도 2002년을 기준으로 개인기업체가 차지하는 비중은 전체 중소기업 가운데 92.1%에 이르고 있다. 그러나 개인기업은 소유자가 관리 · 운영적 기능을 수행하면서 기업의 성공과 실패에 대한 책임도 전적으로 소유자가 지게 된다는 점에서 위험부담성이 높을 뿐 아니라, 특히 장기적으로 기업의 성장을 추구하는 과정에서 요구되는 인적 · 물적 · 금전적 자원의 효율적인 확보를 위해서는 새로운 기업형태가 요구된다. 이러한 면에서 주식회사는 현재 자본주의 사회의 가장 대표적인 기업형태라 할 수 있다.

어떠한 형태를 취하든 기업성공에 있어 가장 중요한 것은 기업가정신이라 할 수 있다. 기업가 정신은 끊임없는 자기혁신 및 실패를 두려워하지 않는 정신과 밀접한 관련이 있으며, 이와 아울러 창조성, 독립성, 적절한 보상의 추구를 요구한다.

주요 용어와 개념

- 인수창업
- 프랜차이징
- 신규창업
- 벤처창업
- 사내창업
- 기업의 생존요인
- 창업의 구성요소
- 창업아이디어
- 자　본
- 창업의 성공전략
- 개인기업
- 공동기업
- 주식회사
- 기업가정신

제 1 절 기업의 창업

1. 창업의 의의와 추이

(1) 창업의 개념

창업이란 말 그대로 기업을 새로이 창조하는 일로서 전혀 새로운 사업을 시작(startup)하거나 타인의 사업을 인수(buyout)하여 새로이 사업을 시작하는 것을 의미한다.[1] 즉, 인적 · 물적 자원을 결합하여 상품이나 서비스를 조달, 생산, 판매하거나 그와 부수된 활동을 수행하는 것으로 정의할 수 있다. 실무적으로 보면 개인 또는 집단이 돈과 사람을 동원하여 새로이 사업을 개시하는 것이 곧 창업이다.

슘페터(J. A. Schumpeter) 교수는 창업을 기존의 방법을 파괴하는 '창조적 파괴'의 힘으로 간주하고 있다. 창업에 대한 정의를 살펴보면 공통적으로 등장하는 단어를 찾을 수 있는데 그것은 '새로움, 창조, 변화'라는 단어들이다. 슘페터 교수는 창업을 '창조적 파괴'의 힘으로 간주하면서 사업의 과정에서 이루어지는 신규사업 활동과 창업 활동을 구분하고 있다. 예를 들면 분식집을 새로 열었다거나, 의사나 약사가 자신의 이름을 내건 병원과 약국을 신규로 시작하는 것은 단순한 개업에 불과하다는 것이다. 창업은 새로운 시장과 새로운 고객을 창출하기 위해 새로운 기업을 창조하는 것이다.

이런 점에서 볼 때 창업이란 용어를 '새로운 기업을 창출하는 과정'이라고 보고 창업가의 특수한 동기, 개성, 특성, 태도, 결단 등을 통틀어 창업활동이라고 정의할 수 있다.

한편 우리 나라의 중소기업창업지원법에서는 "창업이라 함은 새로이 중소기업을 설립하는 것을 말한다"라고 규정하고 있으며, 다음 각 호에 해당되지 아니하여야 한다.

- 타인으로부터 사업을 승계하여 승계 전의 사업과 동종의 사업을 계속 하는 경우
- 개인 사업자인 중소기업자가 법인으로 전환하거나 법인의 조직변경 등 기업형태를 변경하여 변경 전의 사업과 동종의 사업을 계속 하는 경우
- 폐업 후 사업을 개시하여 폐업 전의 사업과 동종의 사업을 계속 하는 경우

(2) 기업의 창업과 부도추이

우리나라에서 기업의 창업과 부도추이를 살펴보면 [도표 4-1]과 같다. 표에서는 우리 나라 8대 도시를 중심으로 지난 10여 년간 부도법인수와 신설법인수를 비교하여 보여주고 있는데, 자료에서 알 수 있는 것과 같이 8대도시를 중심으로 한 신설법인수는 2000년에만 4만여 개에 이를 정도로 큰 증가를 보이고 있으며, IMF 구제금융에 따라 부도업체가 급증한 시기

도표 4-1 신설법인수와 부도법인수의 연도별 추이

(단위: 개)

구 분	전국 부도업체수(A)	8대도시 부도법인수(B)	8대도시 신설법인수(C)	신설법인수 배율(배)	
				C/A	C/B
1995	13,992	4,559	17,245	1.2	3.8
1996	11,589	3,879	19,264	1.7	5.0
1997	17,168	6,277	21,831	1.3	3.5
1998	22,828	7,728	20,095	0.9	2.6
1999	6,718	2,479	30,701	4.6	12.4
2000	6,693	2,800	41,460	6.2	14.8
2001	5,277	2,349	39,609	7.5	16.9
2002	4,244	1,973	38,972	9.2	19.8
2003	5,308	2,433	33,497	6.3	13.8

〈주〉 8대도시는 서울과 6개 광역시, 수원 등을 의미함.
〈자료〉 한국은행, 어음부도율 동향.

에 오히려 창업이 증가하는 추세를 나타내고 있다.

따라서 신설법인수 배율면에서 보더라도 8대도시의 부도와 창업배율은 많게는 20배 가까이에 이를 정도로 부도에 비하여 창업이 활발하게 이루어져 그만큼 많은 기업들이 사라지는 한편 또 새로이 생겨나고 있음을 알 수 있다.

잠깐 쉬어갑니다

불황일수록 창업이 늘어난다?

사람들이 왜 창업을 시도하는 것일까? 이를 설명하는 이론 가운데 불황push이론이 있다. 즉, 경기불황의 결과 기업에서의 정리해고, 구조조정 등으로 실업이 증가하고 기업에서 계속 근무하거나 승진하기가 어려워지면 그에 부담을 느끼는 많은 사람들이 직장을 그만두고 나와 신규창업을 시도한다는 것이다. 예컨대, Storey가 1982년에 영국 클리블랜드지역 159개 중소기업조사 결과 26%의 창업자들이 창업 직전 실직상태였던 것으로 나타나고 있다. 또한 불황의 결과 대기업들이 수익성이 낮은 산업에서 손을 떼게 되면 상대적으로 낮은 간접비수준으로 활동을 할 수 있는 중소기업의 영업활동기회가 증가하게 됨으로써 창업이 늘어난다는 것도 불황때 창업이 많이 이루어진다는 것을 설명하는 한 이유이다.

우리나라에 있어서도 〈도표 4-1〉과 같이 IMF 이후 경제위기의 기간동안 창업이 급격히 늘어난 것으로 나타나고 있으며, 최근 급속한 소비위축에 따른 경제불황하에서도 꾸준히 창업이 증가하고 있는 것으로 나타나고 있다. 창업업종으로는 저자본을 바탕으로 손쉬운 창업이 가능한 도소매업과 음식료업에 대한 선택이 늘고 있으며, 이것이 중소기업 업종 가운데 해당 업종이 높은 비중을 차지하는 원인이 되고 있다. 다른 한편으로 사업실패로 가장 많이 폐업되는 업종도 그 분야이다.

2. 창업의 방법과 형태

(1) 창업의 방법

사업을 개시하는 창업방법에는 기존사업체를 인수하는 방법과 가맹점에 가입하는 방법, 그리고 새로운 기업을 설립하는 방법의 세 가지로 나누는 경우가 일반적이다.[2)]

1) 기존사업체를 인수하는 방법(인수창업)

어떤 사업을 시작하는데 있어 가장 안전하고 신속하게 사업을 시작하는 방법이 기존기업을 인수하는 방법이다. 기존기업을 인수하는 방법이 지니는 장점은 다음과 같다.

- 수익이 즉시 발생한다.
- 기업의 성장속도를 그대로 유지할 수 있다.
- 신규사업에 소요되는 자금과 시간을 줄일 수 있다.
- 생산, 판매, 조직 등 기존의 시설을 이용할 수 있다.

그러나 기존기업을 인수하는 방법에는 다음과 같은 문제점이 있다.

- 기존기업의 나쁜 점도 동시에 인수해야 한다.
- 구식건물이나 구식 설비를 개량하려면 추가비용을 부담해야 한다.
- 현재의 자산가치와 미래의 잠재수익까지를 인수조건에 포함시킴으로써 잠재적인 매력이 남아 있지 않을 수 있다.
- 변화나 혁신에 대응이 곤란하다.

2) 가맹점 가입방법(프렌차이징)

가맹점 가입방법(프렌차이징)은 사업을 시작하는 방법 중 인기 있는 방법 중의 하나이며 시장점유율이 점차 증대되는 방법 가운데 하나이다.[3] 전세계적인 체인망을 형성하고 있는 경우도 있고, 전국적인 조직을 가지고 있는 경우도 있어서 사업을 시작할 때 완벽하게 시작할 수 있다.

프렌차이즈(franchise)란 모기업과 모기업의 독점적 판매권을 획득한 가맹점사업자 사이의 계약을 말한다. 계약을 통해 가맹점사업자는 모기업의 경험, 명성, 로고, 생산기술, 훈련방법 등을 그대로 이용하게 되는 편리한 사업방식이다. 가맹점가입계약의 당사자를 모기업은 프렌차이저(franchisor)라 부르며, 가맹점에 가입한 사업주를 프렌차이지(franchisee)라 부른다.

이들의 관계는 상호 이익을 주고받는 교환관계가 성립하며 이때 프렌차이저는 프렌차이지에게 상호, 경영, 기술, 훈련, 경험, 노하우, 로고 등을 제공하고, 프렌차이지는 시설과 자본을 투자하는 등 상호 공조관계를 형성하게 된다. 그러나 가맹점 가입방법이 효과적이라고 해서 반드시 장점만 있는 것은 아니다.

3) 새로운 기업을 설립하는 방법(신규창업)

창업하는 방법 중 가장 어렵고 힘들면서도 가장 큰 보람을 느낄 수 있는 방법이 바로 새로운 기업을 만드는 일이다. 따라서 이 방법은 많은 장점과 단점을 가지고 있다. 기존기업을 인수하거나 대리점권을 매입하는 경우에 비해 이 방법이 갖고 있는 장점과 단점을 살펴보면 다음 [도표 4-2]와 같다.

도표 4-2 신규창업방법의 장단점

장 점	단 점
1. 창업자 자신의 소신과 정보에 따라 설립된다. 2. 창업자의 자율권이 보장된다. 3. 최신기술, 장비 및 원재료, 기자재 등을 임의로 선택할 수 있다. 4. 최신제작과정을 도입할 수 있다. 5. 신선한 상품전략을 선택할 수 있다. 6. 시장선택이 자유롭다.	1. 성공적인 창업을 보장할 수 없다. 2. 판매나 이익달성 정도의 예측이 불확실하다. 3. 창업계획의 합리성 검증이 어렵다. 4. 유통경로 및 시장확보가 어렵다. 5. 입지, 건물, 장비, 재료, 직원채용 등과 관련된 준비기간이 길다. 6. 창업자금의 확보가 어렵다.

(2) 창업의 형태

창업의 방법에는 위에서 살펴본 것과 같이 기존기업을 인수하는 방법과 가맹점 가입방법 그리고 신규설립방법으로 구분하기도 하지만 창업형태를 자금조달의 책임에 따라 독자창업과 합자창업으로 나눌 수도 있고, 창업의 성격에 따라 벤처창업, 분가창업, 사내창업 등으로 나눌 수도 있다.

1) 자금조달의 책임에 따른 창업형태

가) 독자창업

독자창업이란 순전히 한 개인의 자본만으로 창업하는 형태를 말한다. 자기자신의 자금은 물론이고 자기의 신용을 담보로 금융기관이나 주위 친인척 등으로부터 동원하는 자금 일체를 말한다.[4)]

독자창업이 지니는 장점은 모든 문제를 처리함에 있어서 결정이 빠르고 추진력이 강하며 남의 눈치를 살피지 않고 자신의 소신대로 밀고 나갈 수 있다는 장점이 있다. 그러나 독자창업은 독선에 빠지기 쉽고 자금조달이 어려우며 창업자 유고 시 일을 책임지고 추진해 나갈 대체인물이 없다는 단점이 있다.

나) 합자창업

합자창업이란 두 사람 이상이 공동으로 출자하여 창업하는 경우이다. 동업조건으로 창업하는 경우가 이에 해당한다. 합자창업은 자본조달이 용이하고 독선적 경영에 대한 견제와 균형이 가능하며 최고경영자의 유고시 즉각적인 업무대행이 가능하다는 장점이 있는 반면에 단점으로는 책임을 회피하거나 전가하는 경향이 있고 소신 있는 업무추진이 어려우며 의사결정이 늦어지거나 의사결정과정에서 불화가 생길 가능성이 높다. 따라서 동업을 할 경우에는 자기에게 주어질 장단점을 면밀히 분석해 보아 신중히 결정하여야 한다.

2) 창업의 성격에 따른 창업형태

가) 벤처창업

벤처창업이란 벤처자본을 이용하여 창업하는 형태를 말한다. 이 창업형태는 타인자본을 끌어들인다는 점에서는 합자창업에 속한다고 할 수 있으나 이를 별도로 구분하는 이유는 창업자와 자본가라는 특수한 관계를 맺고 창업을 하기 때문이다. 합자창업의 경우에는 대부분 친인척, 친구, 선후배, 직장동료, 거래처 등과 같이 창업자와 오랜 유대관계를 가졌던 사람들끼리 동업을 하는 경우가 일반적이지만 벤처창업은 사전에 전혀 알지 못하는 사람들이 사업계획서 한 장만 믿고 공동투자하여 사업을 한다는 점에서 일반적인 합자창업과는 다르다고 할 수 있다. 즉, 일반적인 합자창업의 경우는 인간적인 결합요소가 강한데 비하여 벤처창업은 인간적인 결합보다는 자본적 결합의 형태인 것이 다른 점이다. 코스닥에 상장된 많은 벤처기업들이 이와 같은 방법을 통하여 성공한 것은 잘 알려진 사실이다.

벤처창업의 장점은 모험자본을 참여시킴으로써 자금부담을 줄일 수 있을 뿐만 아니라 운영자금의 조달도 용이하다는 장점을 들 수 있다. 단점으로는 자금으로 인하여 이루어진 형태이기 때문에 사업의 성공과 실패의 정도에 따라 인간적 타협이 이루어지지 않고 각자의 권리확보에 치중하는 점이다.

나) 분가창업

분가창업이란 spin-off형 창업으로 더 많이 알려진 창업형태로서 이는 회사의 한 사업 부서를 발탁된 자에게 완전히 이전하여 독립된 회사를 만들어 사업자등록을 내어 독립시키는 창업형태이다. 이런 창업은 시대변화에 적극적으로 적응하고 경쟁력을 높여 사업을 확장하자는 취지에서 우리나라의 대기업들이 자주 사용하는 방법으로 사업부별로 분가창업을 하는 형태가 일반적이다.

이러한 분가창업은 별도의 창업자금이 들지 않으며 경비를 줄일 수 있고 경쟁력을 높일 수 있다는 장점이 있으나 사업이 어려울 때 본사에 의존도가 높아 경영의 자율성이 떨어지고 심하면 동시 도산의 위험성을 수반한다.

다) 사내창업

회사에 소속되어 있으면서 특수한 분야나 특수한 아이템의 사업을 독립적인 책임 아래 추진해 나가는 형태이다. 사내기업가(intrapreneur)들에게 회사조직과는 별도로 특수사업부를 맡겨 창업하는 경우이다. 그러나 사업자등록까지는 하지 않기 때문에 사내창업이라고 부른다. 선진국의 경우에는 사내창업이 활발한 편이지만, 우리 나라의 경우에는 다소 생소한 편이며, 아직 초보단계에 있다. 최근 LG에서 연구개발을 목적으로 이 제도를 적용하여 프로젝트 팀을 가동시킨 바 있다. 사내창업은 회사 내의 유능한 일꾼들에게 특수한 사업을 개발하고 스스로의 책임하에 이끌어가게 함으로써 창업의욕을 높이고 신기술을 연구 개발하는데 유용하게 활용할 수 있다는 장점이 있으나 최고경영자의 의지에 따라 얼마든지 변경할 수 있다는 단점이 있다.

3. 기업의 실패와 생존요인

(1) 기업실패의 원인과 추이

마치 기업은 밤하늘의 별과 같아서 그 수도 헤아리기 어려울 만큼 많기도 하려니와 수많은 기업들이 매일같이 사라지고 또 신설된다. 경영자의 입장에서 자신의 모든 열정과 재산을 투자한 기업이 부도를 맞고 도산에 이른다는 것은 상상조차 하기 어려울 정도로 결코 부딪치고 싶지 않은 일일 것이다. 그러나 실제 경제현실은 어떠한가? 그 수적인 비중을 감안하더라도 수많은 기업들이 부도를 내고 결국은 도산하는 것이 현실이다. [도표 4-3]은 경영조직 형태별로 최근 10여 년간 우리 나라 기업의 부도업체수를 보여주고 있다.

도표 4-3 경영조직 형태별 부도업체 추이

(단위: 개, %)

구 분	전 국	법 인			개 인	
				중소기업(C)		
1995	13,992	6,031	(0.43)	6,026	7,961	(0.57)
1996	11,589	5,157	(0.44)	5,150	6,432	(0.56)
1997	17,168	8,226	(0.48)	8,168	8,942	(0.52)
1998	22,828	10,536	(0.46)	10,497	12,292	(0.54)
1999	6,718	3,371	(0.50)	3,364	3,347	(0.50)
2000	6,693	3,840	(0.57)	3,807	2,853	(0.43)
2001	5,277	3,220	(0.61)	3,209	2,057	(0.39)
2002	4,244	2,710	(0.64)	2,706	1,534	(0.36)
2003	5,308	3,214	(0.61)	3,210	2,094	(0.39)

〈주〉 ( ) 안은 전국부도업체수 대비 법인과 개인별 부도업체수 구성비임.
〈자료〉 한국은행, 어음부도율 동향.

〈도표 4-3〉에서 보는 것과 같이 IMF 구제금융체제로 말미암은 기업의 부도사태는 1997년 12월 대기업을 포함하여 총 3,197개 업체, 1998년 1월 3,323개 업체, 1998년 2월 3,377개 업체 등으로 IMF체제 4개월 만에 1만여 개가 넘는 기업이 도산하였다. 결국 지난 10여 년 동안의 자료를 놓고 볼 때 하루 평균 적게는 12개, 많게는 63개의 기업들이 부도를 내고 도산의 위기에 처했다고 볼 수 있다. 일반적으로 기업실패의 원인은 다음과 같이 구분하여 볼 수 있다.

• 구조적 원인: 경제구조의 변화, 경쟁기업 또는 대기업의 진출, 기술

의 급격한 진보, 대체품의 출현, 소득수준의 변화에 따른 소비수요의 변화, 모기업의 압박, 유통구조의 변화, 노동력의 부족, 무역 및 자본자유화에 따른 외국과의 경쟁 등

- 경기변동요인: 경기하강기의 수요의 감소, 일시적인 판매대금의 회수악화, 금융사정의 악화 등
- 우발적 요인: 경영자의 사망, 거래기업 도산, 천재지변 등
- 기업내적 요인: 기업가의 경험 부족, 방만경영, 노사분규, 경영자간의 내분, 사업계획의 실패 등

(2) 우리나라 신생기업의 생존요인

일반적으로 기업의 생존력은 창설 초기에 가장 취약한 것으로 알려지고 있다. 이는 창업 후 안정적인 성장에 이르기까지는 상당한 시간과 노력이 필요하다는 것을 의미한다. 그럼 과연 어느 정도의 시간이 요구되는 것일까? 이와 관련하여 국내에서 이루어진 연구에 따를 경우 신생 독립기업의 경우 여전히 실패할 위험은 있지만 적어도 신생기업은 시장진입 후 3년 정도만 버티면 생존가능성이 높아지는 것으로 나타나고 있다.

해당 연구에서는 1984부터 1994년에 창업된 기업을 대상으로 1984부터 2000년 기간 동안 총 1,780개 기업에 대해 기업생존율과 기업생존의 요인을 실증분석하였는데, 주요 분석결과를 소개하면 다음과 같다.[5)]

첫째, 한국기업은 진입 후 약 3년째에 퇴출위험이 매우 높은 것으로 나타났다. 또한 계열기업의 생존율이 독립기업의 생존율보다 현저히 높아, 계열기업보다는 독립기업의 경우 초기 불안정한 시기가 보다 현저한 것으로 나타났다.

둘째, 전체 신생기업의 5년 생존율은 약 78.3%이고 10년 생존율은 약 63.9%로 나타났다. 또한 경공업보다 중공업의 기업생존율이 약간 높은 것으로 나타났다. 즉, 경공업의 5년 생존율은 약 77.5%로 나타났지만 중공업은 78.3%로 나타났다.

셋째, 산업별로는 5년 기업생존율이 특히 낮은 산업은 목재 및 나무제품산업, 가구 및 기타산업이 포함되고 있고 또한 사무계산 및 회계용 기계산업의 기업생존율이 비교적 낮게 나타났다. 10년 기업생존율이 낮은 산업

은 위의 세 산업 이외에도 가죽·가방·마구류 및 신발산업, 의복 및 모피산업, 펄프·종이 및 종이제품산업이 포함되어 경공업에 속한 대부분의 산업에서 기업생존율이 매우 낮게 나타났다.

넷째, 전체기업의 생존요인을 분석한 결과, 기업규모가 커질수록 기업실패위험은 감소하고 생존가능성은 증가한다. 또한 다른 조건이 같다면, 시장진입률이 높은 산업에서 신생기업은 높은 경쟁에 직면하게 되고 이에 따라 시장진입 후 신생기업의 생존은 더욱 어려운 것으로 나타났다. 또한 한 산업의 최소효율규모가 커지는 경우 신생기업의 퇴출위험은 높아지는 것으로 분석되었다.

다섯째, 독립기업의 창업과 계열기업 창업은 성패율이 다른 것으로 나타났다. 분석결과에 따르면 계열기업일수록 퇴출위험에 처할 확률이 낮아지며, 독립기업은 생존율이 낮아진다. 계열기업은 시장진입 후 경영환경변화에 대한 민감한 대응으로 위험에 처할 확률이 낮아지지만, 독립기업의 경우 경영환경 변화에 민감하게 반응하지 못하는 것으로 나타났다. 계열기업은 산업환경은 물론 경제환경에 대해서도 보다 민감하게 반응하며, 이러한 반응의 결과로 계열기업의 생존율이 독립기업의 생존율에 비해 높은 것으로 분석되고 있다.

제2절

창업의 구성요소

새로운 기업이 탄생하기 위해서는 기본적으로 요구되는 여러 가지 요소가 잘 결합되고 적용되어져야 한다. 흔히 창업에 필요한 요소에는 창업자, 아이디어, 자본을 꼽지만 이 밖에 다른 요소들, 예컨대 창업입지, 창업시기, 시장성 등도 중요한 요소가 될 수 있다. 그러나 일반적으로 창업의 3요소라고 하면 창업자, 창업아이디어, 자본을 든다.

도표 4-4 창업의 3요소

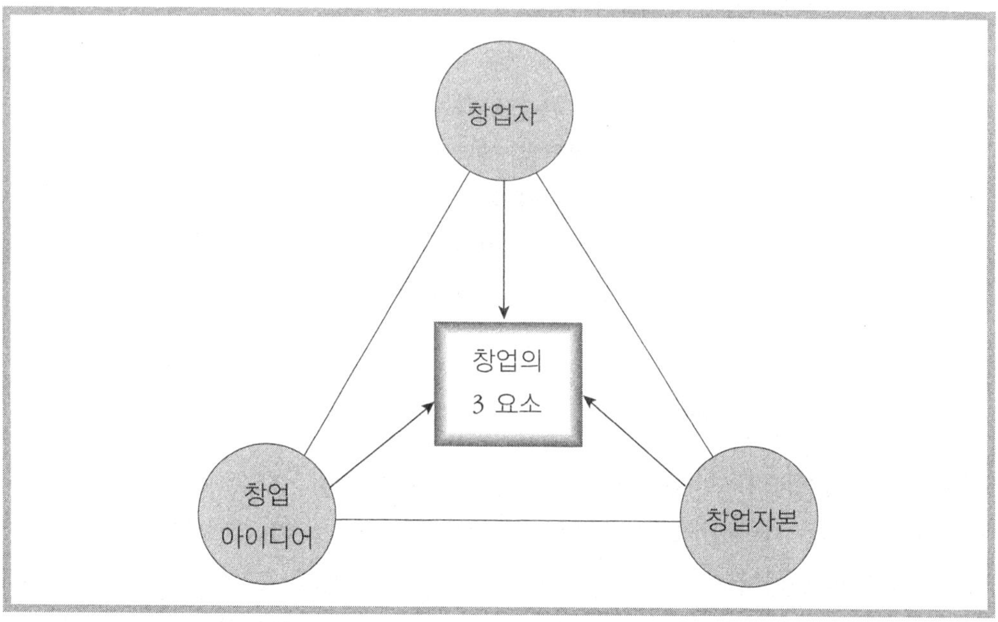

1. 창 업 자

사업을 수행하는 데 있어서 가장 중요한 것은 창업가가 '충분한 자질과 역량을 갖추고 있는가?' 이다. 창업가로서의 자질과 역량은 한마디로 '창업가정신' (Entrepreneurship)이라는 말로 표현할 수 있다. 사업에 관계되는 것이라면 조그만 일에도 최선을 다하고자 하는 치열한 프로정신, 기술의 극한까지 파고들려는 철저한 장인정신, 나 자신만이 나의 주인이 된다는 굳건한 주인의식이야말로 진정한 창업가정신의 핵심인 것이다. 창업가정신은 경영철학과 기업윤리의 기본이 된다.

창업가정신은 원대하고 큰 것일수록 그 힘이 크기 마련이다. 일본의 전후 부흥에 있어서 절대적인 역할을 한 마쓰시다(松下)의 경영이념을 보면 철저하게 기업이익을 추구하면서도 그 초점을 일본이라는 공동체 전체의 이익을 증진시키는 데 집중하였음을 알 수 있다.

예를 들어 마쓰시다의 경영이념을 살펴보면 다음과 같이 요약된다.

- 국가적 관점으로 모든 사업을 수행하라.
- 작은 일에 구애되지 말라.
- 절대로 투기적인 계획을 세우지 말라.
- 복고지성의 성실성을 촌각도 잊지 말라.
- 근검하고 자비롭게 베푸는 사람이 되라.
- 인재를 적재적소에 활용하라.
- 종업원을 우대하고 적절한 이익을 분배하라.
- 창업은 대담하게 수성은 소심하게 하라.

2. 창업아이디어

창업자가 무엇을 생산할 것인가 하는 문제는 기업의 가장 큰 관심사이다. 즉, 사업아이디어는 창업 여부를 결정하는 가장 큰 변수이다. 이러한 사업아이디어는 기업이라는 시스템의 최종 산출을 규정하는 것이다. 이러한 생산품은 구체적인 형태의 재화일 수도 있고, 물리적 규정이 불가능한 서비스일 수도 있다.

또한 창업기업의 생산품은 발명품일 수도 있고, 이미 시장에 나와 있는 기존의 상품일 수도 있으며, 국내시장에 처음 소개되는 외국상품일 수도 있다. 사업아이디어는 창업의 시발점이자 종착지이기 때문에 이에 관한 특별한 관심은 곧 창업의 전부라고 해도 과언이 아니다.

성공적인 기업을 설립하기 위해 필요한 활동 중에서 맨 처음 할 사항은 수익성이 있는 상품을 선택하는 것이다. 많은 기업의 성공과 실패 사례를 조사한 머피는 사업이 성공하는 데 황금의 열쇠는 '적절한 시기에 적절한 사업을 하는 것'이라고 결론을 내렸다. [도표 4-5]에서는 51개 기업을 대상으로 신제품 아이디어 감소과정에 대한 연구를 한 결과를 나타내고 있다. 연구결과에 의하면 60가지의 신제품 아이디어 가운데 단지 하나만이 제품의 성공화를 가져온 것으로 나타나고 있다.

도표 4-5 신제품 아이디어의 소멸과정

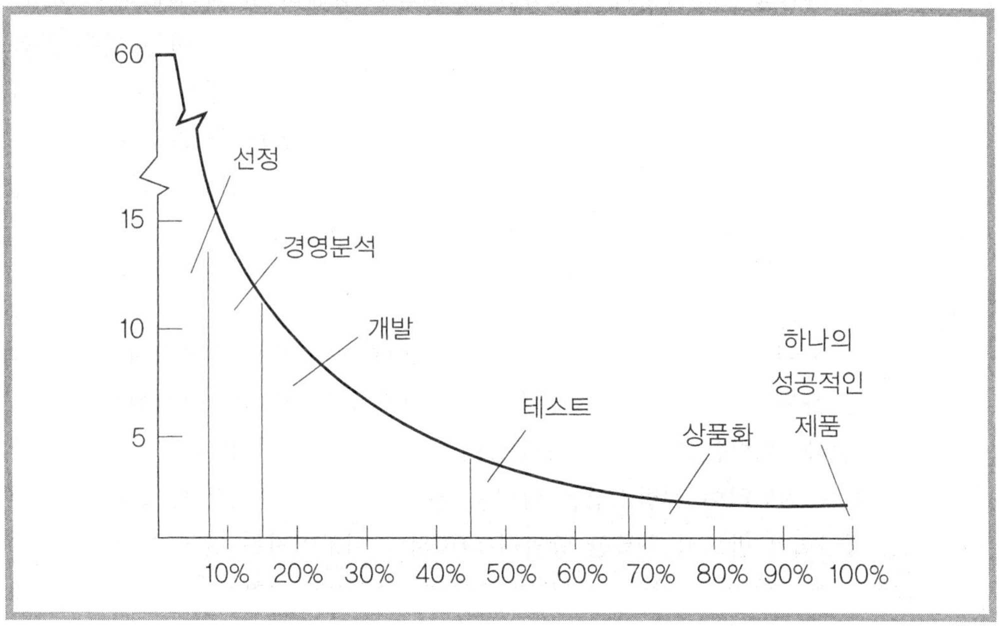

(1) 창업아이디어 개발요령

사업에 투신하여 성공할 만한 사업아이디어를 얻는 것은 반드시 먼 곳에 있는 것이 아니다. 다만 사업을 위한 소재가 우리 주변에 얼마든지 널려 있으나 이를 발견하지 못한 것뿐이다. 뛰어난 사업가로 성공한 사람들의 이야기 속에서도 신의 계시나 영감에 의하여 사업을 시작하고 성공했다는 이야기는 거의 없다.

문제는 우리 주변에서 일어나고 있는 변화를 감지할 수 있는 능력과 이러한 변화를 인간의 욕구에 연결시킬 수 있는 사업에 관한 직관력에서 사람마다 차이가 나기 때문이다. 변화에 대한 감지능력과 상상력이 뛰어난 사람일수록 기발한 아이디어를 개발할 수 있는 능력이 크다고 할 수 있다. 즉, 창업아이디어는 변화에 대한 감지능력을 날줄로 하고, 상상력을 씨줄로 하여 엮어 내는 옷감과 같은 것이다.

1) 착 안 점

자신이 지불하는 화폐가치보다 제품의 가치가 더 큰 효용을 가져다 준다는 사실을 소비자들이 인식하면 그 제품은 당연히 잘 팔리게 되어 있다. 평범한 생각보다는 "그런 사업을 이렇게 할 수도 있었나?"하는 말을 들을 수 있는 사업이 효과적이다. 특히 고객이 제품으로부터 얻을 수 있는 가치가 제품의 가격보다 반드시 더 커야만 그 사업(제품)은 생존할 수 있다는 윤석철 교수의 생존부등식 원리[6]는 창업아이디어를 고민하는 많은 이에게 큰 시사점이 될 것이다.

2) 독특한 발상

누구나 할 수 있는 그런 방법으로는 이길 수 없다. 지금까지와는 전혀 다른 독특한 방법일수록 성공가능성은 커지기 마련이다. 가능성은 얼마든지 있다. 호황을 누리고 있는 업종에 진입하여 이제까지와는 전혀 다른 방법으로 진입하여 선발기업을 앞지를 수 있는 가능성은 많다. 그러나 사업아이디어가 반드시 독특한 방법에 의해서만 이루어지는 것은 아니다. 평범한 것을 개선하는 것도 얼마든지 훌륭한 사업으로 전환시킬 수 있다. 지금까지 기술개발의 통계에 의하면 신기술개발의 80%는 실패하였고, 성공한 기술의 80%는 실패한 기술을 개선하여 생산한 제품이었다는 통계가 있다.

3) 복고사업

사업도 라이프사이클이 존재한다. 과거에 사라진 사업이라 할지라도 새로운 관심거리로 재등장하여 성공한 사업가도 많다.

4) 차 별 화

가급적이면 다른 기업과 차별되어야 한다. 가격이나 디자인 그리고 제품의 차별화 등을 통해 대고객 이미지를 개선하는 중요한 역할을 한다. 농심이 라면시장에서 성공하기 위해 그 동안 라면이 가지고 있던 부정적 이미지를 없애고 맛과 영양 면에서 다른 대체품에 비해 우수한 식품이라는 이미지를 심어주기 위해 제품명에 라면이란 말을 아예 쓰지 않고, 정성스럽게 만든 음식이란 이미지의 '안성탕면'이라는 제품명을 쓴 것은 차별화의 좋은 예라 할 수 있다. 창업하고자 하는 사업 분야에 이미 많은 경쟁기업이 진출해 있다면 차별화전략을 적극 활용해야 할 것이다.

(2) 아이디어의 개발방법

1) 현장경험

새로운 사업아이디어의 가장 좋은 출처는 작업현장이다. 현재 또는 최근의 경험을 통해, 현장 종사자들은 기존제품의 개선, 서비스의 개량, 공장입지의 조정 등에 관한 아이디어를 제공한다. 예를 들면, 가구판매점원이 점원생활을 그만두고 새로운 도시로 진출하여 새로운 사업을 개시하고자 할 때 그에게 축적된 판매원으로서의 경험이 다양한 아이디어를 개발하는데 영향을 미칠 것이다. 또 다른 사례로 나이키 신발은 NASA의 한 직원이 무중력 상태의 충격을 줄이기 위하여 공기를 주입하여 많은 실패 끝에 성공한 사례이다.

2) 신상품의 발명

신상품을 발견하는 아이디어는 인간의 무의식 속에 잠재되어 있는 무한한 상상력을 발휘하여 놀라운 발견을 하는 수가 많다. 또한 창업자는 발명들로부터 또 다른 아이디어를 획득할 수가 있다. 각종 연구소나 대학의 연구기관 등을 통해 발명 아이디어를 획득하여 상품화함으로써 신선한 새로운 상품을 개발할 수가 있는 것이다.

3) 취 미

취미가 사업에 적용되는 경우도 있다. 가정에서의 취미생활이 어린이

홈패션과 그대로 연결되어 훌륭한 사업으로 정착되고 있다. 미국의 팬시 엘렌 프로덕트사(Pansy Ellen Products, Inc.)가 대표적인 케이스가 될 수 있을 것이다. 이 회사의 사장인 Pansy Ellen Essman은 그녀의 손자를 돌보면서 손자가 그의 엄마의 품이 아닌 곳에서도 보채지 않고 목욕을 잘 할 수 있는 방법을 고안하였다. 엄마의 체온을 느낄 수 있는 어린이용 베개를 개발한 것이다. 이것이 사업으로 번창하여 이 회사는 연간 1천억 달러의 어린이용 목욕기구를 생산판매하고 있는 실정이다.

4) 우 연

우연한 기회에 엄청난 발견을 하는 수도 있다. 몇 가지 사례를 살펴보자. 먼저 한국 최초의 라면 개발의 사례이다. 한국의 한 사장이 일본 호텔에 투숙하여 밤이 깊었는데 배가 너무 고팠다. 그는 웨이터를 불러 빵을 사달라고 부탁하였는데 그 웨이터는 빵 대신 라면을 끓여 왔다. 웨이터는 일본에서 새로 개발한 것인데 빵보다는 나을 테니 드셔보시라고 권하였다. 사장은 그것을 한국에 도입하여 큰 부호가 되었다.

다음으로는 자동차의 안전유리를 개발한 사례이다. 프랑스의 한 화학자가 파리시내를 나갔는데 교통사고를 목격하게 되었다. 아주 끔찍한 교통사고였는데 앞 유리가 산산조각 깨져 유리 조각이 자동차 승객의 얼굴을 난자하였다. 그는 참혹한 현장을 목격하고 연구실로 돌아왔다. 그러던 어느 날 화학자가 실험용 약품을 쌓아놓은 선반을 청소하던 중 실수로 실험용 병 하나를 떨어뜨렸는데 이상하게도 그 병은 깨어지기는 했지만 병 조각이 흩어지지 않고 병에 고스란히 붙어져 있었다. 그가 자세히 관찰하여 보니 실험용 액체가 응고되어 유리병 안쪽 벽에 얇은 막을 형성하고 있었다. 그는 "이것이구나!"하고 무릎을 치면서 일전에 목격한 자동차 사고를 떠올렸다. 그 화학자의 연상작용으로 자동차 안전유리가 탄생한 것이다.

5) 적극적 제안(심사숙고)

탐험적 기업은 유능한 개척자의 탁월한 심사숙고에 의하여 생겨나기도 한다. 김플(M. L. Gimple)에 따르면 이러한 심사숙고의 방법에는 내·외 접근법(inside-out approach)과 외·내 접근법(outside-in approach)의 두 가지 방법이 있다.

전자는 회사 내에서 먼저 기술을 개발하고 나서 그에 맞는 상품을 개발한다는 접근이며, 후자는 사장의 요구를 먼저 파악한 다음에 기술을 개발한다는 접근이다. 먼저 사장의 상황을 분석하고 그에 알맞은 상품을 개발한 경우가 성공한 기업이 많다.

3. 자 본

자본은 창업의 원천이다. 아무리 훌륭한 사업아이디어가 있다 할지라도 자본이 없으면 이를 사업화 할 수 없기 때문이다. 일반적으로 창업자금을 조달하는 데에는 세 가지 의문을 가지고 조달을 하게 되는데,

첫째, 창업자금은 어느 정도 있어야 하는가?

둘째, 창업자금은 어떻게 조달할 것인가?

셋째, 창업자금은 어디서 어떻게 지원 받을 수 있는가? 하는 것이다.

(1) 창업자금의 적정규모

사람은 음식을 먹어야 하고 기업은 돈을 먹어야 산다는 말이 있다. 그만큼 기업운영과 돈은 뗄레야 뗄 수 없는 운명적 관계를 지니고 있다. 사실 사업은 처음부터 끝까지 돈과 관련된 일들뿐이라고 해도 과언이 아니다. 그래서 어떤 사람들은 창업의 성패는 개인의 인간적 능력에 달린 것이 아니라 자금의 동원능력에 달려 있다고 하기도 한다.

그러나 이상하게도 창업에 성공한 사람들 중 자금이 충분했기 때문에 성공할 수 있었다고 생각하는 사람은 그렇게 많지 않다. 그 이유는 무엇일까? 자금이 넉넉한 자는 있는 만큼 쉽게 쓰게 되고 쉽게 쓴 만큼 손해를 자초하기 때문일 것이다. 그렇다고 해서 맨주먹으로 사업을 할 수는 없지 않은가? 최소한의 자금은 있어야 사업을 할 게 아닌가? 따라서 창업자금의 적정규모를 고려하는 것은 매우 중요한 일이다.

창업자의 말로는 창업을 하여 기반을 잡을 때까지 들어가는 총 자금의 수요를 생각하면 최초계획보다 훨씬 더 많은 돈이 들어간다는 주장도 있다. 그러나 여러 사람들의 의견을 종합해 보면 최소한 사업계획서상 필요하다고 계산된 액수만큼의 자금에 1.5배 내지 2배 정도의 자금은 있어야

한다고 말할 수 있다.

(2) 창업자금의 조달

창업자금을 조달하는 방법에는 크게 2가지 방법이 있다. 하나는 자기자본의 조달이고 다른 하나는 타인자본의 조달이다. 먼저 자기자본의 조달은 주로 개인 혹은 주주들의 저축금, 퇴직금, 부동산의 처분, 가까운 사람들의 지원금 등으로 충당되는 돈이다. 타인자본이라 함은 남으로부터 꾸어오는 돈, 즉 빚을 말한다. 금융기관으로부터 차입금, 거래처와의 신용거래, 거래처로부터의 차입, 사채발행, 기업 내 충당금 등이다.

(3) 자기자본과 타인자본의 비율

자기자본과 타인자본의 비율은 어느 정도가 적당할까? 얼른 생각해 보면 자기자본의 비율이 100%이면 가장 좋을 것 같다. 그렇게 되면 이자도 지불할 필요가 없고 빚에 쪼들릴 염려도 없어 경영에만 전념할 수 있으므로 회사가 잘 될 것이라는 생각을 해 볼 수 있다. 그러나 경험적 측면에서 보면 100% 자기자본만으로 창업하기보다는 타인자본도 어느 정도 있는 것이 오히려 성공에 도움이 되는 것으로 나타나고 있다. 따라서 창업을 하려는 사람은 부족한 자기자본을 보충하기 위해 이자가 싸고 장기간 쓸 수 있는 자금을 구할 수만 있다면 그 이상 좋은 것은 없다. 이런 측면에서 볼 때 정부의 정책적 금융지원은 창업자에게는 가장 조건이 좋은 자금일 것이다.

4. 창업의 성공전략

창업은 아무나 할 수 있다. 그러나 창업을 했다고 해서 다 성공하는 것은 아니다. 처음에는 의욕적으로 창업을 한 기업들도 여러 가지 이유로 실패한 기업들이 많지만 그와는 반대로 자신의 기업을 성공시켜 일약 대기업으로까지 발전한 중소기업들도 있다. 여기에서는 어떤 기업들이 성공을 거두었는가를 알아보기 위해 성공을 거둔 창업성공사례들을 분석하여 가장 큰 영향을 미친 7가지의 성공조건을 선별하여 제시하면 다음과 같다.[7]

(1) 성공조건 1: 작고 뚜렷한 목표

성공한 사람들은 대부분 작고 뚜렷한 목표를 가지고 있다. '두 가지 목표는 목표가 아니다' 라는 말이 있다. 돈을 벌어 보겠다는 식의 막연한 목표가 아니라 작고 뚜렷한 목표를 세워야 한다. 한국 대기업의 창업사례를 보면 모두 다 작고 뚜렷한 목표를 가지고 있었음을 알 수 있다. 작고 분명한 목표란 다음과 같은 세 가지 조건이 충족되어야 한다.

- 업종과 업태가 분명해야 한다.
- 제품의 생산방법과 판매경로가 분명해야 한다.
- 고객의 범위가 분명해야 한다.

(2) 성공조건 2: 도전과 모험심

성공한 사람들은 말보다 행동을 앞세웠던 사람들이다. 모험심을 가지고 도전하는 행동주의자들이다. 사업을 하는 사람을 우리는 사업가라고 한다. 사업이란 그만큼 위험부담도 크기 때문에 붙여진 이름일 것이다. 사업을 하는 사람은 보통 사람이 엄두를 내지 못하는 것을 사업화하는 사람이다. 에디슨의 발명, 인공위성의 탐사 등도 도전과 모험의 산물이다. 행동하는 둔재가 생각하는 천재보다 낫다는 말을 음미해 볼 필요가 있다.

(3) 성공조건 3: 사업에 대한 열정

성공한 창업자들은 자기일에 미쳤던 일 벌레들이다. 자기 일에 기꺼이 목숨을 바칠 각오가 되어 있어야 한다. 어떤 중소기업인은 나이 40이 될 때까지 시간이 없어서 결혼을 못한다고 고백한다. 중소기업의 성패가 중소기업 경영자 한 사람에게 달려 있기 때문에 일 처리를 뒤로 미룰 수가 없다. 창업은 불모의 땅에 씨앗을 심어 가꾸어 그 결실을 수확하는 것과 같다.

(4) 성공조건 4: 근검절약

성공한 사람들은 돈을 함부로 쓰지 않는다. 창업자금은 사업추진의 연료와 같다. 아무리 좋은 성능을 가진 자동차라 할지라도 연료가 없으면 아무 것도 하지 못한다. 또 부족한 자금으로 일단 창업을 했다 할지라도 자금을 함부로 사용하여 막상 운영자금이 없으면 회사운영은 불가능하게 된다. 성공한 기업가들을 보면 근검절약형이 의외로 많다. 부도난 어느 중소기업 사장실이 미국의 대통령 집무실보다 화려하였다는 충격적인 사례를 우리는 새겨봐야 한다.

(5) 성공조건 5: 소수정예화

전문분야에서 창업하고, 사업을 단순화하고, 소수인원으로 출발하라는 것이다. 전문분야에서 창업하라는 말은 자기가 아는 사업을 시작하는 것이 낫다는 것이다. 창업도 이와 같다. 자기가 겪어 온 전문분야에서 출발해야 성공확률이 높아진다.

사업을 단순화하라는 말은 아주 단순한 일부터 시작하라는 말과 같다. 창업의 천적은 복잡성이다. 단순하면 성공하고 복잡하면 실패한다는 것이 창업성공의 철칙이다. 또한 창업규모를 소규모화하는 것도 단순화의 일종이다. 사업의 규모가 한번 커지면 그것을 스스로 다시 소규모화한다는 것은 기업이 망하지 않는 한 불가능한 일 중의 하나이다.

소수 인원으로 출발하라는 말은 번듯한 사무실에 많은 인력을 두고 허세를 부리는 창업자는 오래 가지 못한다는 뜻이다. 창업은 농부가 씨앗을 뿌리고 가꾸는 일과 같아서 사람이 많다고 반드시 성공한다는 보장이 없다. 하루 아침에 기업이 성공하는 것이 아니다. 제록스 복사기는 발명한 지 23년 만에 처음으로 시판되었다.

(6) 성공조건 6: 품질경쟁 우위확보

여기서 말하는 품질이란 제품의 품질만을 의미하는 것이 아니다. 창업자로서의 인간적인 품질, 서비스품질, 가격품질 등을 망라한 개념이다. 파스퇴르 우유의 성공은 품질로 승부를 걸었기 때문이며, CNN방송이 성공한 것은 서비스품질에 승부를 걸었기 때문에 성공한 예이며, 반대로 봉제산업이나 신발산업 그리고 완구산업 등이 내리막길을 걷는 것은 이러한 품질정신을 도외시했기 때문에 실패한 예로 볼 수 있다.

(7) 성공조건 7: 신용 우선

무릇 사업가는 신용을 생명으로 삼아야 한다. 외부의 이해관계자는 물론이고 내부의 종업원에게까지 그는 확실히 신용을 지키는 사람이어야 한다. 그래야 다른 사람이 자기를 믿는다. 공자는 "선생님, 식(食)과 신(信) 중에 어느 것이 더 중요합니까?"라고 묻는 제자의 물음에 지체없이 신이라고 대답하였다 한다. 한국기업의 경영풍토를 돌아보면서 한국의 기업사회를 신의 사회, 즉 믿음의 사회를 만드는 것이 장기적으로는 기업이 살 길이요, 사회 모두가 살 길이 아닌가 싶다.

잠깐 쉬어갑니다

예비창업자들의 관심과 특징

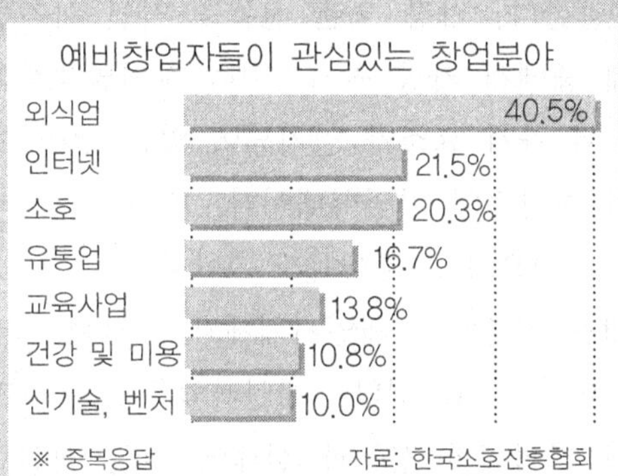

예비창업자 5명 중 2명꼴로 외식창업에 관심을 기울이고 있는 것으로 나타났다. 특히 최근 2~3년 전 열풍처럼 번졌던 신기술 · 벤처창업은 창업관심영역에서 사라졌다.

한국소호진흥협회는 최근 서울 여의도에서 개최된 '2002 소자본 신산업 창업박람회'에 참가한 402명의 예비창업자들을 대상으로 설문조사(복수응답 허용)를 실시한 결과 이같이 분석됐다고 12일 밝혔다.

이번 조사에서 정보기술(IT) 발전으로 인터넷창업, 소호 · 무점포(재택)창업에 대한 관심이 48%로 높게 나타났다. 관심 창업분야의 경우 남성은 외식창업(36.7%), 인터넷창업(25.7%), 유통업(21.6%), 소호창업(20.4%) 등, 여성은 외식창업(46.9%), 건강 · 미용관련업(22.8%), 소호창업(20%), 인터넷창업(14.5%), 교육사업(13.8%)의 순으로 조사됐다.

연령별 분포에서는 30대가 46.2%로 가장 많은 비율을 차지 하고 있으며, 40대가 28.5%, 20대가 16.9%, 그리고 50대 이상이 8.2%를 점유했다. 창업준비자금은 3000만~5000만원이 전체의 34.9%로 가장 많은 비율을 점유했으며 1000만~3000만원 25.1%, 5000만~1억원 18.2%, 1000만원 이하가 11.3%, 1억원 이상이 8.2%로 집계됐다.

한편 창업애로 사항은 남성의 경우 창업에 필요한 이론 · 실무지식, 창업아이템 선정, 창업관련 정보, 점포입지 선정, 자금조달 등을 꼽았고 여성은 창업에 필요한 이론과 실무지식, 창업아이템 선정, 창업관련 정보, 점포입지 선정, 자금조달 등을 들었다.

〈자료: 파이낸셜뉴스, 2002. 9. 12〉

제 3 절

기업의 형태

기업형태를 구분하는 데는 기업의 규모, 출자성격, 경제적 형태, 법률적 형태 등 다양한 기준을 적용할 수 있다. 여기에서는 법률적 기준에 따른 기업의 형태를 살펴보기로 한다.

1. 개인기업

출자자가 1인인 단독사업체를 말한다. 가장 오랜 전통을 지닌 사기업으로서 역사적으로 볼 때 기업형태 중에서 가장 원시적이며 자연발생적인 형태이다. 즉 출자 · 경영 · 지배의 세 가지 요소가 일치되어 있는 것이 특징이며, 가장 간단한 소유경영자의 전형적인 기업형태이다. 따라서 그 기업의 자산, 이익, 그리고 부채까지 전적으로 소유자에게 속한다.

우리나라에 있어서도 2002년 말을 기준으로 개인기업체가 차지하는 비중은 전체 중소기업 가운데 92.1%에 이르고 있다. 개인기업은 소유자가 관리적 · 운영적 기능을 수행하면서 기업체의 성공과 실패에 대한 책임도 전적으로 소유자가 지게 된다. 따라서 소유자는 법적으로 기업체의 모든 재산을 소유하며 부채를 상환할 책임이 있다. 소유자는 경우에 따라서 타인에게 기업체의 경영을 맡길 수도 있으나 소유권, 경영권, 통제(지배)권이 모두 그에게 있는 것이 원칙이다.

한편, 2001년에 개정된 상법에 따르면 주식회사의 발기인(發起人)의 수에 관한 요건을 철폐하였기 때문에 주식회사도 출자자가 1인이 될 수 있다. 그러나 주식회사는 출자자가 1인 이상의 여러 사람들로 구성될 수 있지만, 개인기업은 출자자가 1인 이상이 되면 이제는 더 이상 개인기업이 될 수 없기 때문에 주식회사와 구별된다고 본다. 유한회사도 이와 같다.

잠깐 쉬어갑니다

스위스기업 90%, 가족이 운영

스위스 기업 10개 중 9개는 가족에 의해 운영되고 있는 것으로 나타났다. 또 취리히 증시에 상장된 268개 상장기업 가운데 99개가 가족에 의해 경영되고 있다. 컨설팅업체인 언스트&영은 스위스 갈렌대학의 중소기업연구소와 공동으로 조사한 보고서를 20일(현지시간)발표했다.

스위스 가족기업의 60%는 가족이 경영에 대해 완전한 통제력을 행사하는 것으로 조사됐다. 이 사회가 가족 이외의 세력에 의한 통제를 허용하지 않는다는 뜻이다. 언스트&영은 가족 기업들이 튼튼하지만 성장은 둔하다는 관념은 잘못된 것이라며 이들 기업의 실적은 상당히 좋다고 밝혔다.

〈자료: 중앙일보, 2004.12.22〉

2. 소수 공동기업

(1) 합명회사(合名會社, partnership)

합명회사는 회사의 채무에 관해 직접, 연대, 무한책임을 지는 2인 이상의 무한책임사원들로 구성되어 있다. 중세 이탈리아와 독일의 도시에서 행해졌던 공동상속에 의한 가족공동체인 소키에타스(societas)에서 유래하였다. 거래 상대방은 회사의 신인도(信認度)보다는 출자자인 사원 개인의 신용에 더 거래의 비중을 두고 있기 때문에 대표적인 인적회사이다. 그리고 지분의 양도는 당사자 간의 개인적인 계약에 의하여 이루어지나, 양도 당사자를 제외한 다른 사원 전원의 동의를 필요로 한다.

장점은 그 책임이 출자자 전원의 개인적 재원에까지 미치기 때문에 대외신용도가 높아지고, 또한 인사관리 면에서 서로 이해도와 친밀도가 높기 때문에 강한 단결력을 발휘할 수 있다. 그러나 단점은 무한책임이기 때문에 출자자를 폭넓게 모집할 수 없으며 많은 자본을 필요로 하는 대규모의 기업형태에는 부적합하다.

(2) 합자회사(合資會社, limited partnership)

합자회사는 기능자본가 역할을 담당하는 1인 이상의 무한책임사원과 지분자본가 역할을 담당하는 1인 이상의 유한책임사원으로 구성되어 있다.

중세 이탈리아의 해상무역에서 발달한 코멘다(commenda)에서 유래하였다. 지분자본가는 회사의 경영에는 참여하지 않고 단지 기능자본가에 출자하고 경영성과의 분배에만 참여하는데, 이렇게 기업경영에 참여할 권리를 포기하는 대가로 책임의 유한성이 주어진다. 또 지분의 양도에 있어 무한책임사원의 지분의 양도는 총사원의 동의를 필요하므로 유한책임사원의 동의도 필요하지만, 유한책임사원의 지분양도는 무한책임사원 전원의 동의만 있으면 된다.

장점은 합명회사에 자본적 결합성을 보완한 것으로 무한책임사원 이외에 유한책임사원과 같은 출자자를 폭넓게 구할 수 있는 여건을 마련해주고 있어 합명회사보다 자본결합력이 강하다. 단점은 지분의 유통성이 없어 자본의 교환이 거의 결핍되어 신용자본으로서 경제적 요건을 충분히 갖지 못한다.

(3) 유한회사(有限會社, private company)

유한회사는 상법상의 회사이다. 1892년 독일에서 주식회사의 장점을 따서 만든 회사 형태로 50인 이하의 유한책임사원으로 구성되어 있다. 유한회사는 주식회사와는 달리 모집 설립은 인정되지 않고 사원이 되고자 하는 자는 모두 스스로 설립절차에 참가하도록 하였는데, 이 점은 주식회사의 발기설립과 비슷하다. 출자단위는 균일하게 하고 자본은 1,000만 원을 최저액으로 한다. 지분의 양도는 사원총회의 특별결의를 필요로 하며 양도로 인하여 사원의 총수가 50인을 초과하면 유증(遺贈)의 경우를 제외하고 그 양도는 효력이 없다. 그리고 이사가 회사의 업무집행 및 대표기관이 된다.

이전의 상법은 사원이 1인이 될 때를 해산사유로 하고 있었으나, 2001년 개정 상법에서는 이를 제거하였다. 독일에서는 소수의 대형회사들만이 주식회사 형태를 취하고 있고 중소기업 대부분은 유한회사형태를 이용하나, 우리나라에서는 유한회사가 극소수이고 특기할 만한 것은 1998년의 "자산유동화에관한법률"에 의해 설립되는 유동화전문회사(流動化專門會社)만은 유한회사이어야 한다는 점이다.

3. 주식회사

(1) 주식회사의 의의

경영학의 주된 관심은 여러 가지 개별경제 가운데서도 주로 주식회사라는 이름의 형태를 가진 기업경영에 두고 있다. 오늘날의 자본주의 경제체제를 지탱하며 그 핵심체를 이루고 있는 것이 주식회사 형태의 기업이기 때문이다. 주식회사란 자본이 주식으로 분할되어 주식의 인수를 통해 출자하거나 기발행주식을 취득함으로써 사원이 되며, 사원은 주식의 인수가액의 한도에서 출자의무를 질 뿐, 회사 채무에 대해서는 직접 책임을 지지 않는 형태의 회사를 말한다.

주식회사의 기원은 1602년 네덜란드의 동인도회사에서 찾는 것이 일반적이다. 동인도회사는 영국 · 프랑스 · 네덜란드 등이 동양에 대한 독점무역을 경영하기 위하여 동인도에 설립한 무역독점회사로, 이 회사는 서유럽 식민제국의 경제적 · 정치적 활동기관으로, 상업자본의 집중형태를 이루었다. 즉 동인도무역에 참여한 회사들과 선박공유단체가 합동하는 형태로서 자본을 균등한 무기명 주식으로 분할하고 양도도 자유롭게 한 점이 근대주식회사와 같다.

주식회사는 자본의 증권화제도, 소유와 경영의 분리, 유한책임제도 등의 특성을 갖고 있기 때문에 오늘날 널리 선호되고 있는 회사형태이다. 주식회사는 사람과의 유대감은 전혀 없고 오로지 자본적 결합에 의해 회사가 이루어 졌다하여 대표적 물적회사라 한다.

도표 4-6 주식회사의 특성

경제적 특성	법률적 특성
• 주주의 유한책임제도	• 강제법규성
• 증권제도(주식의 매매양도 가능)	• 공시주의
• 소유와 경영의 분리	• 국가적 감독성

(2) 주식회사의 기관

회사는 그 자체의 의사와 행위를 가지나, 실제로는 이를 수행할 능력이 없기 때문에 그 의사와 행위는 회사 조직상의 일정한 지위에 있는 자에 의해 결정되고 실천될 수밖에 없다. 이처럼 회사의 의사를 결정하고 행위를 실천하는 회사 조직상의 지위를 기관이라 한다. 주식회사의 기관으로는 주주총회, 이사회 및 대표이사, 감사기관인 감사나 감사위원회가 있다.

1) 주주총회

주주에 의해 구성되는 주식회사 최고의 의사결정기관으로 그 권한은 상법과 정관에 정해져 있다. 주로 정관의 변경·해산·합병 등의 중요한 사항이나 이사나 감사의 임면 및 승인에 관한 사항 등에 한정되어 있다. 주주총회는 재무제표 등의 승인과 이익배당에 관한 결의를 주목적으로 결산기마다 소집되는 정기총회와 필요에 따라 수시로 소집되는 임시총회가 있다.

다만 주주총회는 회사 내부의 의사결정을 할 수 있을 뿐 대외적 집행은 행할 수 없으며, 그 권한은 시대의 변화와 함께 점차 축소되어 가고 있다. 그것은 일반주주가 총회를 통해 기업을 지휘·감독할 만큼 기업의 내용을 잘 알기가 힘들 뿐만 아니라 신속을 의사결정을 필요로 하는 기업 활동에서 일일이 총회에 묻는다는 것은 효율적이지 못하기 때문에 이사회라는 법정기관을 인정하여 이사회의 권한을 확대하고 주주총회의 권한을 제한한 것이다.

2) 이 사 회

주식회사의 이사 전원으로 구성되는 회의체의 상설기관으로 법령 또는 정관에 의하여 주주총회의 권한으로 되어 있는 것을 제외한 나머지 회사의 업무집행에 관한 모든 사항을 결정할 수 있다. 주주총회와 이사회의 결의에 따라 그 집행에 관한 세부사항을 정하고 회사를 경영하며 회사를 대표하는 대표이사를 두고 있는데, 이사는 이사회의 구성원으로서 경영의사결정에만 참여할 뿐 대표이사가 아니면 회사기관의 지위를 갖지 못한다. 이사회는 예를 들면 주주총회의 소집, 대표이사의 선정 및 공동대표의 결정,

신주발행 · 사채모집 등을 행한다.

3) 감　　사

이사회 및 대표이사의 업무집행을 감사하는 기관으로서 감사와 감사위원회 중 어느 하나를 선택하도록 하고 있다. 감사는 민법상 법인의 재산 및 업무집행 상태를 감독하는 기관으로 정관 또는 총회의 결의로써 둘 수 있는 임의기관이며 법인의 대표기관은 아니다.

도표 4-7 주식회사의 일반적 형태

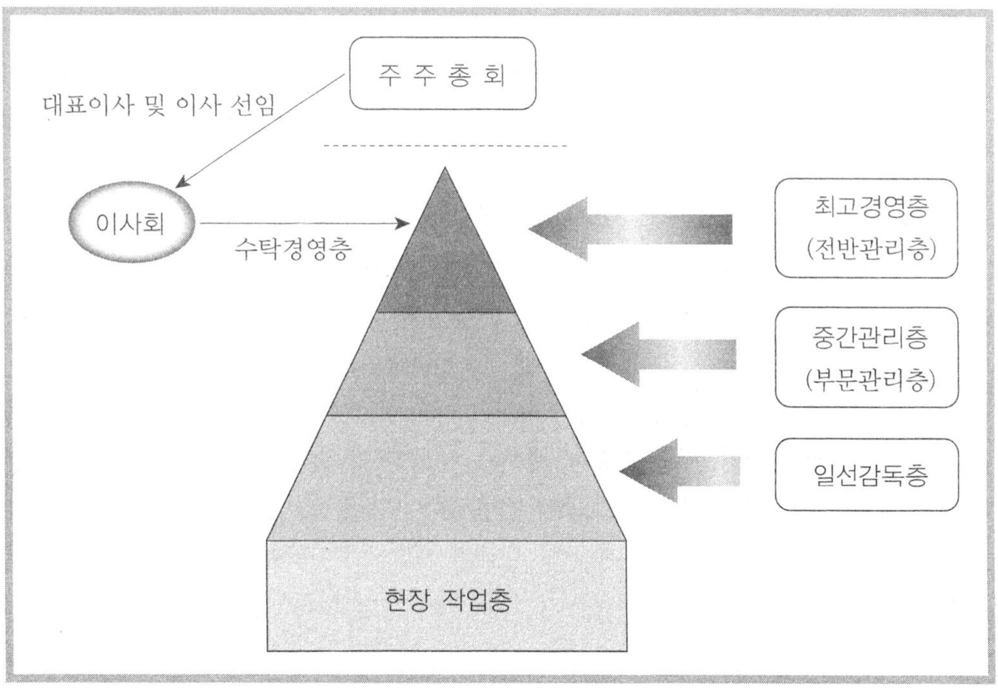

제4절 기업가와 기업가정신

1. 기업가란?

기업가란 일정한 수익을 기대하면서 위험을 무릅쓰고 창업을 해서 경영을 하는 사람이다. 국가나 사회적으로 보면 이들의 열성적인 노력과 창의성에 의해 신제품이나 새로운 형태의 서비스가 출현하게 되고 그 결과 국가나 사회의 경제활동이 활력을 갖게 되므로 기업가를 국가나 사회발전의 동인(動因)이라고 할 수 있다.

좀더 구체적으로 살펴보면 기업가는 기업에 필요한 자본의 출자자인 동시에 경영활동에 참여하고, 거기에서 발생하는 결과에 대해 스스로 모든 책임을 지는 사람을 지칭한다. 기업가를 지칭하는 용어에는 '엔터프라이저'(enterpriser), '비즈니스맨'(business man), '인더스트리얼리스트'(industrialist), '앙트러프러너'(entrepreneur) 등으로 불리운다. 그러나 기업가(企業家)에게 가장 중요한 개척자 정신의 의미를 담고 있는 앙트러프러너라는 단어가 일반적으로 많이 사용된다. 그런 의미를 살려 일본에서는 앙트러프러너라는 단어 대신에 사업을 일으키는 사람이라는 뜻으로 기업가(起業家)로 부른다.

2. 기업가정신

기업가에게는 기업가로서 갖추어야 할 특성도 있지만 일단 사업을 시작하면 기업가의 할 일이 점차 불어나게 된다. 자본을 투자하는 출자기능, 생산요소들을 결합하여 기업을 성장시키는 혁신기능, 기업의 활동을 계획, 조직, 지휘, 조정, 통제하는 경영관리기능, 그리고 기업의 모든 결과를 최종적으로 책임지는 위험부담기능 등 막중한 책임을 지고 기업을 운영해야

잠깐 쉬어갑니다

Drucker가 말하는 기업가

드러커(P. Drucker)는 기업가(entrepreneur)에 대해 “변화를 탐구하고, 변화에 대응하며, 변화를 기회로 이용하는 자”라고 정의하고 있다. 또한 기업가정신이란 일종의 과학도, 기예(art)도 아닌 오직 ‘실천’일 뿐이라고 강조한다. 드러커에 따르면, 기업가정신은 한 사회의 모든 구성원이 본질적으로 갖고 있어야 할 자기혁신의 ‘바탕’이라고 할 수 있다. 그러므로 기업가정신은 경제에서 필요한 만큼 사회 각 분야에서도 필요하고, 기업에서 필요한 만큼 공공서비스 기관에서도 필요하다. 그리고 기업가정신을 바탕으로 끊임없는 혁신을 추구해 나갈 수 있을 때 비로소 한 사회가 ‘다음 사회’로 진보해 나갈 수 있다. 혁신과 기업가정신은 사전에 계획된 것이 아니라 사회 전분야에 걸쳐 나타나는 다양한 기회와 욕구에 초점을 맞추고 매순간 탄력적으로 대응한다. 따라서 혁신과 기업가정신은 원리적이라기보다는 실용적이고, 거창하기보다는 매우 간단하다.

〈자료: 피터 드러커, 미래사회를 이끌어가는 기업가정신, 이재규(역), 한국경제신문, 2004〉

하는 기업가에게 기필코 기업을 성공시키고야 말겠다는 왕성한 기업가정신은 필수적인 것이라고 할 수 있다.

(1) 기업가정신(entrepreneurship)의 개념

기업가정신이란 ‘현실적으로 존재하지 않는 것에서 어떤 가치관을 창조하고 구축하는 과정’라고 할 수 있다. 즉, ‘어떤 자원을 현실적으로 통제할 수 있느냐 없느냐 하는 것과는 관계없이 그 자원과 관련된 것을 추구하거나 또는 그 자원과 관련된 기회를 창조하고 규정하는 과정이며 부를 창조하는 역동적인 과정’이다.

이를 다른 말로 표현하면 ‘기업가정신은 다른 사람들이 무질서와 혼돈이라고 여기는 곳에서 어떤 절호의 기회를 찾아내고, 그러한 기회를 살리기 위하여 자기나 타인이 소유한 자원을 발견하고 보관하고 통제하는 것을 포괄하는 개념’이다.[8)]

(2) 기업가정신의 구성

기업가정신은 10종 경기 선수가 올림픽경기를 하는 것과 같고, 외과의사가 수술을 하는 것과 같다고 할 수 있다. 즉, 10종 경기 선수가 승리하

잠깐 쉬어갑니다

무대뽀로 나가라

현대가 조선사업에 뛰어들 때만 해도 주위의 비웃음을 한 몸에 받았다. 1970년 건설에서 탄탄히 기반을 다지고 소형차량을 생산하는데 성공했지만 어떻게 큰 선박을 만들어 낼 수 있겠느냐는 것이 국내의 전반적인 평가였다.

이때 정주영 회장은 울산에 조선소를 지을 땅부터 구입한 후, 프랑스와 스위스은행에 4,300만 달러의 대출을 요구했다. 당시 현대그룹의 총자산보다 많은 액수였고, 은행가들은 "쪽배도 만든 경험이 없는 회사에 어떻게 돈을 내 줄 수 있느냐" 며 일언에 거절하였다.

결국 런던 바클레이은행으로 날아간 정주영 회장은 회의적인 태도를 보이는 은행대표측에게 500원짜리 지폐를 꺼내어 보여주며 이렇게 말했다. "배가 뭐란 말이요? 안에 엔진이 있고 밖은 철강으로 만들어진 것인데, 한국인 이미 16세기에 철갑선을 만들었습니다. 그러나 영국은 그런 배를 19세기에나 만들기 시작했다는 사실을 잊으셨습니까 ?"

〈자료: 신완선, CEO 27인의 리더십을 배우자, 물푸레〉

기 위해서는 열정과 행동과 창조적 관심이 요구되며, 거기에는 도전도 있고 불확실성과 계산된 위험부담도 있으며 위험의 최소화도 따라야 한다. 또한 예기치 못한 돌발사태로 인해 큰 재앙이 생길 수도 있다. 기업가에게도 이러한 조건들이 다 충족되어야 진정한 기업가로서의 정신을 가지고 있다고 말할 수 있다. 이러한 조건들을 정리하면 다음 4가지로 요약할 수 있다.

1) 위험부담

기업가정신의 첫째조건은 위험부담이라고 할 수 있다. 마르코 폴로의 세계기행이나 현대인의 우주탐사 등이 실현된 이유는 그것이 모두 실패할 것을 두려워하지 않고 과감히 도전하는 인간의지의 실현이 아니었다면 어찌 이루어졌을 것인가? 이와 같이 어떤 위험이 닥치더라도 두려워하지 않고 이에 맞서려는 모험심을 가지고 추진해 나가는 정신이 기업가정신이라고 할 수 있다.

2) 창 조 성

기업가정신의 둘째 조건은 창조성이다. 인류의 역사는 창조의 역사이다. 만일 인간에게 이 창조성이 없었다면 다른 하등동물과 다름이 없었을 것이다. 소는 천년 전의 소나 오늘의 소나 다름이 없다. 그러나 인간은 천년 전의 인간과 오늘의 인간이 하늘과 땅 차이이다. 이것은 인간의 창조성 때문이다. 기업의 세계에 있어서도 새로운 세계를 찾아 나서는 개척자적 정신이 필수적이다.

비록 처음에는 개척하는 것이 힘들고 어렵고 불가능하게 보일지라도 무에서 유를 창조하는 창조정신이 기업가에게는 있어야 한다. 우리 인류에게 이러한 창조적 정신이 없었다면 우리 인간도 공룡처럼 어쩔 수 없이 지구상에서 사라지고 말았을 것이다. 따라서 창조성은 우리 인류는 물론이고 특히 기업을 하는 사람들이 영원히 추구해 나가야 할 길이다.

3) 독 립 성

기업가정신의 셋째 조건은 독립성이다. 독립성은 창조성과도 밀접한 관련이 있다. 사업아이디어가 독창적일수록 부의 규모도 커진다고 할 수 있다. 새로운 신사업분야, 신개척분야가 새로운 시대에서 요구하는 신사업이다. 독창적인 내 사업을 내 스스로 하고 싶다는 마음이 근본적으로 모험심을 자극하게 되는 근본요인이 된다.

4) 보　 상

넷째 조건은 보상이다. 기업가정신은 막대한 부(富)가 보여야 한다. 만약 아무리 좋은 사업구상이라 할지라도 부에 대한 기대효과가 별 것 아니라면 그 어렵고 힘든 시련을 이겨 낼 필요가 없다.

읽을 거리

성공하는 기업가와 실패하는 기업가는 다른가?

□ 성공한 기업가의 특성

1. 사업에 대한 몰입도가 높고 결단력과 인내력이 강하다
2. 스스로 설정한 도전적인 목표를 뛰어넘는 데 주력하고, 목표가 달성되면 상향조정된 새로운 목표를 설정하여 계속적으로 도전한다.
3. 기회를 먼저 포착하고 자원과 전략을 거기에 맞추어 나가려는 기회 지향적인 성향이 강하며 높지만 달성 가능한 목표를 설정하고 거기에 집중한다.
4. 주도적으로 문제를 탐색하고 해결책을 제시하려고 한다. 그리고 그 일의 결과에 스스로 책임지려 한다.
5. 장애요인들이 나타날 경우 이를 극복하려는 욕구가 강하며, 문제해결을 위해 끈기 있게 노력한다. 하지만, 불가능하다고 판단되는 일에 대해서는 단념도 빠르다.
6. 매우 현실적이지만, 매사를 긍정적으로 보는 낙관적 자세를 견지하고, 어려운 여건에서도 유머를 잃지 않는 등 정신적 여유를 갖고 있는 경우가 많다.
7. 피드백을 효과적으로 활용함으로써 자신의 잘못을 신속하게 파악하고, 잘못된 부분을 재빨리 수정한다.
8. 미리 세심하게 계산을 한 후 결정을 내리며, 공동투자 또는 동업을 통해 곧잘 위험을 공유하려 한다.
9. 권력욕구보다는 성취욕구에 의해 행동한다.
10. 정직과 신뢰가 없이 달성한 일시적 성공은 궁극적으로 실패한다는 신념으로 장기적 관점에서 인간관계를 유지하고 사업활동을 한다.
11. 신속하게 움직여야 하는 일에 대해서는 빠른 결정을 내리고, 곧바로 실천에 들어간다. 그러나 일의 결과가 장기적으로 나타나는 경우에는 인내심을 가지고 기다린다.
12. 실패에 실망하지 않고 두려워하지도 않는다.
13. 열의에 가득 찬 팀을 만들어 공동으로 일을 추진하며, 관리자들을 영웅으로 만듦으로써 동기를 부여한다. 또한 성과를 나누어 갖기보다는 성과 자체를 키우는 데 주력한다.

□ 실패한 기업가의 특성

1. 자신에게 실패란 일어나지 않는다는 망상에 사로잡힌 경우, 방만하고 경솔한 투자로 실패할 가능성이 높다.
2. 항상 남보다 우월하고 어떤 경쟁자라도 제거할 수 있다는 자만을 가진 경우, 경쟁자와 소모적 경쟁을 벌임으로써 사업에 해를 끼칠 수 있다.
3. 남으로부터의 지시와 조언을 불필요하게 기피하는 성향을 가진 경우, 주위로부터 피드백

이 부족하여 잘못된 의사결정이나 행동을 수정할 기회를 놓치기 쉽다.

4. 매사를 그 당시의 상황과 기분으로 결정하고 처리하는 성향을 가진 경우, 어떤 행위나 결정에 대하여 그것이 갖는 궁극적 의미나 실제 결과를 파악하기 어렵다. 또한 더 나은 대안을 찾지 못하는 결점을 갖는다.
5. 잘되면 운이 좋아서, 안되면 운이 나빠서 그렇게 되었다고 생각하는 성향은 운명주의적 철학을 가진 사람들에게 많이 나타난다.
6. 완벽한 일 처리를 지나치게 강조하는 성향을 가진 경우에는, 소요되는 비용, 시장의 여건, 타이밍 등을 무시한 결정을 내리기 쉽다.

〈자료: 한국경영기술원(http://kimtec.co.kr/venture_1_3.htm)〉

토론문제

1. 최근 우리 나라에서의 창업과 부도추이를 업종별로 살펴보고 그 원인에 대하여 토론하여 보시오.
2. 안정적 창업전략이란 무엇일까에 대하여 정리하여 보시오.
3. 창업의 성공요인 가운데 창업자와 창업아이디어의 중요성에 대하여 생각하여 보시오.
4. 우리의 주변에는 수많은 소기업들이 존재한다. 소기업경영상의 문제와 대처방안에 대하여 토론하여 보시오.
5. 기업의 형태와 각 형태에 따른 장단점을 비교하여 보시오.
6. 많은 기업들이 가족기업의 형태로 경영되는 사례를 발견할 수 있다. 가족경영의 장단점과 장기적인 차원에서의 득과 실에 대하여 토론하여 보시오.
7. 기업가란 누구일까? 주변에서 기업가의 모범적 사례를 찾아 기업성공에 어떠한 역할을 하였는지에 대하여 토론하여 보시오.

참고문헌 및 자료

1) J. G. Longenecker(1997), *Small business management*, Cincinnati, Ohio: International Thomson Publishing, p. 42.
2) C. E. Tate. et al.(1982), *Successful small business management*, 3rd ed., Texas: Business Publication Inc., p. 74.
3) W. L. Megginson(1997), *Small business management*, 2nd ed., Richard D. Irwin, p.140.
4) J. G. Longenecker, *op. cit.*, p. 91.
5) 이병기(2003), 한국신생기업의 생존요인: 이론과 실증, 한국경제연구원.
6) 윤석철(1997), 프린시피아 메네지멘타, 경문사.
7) 김종재 · 윤종록 · 이경근(2005), 중소기업의 창업과 경영, 박영사, pp. 179~181.
8) 이장우(1997), 벤처경영, 매일경제신문사, pp. 41~42의 개념정의를 일부 수정.

제 5 장

계획과 전략경영

이 장을 공부하고 나면

1. 경영관리과정의 출발점으로서 계획화가 지니는 중요성을 이해할 수 있습니다.
2. 계획의 유형과 상호 간의 연결구조를 이해할 수 있습니다.
3. 전략경영의 중요성을 체계적으로 이해할 수 있습니다.
4. 전략수립의 전반적인 절차와 절차상의 주요 이슈를 인식할 수 있습니다.
5. 전략수립과 관련된 다양한 접근법과 모형을 이해함으로써 경영전략에 대한 체계적인 시각을 갖출 수 있습니다.

이 장의 주요 목차는

워밍업

앞서 조직은 공동목적을 지닌 인적 결합이라는 점을 강조한 바 있다. 모든 조직은 목표를 지니고 있으며 그와 같은 목표를 어느 정도 달성하였는가에 따라 조직의 유효성이 결정된다. 계획은 조직이 중 · 장기적으로 도달하고자 하는 목적과 관련하여 그와 같은 목적을 어떠한 절차와 방법에 의해 어느 정도의 시간적 여유하에서 달성할 것인지에 대한 전략을 결정하는 과정이라고 할 수 있다. 우리는 흔히 '시작이 반' 이라는 표현을 사용하지만 그것은 도달하고자 하는 목표와 그 목표달성을 위한 계획이 잘 수립되어 있을 때 가능한 것이다.

전략계획은 조직이 중 · 장기적으로 외부환경변화하에서 조직이 지닌 내부 자원을 어떻게 효과적으로 배분하고 관리할 것인지에 대한 계획으로서 전략경영을 가능토록 하는 기반이 된다. 문제가 발생할 때마다 그때 그때 일관성없이 대처하여 나가는 관리중심적 조직과 중장기적인 계획을 가지고 일관성있는 행동을 전개하는 조직의 성과는 다를 수밖에 없을 것이다.

이 때문에 오늘날 대부분의 조직에서 전략계획의 수립은 매우 중요시되고 있으며, 이를 통하여 조직은 여러 부문별 기능을 조직목표에 비추어 어떻게 전개해 나갈 것인지를 결정한다. 전략수립의 과정은 상황에 따라 다를 수 있으나 일반적으로 미션과 비전의 설정, 조직목표의 개발, 조직의 내 · 외부 환경분석, 전략의 수립과 실행이라는 단계를 따른다. 특히 전략의 수립과정에서 조직의 내 · 외부 환경분석은 필수적이다. 이를 통하여 조직은 환경적 여건하에서 조직이 어떠한 강 · 약점을 지니고 있고 어떤 요인들이 기회와 위협요인으로 작용할 수 있는지를 명확하게 설정할 수 있다. 또 이를 바탕으로 그와 같은 여건하에서 조직이 어떠한 전략을 취해야 될 것인지에 대한 구체적 방향을 설정할 수 있다.

주요 용어와 개념

- 계　　획
- 전략계획과 운영계획
- 상설계획과 단일계획
- 계획의 계층적 구조
- 전략경영
- 기업전략
- 사업전략
- 블루오션전략
- 미션과 비전
- SWOT분석
- 일반전략모형
- 차별화전략
- BCG매트릭스
- Business Screen

제1절 경영관리과정으로서 계획화

1. 계획화의 의의

모든 경영자는 기업을 운영해 나가는데 있어 기업이 위급한 상황에 처해 있든, 아니면 현재 성장일로를 걷고 있든 일련의 관리과정을 수행한다. 즉, 기업이 달성하고자 하는 목표를 설정하고, 그러한 목표를 달성하기 위한 계획을 수립하며, 목표달성이 효과적으로 이루어질 수 있는 조직구조를 갖춤과 아울러 기업구성원들이 담당할 역할을 구체화시켜야 한다. 또한 조직구조와 역할에 적합한 사람들을 선발하고, 현재의 인력을 교육시켜 적재적소의 배치를 실시하여야 하며, 그들에 대해 적절한 보상을 제공하고, 배치된 인력 및 선발된 사람들이 조직의 목표달성을 위해 공헌하고 기여할 수 있도록, 그들에게 회사의 목표를 인식시키고 지도·감독한다. 그리고

도표 5-1 경영관리의 과정

계획(planning)
- 조직의 목표를 설정하고 그와 같은 목표를 달성하기 위한 전략 또는 방법을 결정하는 과정

조직(organizing)
- 계획을 효과적으로 달성하는데 필요한 직무의 내용을 명확히 하고, 직무 수행에 필요한 권한과 직위 및 책임을 기준으로 조직체계를 갖추는 과정

지휘(leading)
- 조직의 목표달성을 위한 구성원의 자발적 노력을 이끌어내기 위한 동기부여와 리더십을 전개하는 과정

통제(controlling)
- 조직의 설정된 목표와 실행 간의 차이를 검토하고 차이를 메꾸기 위한 제반 활동을 전개하는 과정

맨 마지막으로는 계획한 목표와 실제성과가 일치될 수 있도록 자원을 통제하고, 만약 차이가 존재한다거나 잘못된 방향으로 나아가고 있을 경우에는 목표추구활동에서 벗어나지 못하도록 이를 시정하여 줄 수 있어야 한다.

이와 같은 경영관리과정상의 맨 처음 단계에 해당하는 계획화(planning)는 조직의 목표를 설정하고 그와 같은 목표를 달성하기 위한 전략 또는 방법을 결정하는 과정이다. 계획화는 끊임없이 변화하는 환경적 여건하에서 조직이 설정한 목표를 향해 조직이 나아갈 수 있도록 하는 지속적인 기능이며, 그와 같은 목표에 도달하기 위해 요구되는 조직의 행동양식을 구체화시키는 과정이다.

2. 계획수립의 중요성

계획수립이 효과적으로 이루어졌다 할지라도 그것이 곧 조직목표가 성공적으로 달성될수 있다는 것을 보장하는 것은 아니다. 그러나 개인이나 조직을 떠나 어떠한 경우에서든 달성하고자 하는 목표가 있다면, 그와 같은 목표를 어떻게 달성할 것인지에 대한 계획이 있는 것과 없는 것은 큰 차이가 날 수밖에 없다. 예컨대, 우리가 집을 한 채 짓겠다고 하는 목표를 지니고 있다면, 계획화는 그와 같은 집을 어떻게 건축하겠다고 하는 설계도나 청사진과 같은 것이다. 도달하고자 하는 목표와 미래지향적인 사고에서 체계적으로 수립된 계획화는 집이 완성되어 가는 과정에서 원래 목표로 하였던 것과 차이는 없는지, 차이가 발생한다면 그와 같은 차이의 원인이 무엇이며, 어떻게 행동방향을 수정해야 할 것인지를 알 수 있도록 한다. 보다 구체적으로 계획수립의 중요성을 정리하면 다음과 같다.

(1) 미래의 불확실성에 대한 준비

계획화는 미래의 불확실성에 따른 변화가능성에 대해 효과적인 대처가 가능하도록 한다. 계획수립에 있어서의 중요한 문제는 미래에 대한 추측과 가능한 변화의 양상에 대한 다양한 정보를 수집하는 것이다. 그와 같은 정보는 조직이 목표달성을 위해 어떠한 방향으로 움직여야 할 것인지를 결정하는데 중요한 지침이 된다. 따라서 미래의 상황에 대한 일정한 가정을 기초로 계획이 수립되므로 계획화는 이러한 상황에 변화가 발생하였을 때 계획의 수정을 통해 변화에 신속히 적응하는 것이 가능하도록 한다. 미래의 불확실성 때문에 계획이 쓸모없다고 생각할 수 있으나 오히려 불확실성 때문에 계획화가 필요한 것이다.

(2) 목표지향적 행동의 기초제공

계획화는 목표지향적 행동을 통하여 조직 내의 다양한 부문들의 활동을 하나로 통합시킬 수 있는 기초를 제공한다. 계획을 수립하는 가장 일차적인 목적은 조직이 달성하고자 하는 목표를 효과적으로 달성할 수 있는 방법과 방향을 구체화시키기 위한 것이다. 따라서 조직의 목표가 일단 결정되면 계획화의 과정은 그와 같은 목표를 달성하기 위한 방법을 개발하는 것이 중심이 된다는 점에서 모든 의사결정은 그것이 목표와 얼마만큼의 유관성을 지니고 있으며, 목표달성에 얼마나 공헌할 수 있는가의 기준에 따라 이루어질 수밖에 없다.

(3) 효과적인 조직운영의 기반 제공

계획화는 경제성원리에 따라 낭비요소를 제거토록 함으로써 보다 효과적인 조직운영이 가능해진다. 계획화는 비생산적이거나 비경제적인 노력들을 배제함으로써 경제성과 유효성을 높일 수 있도록 한다. 계획화는 조직이 보유한 인적자원과 설비 등의 여러 생산요소를 잘 활용하여 가능한 한 낮은 비용으로 최대의 성과를 확보할 수 있도록 한다.

(4) 체계적 · 합리적 통제활동의 기반제공

계획화는 체계적이고 합리적인 통제활동이 가능하도록 한다. 계획화와 통제는 동전의 양면과 같다고 할 수 있다. 앞서 밝힌 것과 같이 계획을 수립하는 가장 일차적인 이유는 목표를 효과적으로 달성하는데 있다는 점에서, 경영자는 지속적으로 계획한 목표와 실제성과가 일치될 수 있도록 자원을 통제하고, 만약 차이가 존재한다거나 잘못된 방향으로 나아가고 있을 경우에는 목표추구활동에서 벗어나지 못하도록 이를 시정하여 줄 수 있어야 한다. 따라서 통제활동을 위해서는 그와 같은 통제의 기준과 지침이 먼저 존재해야 할 것이며, 그와 같은 기준이 곧 계획인 것이다.

3. 계획의 유형

목표가 하나라고 하여 그것이 곧 계획도 하나라는 것을 의미하는 것은 아니다. 조직이 궁극적으로 달성하고자 하는 목표는 하나라 할지라도 그와 같은 목표를 성취하는데 필요한 계획은 시간적 범위, 계획의 성격, 계획의 목적 등에 따라 매우 다양하게 구분되어질 수 있다. 마치 건축물 하나를 완성하는데 필요한 설계도가 토목, 건축, 실내디자인, 전기, 도장 등에 따라 다양하게 요구되듯이 계획 또한 다양하게 구분되어질 수 있다.

(1) 장기계획과 단기계획

계획은 시간적 차원에 따라 장기계획과 중기계획, 그리고 단기계획으로 구분되어진다. 통상 장기계획은 5년 이상의 기간을 요구하는 계획을, 중기계획은 2년부터 5년 사이의 계획을, 그리고 단기계획은 1년 이하의 계획을 의미한다. 그러나 이것은 어디까지나 계획화의 기간을 시간적 범위에 따라 구분한 것일 뿐, 그 기준도 절대적인 것은 아니다. 보다 중요한 것은 시간적 범위에 따라 계획을 구분하였을 때 그 속성이 크게 다르다는 점을 알아두는 것이다.

통상적으로 장기계획은 조직의 궁극적인 목표 및 조직의 전략적 계획과 밀접한 관련을 지니고 있으며, 시간적 범위가 길다는 점에서 장기적인 환경예측 및 환경변화 추이 등에 대한 체계적인 정보를 필요로 한다. 따라서 장기계획은 조직경영에 있어 미래에 발생할 것으로 예측되는 여러 상황에 조직이 어떻게 대처할 것인가를 결정하는데 유용하다. 장기계획의 예로는 미래성장모델, 다각화계획, 흡수합병, 자금조달계획, 기술혁신계획 등과 같이 조직의 장기적인 존속발전과 밀접한 관계를 지닌 계획 등을 들 수 있다.

일반적으로 장기계획은 기업조직에 있어서의 최고경영층에 의해 그 방향과 중심적인 과업이 설정되는 반면, 하위경영층은 그와 같은 조직의 장기적 계획과 목표의 효과적인 실행을 위한 단기계획의 수립과 실행의 주체가 된다. 따라서 계획화과정에서 무엇보다 중요한 것은 조직 내의 모든 부문과 구성원들이 조직의 장기적인 목표와 그와 같은 목표에 도달하기 위하여 수립된 장기계획의 기본방향을 충분히 인지하고 조직 내에서 수립되는 중단기계획과 조직구성원에 의해 이루어지는 모든 활동이 장기적인 목표와 계획에 일치될 수 있도록 하는 것이다.

목표와 계획상의 통합된 계층적 체계가 없다면 나침반이 없이 항해하는 것과 같아서 조직은 미래의 불확실성에 효과적으로 대처할 수 없게 될 뿐 아니라 조직구성원간의 갈등으로 조직목표의 달성은 어려워지게 된다.

(2) 전략계획과 운영계획

조직 내에서 수립되는 계획은 시간적 차원에서 뿐만 아니라 계획의 범위(scope)에 따라 다르게 구분되어질 수 있다. 전략계획은 조직의 중심적인 목표를 결정하고 그와 같은 목표달성에 요구되는 조직 내의 자원의 효과적인 배분과 행동방향을 결정하는 것이라 할 수 있다. 따라서 그와 같은 전략계획에 기초하여 보다 구체적인 하위계획과 예산, 정책, 전술적 계획 등이 수립된다. 전략계획의 중요성과 수립과정에 대해서는 제 2 절에서 보다 구체적으로 살펴볼 것이다.

이에 비하여 운영계획은 전략적 계획과 목표를 실행하고 달성하기 위하여 조직내의 특정한 부서나 부문차원에서 이루어져야 할 것으로 요구되는 계획을 의미한다. 즉, 전략적 계획이나 목표가 수립되면, 그와 같은 계획과 목표의 효과적인 달성을 위하여 이루어지는 생산부서의 생산계획이나 설비계획, 인사부서의 인적자원계획, 판매부서의 마케팅계획, 재무부서의 자금운영계획 등이 부서차원에서 구체화될 수 있어야 하며, 그와 같은 계획들이 운영계획을 구성한다.

(3) 상설계획과 단일계획

조직 내에서의 계획은 정책(policies), 규칙(rules), 절차(procedures)와 같이 반복적으로 사용되는 상설계획(standing plans)과 예산, 프로젝트와 같이 독특하고 비반복적인 업무를 처리하기 위한 단일계획(single-use plans)으로도 구분된다.

상설계획이 존재할 경우 조직은 상황발생의 시기와 조건에 상관없이 통일되고 일관성있는 방향으로 문제를 해결할 수 있는 일종의 가이드라인과 같은 역할을 수행한다. 그 대표적인 예가 정책이다. 조직이 수립하는 정책은 특정한 상황하에서 조직이 어떠한 의사결정과 행동을 취할 것인지에 대한 광범위한 가이드라인과 같다. 예컨대, 기업의 고용정책은 그 회사에서 결원이나 인력충원이 요청될 경우 어떠한 절차와 방법에 따라 그와 같은 요구를 해결할 것인지를 반영하는 가이드라인과 같아서, 현업부서에서는 그와 같은 절차와 방법에 따라 문제를 해결할 수 있을 것이다.

또한 규칙과 절차 또한 상설계획의 범주에 속하는 것으로서 정책이 보다 광범위하고 포괄적인 내용을 담고 있다면, 규칙과 절차는 특정한 상황에서 취할 수 있는 보다 구체적인 행동의 방향을 명시한 것이다. 따라서 많은 경우 조직 내에서는 이를 '규정집' 또는 '업무메뉴얼' 등과 같은 형태도 문서화함으로써 조직구성원의 업무처리방향에 일관성 있는 지침을 제공한다.

반면 예산(budgets), 프로젝트(project) 등은 단일계획의 대표적인 유형이다. 예산은 특정한 프로그램이나 프로젝트, 조직 내의 각 부문에 할당된 자원이나 자금을 목록화한 재무적 계획이라 할 수 있다. 또한 프로젝트는 특정한 과업을 달성하기 위한 단일계획으로서 조직에서는 프로젝트 과업을 수행하기 위한 별도의 수행팀을 구성하기도 한다.[1)]

지금까지 살펴본 제시한 계획의 유형들은 실로 다양하지만 하나의 계층적 구조로 쉽게 체계화시킬 수 있다. 조직이 궁극적으로 도달하고자 하는 목표에 따라 전략적 계획이 수립되며, 이를 보다 구체화시킨 것이 전술 또는 운영계획이다. 또 전술 또는 운영계획은 반복성과 비반복성의 여부에 따라 보다 세부적인 계획들로 구체화될 수 있다.

이상에서 살펴본 다양한 계획의 유형들은 계층적 구조 아래 다음 [도표 5-2]와 같이 체계화될 수 있다.

도표 5-2 계획의 계층적 구조

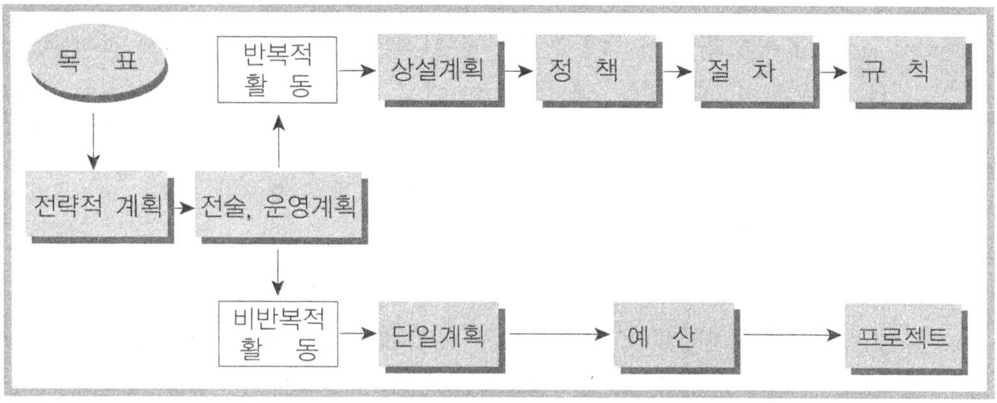

4. 계획화의 과정

계획화의 과정은 크게 다음과 같은 다섯 가지 단계로 구분해 볼 수 있다.

도표 5-3 계획수립의 과정

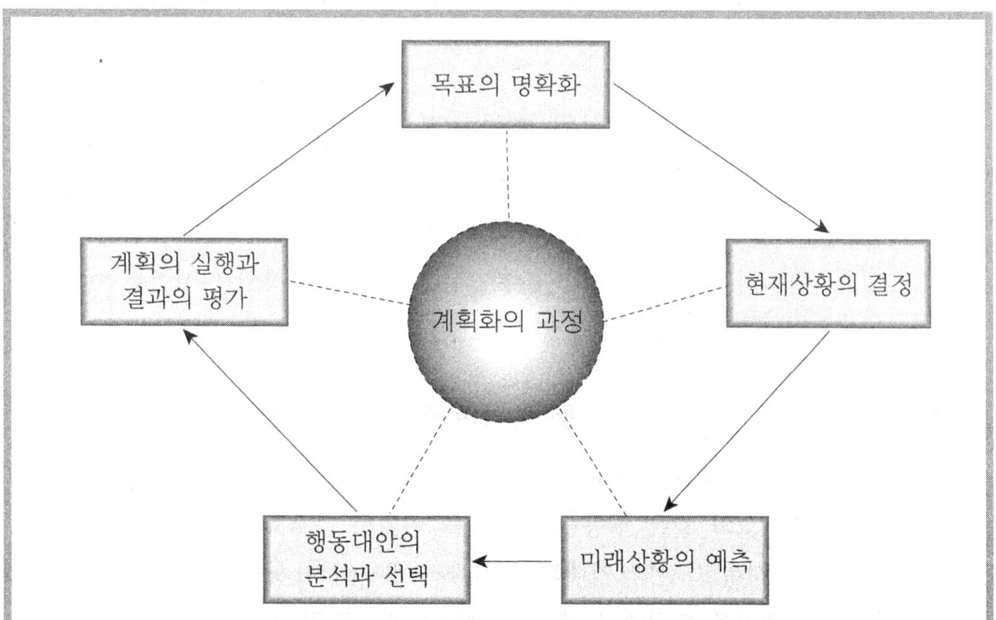

(1) 도달하고자 하는 목표를 분명히 한다

[도표 5-3]과 같이 계획수립의 첫 단계는 조직이 도달하고자 하는 목표를 분명히 하는 것이다. 목표는 개인이나 조직이 추구하는 궁극적인 목적을 의미하며, 인간이나 조직의 행동에 의미와 가치를 부여하는 기준이 된다. 또한 목표는 계획수립의 기초가 되며, 통제의 기준이 된다.

(2) 목표와 관련하여 조직의 현상황을 면밀히 분석한다

조직이 달성하고자 하는 목표가 설정되면, 그 다음으로는 기대하는 결과에 비추어 현재의 성과를 평가하는 단계가 필요하다. 이를 통하여 목표달성을 위한 구체적인 행동방향을 설정하고 조직의 역량을 하나의 방향으로 일관성있게 나아갈 수 있는 기초를 마련하게 된다.

(3) 미래에 발생가능한 상황과 대처방안을 모색한다

세 번째의 단계는 미래의 상황에 대한 예측단계로서 조직의 목표와 관련하여 앞으로 발생할 수 있는 사건들을 예측하고 그와 같은 상황이 발생할 경우 어떻게 대처할 것인지에 대한 여러 대응적 시나리오를 작성하여 보는 것이 필요하다.

(4) 조직의 행동대안을 분석하고 최적안을 선택한다

네 번째의 단계에서는 목표달성을 위하여 조직이 선택가능한 행동대안들을 분석하고 그와 같은 대안가운데 최적의 대안을 선택하는 과정이 요구된다. 따라서 이 단계에서는 목표달성을 위하여 조직이 나아가는 단계별로 이루어져야 할 결과들이 구체적으로 명확화될 수 있어야 한다.

(5) 주기적 성과평가를 통하여 적절한 수정활동을 전개한다

마지막의 단계는 목표달성을 위한 실제 행동을 취하고 궁극적인 목표에 비추어 그와 같은 행동들의 성과를 면밀히 분석할 수 있어야 한다. 즉, 결과를 분석하고 만약 기대되는 결과가 나타나지 못하였을 경우 목표달성을 위한 행동을 수정하고 계획을 바꾸는 과정까지 요구된다.

제 2 절

전략경영

1. 전략경영이란?

전략과 전술 등과 같은 군사적 의미의 용어는 오늘날 우리의 주변에서 흔히 쓰고 듣는 용어가 될 정도로 보편적으로 쓰이고 있다. 전략(strategy)이란 기업이 시장경쟁에서 승리하고 경쟁적 우위를 확보하기 위하여 세우는 계획 및 정책들을 말하는 것으로 경영계획상의 여러 가지 목적을 달성하기 위해 기업이 지닌 자원을 조직화하고 활용하는 것을 의미한다.

챈들러(A. D. Chandler)는 전략에 대해 기업의 기본적인 장기목표를 결정하고, 이에 필요한 자원을 합리적으로 배분하는 것으로 정의하고 있는데, 이는 전략이 장기적인 조직목표를 달성하기 위하여 조직이 지닌 자원의 효율적인 배분과 관련된 포괄적인 계획임을 의미한다.

따라서 경쟁이 없으면 전략 자체도 존재할 필요가 없을 것이다. 물론 약육강식, 적자생존의 원리가 지배되는 생태계에도 경쟁이라는 개념이 존재하지만, 이는 자연적인 선택과 적응의 과정에 의해 유지되기 때문에 전략과는 무관하다 할 것이며, 결국 상상력과 논리적 사고가 가능한 인간의 경우에 있어서만이 전략에 의한 경쟁의 원리가 적용된다.

원래 전략은 어느 부족이 다른 부족의 식량터 또는 사냥터를 장악하려는 시도에서 찾아볼 수 있으며, 자연히 전쟁과 밀접한 관계가 있다. 따라서 기업에 있어서의 전략개념의 도입은 기업의 생존이라는 기본적인 본능적 욕망과, 성장이라는 인위적 목표를 달성하기 위해 보다 장기적인 방향에서 기업의 목표를 명확화하고 이를 달성하기 위한 세부적인 하위전략들을 세우는 과정인 것이다.

결국 이는 적자생존, 약육강식의 생태계에서의 일반법칙이 기업에도 적용될 수 있기 때문에 한정된 자원적 여건하에서 다른 기업보다 비교우위를 지니기 위한 몸부림이라고도 할 수 있다. 특히 환경변화의 속도가 가속화되어갈 뿐 아니라, 변화의 방향에 대한 예측이 어렵고, 또 다양한 방향으로의 변화가능성 때문에 오늘날 전략적 경영의 개념은 더욱 중요시 되고 있다.

환경은 시스템의 통제외적으로 존재하는 모든 객체 또는 대상이라 할 수 있는 바, 그 대표적인 환경요인들로 대해서는 이미 앞서 다루어진 바 있다.

그러나 문제는 최근에 와서는 이러한 환경적 요인들이 독자적으로 전개되기 보다는 상호 관련성을 지니고 상호 복합적으로 전개되며, 그 전개양상이 매우 복잡하고 불확실하며 가변적이라는 데 있다. 즉, 이는 환경에 대한 분석과 대응이 점차 어려워져가고 있음을 의미하는 것이지만, 보다 중요한 것은 어떠한 방식으로든 경영환경의 변화를 예측하고 변화의 방향에 맞추어 조직을 이끌어 나가기 위한 경영전략이 요구된다는 점이다. 결국 전략경영의 과정은 환경에 대한 분석으로부터 시작하여 환경에 대한 적응 또는 대응으로 끝나게 된다.

2. 전략경영의 배경

최근 전략경영이 중요성이 강조되는 이유를 환경적 차원에서 보다 구체적으로 살펴보면 다음과 같다.[2)]

(1) 시장환경의 급속한 변화

소비자의 기호가 다양해지고 개성화되며 또한 빠르게 변화함에 따라 제품의 라이프사이클이 급격하게 단축되고 있다. 소비자의 기호가 급격히 변화하고 다양해짐으로써 과거 기업의 전통적인 현금 창출역할을 하였던 사업 및 제품들이 앞으로 그 역할을 계속할 것으로 믿기에는 많은 불확실성이 존재한다. 따라서 앞으로의 고객기호의 변화추세 등 전체적인 시장변화의 흐름을 예측·분석하여 여기에 적합한 방향으로 자원을 재분배하여 사업 및 제품의 구조조정이 중장기 관점에서 전략방향으로 제시되어야만 계속적인 성장과 발전을 기대할 수 있게 되었다.

잠깐 쉬어갑니다

Red Ocean과 Blue Ocean

최근 프랑스 유럽경영대학원 인시아드의 김위찬 교수와 르네 마보안(Renee Mauborgne) 교수가 1990년대 중반 가치혁신(value innovation) 이론과 함께 제창한 기업 경영전략론으로서 블루오션전략에 대한 관심이 높아지고 있다. 블루오션(blue ocean)은 한정된 시장을 놓고 수많은 경쟁자들로 우글거리는 레드오션(red ocean)과 상반되는 개념으로, 경쟁자들이 없는 무경쟁시장을 의미한다.

레드오션전략	블루오션전략
기존 시장공간 안에서 경쟁	경쟁자 없는 새 시장공간 창출
경쟁에서 이겨야 한다	경쟁을 무의미하게 만든다
기존 수요시장 공략	새 수요창출 및 장악
가치-비용 가운데 택일	가치-비용 동시추구
차별화나 저비용 가운데 하나를 택해 회사 전체 활동체계를 정렬	차별화와 저비용을 동시에 추구하도록 회사 전체 활동체계를 정렬

〈자료: 김위찬 · 르네 마보안(2005), 블루오션전략, 강혜구(역), 교보문고, p. 23.〉

전통적으로 레드오션에 빠진 기업들은 기존 산업의 질서 안에서 방어적 포진션을 구축하여 경쟁자를 억누르려는 전략으로 차별화나 원가절감 중 한 가지를 선택하고 이에 전사적인 역량을 집중하는 접근법을 추구하고 있으나, 블루오션을 추구하는 기업들은 경쟁자들을 벤치마킹하는 대신 구매자와 회사를 위한 가치도약을 이루어 새로운 비경쟁시장공간을 창출함으로써 경쟁 자체에서 벗어나고자 하는 소위 '가치혁신' 을 추구한다는 점을 제시하고 있다. 저자들은 블루오션전략의 추구를 위해서는 가치혁신을 위한 핵심도구로서 전략캔버스의 활용을 강조하면서 이를 위하여 감소, 제거, 창조, 증가의 4가지 요소로 구성되는 4가지 액션 프레임워크의 제시하고 있다.

블루오션은 기존의 전략적 사고의 틀을 깨트리는 새로운 전략적 사고의 방향을 제시하고 있으나 이에 대한 반론도 만만치 않다. 반론의 중심에는 과연 블루오션시장이 언제나 블루오션시장으로 지속될 수 있는가 하는 점이다. 예컨대, '백세주' 나 '비타 500' 과 같은 상품은 새로운 비경쟁시장을 창출한 유효한 전략의 결과이겠지만, 극히 얼마지나지 않아 해당 제품을 모방한 새로운 경쟁자들이 시장 내에 진입함으로써 레드오션으로 변화되어버린 사례를 볼 수 있다. 그러나 블루오션전략이 혁식적인 경영방법론은 아닐지라도 경쟁의 틀에서 벗어나 새로운 시장과 고객을 창출한다는 사고의 전환점을 제공하고 있음은 분명하다.

(2) 경쟁환경의 변화

시장의 경쟁환경이 과거와는 다른 패턴으로 변화하고 있다. 유통시장의 대외개방 및 신규진입에 대한 정부의 규제완화로 양적·질적인 측면에서 경쟁의 양상이 과거에 비하여 훨씬 심화된 형태로 전개되고 있다. 즉, 양적인 측면에서 경쟁의 정도가 심화되었을 뿐 아니라 경쟁구조의 측면에서 과거의 브랜드 간의 경쟁에서 이제는 제품간 경쟁의 양상으로 변하고 있다. 또한 위협의 교환이란 측면에서 경쟁이 관련산업으로 확산되는 경향도 나타나고 있다.

이에 따라 경쟁 브랜드 간의 경쟁을 기본가정으로 하여 수립한 경영전략들은 이제 더 이상 맞지 않게 되었다. 따라서 새로운 경쟁환경의 예상하에서 잠재적 경쟁업체, 대체 제품업체, 제품의 수요자 또는 공급자 위치에

잠깐 쉬어갑시다

저가항공 시대의 출현

저가항공의 출현은 기대 이상의 호응을 불러일으켰다. 안전성이 입소문으로 퍼지고 항공요금이 기존 항공사의 70% 수준이란 점이 이용객들의 관심을 끌었다. 한성항공이 인터넷 예약을 시작한 지 하루 만에 추석연휴와 개천절 연휴 표가 매진됐고 평일엔 탑승률이 80~90%, 주말엔 거의 만석에 가까울 정도로 인기를 끌고 있다.

한성항공측은 터보프롭 항공기연료비가 제트기의 58% 수준인 데다 운항시간당 정비비용도 85%에 불과해 일반 항공사의 70%대 운임으로도 충분한 경쟁력이 있다고 판단하고 있다.

기존 항공사인 대한항공과 아시아나 항공에 비상이 걸린 것은 당연한 일. 먼저 아시아나항공은 한성항공 취항 다음날인 지난 1일부터 청주~제주 노선의 항공료를 9월 한달 동안 30% 할인해주고 있다. 이로써 아시아나항공의 항공료는 한성항공의 주중 4만 5천 원, 주말 5만 2천 원에 비해 불과 4,080원밖에 비싸지 않다. 이에 질세라 대한항공도 오는 15일까지 전 국내선 항공료를 최고 25%까지 할인에 들어갔다. 한성항공의 취항은 국내선 항공료의 저가경쟁에 불을 지핀 셈이 됐다.

이 중 아시아나 항공이 유독 청주~제주노선에만 30% 할인을 들고 나온 것은 기존 고객의 이탈을 막고 저가항공 확산을 막기 위한 견제용이라는 시각이다. 한성항공은 연말에 2호기를 도입, 김포~제주노선에 이어 내년에는 국제선 취항도 검토하고 있다. 따라서 앞으로 출범할 제주항공과 전북항공 등 제4, 5민항에 대한 이들 대형 항공사의 대응이 주목된다.

〈자료: 경향신문, 2005. 9. 7.일자 중에서 일부 발췌〉

서 시장에 새로이 신규진입이 예상되는 업체에 대한 분석 등 산업의 경쟁구조를 종합적으로 분석하고 이것을 토대로 지속적인 경쟁우위능력을 개발하고 유지할 수 있는 경쟁전략, 즉 전략경영계획수립의 필요성이 높아지고 있다.

(3) 정부정책의 변화

정부정책의 변화 또한 전략경영의 필요성을 증대시키고 있다. 최근 정부정책의 흐름은 시장경제에의 개입을 최소화하면서 민간기업의 자율적 의사결정을 존중하고, 기업의 전문화를 유도하여 대기업의 시장지배력을 축소하고, 시장의 공정한 게임의 규칙을 정하여 기업 간 경쟁을 촉진하면서 불공정거래를 배제하는 것과 같은 세 가지 방향으로 진행되고 있다.

이와 같은 정부정책의 주된 흐름을 앞으로도 계속될 것으로 예상되며 점차 그 정도가 더해질 것이다. 지금까지 우리 기업들은 기본적으로 정부의 거시적인 산업정책에 의존하여 기업의 중장기적인 경영계획을 수립했지만, 이와 같은 정부의 정책방향은 앞으로는 기업 스스로 자신이 나아갈 방

잠깐 쉬어갑니다

이동전화 번호이동성 제도 시행

2003년 1월 1일부터 이동전화 식별번호 011과 017을 쓰는 SK텔레콤 가입자들은 자신의 전화번호를 바꾸지 않고도 LG 텔레콤이나 KTF로 서비스 회사를 바꿀 수 있게 되었다. 또 2004년 7월 1일부터는 018과 016을 사용하는 KTF 가입자가 SK텔레콤이나 LG텔레콤으로 회사를 옮길 수 있다.

이는 정보통신부의 '이동전화 번호이동성 제도' 시행방안 고시에 따른 것으로 이동전화 번호이동성제도란 휴대전화 사용자가 현재의 전화번호를 그대로 유지한 채 서비스회사를 자유롭게 선택할 수 있는 제도다. 2005년부터는 LG텔레콤(019). KTF(016,018) 가입자들도 번호를 유지한 채 자유롭게 서비스 회사를 바꿀 수 있다.

정부가 이처럼 회사에 따라 제도 시행에 시차를 두는 이유는 이동통신 시장의 53%를 차지하고 있는 SK텔레콤 가입자들을 후발 사업자인 LG텔레콤(14%)과 KTF(33%)로 옮기도록 유도해 후발업체들의 시장점유율을 높이고 결과적으로 통신 3개사가 경쟁을 할 수 있도록 하기 위한 조치이다.

향을 결정하지 않으면 안 되도록 만들고 있다. 또한 지금까지는 어떤 분야에 진입하더라도 정부의 국내시장 보호정책으로 인하여 최소한 현상유지는 가능한 이익수준이 보장되었지만, 앞으로는 이와 같은 확장 위주의 사업다각화는 불가능해질 것이다.

결과적으로 정부정책의 변화는 기업에 기존사업구조의 재조정, 경쟁우위역량의 개발 및 유지를 위한 장기적인 청사진을 필요로 하게 만들며, 이에 따라 중장기 전략경영계획에 대한 관심이 급격히 높아지고 있다.

3. 전략의 유형

(1) 기업전략

기업수준에서의 전략(corporate strategy)은 기업이 유지하고자 하는 사업유형을 구체화시키는데 있어 전체조직에 초점을 맞추어 형성된다. 즉, 기업 전체의 차원에서 사업의 범위를 정하고 보유한 자원을 어떻게 배치할 것인지 등을 결정하는 것이 기업전략이다. 현재의 주력사업의 영역에 대한 평가결과와 장기적인 수익성모델에 기초하여 점진적인 철수와 아울러 새로운 사업영역으로 이동하기 위한 전략 등을 예로 들 수 있다.

(2) 사업전략

사업전략(business strategy)은 특정 시장에서 경쟁하기 위한 최적의 방법에 초점을 맞추기 위한 전략으로 제품이나 서비스제공상의 경쟁적 우위를 확보하기 위한 방법을 인식하는데 목표를 둔다. 즉, 기업전략과 달리 사업전략은 특정한 시장에서 기업의 경쟁적 우위를 확보하기 위한 계획을 창출하는데 초점을 두는 것이다. 예컨대, 현재의 사업영역에서 시장점유율을 지속적으로 확보·유지하고 경쟁자와의 경쟁에서 대처하기 위하여 어떠한 전략을 수립해야 할 것인지 결정하는 것 등이 그 예가 될 수 있다.

(3) 기능적 전략

기능적 전략(functional strategy)은 생산, 인적자원관리, 마케팅 등과 같

잠깐 쉬어갑니다

제일제당 - 음료사업 매각, 기업가치 극대화 의지 표명

제일제당은 음료사업 부문을 롯데칠성주식회사에 매각하기 위한 기본계약을 체결했다. 이로써 지난 1984년부터 16년 동안 전개해 온 음료사업에서 철수하게 되었다. 이번 매각의 대상은 음료 제품과 관련한 기계 장치, 차량 운반구, 판매 장비 등의 유형 고정자산 · 재고자산 · 음료관련 무형자산 등이며, 게토레이의 경우 당분간 생산과 마케팅 등의 제품 전략을 제일제당이 추진하며 롯데칠성은 영업과 유통을 담당하게 된다.

제일제당의 음료사업은 지난 1984년, 당시 용인자연농원에서 수확한 과실을 가공하여 판매하면서 시작되었다. 본격적으로 음료사업을 전개하기 시작한 계기는 1987년 미국 퀘이커 오츠사로부터 게토레이를 도입한 후부터라고 할 수 있다. 이후 신상품 개발과 영업력 보강 등 경쟁력 확보를 위해 다각적인 노력을 전개했으나, 음료업계의 경쟁이 심화되며 뚜렷한 경영 개선의 효과가 나타나지 않고, 앞으로의 상황도 낙관적으로 예측하기 어려운 것으로 판단하여 매각하기로 결정을 한 것이다.

이번 음료사업 부문의 매각은 선택과 집중을 통해 수익성 있는 성장을 달성하고, 이를 통해 전체적으로 기업과 주주의 가치를 극대화한다는 최근의 경영 흐름과도 방향을 같이 하고 있다. 이번 음료사업부문 매각의 경우도 미래 핵심사업 부문에 기업의 역량을 집중하여 제일제당의 기업가치를 극대화한다는 의지의 표명이라고 풀이할 수 있다.

〈자료: www.cjlife.co.kr〉

이 기업 내의 기능적 영역에서 개발되는 전략을 의미한다. 예컨대, 자사의 공장을 이용하는 대신 외주를 통하여 부품이나 반제품을 생산토록 하기 위한 생산부문의 전략, 유능한 인적자원의 확보와 유지를 위한 인적자원개발전략 등이 기능적 전략에 속한다.

제 3 절 전략계획의 수립과정

어떤 조직에서든 조직의 성장과 발전을 위해서는 중장기적인 차원에서 미래의 청사진을 그려보고, 조직과 연관된 환경과 관련하여 조직이 어떻게 운영되어져야 할 것인지를 설계하는 것은 매우 중요한 일이다. 특히 최근과 같이 기업을 둘러싼 외적 환경의 변화가 예측하기 어려울 정도로 다양한 상황아래에서는 가능한 미래의 변화양상을 미리 예측하고 그에 맞추어 기업의 사업영역과 제품 및 서비스공급영역에서의 경쟁적 우위확보전략을 수립하는 것은 경영자의 가장 일차적인 임무라 할 것이다. 일반적으로 전략계획의 수립은 다음과 같은 절차를 따른다.

1. 미션과 비전의 설정

전략적 계획의 첫 단계는 조직의 미션과 비전을 창조하는 것에서 시작된다.

미션(mission)은 우리 기업이 왜 존재하는가, 우리의 고객은 누구인가, 우리는 고객에게 무엇을 제공하고자 하는가 등과 같은 기본적인 문제로서 즉, 기업존재의 이유를 의미한다. 예컨대 자동차회사는 자동차를 만들기 위하여 존재하며, 컴퓨터회사는 컴퓨터를 만들기 위하여 존재한다고 할 것이다.

그러나 단순히 자동차를 만들고, 컴퓨터를 만들기 위한 것이 조직이 존재하는 본질적인 이유가 될 수는 없다. 중요한 것은 그와 같은 과정을 통하여 조직이 사회에 궁극적으로 기여하고자 하는 것이 무엇인가 하는 것이다. 예컨대, 자동차회사는 단순히 자동차를 만드는 것이 존재의 목적이 아니라 안전한 환경하에서 보다 쾌적하고 신속한 이동의 편리성을 제공하는데 있으며, 컴퓨터회사는 컴퓨터를 제조하는 것이 아니라 컴퓨터를 통하여 사무환경의 개선과 생산성의 향상을 가능토록 하는데 존재의 목적이 있는 것과 같다.

우수한 조직은 명확한 미션을 지니고 있으며 분명한 전략적 의도하에 조직이 지닌 자원을 활용하는 경향이 있다. 또한 우수한 미션은 조직이 궁극적으로 추구하는 방향을 제시하는 가이드라인으로서의 역할을 함으로써 조직구성원들이 조직의 존재목적에 대한 공유의식을 가지고 자신들의 영역에서 최선을 다할 수 있도록 하는 원동력이 된다. 우리에게 잘 알려진 기업들의 미션을 살펴보면 다음과 같다.

- 포스코: 사회의 기반이 되는 제품과 서비스를 통하여 인류생활의 지속가능한 발전에 기여한다.
- 휴렛팩커드: 인류의 진보와 복지를 위해 기술적 공헌을 한다.
- 소니: 공익을 증진하는 기술발전과 적용의 즐거움을 나눈다.
- 월트 디즈니: 사람들을 행복하게
- 맥킨지: 기업과 정부의 성공을 위해 도움을 제공한다.

이에 비하여 비전(vision)은 기업의 바람직한 미래상을 표현한 것으로 미래에 어떠한 기업이 되고 싶은지를 나타낸 조직구성원의 바람이라 할 수 있다. 즉, 비전은 “기업이 미래에 달성하고자 하는 기업상”이며, 사회 속의 기업위상과 미래를 향한 기업의 꿈을 실현시키기 위해 기업이 갖추어야 할 자기역할과 기본방향을 구체화시킨 것을 말한다. 따라서 비전은 되도록 간결해야 하며, 지속력을 지니고 있어야 하고 조직구성원에게 영감을 줄 수 있어야 하며, 명확하여야 하고, 기업의 고유가치 및 신념과 일치될 수 있어야 한다.

비교적 항구적이고 안정적인 미션에 비하여 비전은 오랫동안 변하지 않기는 하지만 그래도 정기적으로 변하는 요소로서 “언제까지 어떤 회사가 된다”라는, 어떻게 보면 기업전략, 경쟁전략, 기능전략, 그리고 그것을 숫자로 표현한 재무적인 목표까지도 종합적으로 포괄하게 된다[3)]따라서 비전은 수치를 붙일수도 있고 정성적인 문장으로 표현할 수도 있으며, 특정한 경쟁자를 선정하여 나타내어지기도 한다. 다음의 예를 보자.

- 포스코: 철강산업역량을 기반으로 지속 성장하는 글로벌 우량기업.
- 월마트(1990): 2000년까지 매출액 1250억 달러의 기업으로 성장한다.
- 나이키(1960년대): 아디다스를 격파하자.
- 스탠포드대학(1940년대): 서부의 하버드가 된다.
- 왓킨스존슨(1996): 20년 안에 오늘의 HP처럼 존경받는 회사가 된다.

이와 같이 미션과 비전은 어찌보면 혼동될 수 있는 개념이지만 미션은 존재의 이유로서 거의 변화하지 않고 항구적인 성격을 지니는데 비하여 비전은 조직이 달성하고자 하는 목표로서 그와 같은 목표의 달성 정도, 환경의 변화에 따라 변화한다. 그러나 이 양자가 분리될 수 있는 것은 아니다. 이는 미션을 비전을 실현하는데 지속성과 안정성을 제공하고, 비전을 미션을 보존하는데 활력을 불어넣는 존재이기 때문이다.

2. 조직목표의 개발

조직의 미션이 결정되면, 전략수립을 위한 두 번째의 단계는 그와 같은 미션을 어떻게 달성할 것인지에 대한 구체적인 방법을 설정하는 것이며, 이를 위해서는 조직목표의 개발이 요구된다. 이는 앞서 제시한 것과 같이 조직의 미션은 조직존재의 정당성을 제공하기 위한 이념적 기초를 제공할 뿐 구체적으로 그와 같은 조직의 미션을 어떻게 달성할 것인지에 대한 방법은 제공하지 못하기 때문이다. 따라서 목표는 조직의 미션을 달성하기 위한 명확하고 구체화된 표현이라 할 수 있다.

(1) 목표의 역할과 요건

목표는 조직이 어떠한 방향으로 나가야 하는지에 대한 구체적인 나침반으로서의 역할을 할 뿐 아니라, 조직이 달성한 성과의 평가를 위한 구체적인 기준을 제공하고, 조직구성원에 대해서는 동기부여의 수단이 된다. 따라서 목표는 다음과 같은 조건을 충족시킬 수 있어야 할 것이다.[4)]

- 목표는 측정가능하여야 한다.
- 목표는 현실적으로 달성가능하여야 한다.

- 목표는 조직구성원에게 수용될 수 있어야 한다.
- 목표는 일관성을 지닐 수 있어야 한다.

(2) 목표의 유형

일반적으로 기업이 추구하는 목표는 기간을 기준으로 장기목표와 단기목표, 그리고 계량화 가능성을 기준으로 양적 목표와 질적 목표로 구분되어진다.

장기목표는 적어도 3~5년 정도의 목표로서 거시적인 목표라 할 수 있으며, 시장점유율의 확대를 위한 장기활동목표, 신제품의 개발을 위한 연

잠깐 쉬어갑시다

목표에 의한 관리(MBO)

미식축구는 일반축구와 같이 전 · 후반의 시간제한이 있지만 일반축구와 다른 점은 목표를 세우고 그에 따른 작전을 세운다는 점이다. 즉, 미식축구에서는 공격팀이 세 번의 공격을 시도해서 10야드를 넘어야 한다. 이 10야드의 공격이 성공하면 차츰차츰 적의 땅을 빼앗아 드디어 touch down을 하게 된다. 따라서 선수들은 자기팀이 전체 목표상에는 현재 어느 수준에 도달해 있는지를 그때 그때마다 명확히 인식하게 된다. 또한 미식축구에는 각 선수의 역할이 일반축구보다 훨씬 명확히 정해져 있다. 적의 침입을 막는 자, 길을 터주는 사람, 적진에 침입하는 사람의 역할이 각각 다르다.

결국 외과 수술팀과 같이, 특공대와 같이, 미식축구와 같이 각자가 자신의 역할과 달성해야 할 목표를 분명히 안다면, 더욱이 시간적 제한이 따른다면 목표달성의 가능성은 더욱 높아질 것이다.

이러한 면에서 목표설정 시 종업원들의 참여시켜 그들의 자주성과 창의성을 반영한 관리기법이 목표에 의한 관리(MBO: Management by objectives)이다. 목표관리라는 말은 원래 드러커(P. Drucker) 교수에 의해 1954년에 나온 것으로, 전통적으로 상위자에 의해 목표가 설정되고 종업원은 이것이 좋든 싫든 무조건 따라가는 식의 일처리 방식에서 탈피하여 목표의 설정단계뿐만 아니라, 목표달성을 위한 업무의 처리과정, 결과의 분석과정에 이르기까지 전과정에 종업원의 참여를 이끌어내는 방식이라 할 수 있다. 즉, MBO가 태동하게 된 배경에는 첫째, 조직을 구성하는 구성원 전체에 의해 목표의 가치가 공유될 때 그 목표달성의 가능성은 보다 효과적이며, 둘째 그러한 과정에서 개개인의 발전과 향상을 기할 수 있다는 전제가 깔려 있다.

구개발목표, 새로운 사업영역으로 확장하기 위한 전략적 목표 등이 그 예가 될 수 있다. 이에 비해 단기 목표는 보통 1~2년 정도의 회계기준을 기준으로 수립하는 목표이다.

한편 양적 목표는 시장점유율 40%로 확대와 같이 목표를 구체적인 수치로 표현한 것이며, 질적 목표는 구체적인 수치로 표현하기 어려운 목표로서 기업이미지 제고, 고객과의 관계개선 등이 질적 목표의 예가 된다.

3. 조직의 내 · 외부환경분석

전략적 계획수립의 세 번째 단계는 다른 경쟁조직과 비교하여 자사가 지니고 있는 강점과 약점을 분석하고, 아울러 기업을 둘러싸고 있는 환경적 조건이 제공하는 기회와 위협요인을 분석하는 것이다. 이는 조직 내외의 환경적 요인들은 조직의 목표를 달성하는데 있어 중요한 영향을 지니고 있기 때문이다. "적과 나를 알고 싸우면 항상 승리한다"라고 손자병법에서 제시한 문구를 우리를 통상적으로 자주 이용하지만 이 말은 곧 전략수립의 과정에서도 매우 중요한 의미를 제공하고 있다. 즉, 격변하는 환경, 특히 경쟁에 대처하기 위해 자기 조직이 지니고 있는 강 · 약점을 외부환경이 제공하는 위협 및 기회요인과 더불어 파악하는 것이야말로 적을 알고 나를 아는 길이기 때문이다.

조직 내외의 환경분석과 관련하여 가장 널리 알려지고 일반적으로 제시되고 있는 분석기법으로는 SWOT분석(Strengths, Weaknesses, Opportunities, and Threats Analysis)을 들 수 있다. SWOT분석은 조직의 외부환경이 제공하는 기회와 위협요인과 관련하여 조직내부의 강점과 약점을 인식할 수 있도록 하는 전략적 계획수립을 위한 도구이다.

(1) 강점과 약점의 분석

[도표 5-4]와 같이 SWOT분석은 조직이 지닌 자원과 능력상의 핵심적 우위요소를 찾아내기 위한 체계적인 분석으로부터 출발한다.

핵심적 우위요소란 현재의 조직이 다른 조직과 비교하여 지니고 있는 경쟁우위가 무엇인가를 의미하는 것으로서 다른 조직이 쉽사리 모방할 수

도표 5-4 SWOT분석

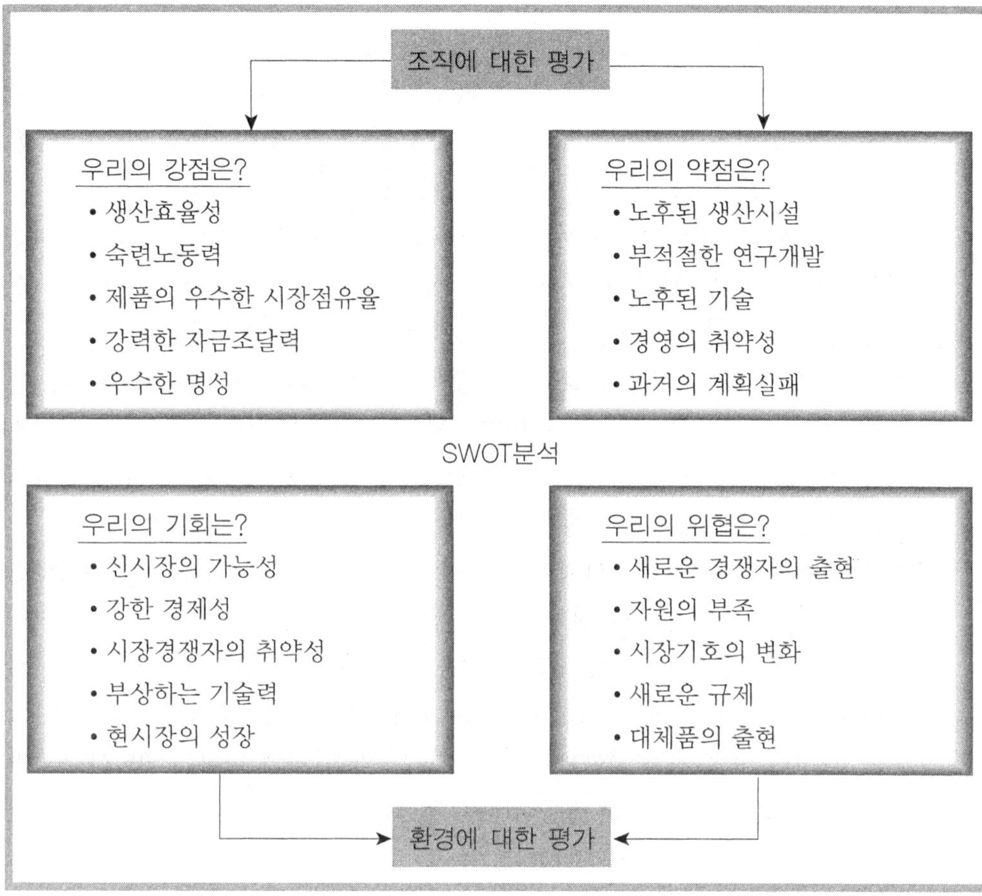

없는 경쟁우위요소로서 자사만이 지니고 있는 특별한 지식이나 경험, 우수한 기술력, 독특한 제조기술, 경쟁력있는 물류시스템 등이 그 예가 될 수 있다.

따라서 "우리 회사가 무엇을 잘하고 무엇을 못하는가"라는 단순한 질문보다는 경쟁자와 비교하여 무엇을 잘하고 못하는가와 같이 항상 외부 경쟁자집단과 비교하여 지니는 강점과 약점을 파악하는 것이 중요하다. 만약 우리 회사가 아무리 든든한 자금력과 마케팅능력을 지니고 있다할지라도 다른 경쟁기업 또한 충분한 자금조달능력과 마케팅능력을 지니고 있다면 그것은 경쟁적 우위를 차지하기 위한 수단이 될 수 없다.

(2) 기회와 위협요인의 분석

SWOT분석을 위한 두 번째의 과정은 자사와 관련된 주요 외부환경이 제공하는 기회와 위협요인을 분석하는 것이다. '위기가 곧 새로운 기회'라고 하듯 조직을 둘러싸고 진행되는 외부환경은 조직에 위협요인을 제공함과 아울러 조직성장을 위한 새로운 가치창출의 기회를 같이 제공한다.

따라서 조직의 입장에서는 기술, 정부, 사회구조, 인구동향, 세계경제, 자연환경 등과 같은 거시환경에 대한 분석과 아울러 주요 공급자, 경쟁자, 고객 등을 포함하는 산업환경분석을 실시할 필요가 있다.

새로운 시장, 경제의 호황, 경쟁자의 약세, 기술의 진보는 새로운 기회창출의 요인이 될 수 있는 반면, 새로운 경쟁기업의 시장진입, 고객의 취향변화, 수요의 감소, 새로운 규제발효 등과 같은 요인은 조직의 변화를 요구하는 위협요인으로 작용할 것이다.

조직을 둘러싼 외부환경이 비교적 안정적이고 예측가능한 여건이라면 보다 장기적인 차원에서 성공적인 수행이 가능한 좋은 전략의 수립이 비교적 용이한 반면, 매우 역동적인 요인들로 구성된 불안전한 환경하에서는 시간에 따라 탄력적으로 변화할 수 있는 보다 유연한 전략수립이 요구된다.

그러나 이와 같은 SWOT분석이 지니는 약점 중의 하나는 SWOT분석만으로는 구체적인 전략을 만들어내지 못한다는 것이다. 즉, 외부환경과 내부능력분석은 '지피지기'(知彼知己)는 될 수 있을 지언정 '백전불태'(百戰不殆)를 위한 구체적인 방법을 제시해 주는 것은 아니라는 점이다. 기회와 위협요인, 강점과 약점을 결합시킨 [도표 5-5]와 같은 전략매트릭스도 마찬가지이다.

도표 5-5 SWOT분석에 따른 전략매트릭스

구 분	기회요인(O)	위협요인(T)
강 점(S)	기회를 살리고 강점을 활용하는 전략 (SO 전략)	강점을 살리되 위험을 줄이는 전략 (ST 전략)
약 점(W)	기회를 살리되 약점을 감안하는 전략 (WO 전략)	위협과 약점을 동시에 고려하는 전략 (WT 전략)

4. 전략의 수립

조직외부의 환경적 조건이 제공하는 기회와 위협요인에 대하여 자사가 지니고 있는 내부적인 강점과 약점의 분석이 이루어지면 조직은 어떠한 전략적 움직임을 취할 것인지를 결정할 수 있어야 한다.

하나의 경영전략이 수립되었다 할지라도 그것이 완전하다거나 절대 변하지 않는 것은 아니다. 이는 최근의 경제 · 기술 · 정치 · 사회적 환경의 변화가 얼마나 빠른가를 생각해 볼 때 쉽게 가늠할 수 있는 일이다. 따라서 조직이 변화하는 환경적 상황에 보조를 맞추어가기 위해서 전략은 계속적으로 수정되고 변화될 수 있어야 한다.

경영전략수립과정에서는 다양한 접근법과 모형이 제시되고 있지만, 여기에서는 일반전략모형과 BCG 매트릭스, 비즈니스 스크린에 대해 알아보기로 한다. 포터 교수가 제시하는 일반전략모형은 사업수준(business-level)에서 전략수립에 유용한 시사점을 제공하는 반면, BCG 매트릭스는 기업수준(corporate-level)에서 경영전략수립에 유용성을 제공한다.

(1) 일반전략모형

마이클 포터(Michael E, Porter) 교수는 조직의 전략수립에 영향을 미치는 중요한 요인으로 [도표 5-6]과 같은 5가지를 제시하고 있다.[5)]

- 산업경쟁(industry competitions): 산업 내 기업 간 경쟁의 강도
- 새로운 진입자(new entrants): 시장으로 진입하고자 하는 새로운 경쟁자의 위협
- 공급자(suppliers): 공급자의 교섭력
- 고객(customers): 고객의 교섭력
- 대체품(substitute products): 대체가능한 상품이나 서비스의 위협

포터 교수는 이와 같은 요인들을 '산업구조'(industry structure)로 명명하고, 성공적인 전략의 수립은 이와 같은 경쟁적 환경요인에 대한 명확한 이해가 선행되어야 한다는 점을 강조하였다. 아울러 포터 교수는 사업수준

도표 5-6 산업 내 경쟁관계 분석모형

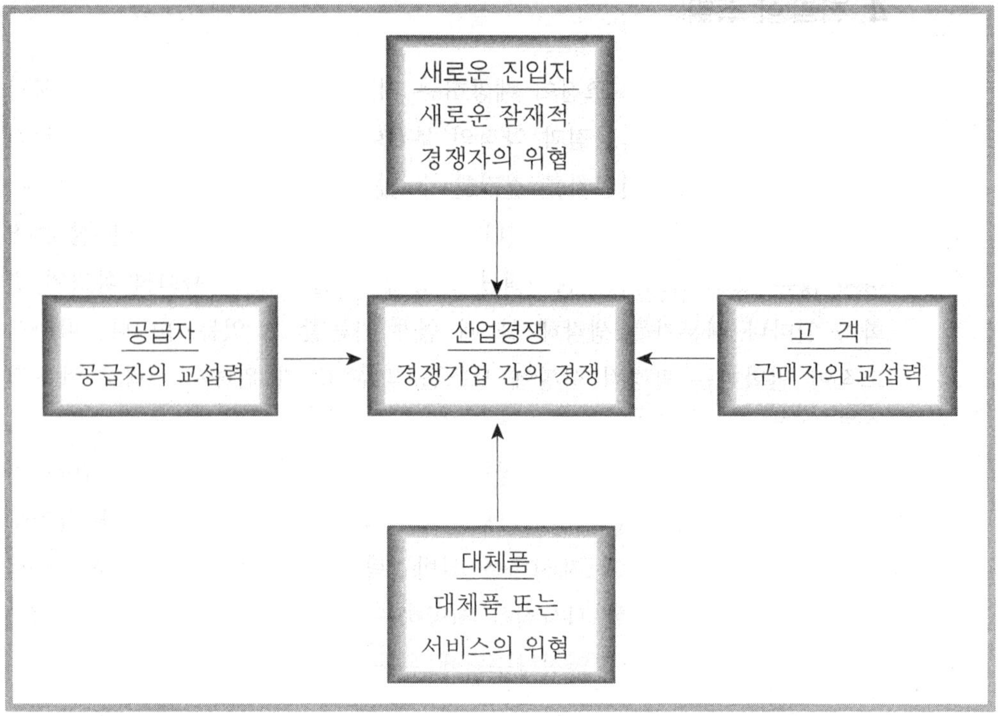

도표 5-7 경쟁우위전략

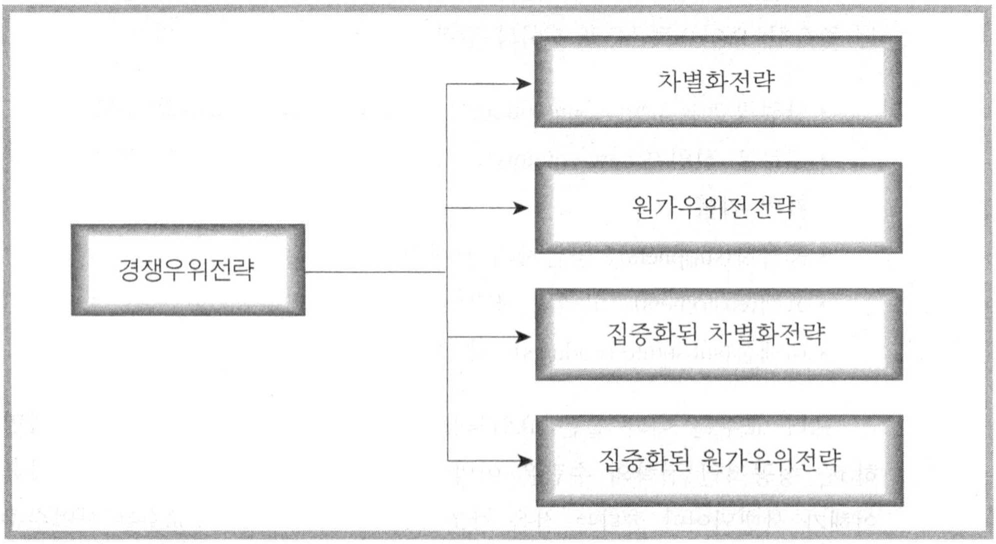

에서의 전략적 결정은 ① 시장의 규모와 ② 경쟁적 우위의 원천이라는 두 가지의 기본적인 요인에 의해 이끌어질 수 있다고 제시하고 있는데, 시장의 규모와 경쟁적 우위의 원천을 양대의 축으로 하여 조직이 취할 수 있는 전략의 유형은 4가지로 구분가능하다.

1) 차별화전략

차별화전략에서의 우위는 기업이 제공하는 제품 또는 서비스에 있어서 경쟁사의 제품 또는 서비스와는 달리 확실히 구분되는 독특한 그 무엇을 제공하는 것을 의미한다. 이러한 차별화는 고객이 비싼 가격을 지불하더라도 구입하고자 하는 특이성이 있어야 가능하며, 기업전략에 고려할 사항으로는 크게 마케팅믹스 중 제품, 판매촉진, 유통, 서비스를 들 수 있다.

차별화전략은 다음과 같은 상황에서 효과적으로 이용될 수 있다.

- 제품이나 서비스를 차별화할 수 있는 다양한 방법들이 존재하며, 많은 고객들이 이러한 차별화를 가치 있는 것으로 인식하는 경우
- 고객들의 욕구가 다양하고 그 사용목적이 서로 다른 경우
- 경쟁기업들이 유사한 차별화를 추구하지 않으며, 자사의 차별화를 모방하기 어려운 경우

그러나 차별화전략은 또 다른 한편으로 다음과 같은 위험성도 내재되어 있다.

- 과도한 차별화로 인하여 원가우위를 달성한 경쟁기업의 제품과 비교하여 지나치게 가격이 높은 경우, 고객은 차별화된 제품의 효용보다는 훨씬 저렴한 제품을 택하게 된다.
- 구매자의 차별화요인에 대한 욕구가 감소하는 경우, 이러한 현상은 구매자가 제품에 대한 정보를 많이 알고 있어서 합리적인 판단을 하면 할수록 현저하게 나타난다.
- 경쟁사들이 손쉽게 모방할 수 있는 경우 차별화의 효과는 쉽게 손상받을 수 있다.

차별화전략에는 다음과 같은 유형이 있다.

(가) 제품전략

제품을 차별화한다는 것은 품질, 가격, 효용면에서 경쟁기업보다 우위를 지녀 고부가가치를 가지는 제품을 생산하거나 그 제품을 개선 또는 새로운 기능을 추가한 제품을 만들 수 있는 능력으로, 원가우위뿐만 아니라 확고한 기업지위를 유지할 수 있는 원천이 된다.

예컨대, 과거 프린터는 프린터로서의 단일기능만을 지니고 있었기 때문에 다수의 경쟁업체와 크게 차별화시키기 어려웠으나, 최근에는 프린터, 팩스, 스캔, 복사가 가능한 복합기능의 프린터가 시장점유율을 높여가고 있는 것도 차별화전략의 시도결과라 할 수 있다.

(나) 광고전략

판매촉진, 광고전략도 제품의 존재와 가치를 정확하게 전달하여 소비자의 인식 속에 깊이 침투하는 전략이나, 단순히 알리는 것 이상으로 기업 이미지를 심는 중요한 수단이 된다.

잠깐 쉬어갑니다

삼성전자 – '또 하나의 가족' 캠페인

삼성전자의 '또 하나의 가족' 캠페인은 가족간의 '정'을 잘 표현해 온 대표적인 광고라고 볼 수 있다. 지난 1987년부터 현재까지 7년간 우리주변의 이야기를 소재로 공감을 불러일으켜 왔다. '또 하나의 가족' 광고를 보면 왠지 모르게 따뜻하며 친근감을 느끼게 된다는 것이다. 또한 일반 광고와 아주 다른 점은 진흙 인형 캐릭터(클레이 애니메이션)를 통해 표현했다는 것이다. 이야기가 전달되는 과정에서 보면 어김없이 삼성전자 제품이 등장하여 그것을 매개로 하여 스토리가 소개된다.

(다) 유통 및 서비스전략

효과적인 유통경로의 선택은 원가절감에 절대적이며, 차별화된 서비스는 제품의 라이프사이클의 연장에 결정적인 요인이 된다. 보다 빠르게, 보다 정확하게 소비자에게 제공되는 제품이 다른 경쟁사의 제품보다 차별화될 수 있을 것이다.

2) 원가우위전략

원가우위전략이란 자사 상품이 경쟁기업의 같은 품질의 상품과 비교하여 가격우위를 목표로 하는 전략을 의미한다. 따라서 원가우위전략을 추구하는 기업은 가능한 모든 방법을 동원하여 경쟁기업보다 낮은 가격으로 제품이나 서비스를 생산함으로써 경쟁사에 비하여 우위를 확보하는 것이다. 원가우위전략을 성공시키려면 유리한 상황에 맞는 전략을 수립하여야 한다.

도표 5-8 원가우위전략의 사례

〈자료〉 이마트.

원가우위전략을 적용하는 데 유리한 상황은 다음과 같다.

- 기업들 간의 경쟁이 가격경쟁에 바탕을 둔 경우
- 제품이 표준일용품으로 구매자들이 쉽게 구입할 수 있는 경우
- 제품차별화를 할 수 없거나 제품차별화가 고객에게 큰 의미가 없을 경우
- 제품의 교체비용이 낮은 경우
- 고객의 규모가 크고 가격인하에 강한 교섭력을 지니는 경우

반면 원가우위전략에 의존하는 기업들은 다음과 같은 위험요인들에 의하여 원가우위를 지속적으로 유지하기 어려울 수 있다.

- 새로운 기술의 등장에 제대로 적응하지 못하는 경우
- 신규 진입기업이나 후발기업들의 모방이 성공한 경우
- 원가절감에만 관심을 집중하다가 소비자 기호의 변화에 적절히 대응하지 못하는 경우
- 원가상승으로 경쟁기업들이 차별화효과를 상쇄시킬 만한 가격 차이를 유지할 수 없는 경우

3) 집중화전략

집중화전략은 특정 구매집단이나 특정 제품 또는 지역적으로 한정된 시장만을 대상으로 집중적인 목표로 삼는 전략이다. 따라서 산업 전체가 아니라 특정 시장영역을 대상으로 한다는 점에서 원가우위전략이나 차별화전략과는 그 성격이 다르다. 그러므로 집중화전략의 요체는 고객들이 독특한 요구를 가지고 있는 시장에서의 적소를 선택하는 것이다. 적소는 지리적 영역, 제품사용에 있어서의 특정 요구, 고객유형 등에 의해 정의될 수 있다.

집중화전략은 특별한 시장영역에 독특한 제품을 제공하는 집중화된 차별화전략과 아울러 특별한 시장영역에 한정하여 저가격을 추구하는 집중화된 원가우위전략으로 구분할 수 있다.

집중화전략이 효과적인 상황은 다음과 같다.

- 이질적이고 세분된 시장들이 상당수 존재하는 경우
- 세분된 시장이 선도기업들의 성공에 중요하지 않을 경우
- 세분된 시장이 성장잠재력이 크거나 수익성이 높은 경우

반면 집중화전략은 다음과 같은 위험성도 존재하고 있다.

- 기술변화나 소비자 기호의 변화로 세분된 시장이 사라지고 전체 산업에 동화되는 경우
- 차별화기업들이 집중화기업들의 고객욕구를 충족시킬 수 있는 제품을 공급하는 경우
- 경쟁기업이 집중화기업들의 목표가 되는 특정 시장 영역 내에서 더욱 세분화된 목표시장을 공략함으로써 보다 집중적인 전략을 추구하

는 경우

• 넓은 시장을 대상으로 하는 기업들과의 가격차이가 특정 시장에 집중하여 얻는 원가상의 이점이나 차별화를 상쇄하는 경우

(2) BCG 매트릭스

전략계획과정에 활용할 수 있는 전략계획모형은 다양하나 그 가운데서도 가장 대표적인 것이 BCG 매트릭스이다. BCG 매트릭스는 1970년대 초반에 미국의 경영자문회사 보스톤 컨설팅 그룹(Boston Consulting Group : BCG)이 다양한 사업을 전개하는 대기업들을 위하여 전략수립을 위한 모델로 개발한 것이다. BCG 매트릭스에 따른 포트폴리오 전략은 사업활동이 다각화되어 있거나 제품계열이 다각화되어 있는 기업경영의 경우에 유용한 모형이다.

BCG 매트릭스는 대기업이 취급하고 있는 여러 가지의 사업을 전략적 사업단위(strategic business unit: SBU)라고 표현한다. 각 사업단위는 자체적인 사업목적과 경쟁상대를 지니며 독립적으로 경영되고 평가된다. 따라서

도표 5-9 BCG 매트릭스

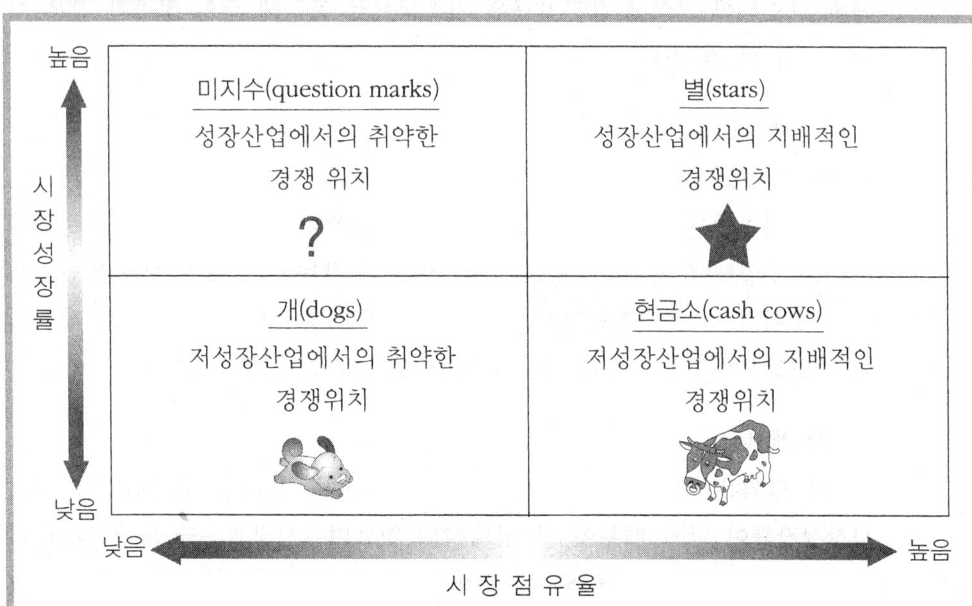

전체로서의 기업은 이와 같은 SBU의 집합이라고 할 수 있다.

BCG 매트릭스에 따르면 전략형성은 기본적으로 시장성장률(market growth rate)과 시장점유율(market share)을 기반으로 형성된다. 즉, 어떤 기업이 [도표 5-9]와 같은 4가지 매트릭스의 영역에서 기업활동을 전개하고 있을 경우 시장성장률과 시장점유율에 따른 각각의 위치에 따라 실시하는 전략의 유형은 달라져야 한다는 것이다. 시장성장률은 사업단위가 목표로 하고 있는 시장의 규모가 매년 성장하고 있는 정도를 표시한다. 이에 비하여 시장점유율은 전체 시장규모에서 차지하는 판매액의 비율을 나타내는 것으로 사업단위의 상대적 힘을 나타낸다.

BCG는 이와 같은 기준에 따라 형성되는 4개의 창에 재미있는 이름을 붙여 표시하고 있는데 각각의 내용을 간단히 정리하면 다음과 같다.

1) 현금소(cash cow)

현금소에 속하는 SBU는 그림에 나타난 것과 같이 시장성장률은 낮으나 시장점유율이 큰 위치에 있다. 따라서 성장속도가 느리기 때문에 새로운 투자를 위한 자금수요는 크지 않은 반면 높은 시장점유율에 따른 이익이 꾸준히 창출되는 영역이라 할 수 있다. 마치 젖소의 젖을 짜면 우유가 계속 나오듯이 기업에 유동자금을 지속적으로 공급해 주는 젖줄과 같은 사업단위라 할 수 있다.

2) 별(star)

말 그대로 시장성장률과 시장점유율이 모두 높아 떠오르는 별처럼 반짝이며 기업에 희망을 주는 사업단위이다. 그러나 반면에 계속적으로 유동자금을 투입해야 할 필요 또한 있다. 이는 성장률이 높다는 것은 일반적으로 시장에서 혁신이 지속적으로 발생하고 있는 단계로서 기술개발, 생산시설의 확충, 시장개척 등에 많은 투자가 필요하기 때문이다.

3) 개(dog)

이 영역은 시장성장률과 시장점유율이 모두 낮은 사업단위이다. 즉, 시장성장률이 낮기 때문에 큰 장래성도 없으며, 시장점유율 또한 낮아 기업에 필요한 자금을 공급해 줄 능력 또한 부족한 사업영역이라 할 수 있다. 따라서 이 영역에 속하는 사업단위는 철수 또는 처분하는 것이 가장 합리적인 전략이라 할 수 있다.

4) 미지수(question mark)

이 영역은 시장성장률은 높지만 시장점유율은 낮은 영역에 속하는 사업단위이다. 시장성장률이 높기 때문에 투자의 가치는 있으나 반면 낮은 시장점유율로 인하여 장래성이 불분명한 그야말로 미지수인 사업영역이라 할 수 있다. 따라서 지속적인 투자를 통하여 시장점유율을 높여갈 것인지를 신중하게 고려하여야 한다.

(3) GE 비즈니스 스크린

이상에서 살펴본 것과 같은 BCG 매트릭스는 이해하기도 쉽고 사용하기도 쉬운 반면에, 시장점유율과 성장률만으로 전략의 범위를 한정하고 있다는 비판을 받기도 하였다. 그러나 실제 사업이 영위되는 시장의 상황은 단순히 두 가지의 기준에 의해 전략의 방향을 결정할 만큼 그렇게 단순하지 않게 전개된다. 이러한 면에서 [도표 5-10]과 같은 GE 비즈니스 스크린(business screen)은 그와 같은 문제에 대한 대안으로서 개발된 것이다.[6]

GE 비즈니스 스크린에 있어서 가장 핵심적인 계획화의 차원은 사업의 강점(strength)과 산업의 매력도(attractiveness)라는 개념이다. 각각의 영역은 SWOT분석과 같이 복수의 요인에 의해 분석된다.

산업매력도는 시장의 크기와 성장, 자본요구, 경쟁강도의 차원에서 고려된다. 사업의 강점 또는 경쟁적 위치는 시장점유율뿐만 아니라 기술적 우위, 제품의 질, 운영비, 가격경쟁력 등과 같은 요인들에 의해서도 평가된다.

그 결과 9가지 셀로 구성된 매트릭스가 형성되고 각각의 셀은 "승자"(winner), "미지수"(question mark), "평균사업"(average business), "이익 창출자"(profit producers), "패자"(loser) 등으로 명명되고, 그에 따라 각각의 사업단위를 분류할 수 있다. 승자와 미지수영역에 있어서의 성장을 위해서는 투자를 지속하고, 평균사업이나 이익창출자에 해당하는 영역은 유지하거나 안정화시키는 반면, 패자의 영역은 철수나 매각이 권고되는 전략의 방향이 설정될 수 있을 것이다.

도표 5-10 GE 비즈니스 스크린

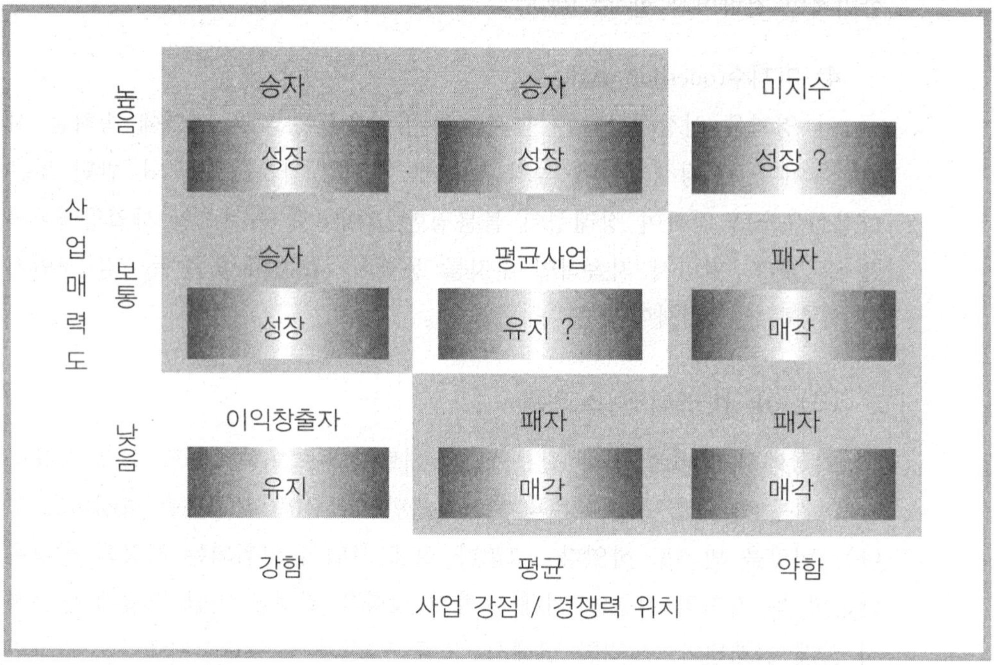

5. 전략의 실행

이상과 같은 과정을 거쳐 기업의 전략이 개발되면 그 이후의 단계는 그와 같은 전략을 효과적으로 실행할 수 있는 전술계획 또는 운영계획을 보다 구체화하는 과정이 따르게 된다. 일반적으로 전략계획은 최고경영층에 의해 수립되는 반면, 전술계획이나 운영계획은 조직 내의 다양한 부문에서 조직의 전략을 가장 효과적으로 실행시킬 수 있는 방향으로 보다 구체화하여 수립된다. 이에 대해서는 이미 앞서 계획화의 유형에서 살펴본 바 있다.

읽을거리

저가항공사의 위협

"대형 항공사, 멸종위기에 놓이다." 지난 2005년 4월 4일 AP통신은 다소 충격적인 제목의 기사를 전세계에 타전했다. AP통신은 두 교수가 공동집필한 '미국항공품질평가(AQR)보고서'를 바탕으로 미국항공산업의 미래를 이렇게 전망한 것이다. 미국 연방 교통부 통계를 분석, 이 보고서를 만든 위치타주립대의 딘 헤들리 교수는 "2000년 시장점유율 7%에 머무르던 저가항공사들이 불과 5년 만에 전체시장의 4분의 1을 좌우하는 수준으로 급성장했다"고 지적했다.

이 보고서에서 고객만족 상위 6개 항공사 중 다섯 군데가 저가 항공사였다. 제트블루, 에어트랜에어웨이, 사우스웨스트, 유나이티드, 알래스카 에어라인, 그리고 아메리카 웨스트에어라인 등의 순이다. 보고서의 공동집필자인 브렌트 보웬 박사는 "앞으로 5년 이내에 전통적인 항공사들은 사라지고 저가항공사와 지역항공사들만 살아남을 수도 있다"고 주장했다.

이들의 주장이 다소 과격하게 들릴 수도 있다. 하지만 현재 북미의 대형 항공사들이 직면한 갖가지 문제들을 살펴보면 현실과 그리 동떨어진 이야기라고 할 수도 없다.

미국 콘티넨탈항공의 최고경영자 고든 베순은 지난해 미국 의회 항공위원회에 출석, "하늘이 점점 어두워지고 있다"고 언급했다. 늘어만 가는 재정적자, 고공 행진을 거듭하는 원유가 등으로 질식할 것 같다는 하소연이었다. 여기에도 그가 직접 언급하지는 않았지만 저가 항공사들의 약진으로 대형 항공사들은 점점 구석으로 몰리고 있다.

저가 항공사들의 파상공세로 무한 가격경쟁이 벌어지고 있다는 사실은 이미 구문이다. 항공요금은 최근 5년 사이에 39%나 떨어졌다. 업계전문 컨설팅사인 백에이비에이션솔루션에 따르면 미국 대륙 횡단 편도항공권가격은 5년전 평균 302달러였으나 최근 183달러로 낮아진 것으로 나타났다. 이에 따라 업계평균 순익은 1좌석 마일(유료 여객 1명을 1마일 수송하는 단위)당 2000년 11.4센트에서 지난해 8.3센트로 23%나 급감했다. 이에 따라 대형항공사들은 2004년 92억달러라는 천문학적 규모의 적자를 기록했다. 반면에 미국 최대의 저가항공사인 사우스웨스트항공은 32분기 연속 흑자행진을 이어가며 3억 1300만 달러의 이익을 올렸다.

지난 2002년 12월 세계 2위의 항공사인 미국의 유나이티드가 파산보호신청을 내놓았을 때 이미 항공업계가 당면한 상황을 짐작할 수 있었다. 경기침제와 더불어 2001년 9.11테러 여파에 따른 항공여객 감소가 문제의 시작인 것처럼 보였지만, 이미 수면하에서는 경직된 노사관계, 고비용 구조 등이 유나이티드항공의 경영을 압박하고 있었다. 유나이티드항공이 당시 직면했던 문제들은 다른 대형항공사들을 똑같이 괴롭히고 있다. 유나이티드에 이어 2004년에는 세계 7대 항공사인 유에스에어웨이즈가 두 번째로 파산보호신청에 들어갔다. 미국 3위 항공사인 델타항공 역시 파산직전이다. 델타는 지난 3년간 56억 달러라는 막대한 손실을 입고 현재 보유 중인 20억 달러 상당의 내부충당금으로 버티고 있는 실정이다. 끝내 파산보호신청을 할 경우 미국의 대형항공사 중 절반이 법정관리에 들어가는 결과를 낳게 된다.… 이에 따라 항공전문가들 사이에는 앞으로 5년 안에 미국의 대형항공사 2~3개가 파산해서 시장에서 퇴출될 것으로 보고 있다. 도산한 항공사들이 저가항공사에 흡수 · 합병될 것이라는 시나리오도 나오고 있는데, 대형항공사로서는 악몽같은 얘기이다.

저가항공사들은 기내서비스 등 부대서비스가 없거나 적다는 점에서 '노 프릴스(No Frills: 거품을 뺐다는 의미)항공', 요금기준으로는 '저가(Low Fare)항공', 운영비용을 낮췄다는 측면에서는 '저비용(Low Cost)항공"으로 불린다. 이같은 저비용항공사들은 미국과 유럽뿐만 아니라 아시아에서도 급증하고 있다.

저가 항공사의 역사는 오래 됐다. 1970년대 말 사우스웨스트항공 창업으로까지 거슬러 올라간다. 하지만 불과 10년 전만 해도 이들 항공사가 여행산업의 주류로 등장할 것으로 예측한 이들은 많지 않았다. 그러나 경기 침체가 확산되고 모든 산업 분야에서 가격 파괴 바람이 몰아치는 과정에서 터진 2001년 9 · 11테러가 이들을 주류로 바꾸는데 결정적 역할을 했다. 사회는 불안하고 고용은 불안정한데 돈 벌기는 어려운 상황에서 소비자들의 주목을 받게 된 것이다. 인터넷 확산으로 중간 매개자 없이 소비자들에게 직접 항공권을 팔 수 있는 환경이 조성된 것도 저가 항공사들의 약진에 큰 몫을 했다. 바야흐로 항공료는 기차 요금이나 뱃삯과 가격 경쟁을 벌일 수 있게 된 것이다,

이들의 가격 인한 전략은 '비용의 최소화' 란 말로 요약할 수 있다. 비용을 최소화하기 위해 가능한 모든 방법이 동원된다. 북미의 주요 도시를 오가는 저가 항공사의 경우 그다지 깨끗하지 않은 객실에 기내식도 없다. 심지어 지정좌석이나 종이 티켓까지 없앴다. 사우스웨스트항공의 경우 뚱뚱한 승객에게 두 자리의 항공권을 살 것을 요구했다가 원성을 듣기도 했다. 이렇게 저가 항공사들은 별 서비스없이 그저 '수송' 이란 본연의 업무에만 충실할 뿐이다.

안으로는 근로자들에게 '다다익선의 근로 시간과 생산성 향상' 을 강요한다. 사우스웨스트 항공의 CEO로 지난해 8월 취임한 게리 켈리 대표는 취임 직후 노조 간부들과 만나 "경영진은 비전 제시와 합리적인 경영을 기할 테니 근로자들은 생산성 향상과 업무효율을 증진시킬 수 있는 방안을 도출해 달라"고 주문했다. 노조는 비행사들이 월 70시간 이상 근무할 수 있게 해달라는 사측의 요청을 받아들였다. 대형 항공사 비행사들의 평균 운항시간은 월 60시간 이하다.

여기에다 최근 저가 항공사들이 가격경쟁력뿐 아니라 더 나은 서비스로 무장하고 있다. 캐나다 웨스트젯항공의 경우 올 2월까지 1차적으로 20개 노선 항공기 각 좌석에 LCD TV를 설치했다. 이코노미, 비즈니스 클래스 구분이 따로 없는 상황에서 대형 항공사들과 경쟁하기 위해선 투자를 해야 한다는 입장이다. 웨스트젯은 TV 설치에만 2,200만 달러가 투입됐다고 밝혔다. 저가 항공사들의 서비스 향상은 수치로도 증명됐다. 앞에서 든 AQR에 따르면 제트블루는 정시 도착률 86%로 이 부문 1위를 차지했고, 승객들이 항공 당국에 불만을 제기한 비율은 10만명당 0.31명으로 0.14명을 기록한 사우스웨스트에 이어 2위에 올랐다.

〈자료: 박형진, "저가항공사가 항공업 구조조정을 이끈다," 이코노미 플러스, 2005. 5, pp.180~183〉

토론문제

1. 여러분의 인생의 목표는 무엇이며, 각자의 목표달성을 위한 계획을 체계적으로 생각해 본 적이 있는가?
2. 조직목표 달성에 있어 계획이 반드시 필요한 것인 것일까? 만약 그렇다면 그 이유는 무엇 때문이며, 계획이 필요치 않다면 그 이유는 무엇 때문일까?
3. 현대기업에서 전략적 경영이 필요한 이유는 무엇 때문인가?
4. 전략적 경영을 통해 성공한 기업의 사례를 찾아보고 핵심전략은 무엇인지 생각해 봅시다.
5. 이동전화의 번호이동성제도를 시행하게 된 원인은 무엇이며, 그에 따라 이동통신사들의 대응전략은 어떻게 전개되는가?
6. 산타클로스를 마케팅전략 차원에서 활용한 코카콜라사의 전략의 핵심은 무엇이며, 그에 대한 여러분의 생각을 정리하여 보시오.
7. 새로운 지역저가항공사의 출현하에서 기존의 국내항공사들이 취할 수 있는 대응전략에 대하여 토론하여 보시오.
8. 블루오션전략이 기존의 전략체계와 비교하여 지니는 차이점을 설명하고 그 방법의 유용성에 대하여 토론하여 보시오.

참고문헌 및 자료

1) C. Williams(2002), *Management*, South-Western College Publishing, pp.141~143.
2) 이철(1998), 전략경영과 시장지향적 전략경영계획의 수립, 한국방송통신대학교 평생교육원.
3) 김언수(2002), Top을 위한 전략경영 2.2, 박영사, p. 297.
4) L. E. Boone & D. L. Kurtz(1992), *Management*, 4th ed., New York: McGraw-Hill, Inc., pp.154~155.
5) M. E. Porter(1980), *Competitive strategy: Techniques for analyzing industries and competitors*, New York: The Free Press.
6) J. R. Schermerhorn, Jr.(2002), *Management*, 7th ed., New York: John Wiley & Sons, Inc., pp. 218~219.

제 6 장

조직화와 조직구조

이 장을 공부하고 나면

1. 조직화가 무엇이며, 그 중요성을 인식할 수 있습니다.
2. 조직화의 과정에 대한 대한 체계적인 사고능력을 갖출 수 있습니다.
3. 조직화의 방법에 대한 다양한 관점을 이해하고 어떠한 요인들이 조직구조에 영향을 미치게 되는지를 알 수 있습니다.
4. 다양한 조직구조의 유형을 이해하고 각각의 장단점과 생성배경을 이해할 수 있습니다.
5. 팀제의 도입배경과 현장에서 성공도를 높이기 위한 요건을 이해할 수 있습니다

이 장의 주요 목차는

워밍업

조직화는 조직목표 달성을 위해 요구되는 과업의 내용을 분명히 하고 해당 직무수행에 필요한 직위 및 책임을 기준으로 조직체계를 갖추어가는 과정을 의미한다. 우리는 단순히 공동의 목표를 달성하기 위한 사람들의 집단을 조직으로 이해하지만, 조직화가 실제 이루어지는 과정은 상상이상으로 복잡하고 어려운 문제이다. 특히 조직의 규모가 커져가고 조직이 직면한 환경이 불안정할수록 조직화의 문제는 많은 경영자들에게 풀기 어려운 과제가 된다.

전통적 관점에서는 조직화에 관한 최선의 방법을 가정하고 다양한 원리를 제시하였지만, 오늘날과 같이 조직의 개방성과 시스템적 특성이 당연한 것으로 인식되는 상황하에서는 조직화에 대한 최선의 방법은 사실 존재하기 어렵다. 이는 조직의 목적, 조직의 역사, 조직의 규모, 환경적 특성, 조직이 선택한 전략, 외부환경과의 연계성 등에 따라 조직은 다양한 형태로 그 모습을 달리 할 수 있기 때문이다. 최근에는 정보통신기술 및 네트워크기술의 발전에 힘입어 조직간 연계가 시간적 · 공간적 범위를 초월하여 형성되고 있을 뿐 아니라, 핵심역량에 자원을 집중하고 기타의 영역은 외부조직에 의존하는 조직들도 얼마든지 발견할 수 있다. 실례로 나이키, 퓨마, 델컴퓨터와 같은 세계적으로 이름있는 기업들의 조직구조에서는 우리가 상상하는 전통적 조직의 모습을 발견하기 쉽지 않다.

따라서 조직은 지속적으로 외부환경과 조직전략에 따라 그 모습을 바꾸어 나가며, 살아있는 생명체와 같이 지속적인 변화를 추구한다. 때때로 그와 같은 변화의 과정은 조직구성원들로 하여금 변화에 저항하도록 만들며, 결국 조직개발에 실패하는 원인이 되기도 한다. 그러나 변화에 성공하지 못하면 도태되는 것이 오늘날의 현실이다.

주요 용어와 개념

- 조 직 화
- 직무전문화
- 부 문 화
- 권한과 책임
- 분권화와 집권화
- 조 정
- 조직화의 전통적 관점
- 조직화의 현대적 관점
- 조직구조의 결정요인
- 팀제 조직
- 네트워크 조직
- 가상 조직
- 무경계 조직
- 조직변화

제 1 절

조직화의 의의와 과정

1. 조직화란?

앞서 계획화의 과정을 통해 기업이 달성하고자 하는 목표, 목표달성에 영향을 미칠 가능성이 있는 환경적 제약 및 기회, 목표의 달성을 위한 절차가 분명히 되면, 그 다음으로는 그러한 계획을 효과적으로 달성하는데 필요한 직무의 내용을 명확히 하고, 아울러 직무수행에 필요한 권한과 직위 및 책임을 기준으로 체계를 갖출 필요가 있다. 이러한 과정을 조직화라 한다.

조직화기능에는 일반적으로 다음과 같은 세 가지의 활동과 관계된 기능이 포함된다. 첫째, 계획된 목표를 달성하는데 필요한 구체적인 활동을 확정한다. 둘째, 그러한 활동들을 관련성이 있는 것끼리 묶어 일정한 테두리 아래 구조화(부문화)시킨다. 셋째, 구조화된 활동을 일정한 직위에 할당하고 그 직위 간의 책임 · 권한관계를 확정한다. 결과적으로 조직화가 잘 이루어지면 다음과 같은 결과를 가져 온다.

- '누가 무엇을 해야 하는가' 가 명확히 된다.
- '누가 누구에게 책임을 지는가' 가 명확히 된다.
- 의사소통의 통로가 분명해진다.
- 목적하는 사업에 대한 자원의 배분이 분명해 진다.

2. 조직화의 과정

조직화는 조직의 목표를 가장 효과적으로 달성할 수 있는 조직의 체계를 갖추어가는 과정인 만큼 경영자에게 요구되는 가장 중요한 역할 중의 하나이다. 따라서 경영자는 어떠한 조직구조를 갖추는 것이 조직목표 달성에 가장 효과적인가를 고려하는 과정에서 기본적으로 두 가지 측면에서 중요한 의사결정을 하여야 한다.

첫째는 조직의 목표달성에 필요한 전체 업무를 어떠한 원칙과 방법에 의해 나눌 것인가를 결정하여야 한다. 일이 체계적으로 나누어지지 못할 경우 조직구성원들은 자신의 직무상의 역할이 명확히 무엇인지 몰라 역할모호성과 역할갈등을 느끼게 되며, 조직 내에서의 업무의 흐름이 체계적이지 못하게 되어 조직 내에서의 갈등과 업무달성을 어렵게 하는 원인이 된다.

둘째, 나름대로의 원칙과 기준에 의해 나누어진 업무들 간의 관계를 효과적으로 조정하여 조직목표를 달성할 수 있도록 결합시킬 수 있어야 한다. 이와 같은 의사결정의 과정을 보다 구체적으로 살펴보면 다음과 같다.

(1) 조직목표 달성을 위한 전체 업무의 명확화

조직목표 달성을 위해 반드시 수행되어져야 할 전체 업무를 명확히 한다. 조직은 공동의 목적을 달성하기 위하여 의도적으로 만들어진 구조에 따라 구성원들이 상호 작용하는 인간의 집단이라고 할 수 있다. 따라서 조직은 어떠한 형태로든 목적을 지니고 있다. 따라서 이를 달성하기 위해서 요구되는 조직전체의 업무들이 무엇인가 명확히 파악할 수 있어야 한다. 예를 들어 학교조직에 있어서는 학생, 교과운영 및 수업, 시설관리, 교사 등과 관련된 업무는 필수적인 업무가 될 것이다.

(2) 업무의 논리적 분할과 세분화

조직 전체의 업무를 개인이나 집단에 의해 적절히 수행될 수 있도록 논리적으로 분할한다. 조직이 필요하게 되는 가장 기본적인 이유는 어느 한 개인이나 소수의 힘에 의해 조직의 목적을 이루어내기 어렵기 때문이다. 따라서 조직의 목적이 어느 한 개인에 의해 달성될 수는 없다. 따라서 전체 업무가 개인이나 집단이 맡아 적절히 수행될 수 있도록 논리적이고 관리 가능한 방법으로 구체적인 세부업무들로 나누어질 수 있어야 한다.

(3) 기준과 원칙에 따른 부문화

조직구성원들을 그들이 맡은 업무의 성격에 따라 집단화한다. 조직의 규모가 커지게 되면 많은 구성원들이 참여하여 조직의 목표달성을 위해 노력하게 된다. 따라서 조직이 보다 효과적으로 운영되기 위해서는 구성원들이 맡은 업무가 유사하거나 관계가 깊은 사람들을 집단화하여 관리하여야 한다. 이를 부문화라 한다.

(4) 전체 목표중심의 조정

조직구성원들에 의해 수행된 일들이 조직목표에 부합될 수 있도록 조정한다. 각 구성원들이나 부서들이 각기 맡은 업무를 수행하면서 자신들의 업무나 부서의 목표에 집착하게 되면 조직 전체의 목표달성은 어렵게 될 뿐 아니라, 부서간 · 개인간 갈등이 발생하기 쉽다. 따라서 조직구성원들이 조직의 목표를 위하여 노력하고 비효율적이며 조직전체의 목표에 부합하지 않은 행위나 갈등이 발생하지 않도록 적절한 조정이 필요하게 된다.

(5) 지속적 평가와 수정

조직의 효과성을 관찰하고 효과성의 유지와 증진을 위해 필요한 수정을 한다. 조직화는 지속적인 과정으로 앞서 제시한 모든 단계에 대해 장기적인 평가가 요구된다. 조직이 성장하고 상황의 변화에 맞추어 적절히 적응하기 위해서는 조직화과정에 내려진 의사결정의 효과에 항상 주의를 기울여 조직이 효과적으로 운영될 수 있도록 하여야 한다.

제2절

조직화의 방법

1. 직무전문화

직무전문화(job specialization)는 말 그대로 조직의 전체적인 과업을 보다 작은 요소로 분할하고 나누는 것을 의미한다. 직무전문화에 따른 일의 분할은 생산성의 향상과 밀접한 관련이 있다.

또한 과업을 보다 세분화할수록 사람들이 특정과업에 대한 숙련성을 쌓기 쉬울 뿐 아니라, 세분된 과업에 도움이 될 수 있는 전문화된 작업도구를 개발하기도 용이해진다. 뿐만 아니라 직무세분화에 따라 다양한 직무들이 만들어져 사람들이 자신에게 적합한 업무를 쉽게 찾을 수 있으며, 필요한 기능의 습득에 필요한 훈련비용이 적게 드는 장점도 발생한다.

그러나 지나친 직무전문화는 현대 산업사회에서의 인간성 소외를 중심으로 지루함, 피로, 스트레스, 생산성저하, 품질저하, 이직률 및 결근율의

잠깐 쉬어갑니다

모던타임스

자료: C. Chaplin의 Modern Times

1936년에 만들어진 찰리채플린 주연의 영화 모던타임스는 기계문명에 대한 도전과 함께 자본주의의 인간성 무시에 대한 분노를 그린 작품이다.

공장에서 일하는 찰리 채플린은 하루 종일 컨베이어벨트 운반되어 오는 제품의 나사를 죄는 동작만을 되풀이한다. 그것이 곧 그에게 맡겨진 임무이기 때문이다. 그러나 찰리 채플린은 기계 앞을 떠나도 같은 동작을 계속하다가 지나가는 여자의 앞단추를 나사로 착각하여 스패너를 들이대다가 혼이 나기도 한다. 기계의 톱니바퀴 사이에 끼어 돌아가는 그의 모습에서 현대인의 비애를 발견할 수 있다.

증가 등과 같은 다양한 문제들을 야기 시키는 원인이 되기도 한다. 따라서 직무를 설계할 때 직무전문화의 원칙이 무시될 수 는 없지만, 그에 따른 부작용도 충분히 고려하여야 한다.

2. 부 문 화

부문화(departmentalization)란 직무전문화에 따라 나누어진 직무들을 다시 일정한 논리적 배열에 따라 집단화하는 과정을 의미한다. 부문화에는 다음과 같은 몇 가지의 방법이 있다.

(1) 기능적 부문화

가장 일반적이면서도 보편적인 부분화의 방법은 기능적 부문화(functional departmentalization)이다. 기능적 부문화는 유사하거나 같은 작업활동들을 포함하는 직무들을 중심으로 집단화하는 것이다. 예컨대, 경영자의 하부조직으로 생산부, 판매부, 관리부 등과 같이 유사한 업무를 묶어 집단화시키는 방법을 들 수 있다. 중소조직에서 가장 일반적으로 발견되는 기능적 부문화는 첫째, 부서 관리자가 해당 영역의 한정된 범위의 기능에만 숙달되어도 부서 구성원들을 효과적으로 관리할 수 있으며, 둘째 각각의 부서 내에서의 조정활동이 보다 용이하다는 장점이 있다. 그러나 조직의 규모가 커지게 되면 기능적 부문화는 다음과 같은 몇 가지 한계점을 지니게 된다.

- 각 부서에서의 문제해결이나 의사결정상황이 발생할 경우 부문별 관리자는 상위층의 경영자에게 보고하여 문제를 해결해야 되기 때문에 의사결정속도가 늦어지고 관료화되기 쉽다.
- 부서내의 종업원들은 자신이 속한 부서 내에의 한정된 영역에만 전문화됨으로써 조직 전체에 대한 통찰력을 상실하기 쉽다
- 부서간의 갈등이 발생하기 쉽다.

(2) 제품별 부문화

제품별 부문화(product departmentalization)는 기능적 부문화와는 달리 제품이나 제품군을 중심으로 부문화하는 것을 의미한다. 예컨대, 기업이 다양한 속성을 지닌 복수의 제품을 생산하고 판매할 경우 각각의 제품군을 중심으로 조직을 부문화 할 경우가 이에 해당한다.

제품별 부문화의 경우 제품을 생산하는데 필요한 생산, 판매, 연구개발 등 여러 기능이 한 부서 내에 속하는 조직구조를 지닌다는 점이 특징이다. 따라서 이와 같은 유형의 부문화는 조직이 생산하는 제품들이 각각의 특성이 있어 독특한 기술이나 마케팅방법이 요구되는 경우에 적합하다. 제품별 부문화의 경우 다음에 살펴볼 지역별 부문화와 같이 대부분의 경우 각 부문이 독립채산제로 운영되기 때문에 부문 간의 경쟁과 책임경영이 이루어져 경영성과를 제고할 수 있다는 장점을 지니고 있다.

반면에 제품별 부문화의 경우 각 부문에서는 자신들의 제품이나 제품군에만 지나치게 관심을 집중시키게 되어 조직전체 차원에서의 효율성을 떨어뜨릴 수 있을 뿐 아니라, 각각의 제품부문에서 마케팅, 생산, 연구개발, 관리영역 등과 같은 기능적 영역을 지니게 됨으로써 조직전체 차원에서 관리비용이 증가하게 된다는 문제도 지니게 된다.

(3) 지역별 부문화

지역별 부문화(location departmentalization)는 지리적 영역이나 지역을 중심으로 직무를 집단화하는 방법으로 특정 지역 내에서 발생하는 모든 업무나 작업 활동들이 한 부서 내에서 이루어질 수 있도록 조직을 설계하는 것을 의미한다. 예컨대, 은행이나 보험회사에서 나타나는 충청지역본부, 호남지역본부 등과 같은 형태는 지역별 부문화의 한 예로 볼 수 있다. 지역별 부문화를 취할 경우 조직은 다양한 지역 내의 특정 고객이나 환경적 특성에 탄력적으로 대응할 수 있다는 장점을 지닐 수 있지만, 조직 전체의 한정된 자원에 대한 지역부분 간의 갈등이 발생하기 쉽고 지역이 산재하여 있을 경우 보다 많은 관리스텝이 필요해진다는 단점도 지니고 있다.

3. 보고관계의 구축

조직화에 있어 세 번째의 기본적인 요소는 각각의 직위 간의 보고관계를 설계하는 것이다. 이와 같은 활동이 필요하게 되는 것은 명령일원화의 원칙과 계층구조의 원칙을 명확히 할 필요가 있기 때문이다.

(1) 명령일원화의 원칙

명령일원화(unity of command)의 원칙은 부하는 라인에 따라 1인의 상사로부터만 명령을 받고 명확한 보고관계를 지닐 수 있도록 하여야 한다는 것을 의미한다. 다수의 상사와 다수의 부하 간의 명령과 보고의 관계가 이루어질 경우 책임의 일원화도 어렵고, 조직은 혼란과 갈등에 빠지기 쉽다.

(2) 계층구조의 원칙

계층구조의 원칙을 통해 조직은 공식적 의사소통체계를 명확히 함으로써 명령과 그 수용에 대한 혼선을 막고, 감독의 범위를 분명히 할 수 있게 된다. 고전적 조직론에 있어서는 일반적으로 피라미드형 계층구조를 원칙으로 제시하고 있다. 특히, 감독의 범위라는 문제는 계층구조의 원칙의 핵심을 이루는데, 이는 한 사람의 관리자가 능률적이고 효과적으로 통제할 수 있는 부하직원의 수가 과연 어느 정도가 효율적인가를 의미한다. 한편으로는 이를 관리의 폭(span of management) 또는 통제의 폭(span of control)이라고도 하는데, 그 범위에 대해서는 의견의 일치를 보지 못하고 있다.

한편 조직의 능률을 높이기 위해서는 조직의 계층구조를 가능한 축소시켜야 한다는 견해가 있는데, 이를 계층단축화의 원칙(principle of scalarship)이라고 한다. 결론적으로 통제의 폭이 어느 정도가 가장 적정한가는 명확치 않으며, 실제 계층구조의 원칙을 따를 때 중요한 것은 가능한 한 관계의 수가 아니라, 실제적인 관계의 수라 할 것이다.

4. 권한의 배분

직위 간의 권한을 어떻게 배분할 것인지를 결정하는 것 또한 조직화의 과정에서 반드시 고려해야 할 중요한 부분이다. 권한(authority)은 조직에 의해 합법적으로 부여된 공식적인 힘(power)으로 직무수행의 근거가 되며 권한이 생기면 책임이 동시에 부여된다. 권한과 관련해서는 조직화과정에서 다음과 같은 부분이 강조되고 있다.

(1) 권한과 책임의 원칙

이는 조직에서 각 구성원의 책임과 권한의 상호 관계를 직무에 따라 명확히 규정하여야 한다는 것을 의미한다. 이는 각 조직구성원에게 직위에 따른 직무가 할당되면 이러한 직무를 수행할 수 있는 권한이 주어져야 하고 권한행사의 결과에 대한 책임도 함께 수반되어야 한다는 것이다. 이 원칙은 조직의 고전적 원칙으로 조직에 명확한 질서와 체계를 부여하고 모든 직무를 통일적으로 수행하기 위해서 가장 중요시되었던 원칙이다.

(2) 권한위양의 원칙

권한위양의 원칙은 직무에 따라 그에 맞는 권한을 부여하는 것을 의미한다. 현대기업에 있어서도 권한위양의 원칙은 매우 중요한 원칙으로 수용되는데, 이는 기업의 규모가 확대됨에 따라 최고경영자 한 사람이 모든 권한을 독점하기 어렵게 되고, 기업환경이 점차 복잡 · 다양 · 가변성을 띠게 됨에 따라 그에 대처할 수 있는 전문관리자의 육성이 절실해지기 때문이다. 또한 권한이 많이 위양될수록, 그에 따른 책임도 증가되기 때문에 직무에서의 무사안일주의와 관료주의를 제거하고 동료들과의 경쟁풍토를 조성시킬 수 있는 장점도 있다.

(3) 분권화와 집권화

권한이 한 개인으로부터 타인에게 위양될 수 있는 것과 마찬가지로 조직 또한 조직 내의 다양한 직위와 부서와 권한의 배분방식을 개발할 수 있다. 분권적 조직은 조직전반에 걸쳐 중간계층과 하위수준의 경영자에게 의사결정권한과 힘이 체계적으로 위양되는 형태를 지니는 반면, 집권적 조직은 상위계층의 경영자에게 대부분의 의사결정권한과 힘이 체계적으로 집중되는 형태를 지니게 된다.

그러나 분권화와 집권화의 개념은 서로 다른 선상에서 형성되는 개념이라기보다는 하나의 연속선상에서 파악하는 것이 중요하다. 즉, 하나의 연속선상에서 양쪽의 극단에 지극히 집권적이거나 지극히 분권적인 조직형태가 존재한다고 볼 때 대부분의 조직은 그와 같은 일련의 선상에서 어딘가에 존재하게 된다. 극도로 분권적이나 극도로 집권적인 조직은 없으며, 어떤 조직은 분권적 조직에 가까운 반면 어떤 조직은 집권적 조직에 가까운 형태를 지니는 것이다.

조직의 집권화와 분권화의 수준에는 다양한 요인이 영향을 미칠 수 있다. 그 중의 하나가 조직의 환경으로 일반적으로 조직을 둘러싸고 있는 환경이 불확실하고 복잡한 경향을 지닐수록 분권화의 경향은 높아진다. 또한 조직의 역사 또한 분권화와 집권화의 수준에 영향을 미칠 수 있으며, 의사결정이 많은 위험성과 비용하에서 이루어지는 조직일수록 집권화되는 경향을 보인다. 따라서 집권적 조직과 분권적 조직 중 어떤 조직이 성공적인가

잠깐 쉬어갑니다

닮은 듯 다른 행보

포털업계 맞수인 다음커뮤니케이션과 NHN의 '닮은 듯 다른' 행보에 업계의 시선이 쏠리고 있다. 시가총액에서는 큰 차이가 나지만 두 회사는 여전히 인터넷 포털 1위를 놓고 '엎치락 뒤치락' 박빙의 승부를 벌이고 있다. 그러나 두 회사의 최근 행보는 일치되는 점이 많아 화제가 되고 있다.

우선 글로벌 사업에 따른 경영체제 개편이 거의 동시에 이루어졌다. 두 회사 모두 책임경영체제 구축을 위해 조직구조를 사업 영역별로 나눴다. 다음이 먼저 조직을 • 뉴미디어 국내/해외, • 뉴커머스, • 뉴파이낸스 등 4개 핵심사업 부문으로 나누고 부문별 책임경영자를 배치했다. 그러자 NHN도 7일 책임경영을 위해 사업영역별 각자 대표제를 도입키로 하고 최 대표로 하여금 국내 사업을 총괄토록 했다.

〈자료: 전자신문, 2005.4.13에서 일부 발췌〉

하는 것은 때때로 무의미할 수도 있다.

5. 조정활동

(1) 조정의 의의

조직화에 있어 마지막으로 중요한 요소는 조정(coordination)이다. 직무 전문화와 부문화가 달성되면 그 다음으로는 조직의 목표달성을 위하여 각 부문들의 활동을 체계적으로 연계시키는 작업이 요구되는데, 이와 같은 조직 내의 다양한 부문들의 활동을 연계시키는 과정을 조정이라 한다.

조정은 조직 내에 존재하는 하위부문들이 취하는 목표가 궁극적으로 조직이 달성하고자 하는 조직유효성[1)]을 따르기보다는 능률의 원칙을 따르기 때문에 발생한다. 예컨대, 하나의 기업 내에서도 생산부서는 최소한의 원가비용으로 많은 제품을 생산함으로써 생산성을 향상시키는데 일차적인 부문의 목적이 있는 반면, 판매부서의 경우에는 제품의 품질과 가격, 재고관리, 물류·유통체계의 혁신 등이 보다 중요한 부서 운영의 목적이 될 것이다. 따라서 조직 내의 하위부문간에는 항상 갈등과 마찰이 존재하는데 이를 조직전체의 유효성의 차원에서 조정하고 견제해 나가는 것이 조정의 원칙이다.

(2) 조정의 필요성

앞서 조직에 있어 조정기능이 필요한 이유를 간단히 살펴보았지만 조정기능은 그 외에도 다양한 필요성을 지니고 있다.

1) 업무 간의 상호의존성

각 부서나 구성원들이 담당하는 업무 간의 상호의존성(interdependence)으로 인하여 조정이 필요하다. 오늘날 조직 내에서 이루어지는 대부분의 업무들은 상호 간에 밀접한 관계를 지니고 있다. 일의 분할에 의해 나누어져 처리되는 업무들의 결과는 다른 업무의 처리에 중요한 영향을 미칠 수 있기 때문에 각각의 업무간의 적절한 조정이 요구된다. 따라서 만약 업무들 간의 독립성이 유지되는 상황에서는 조정의 필요성은 상당부분

줄어들 수밖에 없을 것이다.

잠깐 쉬어갑니다

상호 의존성에는 어떤 유형이 있는가?

자기가 맡은 업무만 잘하면 되지 왜 다른 사람의 업무까지 신경을 써야 하는가? 그 이유는 조직 내의 많은 업무들이 서로 밀접한 연관성과 상호 의존성을 지니고 있기 때문이다. 상호 의존성은 조직 내의 부문간 · 업무 간의 관련성과 조화의 필요성을 언급할 때 쓰이는 말로 상호 의존성에는 세 가지 유형이 있다.

첫째는 Pooled Interdependence로서 이는 조직 내의 부문이 기능상으로는 큰 관련성이 없지만 똑같이 조직 공통의 목표를 향해 움직이고 있을 때 발생한다. 예컨대, 연구개발부서와 판매부서는 기능상으로는 서로 관련성이 없지만 최상의 제품을 소비자에게 제공한다는 조직공통의 목표하에 움직인다는 점에서 이러한 유형의 상호 의존성을 지닌다.

둘째는 Sequential Interdependence로서 한 부문의 기능이 순차적으로 다른 부문의 기능에 영향을 미칠 때 발생한다. 예컨대, 구매부와 생산부는 서로 다른 부문이지만, 만약 구매활동이 제대로 이루어지지 못하면 조업은 차질을 받게 될 수 있다.

셋째는 Reciprocal Interdependence로서 부분 상호 간의 상호 의존성을 지닐 경우 발생한다. 예컨대, 연구개발부서와 판매부서는 상호 간에 밀접한 의존성을 지니고 있다. 즉, 연구개발부서에서는 소비자의 욕구에 대한 정확한 정보를 판매부서로부터 필요로 하며, 판매부서는 그와 같은 욕구를 반영한 제품의 개발을 연구개발부서에 의존하게 된다. 만약 상호 간에 그와 같은 정보의 교류가 없다면 각 부문의 성과를 제고시키기는 어려울 것이다.

2) 부문간 · 집단간의 이질성

조정이 필요한 두 번째의 이유는 이질성 때문이다. 조직의 규모가 커지게 되면 그에 따라 신설되는 부서나 작업집단들이 나름대로의 목표, 관점 그리고 업무처리방식을 지니게 됨으로써 그들 간에 이질화현상이 나타나게 되고 이것이 심해지면 조직 내에서 갈등으로 발전하고 결국 조직의 목표달성은 어렵게 된다. 따라서 다른 부서나 작업집단들이 담당하여 처리하는 업무나 그 결과는 조직의 목표 차원에서 적절히 조정되어질 필요가 있다.

또한 조직 내의 각 구성원이나 각 부서나 업무를 처리하는 과정에서

필요한 정보를 서로 교환할 필요성이 증대한다는 점도 조정이 필요한 중요한 이유이다.[2)]

(3) 조정의 방법

조직의 조정능력을 높이기 위해서는 여러 가지 방법이 사용될 수 있다. 가장 우선적인 방법으로는 조직의 계층구조를 이용하는 방법을 들 수 있다. 즉, 상호 의존적인 부서와 작업단위에 대해 책임을 지는 한 사람의 관리자를 둠으로써 부서 간의 조정기능을 수행할 수 있도록 할 수 있다. 또한 규칙과 절차를 이용하여 조정기능을 발휘할 수도 있다. 즉 업무처리와 여러 가지 작업 활동과정에서 따라야 하는 규칙이나 절차를 구축하고 이를 통하여 조정이 이루어질 수 있도록 할 수 있다.

그러나 이와 같은 조정기법은 조직의 규모가 작고 단순할 때는 효과적일 수 있으나 조직의 규모가 커져 구조가 복잡해지면 조정기능의 발휘에 어려움이 따른다.

따라서 이때에는 수직적 정보체계와 수평적 관계향상을 통하여 조정기능을 향상시킬 수 있다, 수직적 정보체계는 조직 내의 상하 간에 정보의 흐름이 원활하게 이루어질 수 있도록 하기 위한 것으로 최근 정보통신기술의 발전에 따라 더욱 발전하는 경영정보시스템, 전자결재, 지식정보시스템 등을 그 예로 들 수 있다.

한편 수평적 관계향상을 위해서는 동일한 문제나 상황을 처리해야 할 사람들 간에 직접적인 접촉을 권장하는 방법이 이용된다. 다른 방법으로는 경계역할을 만들어 내는 것인데, 부서 간에 직접적인 접촉이 요구되는 경우가 늘어나면 두 부서의 업무에 어느 정도 익숙한 사람을 두고 그 사람으로 하여금 두 부서의 연결기능을 전담시키는 방법을 이용할 수 있다. 청와대와 정당 간의 연결기능을 담당하는 정무수석 등도 그 일례가 될 것이다. 이외에도 특정한 문제해결을 위하여 다양한 부서의 구성원들을 포함하는 위원회나 테스크포스 등도 조직의 수평적 관계향상을 위한 방법이다.

제 3 절

조직화의 관점과 조직구조의 결정요인

1. 조직화의 두 가지 관점

조직화에 최선의 방법이 있는가? 이와 같은 질문에 답하기 위해서는 우선 조직화에 대한 크게 두 가지 관점에서의 견해를 살펴볼 필요가 있다.

(1) 전통적 관점

과거 고전적 관리론자들은 모든 상황에 적용 가능한 조직화를 위한 유일하면서도 최선의 방침이 될 수 있는 규칙이나 가이드라인을 찾고자 다양한 노력을 하여 왔다. 예컨대, 과학적 관리법을 주장한 테일러(F. W. Taylor), 패이욜(H. Fayol)과 어윅(L. F. Urwick)과 같은 고전적 관리론자, 베버(J.Weber)와 같은 관료제의 옹호자들은 조직화에는 하나의 보편적이면서도 최선의 방법이 있다는 믿음을 가지고 있었다.[3] 예컨대, 베버는 관료제(bureaucracy)를 가장 논리적이며 합리적이고 효율적인 조직구조로 제시하고 이상적인 관료제 조직을 만들기 위한 5가지 원칙을 제시한 바 있다.[4]

고전적 조직이론가들이 인식하는 조직에 대한 관점은 약간의 차이가 있으나 그들이 생각하는 조직화에 대한 관점은 조직을 바라보는데 있어 두 가지의 기본적인 가정을 전제로 하고 있다.

- 조직을 합리적이고 경제적인 실체로서 인식함으로써 조직은 경제적으로 가능한 가장 효율적인 방법으로 특정한 목표를 달성하기 위하여 창조된다.
- 조직은 기본적으로 폐쇄시스템(closed system)이다.

여러분은 시스템을 크게 개방시스템(open system)과 폐쇄시스템(closed system)으로 구분할 수 있다는 점에 대해서는 익히 알고 있을 것이다. 개

방시스템에 비하여 폐쇄시스템은 다음과 같은 두 가지의 특징을 지니고 있다.[5)]

- 시스템과 시스템의 경계에 걸친 환경과 어떠한 교환관계도 존재하지 않는다.
- 따라서 그와 같은 시스템은 완벽히 결정론적이거나 예측가능하다는 점이다. 즉, 폐쇄시스템에 있어서는 최초의 조건이 알려져 있고 투입된 자극에 대해서는 그에 따른 최종적인 결과를 확신성을 가지고 예측가능하다.

따라서 고전적 조직이론가들은 이와 같은 폐쇄시스템의 시각에서 조직에 대한 자신들의 논리와 주장을 전개하여 왔다. 그 결과는 조직구조에 대한 강조와 아울러 자신들의 논리에 영향을 미칠 수 있는 외부환경으로부터의 어떠한 간섭도 포함시키지 않는 방향으로 조직화의 견해를 전개하는 것으로 나타났다.

도표 6-1 관료제의 순기능과 역기능

특 성	순 기 능	역 기 능
권위의 위계구조	엄격한 지시이행과 조정	의사소통의 저해
규칙과 규정	지속성과 통일성	경직성과 목표전치
사적 감정배제	합리성 확보	직원의 사기저하
분업	전문성 강화	직무에 대한 권태
경력지향성	유인체계	연공과 업적간의 갈등

(2) 현대적 관점

그러나 앞서 다루어온 조직의 목표, 환경, 전략, 사회적 책임 등의 개념은 모두 오늘날의 기업조직이 폐쇄시스템이 아닌 개방시스템이라는 시각에서 출발한 것임을 분명히 할 필요가 있다. 만약 조직이 개방시스템이 아닌 폐쇄시스템이라고 본다면 투입에 대한 결과를 결정론적으로 단정 지을 수 있는 상황에서 굳이 전략을 수립할 필요도 없을 것이며, 조직의 환경의 분석하고 기업의 사회적 책임을 강조할 필요조차 없을 것이다.

예를 들어 [도표 6-2]는 개방시스템의 기본적인 모델을 보여 주고 있다. 그림에서와 같이 조직은 물적 · 인적자원과 자금, 정보 등을 투입하여 재화나 서비스를 창출하는 시스템이며, 이 모든 과정에서 외부환경의 영향을 받게 된다.

도표 6-2 개방시스템의 기본모형

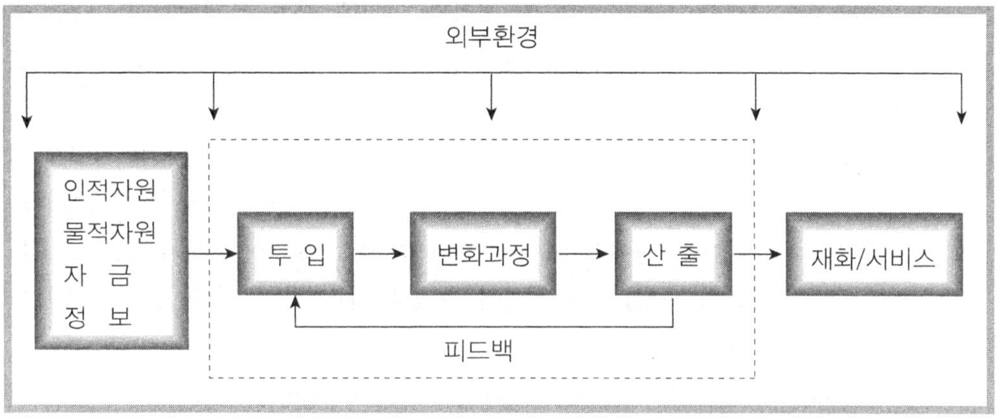

일찍이 챈들러(A. Chandler)는 듀퐁(Du Pont), 시어즈(Sears), 엑손(Exxon), GM(General Motors)사 등과 같은 거대기업들을 대상으로 연구한 결과를 바탕으로 조직의 전략이 조직구조를 결정짓는 선행요인이라는 점을 최초로 공식화하였다.[6] 이는 조직은 조직의 환경 → 전략의 방향 → 조직구조의 결정으로 연결되는 개방시스템의 특성을 지니고 있음을 의미하는 것이다.

(3) 두 가지 시각의 통합

따라서 조직화에 대한 두 가지 관점에 기초하여 '조직의 구조를 결정하는데 최선의 방법이 있는가'라는 질문에 대해서는 두 가지의 상이한 시각 하에서의 접근이 가능할 것이다.

고전적 관리의 관점에서는 가능한 한 최대의 경영통제가 가능한 방향으로서의 조직을 설계하여야 할 것이다. 즉, 이는 시스템 내에서의 문제나 혼선을 최소화할 수 있도록 규칙과 통제를 강화하고, 가능한 한 공식적 구조에 의존하도록 조직구조를 설계하며, 조직구성원의 개인적 자유재량권 또한 가능한 한 축소하여야 할 것이다.

이에 비하여 조직화에 대한 개방시스템의 관점에서는 무엇보다 외부환경의 변화를 수용하고 그에 효과적으로 적응하는 능력을 조직이 갖출 수 있도록 조직구조를 설계하는 것이 중요하다. 이를 위해서는 가능한 한 규칙과 통제보다는 환경에 대한 조직의 탄력적 대응이 가능하도록 자유재량권을 확대시키고, 의사결정자의 책임과 의지에 따른 문제해결이 가능토록 조직구조를 설계할 수 있도록 하여야 할 것이다. 또한 공식적인 조직구조뿐만 아니라 비공식적 조직구조까지도 조직화의 중요한 고려대상이 된다.

이와 같은 조직화에 대한 두 가지 관점을 살펴본 독자들은 조직화에 대한 현대적 관점이 훨씬 개방적이고 적극적이며, 조직구성원의 자율권과 책임을 강조한다는 점에서 보다 매력적인 시각으로 인식될 수 있다. 또한 조직화의 최선의 방법 역시 현대적 관점에 따라 찾는 것이 보다 타당성이 있다고 생각할 수 있다.

그러나 결론부터 말하면 조직화의 있어서 최선의 방법이란 사실 존재하지 않는다. 예컨대, 전통적 접근법의 하나인 관료제 조직은 최근 수 년 전까지만 하더라고 공공조직의 가장 대표적인 조직형태의 하나였으며, 이를 통하여 조직유효성을 확보할 수 있다고 믿어 왔다. 그러나 최근 공공조직에 대해서도 경영혁신이 강조되면서 민간기업에서 활용되는 새로운 조직형태와 조직운영기법이 적용되고 있다. 그러나 반면 어떤 조직에서는 관료제에 기초한 경영방식이 매우 효과적인 것으로 받아들여지고 있다.

따라서 우리는 조직화에 있어서 최선의 방법이란 없으며, 조직구조에 영향을 미치는 다양한 요인과 조직이 처한 상황에 따라 지속적으로 변화해 가는 유기체적 존재로서 조직을 인식할 필요가 있다.

그럼 어떠한 요인들이 조직구조의 결정에 영향을 미치는가? 다음에는 그와 같은 부분에 대해 살펴보기로 하자.

잠깐 쉬어갑니다

맥도날드의 성공은 관료제 덕분?

빅맥(Big Mac)을 일상의 생활용어처럼 만든 맥도날드회사는 패스트푸드 산업의 선두주자로서 매우 성공한 조직이다. 이 회사는 시카고를 본점으로 전세계에 수천 개의 분점을 두고 있다. 그러나 그 엄청난 규모에도 불구하고 맥도날드사는 고도로 집권화되어 있고, 엄격한 통제 아래 운영되고 있으며, 중요한 결정은 본부에서 이루어진다.

각 체인점의 관리자와 종업원들은 직무수행에 있어 재량권이 거의 없다. 이들이 수행하는 일의 대부분은 기술로 통제되고 있다. 즉, 프렌치 프라이즈의 조리시간이나 음료수의 함량조절 등은 모두 사람이 임의로 결정하는 것이 아니라 기계가 수행한다. 체인점의 조리사들은 기존 제품을 새롭게 변경하거나 응용하는 것이 원칙적으로 허용되지 않는다. 미국의 본사는 모든 체인점이 표준조리법에 따라 만들어진 음식과 서비스를 제공하도록 지속적인 노력을 기울이고 있다. 따라서 고객이 세계 그 어디에서 빅맥을 먹더라도 그 맛은 동일하다. 이처럼 같은 맛을 유지하기 위해서는 각 체인점의 관리자나 종업원의 자유재량권을 제한할 수밖에 없다. 간혹 새로운 메뉴를 개발하거나 채택하기 전에 시험적으로 조리하는 것을 허용하는 경우가 있지만, 이를 제외하고는 정해진 조리방식에서 벗어나는 것을 일체 허용하거나 묵과하지 않는다.

〈자료: L. G. Bolman & T. E. Deal(1993), 비전시대의 조직패러다임, 김영진 · 김용구 · 신택현 · 윤방섭 · 최병순(역), 미래경영연구원, p. 88〉

2. 조직구조의 결정요인

조직구조의 결정에는 [도표 6-3]과 같이 다양한 요인이 영향을 미친다.

(1) 기 술

기술(technology)은 조직이 투입요소를 산출물로 변화시키는 과정에서 활용하는 제 방법을 의미한다. 기술이 조직구조에 영향을 미치는 요인으로 보는 가장 대표적인 특성은 일상성의 정도(degree of routineness) 때문이다. 예컨대, 자동차의 조립라인에서 사용되는 기술은 극히 반복적이고 단순성이 높기 때문에 그러한 기술을 채택하는 조직의 경우에는 작업집단의 수를 줄일 수 있어 조직구조의 복잡성이 줄어들게 될 수 있는 여지가 많은 반

도표 6-3 조직구조의 결정요인

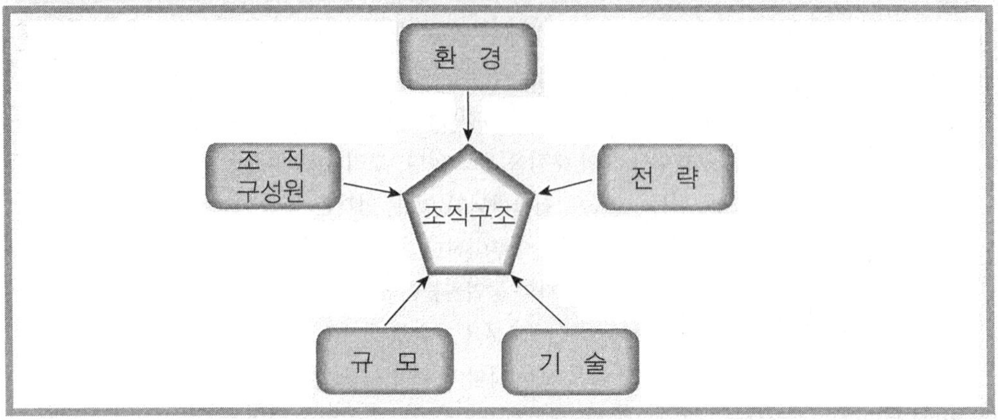

면, 반면 NASA의 우주왕복선 개발, 연구소의 연구 활동 등과 같이 채택된 기술이 비일상적일수록 전문성과 복잡도가 증가하게 되어 수직적 분화를 심화시키게 되는 원인이 된다.

1960년대 초반 영국의 경영학자 우드워드 (J. Woodward)는 100여 개의 영국 제조업체를 대상으로 한 기술과 조직구조와의 관계에 대한 연구를 통하여 기술적 특성이 조직구조와 밀접한 관계를 지니고 있기 때문에 이들 간의 관계를 적절히 결합시킬 수 있도록 조직설계가 이루어져야 그 조직은 높은 수준의 효과성이나 생산성을 올릴 수 있다는 것을 발견하였다.[7)]

기술적 특성과 조직구조의 특성 간의 관계를 살펴보면 단위생산이나 공정생산의 경우와 같이 기술이 복잡해지면 경영자의 계층과 수가 많아지

도표 6-4 기술적 특성과 조직설계와의 관계

기술적 특성		조직설계요인		
기술유형	기술적 복잡성	경영자의 수와 계층	관리의 폭	비생산직 근로자의 비율
단위생산기술	높음	많음	좁음	큼
대량생산기술	낮음	적음	넓음	낮음
공정생산기술	높음	많음	좁음	큼

〈자료〉 서성무 · 이지우, 경영학원론, 서울: 형설출판사, 1995, p. 152.

게 된다. 이는 일선근로자들의 생산 활동에 복잡한 기술을 사용하여 경영자들의 직접적인 감독이나 조정의 필요성이 높아지기 때문이다. 그리고 대량생산기술을 사용하는 경우에는 다른 형태의 기술을 사용하는 경우보다 하위경영자들이 감독해야 할 근로자의 수가 많아진다. 이는 기계화나 자동화에 따라 대량생산기술이 사용되면 생산현자의 근로자들이 비교적 단순한 업무를 반복적으로 처리하여 하위경영자들의 감독이 비교적 덜 요구되기 때문이다. 기술적 특성이 조직구조에 미치는 다른 영향은 기술이 복잡할수록 생산과 직접 관련이 없는 업무량이 늘어나 비생산직 근로자의 비율이 높아진다는 것이다. 이와 같은 관계를 요약하면 [도표 6-4]와 같다.

(2) 규　　모

일반적으로 조직의 규모(size)란 조직구성원의 총수를 의미한다. 상식적으로 생각하여도 규모가 조직의 구조에 영향을 미치는 것은 당연할 것이다. 예컨대, 수만의 군인을 거느린 사단급의 군대조직과 아무리 매출액이 많다 해도 수십 명의 종업원들로 구성된 중소기업의 조직구조는 전자의 쪽이 훨씬 복잡할 수밖에 없다.

조직규모가 직접적으로 조직설계에 미치는 영향을 살펴보면 우선 규모가 클수록 조직 안에 있는 직무들이 전문화되는 정도가 높아진다. 규모가 커지는 가장 큰 이유는 업무량이 늘어나기 때문인데 늘어난 업무를 효과적으로 처리하기 위해 보다 많은 직무를 전문화시키게 된다. 그리고 규모가 커지면 더 많은 사람들이 다양한 업무를 처리하게 되어 이를 효과적으로 관리하고 조정하기 위해 업무처리절차, 규칙, 규율 등이 표준화되는 정도가 높아질 것이다. 권한의 분배 정도 역시 규모에 따라 달라지는데, 규모가 클수록 몇 사람이 모든 의사결정을 도맡아 할 수 없게 되어 권한이 분산되는 정도는 커진다.

또한 기술적 특성이 조직구조에 미치는 영향도 조직의 규모에 따라 달라진다. 규모가 작은 조직의 경우 그 조직이 생산기술을 중심으로 형성되기 때문에 조직의 기술적 특성이 조직설계에 상대적으로 큰 영향을 미치게 된다. 반면 규모가 큰 조직에서는 조직설계가 조직의 기술적 특성 이외의 요인에 의해 영향을 받을 가능성이 커지게 된다. 따라서 기술적 특성이 조직설계에 미치는 영향은 상대적으로 적어지게 된다.

(3) 환　　경

환경(environment)에 대한 적응여부가 조직의 생존력에 영향을 미친다는 측면에서 환경과 조직구조 사이의 관계는 쉽사리 추정할 수 있다. 즉, 보다 역동적인 환경과 안정적인 환경아래 운영되는 조직 사이에는 조직구조에서도 차이가 있다.[8] 이에 관련된 대표적인 연구로 번스(T. Burns)와 스토커(G. M. Stalker)의 연구를 들 수 있다.[9] 그들은 미국 내의 20개의 기업을 대상으로 조직의 구조와 환경과의 관계에 대한 조사를 실시하였다. 대상기업들은 자체적으로 안정적 환경과 역동적 환경을 지니고 있다고 인정된 기업들이었다.

조사의 초기에 연구자들이 인식한 것은 각 기업들이 생산활동에 중점을 두는 기계적 시스템(mechanistic system)과 환경의 변화에 대한 적응에 중점을 두는 유기적 시스템(organic system)으로 구분될 수 있다는 것이었으며, 결과적으로 역동적 환경에 있어서 능력을 발휘하는 기업의 특성은 보

도표 6-5 유기적 조직구조와 기계적 조직구조

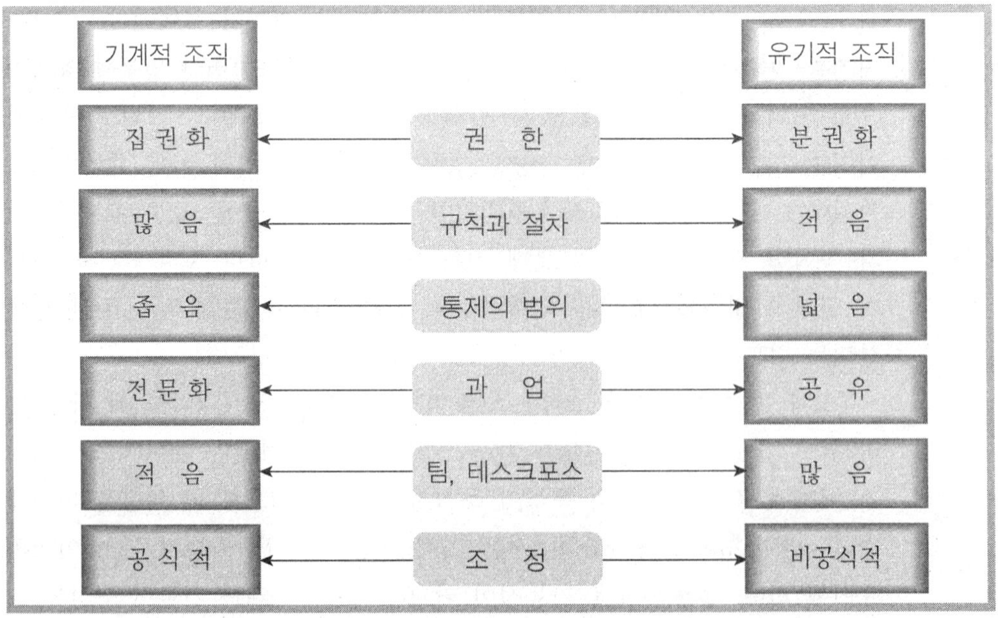

다 유기적이었으며, 비교적 안정적 산업에 있어서 능력을 발휘하는 기업은 보다 기계적인 조직구조를 지니고 있다는 사실이었는데, 그들이 제시한 두 가지 유형에 따른 특성은 [도표 6-5]와 같다.

유기적 조직에 있어서는 보다 넓은 관리적 통제의 범위, 업무 간의 높은 상호 의존성, 공식적 절차에 대한 비교적 낮은 관심, 수평적 의사소통, 중간관리자들에 의한 보다 많은 의사결정 등의 특성을 보임으로써 비교적 덜 관료적이고 비구조화된 조직의 형태를 지니고 있었으나, 이에 비하여 생산활동에 중점을 둔 기계적 조직에 있어서는 거의 그 반대적 특성을 보임으로써 보다 관료적이고 구조화된 조직형태를 지니고 있는 것으로 나타났다.

따라서 이들의 연구결과는 비교적 안정된 환경하에서 운영되는 효과적인 기업군들은 역동적 환경하에서의 기업에 비추어 훨씬 고도로 구조화되어 있다는 사실을 보여줌으로써 가장 유효한 관리적 형태의 설계보다는 경영관리시스템이 조직이 직면한 업무에 대한 요구와 환경에 따라 상황적이어야 한다는 것이다.

이러한 면에서 [그림 6-6]은 환경의 수준에 따라 조직의 형태와 전략이 어떻게 달라질 수 있는지를 보여 주고 있다.

도표 6-6 환경의 불확실성과 조직설계

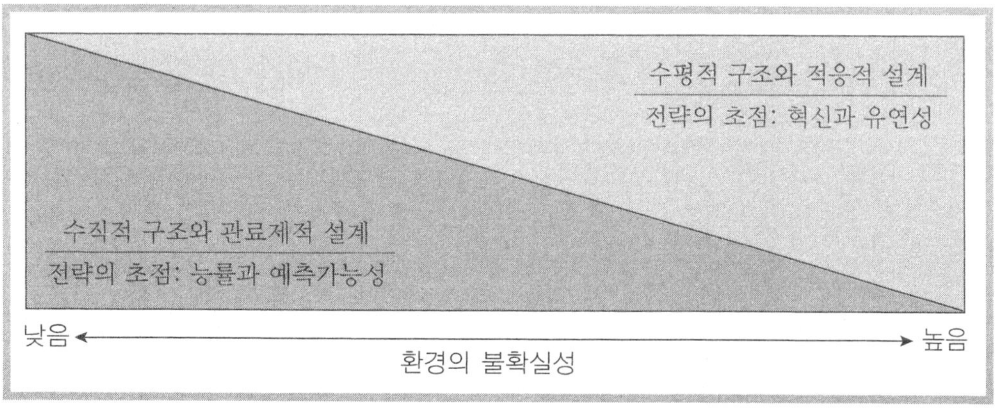

〈자료〉 J. R. Schermerhorn, J. R.(2002), *Management*, 7th ed., New York: John Wiley & Sons, Inc., p. 287.

(4) 조직구성원

조직구성원을 조직구조의 결정변수로 보는 것은 조직구성원들 사이의 권력이나 정략 등과 같은 정치적 변수들이 조직구조에 영향을 미친다고 보기 때문이다. 이러한 정치학적 접근을 주장하는 사람들은 조직구조는 조직 내에서 서로 자기의 이익을 많이 차지하려는 내부구성원들의 권력투쟁의 결과이며, 조직에서 권력을 지니고 있는 사람들이 자신의 통제권을 행사하기 쉬운 방식으로 조직구조를 결정하게 된다고 본다.

(5) 전 략

앞서 살펴본 것과 같이 챈들러(A. D. Chandler)는 1962년에 미국 내 100여개 기업을 대상으로 한 연구에서 이미 "조직구조는 전략을 따르게 된다"는 결론을 제시한 바 있다. 챈들러에 따르면 대부분의 기업이 창업 초기에는 단일제품 또는 제품계열에서 출발하기 때문에 이러한 상태에서의 전략은 단순성을 띠게 되고 결과적으로 조직구조도 느슨하면서도 복잡성과 공식화의 정도는 낮게 되는 반면, 기업이 성장함에 따라 전략은 더욱 확대되고 복잡성을 띠게 되는데, 이는 생산하는 제품계열이 많아지고 활동내용도 확대됨에 따라 업무내용이 증가되고 단위부서 간의 상호 의존성이 증대되므로 조직구조 또한 이에 맞추어 재설계된다고 주장하였다.[10)]

제 4 절

조직구조의 형태

1. 전통적 조직구조

앞서 조직구조에 대한 견해에서 살펴본 것과 같이 전통적 조직화의 원리에서는 작업자들이 특정한 직무나 과업에 전문화되었을 때 성과창출이 비로소 가능하다는 입장을 취하여 왔다. 이와 아울러 작업집단 내의 다양한 직위들을 조직 내에서 어떻게 효과적으로 공식적인 팀이나 부문으로 체계화시킬 것인지에 많은 관심으로 두었다. 이와 같은 조직구조에 관한 전통적 관점하에서 가장 대표적인 조직구조로는 직계식 조직, 기능식 조직, 사업부제 조직, 매트릭스 조직이 있다.

(1) 직계식 조직

직계식 조직 또는 라인 조직은 권한과 명령관계가 직선적으로 구축되는 가장 단순한 조직형태이다. 각 조직구성원은 1인의 직속상사의 지휘명령에 따라 활동하며 또 그 상사에 대해서만 책임을 지는 조직이다. 즉, 직속상사에 대하여 지휘와 감독을 받는 계층화에 의한 수직적 관계에 중점을 두는 단순한 조직형태이다. 이는 군대조직에 있어 상관과 병사와의 지휘명령의 종속관계와 같은 것이라 하여 군대조직(military organization)이라고도 한다. [도표 6-7]에서는 직계식 조직의 형태를 보여 주고 있다.

대부분의 조직이 생성초기에는 이와 같은 조직구조를 택하는데, 이는 가장 단순하고 편성하기 쉽다는 이유 이외에도 다음과 같은 장점이 있기 때문이다.

- 책임과 권한을 명확히 이해할 수 있고, 신속한 결정으로 빠른 조치를 취할 수 있다.
- 조직이 비교적 안정되어 있으므로, 여러 규정을 이행하기 쉽고 통솔

도표 6-7 직계식 조직의 형태

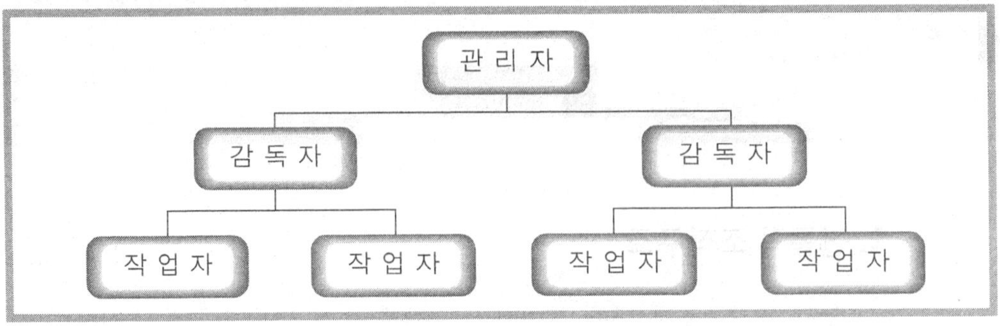

이 비교적 용이하다.
- 개인적 지도가 쉽기 때문에 작업교육과 숙련이 용이하다.

반면 직계식 조직은 다음과 같은 문제점도 발생하기 쉽다.

- 각 부문의 독립성이 강해 인접 부문과의 유기적 조정이 어렵고, 갈등과 혼란을 야기할 우려가 있다.
- 유능한 직계관리자가 조직을 떠났을 경우 바로 대처가 어렵다.
- 관리, 감독자의 독단적 처사에 의한 폐해가 있을 수 있다.

(2) 기능식 조직

기능식 조직 또는 직능식 조직은 라인 조직이 지니는 단점인 전문화의

도표 6-8 기능식 조직의 형태

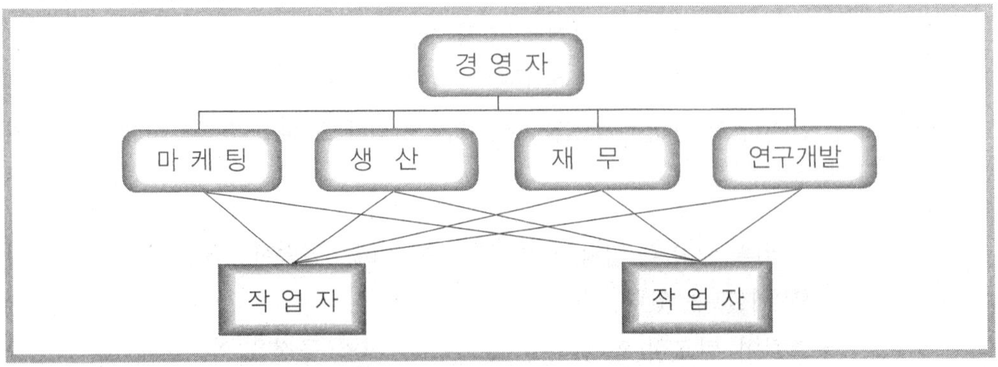

결여를 시정하기 위해 테일러(F. W. Taylor)가 제시한 조직형태이다. 따라서 기능식 조직을 따를 경우 관리자가 담당하는 일을 전문화하고 부문마다 다른 관리자를 둠으로써 작업자들을 전문적으로 지휘·감독할 수 있게 된다.

즉, [도표 6-8]과 같이 한 사람의 만능직장(萬能職長)이 아니라, 수 명의 기능적 직장(職長)에 의해 관리가 이루어지므로 이를 직능식 조직이라고도 한다. 따라서 이 경우에는 관리의 전문화는 꾀할 수 있는 대신 작업자가 수 명의 관리자에 의해 동시에 지휘감독을 받으므로 혼선이 야기되기 쉽고, 관리자 간 세력다툼이나 책임전가가 야기되는 단점이 있다.

따라서 조직성격상 명령일원화의 원칙이 적용되지 않아 조직 전체를 체계적으로 지휘·감독할 수 없기 때문에 오늘날에는 널리 사용되지 않는다.

(3) 사업부제 조직

앞서 조직화의 본질에서 부문화를 설명하며, 부문화의 방법에는 기능,

도표 6-9 사업부제 조직의 형태

유 형	초 점	사업부조직의 예
제 품	상품/서비스	일반관리자 의약품 / 식 품
지 역	활동지역	사 장 호남사업부 / 충청사업부
고 객	고객/소비계층	대표이사 고객층 A / 고객층 B

제품, 지역 등의 기준을 사용할 수 있음을 알 수 있었다. 이와 같은 원리를 조직형태에 적용하여 나타난 조직이 사업부제 조직이다. 즉, 기업의 경영활동을 제품별·지역별 또는 고객별로 분화한 후, 사업부의 책임자(소위 사업본부장)에게 해당 사업부문의 모든 권한과 책임을 위양함으로써 자주적인 운영이 이루어지도록 하는 형태를 사업부제 조직이라 한다. 이러한 형태의 조직구조는 급성장전략과 다각화전략을 추구하는 기업이나 서로 다른 별개의 제품라인을 가진 기업에 유리하다.

(4) 행렬 조직

행렬 조직 또는 매트릭스(matrix) 조직은 프로젝트 조직구조가 기능별 조직과 결합하여 생겨난 형태이다. 즉, 조직이 전문적 기술을 필요로 하고, 제품라인의 혁신을 계속적으로 추구하여야만 하는 불확실한 환경하에 있을 경우에는 각 기능활동과 제품라인을 동일한 비중하에서 관리할 필요가 있는데, 이러한 요건하에서 생겨난 것이 행렬 조직이다. 예컨대, 한쪽에는 생산, 재무, 마케팅, 인사 등과 같은 기능별 또는 업무별 부문이 있고, 또 한쪽에는 프로젝트별 또는 지역별 부문이 있어서 이들이 바둑판처럼 엮어서 만든 조직이다.

도표 6-10 행렬식 조직의 형태

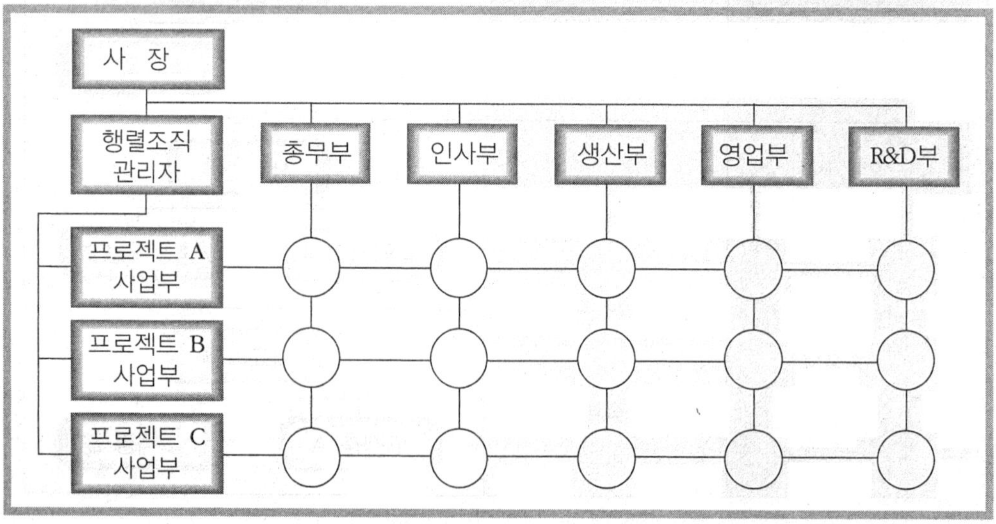

따라서 행렬 조직은 프로젝트 조직과는 달리 영구적인 조직형태이다. 행렬 조직에 있어서는 기능적 조직의 장점, 즉 전문화의 이점을 유지하면서 환경변화와 소비자의 욕구에 민감히 대응할 수 있다는 장점이 있으나, 한 사람의 구성원이 프로젝트 관리자와 기능 관리자 두 사람으로부터 동시에 통제받는 결과가 되어 그에 따른 혼선이 야기될 수 있다.

잠깐 쉬어갑니다

프로젝트 조직과 위원회 조직

프로젝트(project) 조직은 하나의 명확한 조직구조로 가시화되기보다는 기업이 직면한 특수한 여건하에서 형성되는 일시적인 조직형태이다. 기업이 직면한 특수한 여건에는 ① 과업이 특수성과 복잡성을 지닐 때, ② 그 문제를 해결하기 위해서 종업원들의 높은 기술이 요구될 때, ③ 프로젝트의 완성일자가 엄수되어야 할 때, ④ 비용의 제약이 중요한 변수로 작용할 경우 등을 들 수 있다. 예컨대, 생산라인에서 지금까지 겪어보지 못한 생소한 문제가 발생한 경우 이를 해결하기 위해 연구소직원, 기술담당자, 품질관리자, 구매담당자 등이 모여 프로젝트팀을 구성한다든가, 신제품을 개발하기 위해 연구개발부서, 생산부서, 품질관리부서, 마케팅부서 등에서 전문인력을 차출하여 구성하는 경우가 이에 해당된다.

프로젝트 조직은 위원회 조직과 다음과 같은 점에서 차이가 있다,

첫째, 위원회 조직의 경우는 부문 간의 협조와 조정을 이루고 전사적인 차원에서 효과적인 의사결정을 하기 위해 계획적으로 구성된 집단이므로 어느 정도 상시성을 지니는 반면, 프로젝트팀의 경우는 해당 프로젝트의 해결을 위해 일시적으로 모이는 만큼 일시성을 지닌다.

둘째, 위원회 조직의 경우는 원래의 소속부서에서 자신이 책임진 업무를 수행하면서 당면문제를 해결하기 위해 모이지만, 프로젝트팀의 경우는 소속부서에서 완전히 벗어나 업무를 수행하다가 업무가 종료되면 소속부서로 복귀한다.

2. 새로운 조직구조

시장의 다변화 및 고객수요의 다양화, 시장에서의 기업 간의 경쟁심화, 기업의 국제화 등 다양한 기업 내외적 환경의 변화는 전통적 조직구조만으로 기업의 성장을 추구하기에 어렵게 만들고 있다. 따라서 그와 같은 다양한 조직 내외부의 환경변화에 맞추어 경영자들은 지속적으로 새로운

조직구조를 탐색하고 변화할 필요성을 요구받고 있다. 그에 따라 수직적이고 통제중심적인 과거의 전통적인 조직구조는 오늘날 유효성이 감소하고 있으며, 시장의 상황은 기업으로 하여금 보다 수평적이고 덜 계층적이며, 보다 많은 권한위양과 보다 탄력적인 변화가 가능한 조직을 요구하고 있다. 팀 조직과 네트워크 조직이 그 대표적인 예이다.

(1) 팀제 조직

1) 팀제 조직의 의의와 구조

글로벌 경영환경 여건에서는 단순한 라인과 스텝 조직을 구성하여 기업을 경영하게 되면 급격하게 변화하는 환경의 변화에 대응하기 어려워진다. 이에 따라 기업들은 의사결정구조를 보다 단순하게 단축시키고 급속히 변화하는 기술혁신을 보다 신속히 수용할 수 있는 조직체계를 갖출 필요가 있다. 이러한 필요에 부응하는 가장 보편적인 조직구조 중의 하나가 팀제 조직이다. 전통적인 기능 조직과 팀제 조직 사이의 차이는 [도표 6-11]과 같이 나타낼 수 있다.

도표 6-11 기능 조직과 팀 조직 간의 차이

구 분	기능 조직	팀 조직
조직구조	• 계층적/개인	• 수평적/팀
직 무	• 단일업무	• 전체업무, 다수업무
목 표	• 상명하달	• 자기설정
지시전달	• 상명하복, 지시, 품의	• 상호 충고, 전달, 토론
보 상	• 개인주의, 연공주의	• 팀, 능력 위주
책 임	• 개인책임	• 공동책임
평 가	• 조직에 대한 기여도	• 팀의 목표달성도
업무통제	• 관리자가 계획/통제	• 팀 전체의 계획/통제

전통적인 기능 조직은 위와 같은 조직특성으로 인하여 수적 과부하에 따른 문제, 업무와 인력요건의 불일치, 업무세분에 따른 과업불균형, 부문 간 분파주의(sectionalism) 발생, 부문 간 담당과업 불균형, 조직운영의 경

직성, 인재의 효율적 활용상의 한계 등과 같은 문제를 나타나기도 한다. 따라서 그와 같은 문제를 해결하고 조직을 보다 역동적이고 과업중심적으로 설계함으로써 탄력적인 조직운영을 꾀하는 조직구조가 팀제 조직이다.

팀 조직에서는 [도표 6-12]와 같이 직계식으로 서열화되어 있던 조직구조가 팀장을 중심으로 수평적 조직으로 전환되며, 명확하게 개개인에게 주어진 업무의 범위 또한 팀으로 확산되어지는 특징을 지니게 된다.

도표 6-12 기능 조직과 팀제에서의 업무특성

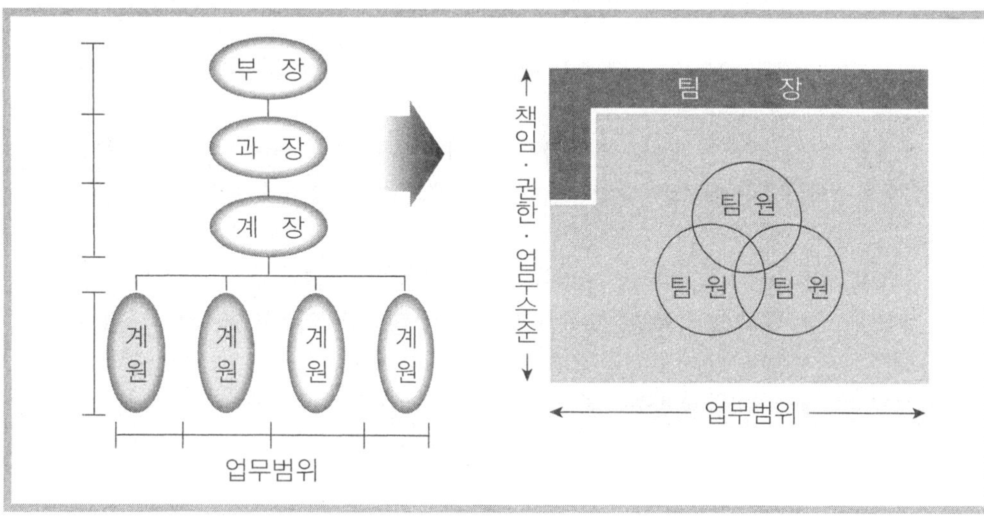

팀장은 팀의 대표자이자, 팀의 지원자, 팀의 책임자로서 업무의 분배, 역할배분, 인사권과 결재권을 지니고 팀원의 육성 및 평가의 역할을 수행하는 반면, 팀원은 팀 내의 전문가, 팀의 활력소, 팀 내 실무자로서 스스로 목표를 설정하고, 할당된 과업의 수행하며, 자신의 능력개발과 업무상의 권한행사의 역할을 수행하게 된다.

팀제 조직은 다음과 같은 장점이 있다.

- 팀구성원에 대한 동기부여가 잘 되며, 신속한 의사결정을 할 수 있다.
- 업무결과와 성과에 대한 평가가 쉽다.
- 업무추진에 있어 부서 간의 장벽을 없앨 수 있다.

잠깐 쉬어갑니다

팀제와 농구팀

첫째, 팀장은 감독이 아니라 농구팀의 주장이다. 코트 밖에서 손가락으로 지시만 하고 호령만 하는 것이 아니라 현장에서 같이 뛰면서 자기도 하나의 포스트에서 그에 걸맞는 역할을 맡아하면서 각 선수들을 연결하고 감독의 작전지시를 실현하면서 팀을 리드한다.

둘째, 선수는 감독과 주장의 판단에 따라 수시로, 자유롭게 교체가 가능하며 이를 위해 결재를 받거나 어떤 공식절차를 거치지 않는다.

셋째, 개인 성적보다 팀 성적이 훨씬 중요하다. MVP가 있기는 하지만 팀 성적으로 성패를 가린다.

넷째, 게임 중에는 감독이 코트에 들어가지 못한다. 감독이 작전은 지시할 수 있지만 직접 팀원의 일에 일일이 간섭하지 않는다.

다섯째, 주장과 선수의 관계는 지시, 복종의 관계가 아닌 파트너 관계로서 서로 대등하다고 할 수 있다. 주장이라고 해서 일방적 명령만 내리고 선수는 주장에게 아무 얘기도 못하는 것이 아니다.

여섯째, 팀은 그 종류에 따라 팀의 구성, 규모, 경기방식, 개개 선수의 처우 등이 천차만별이다.

일곱째, 인원 개개인은 一戰多技型의 인재가 필수적이다. 리바운드는 잘 하는데 슛을 잘 할 줄 모른다거나, 슛은 잘하는데 패스를 할 줄 모르는 사람은 팀에 별 도움이 안 된다. 물론 각자의 특기가 있지만 여러 가지를 잘 할수록 좋다.

〈자료: 임창희(1995), 한국형 팀제, 삼성경제연구소, pp. 90~91〉

2) 팀제 조직의 유형

팀 조직에는 업무단위형 팀 조직과 프로젝트형 팀 조직이 있다. 업무단위형 팀 조직은 업무를 일정한 기준으로 세분화하여 작은 단위를 하나의 팀으로 형성하는 것을 의미한다. 이러한 업무단위형 팀 조직은 사업부제 조직 안에서 작은 단위로 형성되어 지속적으로 운영되어 나가는 것이 일반적이다.

이에 비하여 프로젝트형 팀 조직은 테스크포스 조직이라고도 불리우는데, 어떤 구체적인 사업을 다루기 위해 만들어져 운영되다가 그 문제가 해결되면 임무가 완수되어 해체되어 본래의 조직으로 환원되는 조직을 말한다. [도표 6-13]은 프로젝트형 팀 조직의 모습을 보여 주고 있다.

도표 6-13 프로젝트형 팀 조직

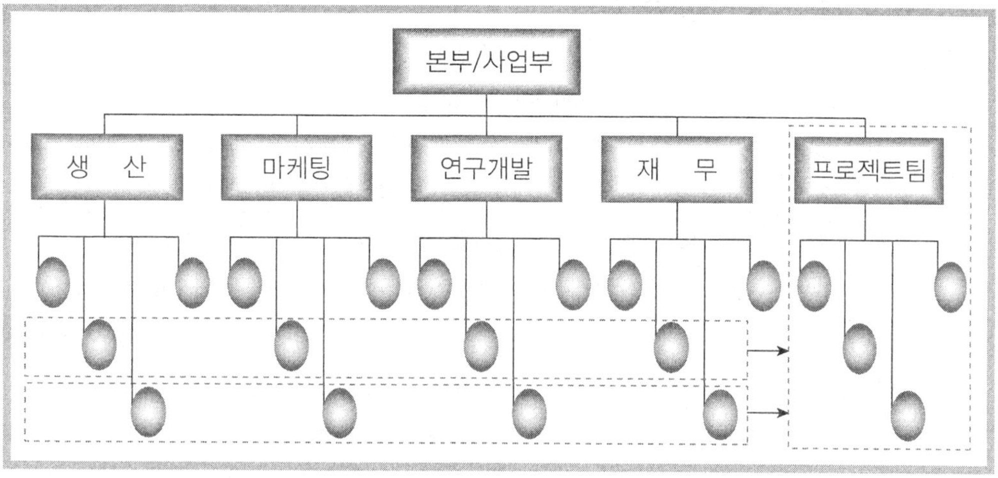

3) 팀제 조직의 효과

가) 조직의 유연성 제고

팀 조직은 급변하는 환경에 신속하고 탄력적으로 대응할 수 있는 조직체계이다. 급변하는 환경 속에서 기업이 생존하기 위해서는 환경적응이 필수적이다. 기업의 환경적응을 위해 요구되는 것이 조직이 유연성이다. 팀 조직은 계층의 축소를 통해 신속한 의사결정에 기여하고, 팀에 대한 권한위임을 통해 탄력적인 환경대응을 가능하게 한다.

나) 조직의 간소화

팀 조직을 통해 조직의 간소화를 가져올 수 있다. 팀 조직에서는 각 팀이 업무의 실행뿐 아니라 이에 대한 계획과 통제의 주체가 되며, 특정과업의 모든 부분을 담당한다. 따라서 관료조직과 같이 관리 · 통제부분이 비대화되는 것을 방지할 수 있다.

다) 창조적 학습조직의 실현

팀 조직을 통해 창조적 학습조직을 실현할 수 있다. 팀 조직은 조직구성원에 대한 의미 있는 과업의 할당과 이에 대한 권한의 부여로 개인의 업무에 능력과 창의성을 발휘할 수 있는 기반을 제공해 준다. 이를 통해 개개인들은 자신의 업무에 보람과 긍지를 가질 수 있다.

(2) 네트워크 조직

최근에는 디지털 경영환경의 출현과 인터넷망의 급속한 확산으로 인하여 망형태의 조직구조가 나타나고 있다. 급변하는 경쟁환경으로 그 동안 비대해진 조직구조로는 더 이상 경쟁환경을 극복하기 쉽지 않게 됨에 따라 조직을 슬림화시켜 유연하게 경쟁환경에 대처하기 위해 아웃소싱한다든가 전략적 제휴를 하는 데 필요한 조직형태가 바로 네트워크 조직이다.

이러한 네트워크 조직은 조직의 경계가 약하기 때문에 환경변화에 유연하게 적응할 수 있는 무경계 조직구조라고 볼 수 있으며 개방형시스템의 성격을 갖는다. [도표 6-14]는 네트워크 조직의 사례를 보여 주고 있다.

그림에 나타난 조직의 경우 인터넷이나 우편주문에 의해 가구를 판매하고 있다. 본사에는 소수의 상시근로자만 근무하며, 이들은 고객들로부터 주문을 받아 처리하는 업무만을 담당한다.

가구디자인과 관련된 부분은 디자인전문회사와 컴퓨터 네트워킹을 통하여 연결되어 있으며, 제품의 생산과 포장 또한 아웃소싱을 통하여 이루

도표 6-14 네트워크 조직의 예

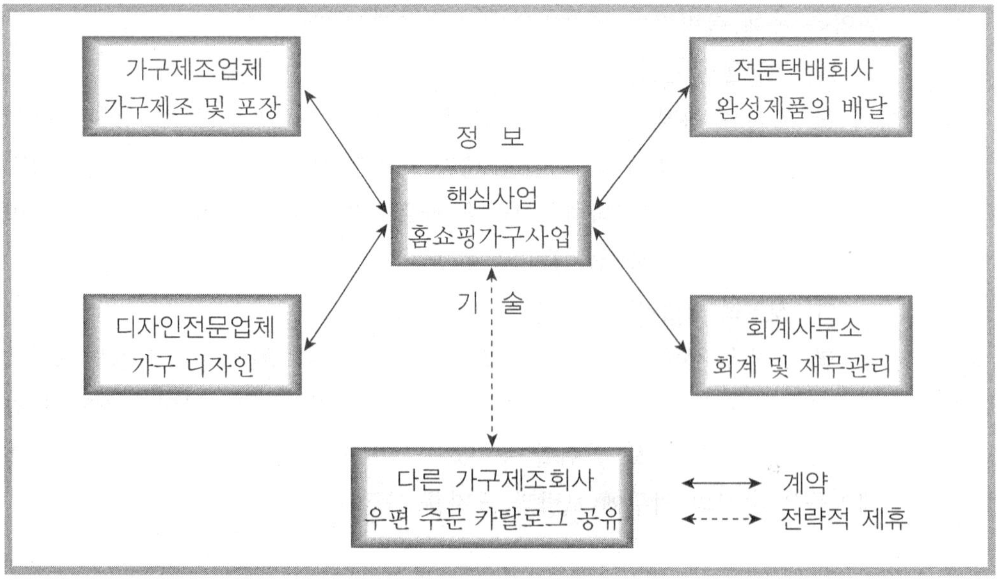

어지고, 생산된 제품의 배달 또한 전문택배회사를 통해 이루어진다. 심지어 회계처리와 재무관리 또한 보다 기술적 전문성을 지니고 있는 기업외부의 회계사무소를 통해 이루어지며, 제품카탈로그의 경우 다른 종류의 가구를 판매하는 가구회사와의 전략적 제휴를 통해 디자인되고 인쇄되어 고객에게 배포되어지고 있다.

잠깐 쉬어갑니다

가상 조직과 무경계 조직

가상 조직(virtual organization) 또는 가상기업이란 디자인업체, 공급업체, 생산업체, 유통업체, 심지어는 경쟁업체 등과 같은 독립적인 기업들이 전략적 제휴나 합작관계를 통해 형성하는 기업 네트워크이다. 순수한 의미에서의 가상기업은 비용과 핵심기술을 공유하는 등 각 기업의 최강점을 접합시켜 이의 상승효과까지 꾀함으로써 개별기업으로서는 얻을 수 없는 최고의 성과창출을 추구한다. 가상기업 또는 조직이 출현한 것은 나날이 치열해지는 경영환경하에서 한 기업이 연구개발, 생산, 마케팅 등 비즈니스 시스템상의 모든 분야에서 경쟁력을 확보 · 유지한다는 것은 이제 거의 불가능한 일이 되었기 때문이다. 나이키, 퓨마, 델컴퓨터 등 우리가 익히 아는 고성과 조직들에서 가상 조직의 성공적인 모습들을 발견할 수 있다.

한편 무경계 조직(boundaryless organization)은 GE사의 전회장 잭 웰치가 제안한 개념이다. 1989년 잭 웰치는 주주들에 대한 연례보고서에서 무경계 조직을 제시하였는데, 이는 모든 형태의 수평적-수직적 경계를 완전히 철폐하고 심지어 회사와 외부 사이의 경계마저 허문다는 것이다. "Cross-hierarchial team"을 만들어서 조직 내 수직구조를 깨고 "Cross-functional team"을 만들어서 조직내 수평구조도 넘어선다는 것이다. 그리고 각 팀의 멤버들은 여러 팀을 순환 근무를 하면서 제너럴리스트적인 면을 갖추게 한다. 아울러 회사와 회사 바깥 사이의 경계를 없애려는 시도도 전개된다. 예를 들어 애플 컴퓨터의 경우 수십 개의 다른 회사와 파트너십 관계를 형성함으로써 회사의 바깥 경계가 어디까지인지가 애매하다.

글로벌라이제이션, 전략적 제휴, 납품업자-회사부서의 연계, 고객-회사의 연계 등은 기존의 회사라는 개념을 새로운 차원으로 파괴하고 있다. 무경계 조직을 가능케 한 가장 큰 원동력은 엄청난 속도로 발전하고 있는 네트워크과 정보통신기술이다.

읽을 거리

조직의 문제인가, 개인의 문제인가?

1983년 8월 31일, 대한항공 엔지니어는 아침 일찍 KAL 007기 조종석으로 들어섰다. 그의 임무는 앵커리지에서 서울까지 4,100마일을 비행하는 동안 자동조종장치를 유도하게 될 INS(관성유도항법시스템)를 프로그램하는 것이었다. 평소대로 그는 비행기의 항로 위치를 컴퓨터에 입력했다. 그런데 자신도 모르게 수치가 10도나 낮게 입력되어 버렸다. 그는 비행기의 위치를 W149 대신 W139로 알았던 것이다. 그가 수치를 잘못 입력했을 때 경고등이 반짝였지만 그는 컴퓨터가 기능장애를 일으킨 것으로 여겼다. 그 10도의 잘못된 수치 때문에 INS는 비행기가 앵커리지의 동쪽 300마일 지점에서 출발하는 것처럼 인식하였다. 그 실수는 사전에 발견되어야 했었다.

비행기 조종사들은 운항중에 서로 면밀하게 상호 점검하는 과정을 거치지만 그들도 인간이다. 그리고 인간은 때때로 지름길을 택하려 한다. 비행기의 총책임자인 기장은 출발에 임박해서야 비행계획을 확인했고, 승무원들은 으레 일상적인 항로검사과정을 빨리 해치워야 했다.

앵커리지 공항의 관제탑은 007기에게 베델 체크포인트(항로검문소)까지 곧장 나아갈 것을 지시했고, 기장은 입력수치가 올바르게 세팅된 것을 확인하지 않은 채 INS의 스위치를 넣었다. 이륙 후 그 비행기의 조정장치는 입력결과에 따라 시간과 연료를 아낄 수 있는 직항로를 제시했는데, 그 새로운 항로는 007기가 대양을 횡단하기 이전의 마지막 항로 점검지인 베델을 벗어나는 항로였다. 그리고 아시아에 들어서기까지는 다른 항로상의 점검지는 없었다. 이 때도 기장이 조종석에 머물러 있었다면 항로의 오류는 발견되었을는지도 모른다. 그러나 안전벨트신호가 꺼진 후에 그는 일등석에 가서 고객들과 인사를 나누고 비번인 비행사들과 이야기를 나누었다.

그 10도의 '손가락 실수'는 사실상 KAL 007기를 소련영공 부근까지 비행하곤 하는 일상적인 미국 정찰기의 코스와 유사하게 만들어 버렸다. 소련의 방공 레이더는 KAL 007기를 전혀 예상치 못한 비행체로 인식하기 전까지는 자기들이 늘상 추적하는 친숙한 미국 정찰기로 보았다. 이렇게 007기는 회항이 어려울 정도로 국경을 훨씬 넘어 소련 영공 깊숙이 들어가 버렸다.

이 때 또 하나의 인간조직인 소련의 대공 방위군이 무대에 나타났다. 레이더요원은 침입한 이 항공기를 식별할 수 없어서 네 대의 요격기를 출격시켰다. 소련의 지휘관들은 두려움과 혼란상태에 빠졌다. 만약 미국의 정찰기라면 왜 돌아가지 않는 것일까? 그들은 여전히 007기의 정체를 알 수 없었고 더 많은 전투기들을 출격시켰다. 비행기는 이제 소련영공으로 너무 깊숙이 들어와 급기야기는 소련의 두 주요 공군기지 사이를 통과하는 코스로 접어들고 있었다. 오전 3시 12분, 소련의 SU-15 전투기가 KAL 007기를 육안으로 확인할 수 있었다. 조종사는 항공기를 식별하라는 명령을 받았지만 알아낼 수 없었고 최후수단으로 기관총의 예광으로서 침입자에게 신호를 보냈지만 응답을 확인할 수 없었다. 3시 26분 조종사는 미사일 두 대를 발사했다. 그리고 지상 통제실은 다음의 보고를 받았다. '목표를 파괴'. 269명의 인명이 떼죽음을 맞이한 순간이었다.

〈자료: L. G. Bolman & T. E. Deal(1993), 비전시대의 조직패러다임, 김영진 · 김용구 · 신택현 · 윤방섭 · 최병순(역), 미래경영연구원, pp.57~59〉

토론문제

1. 조직화에 있어서 최적의 방법과 조직형태가 있을까? 이에 대한 여러분의 생각을 정리하여 보시오.
2. 여러분의 주변에서 각각의 조직형태에 해당하는 사례를 찾아보고 그와 같은 조직형태를 갖추게 된 배경을 조사하여 보시오.
3. 권한과 책임이라는 문제가 실제 현장에서 교과서처럼 발휘될 수 있을까? 이에 대한 여러분의 생각을 정리하여 보시오.
4. 조직의 규모가 커짐에 따라 조직 내에서의 갈등도 다양한 형태로 전개된다. 그 형태별로 사례를 찾아보시오.
5. 조직화에 대한 고전적 접근과 현대적 접근의 핵심적인 차이는 무엇인가? 고전적 접근은 과연 비효율적인 것이고 현대적 접근이 효율적인 것인가?
6. 조직구조에 영향을 미치는 요인과 그 사례를 찾아 정리하여 보시오.
7. 팀제가 성공하는 요인과 실패하는 요인은 무엇일까?
8. 네트워크 조직의 사례를 찾아 네트워크 조직이 지니는 특성에 대해 논하여 보시오.
9. 잭 웰치가 말한 무경계 조직이란 무엇일까? 그 의미와 배경에 대하여 생각하여 보시오.

참고문헌 및 자료

1) 조직유효성에 대해서는 제 1 장 제 1 절의 내용을 참조.
2) 서성무 · 이지우(1995), 경영학원론, 서울: 형설출판사, p. 138.
3) L. E. Boone & D. L. Kurtz(1992), *Management*, New York: McGraw-Hill, Inc., pp. 219~220.
4) 이에 대해서는 제 1 장 제 3 절 경영사상의 발전과정을 참조.
5) L. E. Boone & D. L. Kurtz, *op.cit.*, p. 220.
6) A. D. Chandler, Jr(1962), *Strategy and structure*, Cambridge, M.A: MIT Press.
7) J. Woodward(1965), *Industrial organization: Theory and practice*, London, Oxford University Press.
8) J. R. Schermerhorn, Jr(2002), *Management*, 7th ed., New York: John Wiley & Sons, Inc., p. 287.
9) T. Burns & G. M. Stalker(1961), *The management of innovation*, London: Tavistock Publications.
10) A. D. Chandler, Jr., *op.cit.*, p. 13.

제 7 장

지 휘

이 장을 공부하고 나면

1. 모티베이션의 중요성과 과정을 이해할 수 있습니다.
2. 인간의 욕구체계에 대한 다양한 이론들을 접할 수 있습니다.
3. 모티베이션이 어떠한 과정을 통해 발생하는지에 대한 다양한 이론들을 공부할 수 있습니다.
4. 효과적인 권력행사를 위한 조건과 절차를 이해할 수 있습니다.
5. 리더십의 중요성과 다양한 이론들을 이해할 수 있습니다.
6. 성공적인 리더가 되기 위한 기본적인 조건들을 이해할 수 있습니다.
7. 임파워먼트의 중요성과 촉진방법을 학습할 수 있습니다.

이 장의 주요 목차는

워밍업

많은 경우 상사들은 부하들이 자신이 기대하는 만큼 일에 열정적이지 않고 책임을 다하고자 노력하지 않으며 목표달성에 대한 의지가 없는지를 가지고 고민한다. 또 신입사원시절에는 모든 일에 매우 열정적이고 긍정적인 태도를 지녔던 사람들이 시간이 지남에 따라 점차 열정이 사라지고 부정적인 태도를 보이게 되는 경우도 많다. 어떤 사람들은 조직에 매우 헌신적이고 열심인 반면, 어떤 사람들은 회사의 기물을 낭비하고, 사적인 일로 많은 근무시간을 허비한다.

이와 같은 다양한 형태의 행동들은 조직구성원 개개인의 지니는 모티베이션의 수준과 밀접한 관련이 있으며, 우리는 이를 조직의 목표달성을 위한 구성원의 자발적인 노력 내지 의지로서 표현할 수 있다.

자발적 모티베이션은 효과적인 리더십을 발휘를 통해 더욱 효과적으로 이루어질 수 있다. 우리는 흔히 '관리자는 있으나 리더는 없다' 는 표현을 통하여 리더십의 중요성을 언급한다. 이는 리더십이 상사의 지위에 따른 권력 및 공식적 권한에 의한 영향력과는 구분되는 것이며, 조직구성원의 자발적인 노력을 불러일으키는 영향력으로 이해할 필요가 있음을 제시하고 있다. 리더십에 대한 학문적 접근은 특성론적 접근, 행위론적 접근, 상황론적 접근 등으로 구분할 수 있으나 최근에는 특성론적 접근의 부활이라 할 수 있는 카리스마 리더십과 변혁적 리더십 등이 크게 주목받고 있다.

특히 최근에는 조직구성원들의 직무수행 권한과 책임을 확대시켜 줌으로써 조직구성원의 동기부여 및 원가절감과 품질개선 효과를 도모할 수 있다는 기법으로서 임파워먼트를 강조한다. 임파워먼트는 조직내에서의 권력의 개념을 포지티브섬(positive-sum)의 관점에서 접근한다. 즉 기업조직 또는 한 구성원의 권력의 크기가 정해져 있다고 보는 것이 아니라 상호작용의 결과 서로의 권력이 원래보다 더 커질 수 있다는 관점이다.

주요 용어와 개념

- ▶ 모티베이션
- ▶ 내용이론
- ▶ 과정이론
- ▶ 권력과 권한
- ▶ 대인적 원천
- ▶ 리 더 십
- ▶ 특성론적 접근
- ▶ 행위론적 접근
- ▶ 상황론적 접근
- ▶ 전략적 리더십
- ▶ 비저너리(visionary) 리더십
- ▶ 임파워먼트

제 1 절

모티베이션

1. 모티베이션의 의의와 과정

(1) 모티베이션이란 ?

인간의 행동이 왜 일어나는지에 대한 이해는 인간의 본성이 무엇인가에 대한 이해와 함께 조직관리자가 이해하여야 할 가장 중요한 과제 중의 하나라 할 수 있다.

행동이란 일반적으로 목표지향적이어서 무의식적으로 나타나는 몸동작에서부터 조직 내에서 조직구성원이 행하는 모든 행동은 그 목표와 동기가 있기 마련이다. 즉, 인간은 대부분 무엇인가 달성하고자 하는 욕구에 의해서 동기가 유발되고 그것을 해소하지 못할 경우 심리적 긴장이 나타나기 때문에 일정한 욕구해소를 위한 행동을 통해 욕구를 해소하고 목표를 달성하고자 하는 것이 일반적으로 받아들여지고 있다.

우리는 주변에서 자녀들이 공부하도록 하기 위해 부모들이 다양한 시도를 하는 것을 쉽게 발견할 수 있다. 그와 같은 시도에는 칭찬이나 선물 사주기 등과 같은 긍정적 강화부터 시작하여 심지어 체벌까지 동원된다. 그러나 누구나 동의하는 것과 같이 가장 중요한 것은 자기 자신이 필요성을 느끼는 것, 즉 스스로 공부를 해야 한다는 욕구가 발생하는 것이 학습의 성과를 높이고 지속력을 지니도록 하는 중요한 선행요인이다.

이러한 상황은 기업조직에 있어서도 마찬가지이다. 기업에 있어서도 물질적 보상을 제공한다거나 정신적 압박을 가한다고 해서 그 사람이 조직의 목표에 공헌할 수 있는 행동을 지속적으로 발휘하리라고 보기는 어렵다.

따라서 조직목표에 공헌하기 위한 자발적인 노력이 중요하며, 경영자는 이를 사방전후에서 밀어주고 끌어주기 위한 적절한 조치를 취하여야 하는데, 이를 모티베이션(motivation)이라 할 수 있다. 모티베이션의 중요성을 언급하는데 있어 성과는 다음과 같이 나타낼 수 있다.

$$\text{성과}(P) = f(\text{능력}(A) \times \text{모티베이션}(M))$$

능력(Ability)은 목표와 관련된 과업을 수행할 수 있는 종업원의 능력을 의미한다. 따라서 이와 같은 공식에 따를 경우 만약 종업원들의 능력이 부족하다면 높은 성과(Performance)를 기대하기는 어려울 것이다. 그러나 종업원이 매우 유능하다 할지라도 성과를 이끌기 위해서는 종업원 스스로 높은 수준의 성과를 달성하기 위한 의지를 지니고 있어야만 할 것이다. 즉 높은 수준의 모티베이션이 요구되는 것이다.

(2) 모티베이션의 과정

모티베이션 과정은 [도표 7-1]과 같이 종업원의 욕구를 인식하는 것으로부터 시작된다. 욕구(needs)는 어느 한 사람이 특정한 시점에 경험하고 있는 결핍감을 의미한다. 그와 같은 결핍감은 심리적인 것일수도, 육체적인 것일수도 있으며, 사회적인 것일 수도 있다. 따라서 앞서 제시한 것과 같이 그와 같은 욕구는 개인의 심리적인 긴장을 야기하며, 사람들은 그와 같은 긴장을 해소하기 위한 노력을 시도하게 된다.

도표 7-1 모티베이션 과정상의 핵심단계

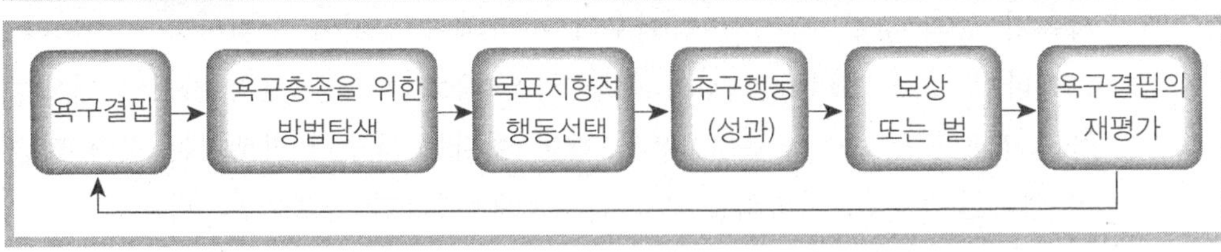

모티베이션은 목표지향적이다. 목표(goal)는 개인이 확보하고자 하는 특정한 결과로서 종업원들의 목표는 추진력이 되고 목표달성을 통하여 욕구는 현저히 감소될 수 있다. 따라서 종업원들은 자신들의 목표를 달성하기 위한 행동을 추구하며 이를 통하여 자신이 기대하는 바람직한 보상을 얻을 수 있으며, 심리적 긴장과 욕구미충족은 해소된다. 또한 일단 종업원들이 어떠한 형태로든 보상을 받았을 때 그들은 자신들의 욕구를 재평가하게 된다.

2. 모티베이션에 대한 이론

모티베이션에 대한 이론은 그 발달과정을 중심으로 크게 내용이론(content theory)과 과정이론(process theory)으로 구분할 수 있다.

(1) 내용이론

모티베이션의 내용이론에서는 어떠한 요인이 인간의 행동을 불러일으키고, 유지시키며, 또 행동을 하지 않게 하는지에 대해 초점을 두고 있다. 대표적인 이론으로는 마슬로우(A. Maslow)의 욕구 5단계설, 앨더퍼(C. Alderfer)의 ERG이론, 허즈버그(F. Herzberg)의 2요인이론(two factor theory), 맥클레란드(D. McClelland)의 삼동기이론 등이 있다.

1) 마슬로우의 욕구 5단계설

마슬로우(A. Maslow)는 인간이란 존재는 자기실현능력을 가지고 있으며, 이를 달성하고자 노력해 나간다고 보았다.[1] 그러나 이러한 자아실현(self-actualization)의 단계가 곧 바로 달성되는 것이 아니라, ① 생리적 욕구(physiological), ② 안전의 욕구(security), ③ 소속 및 애정의 욕구(affiliation), ④ 존경의 욕구(esteem)와 같은 4가지의 욕구단계가 차례차례로 먼저 이루어진 후에야 자아실현 단계에 이른다고 주장하였다.[2]

2) 앨더퍼의 ERG이론

앨더퍼(C. Alderfer)는 매슬로우의 이론이 지닌 이론적인 한계를 극복하고자 실제 조직에 대한 현장조사를 통해 요인분석을 해 본 결과 인간의 욕구는 ① 존재욕구(Existence needs), ② 관계욕구(Relation needs), ③ 성장욕구(Growth needs)로 구분할 수 있음을 제시하였다.

- 존재욕구: 존재욕구는 마슬로우의 이론에 비추어 볼때 생리적욕구와 안전욕구에 해당하는 욕구로서 이 욕구가 충족되지 못하면 인간의

생존이 위협받게 된다.

• 관계욕구: 관계욕구는 인간이 인간답게 살기 위해서 타인과의 관계를 유지하고자 하는 욕구로서 마슬로우의 이론에서는 소속 및 애정의 욕구에 해당된다.
• 성장욕구: 성장요구는 개인의 성장을 위해 한 사람이 투여하는 노력과 관련된 모든 욕구라 할 수 있으며, 마슬로우의 이론에서는 자존의 욕구 및 자아실현의 욕구가 이에 해당된다.

3) 허즈버그의 2요인 이론

허즈버그(F. Herzberg)는 미국 피츠버그지방의 11개 산업체에서 선정한 약 200여 명의 기술자들과 회계사들에 대한 연구를 토대로 인간에게는 상호독립적인 두 가지의 욕구범주가 있음을 제시했는데 그것이 아담적 욕구와 아브라함적 욕구이다.[3] 아담적 욕구라 하는 것은 불쾌한 것을 회피하고자 하는 욕구로써 이것이 충족되지 못할 경우에는 불만족을 느끼지만, 충족되었다고 해서 만족을 느끼지는 못한다는 것이다.

이에 비해 아브라함적 욕구는 정신적인 성장을 통해 자신의 잠재능력을 키워나가고자 하는 욕구로써 이것이 충족되지 못할 경우에도 불만은 없지만, 충족될 경우에는 만족을 느끼게 된다. 예컨대 평소 도전적이고 책임감있는 일을 해 보고자 하는 욕구가 있는 사람이 현재 자기가 많은 직무내에서 도전감과 책임감을 느낄 수 없다고 해서 그것이 불만족을 느끼게 하지는 않지만, 정작 그러한 일을 맡은 후로는 만족을 느끼게 되고 일에 대해 적극적이게 될 것이다.

후에 허즈버그는 자신의 논리에 대한 추가적인 연구를 통해서 아담적 욕구의 대부분이 작업환경에 관한 것이고 직무상의 불만족을 예방하는 기능을 담당하고 있기 때문에 이를 위생요인(hygiene factors), 그리고 아브라함적 욕구는 사람들로 하여금 업무수행을 보다 효과적으로 수행할 수 있도록 동기부여하는 효과가 있기 때문에 이를 동기요인(motivator)이라 명명하였다.

결론적으로 허즈버그는 이러함에도 불구하고 대부분의 조직체들이 지금까지 위생요인에 의해 종업원들을 동기부여시키고자 노력해 왔음을 주장하고, 보다 종업원들에게 심리적인 성장기회를 제공하는 직무충실화에 많은 신경을 써야 할 것임을 지적하였다.

4) 성취동기모형

맥클레란드(D. C. McClelland)는 작업상황과 관련된 동기를 성취욕구, 권력욕구, 관계욕구로 제시하였다. 매슬로우가 인간의 욕구단계가 5가지 과정을 거친다고 보는 반면, 맥클랜드의 시각하에서는 개인의 행동에 영향을 미칠 수 있는 욕구들의 서열이 개인마다 다르다고 주장한 것이 특징이다.

지금까지 살펴본 4가지의 이론들은 인간의 욕구가 무엇인지에 초점을 맞추고 있다는 공통점이 있으며, 제시하고 있는 욕구의 내용은 개념상의 차이에도 불구하고 실제로는 상당한 공통점을 지니고 있다. [도표 7-2]는 그와 같은 관계를 보여주고 있다.[4)]

도표 7-2 내용이론 간의 관계

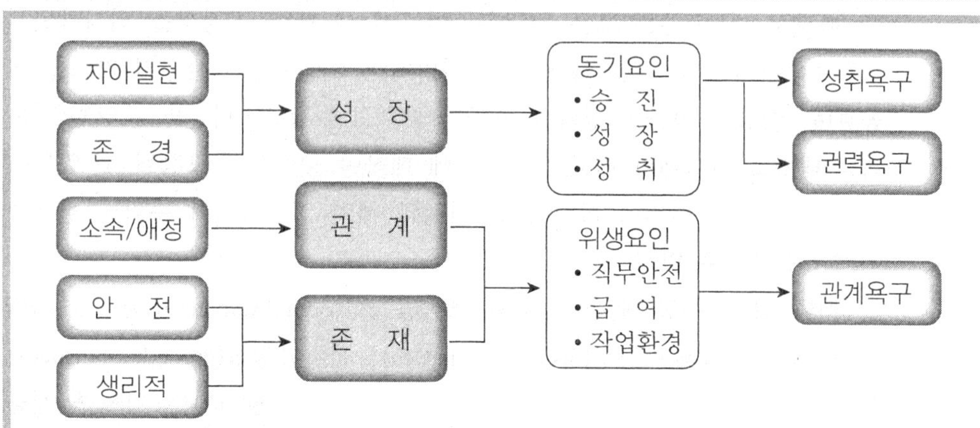

(2) 과정이론

과정이론에서는 동기부여의 과정을 분석하고 동기부여에 영향을 미치는 여러 변수간의 상호관계의 분석에 주안점을 두고 있다. 공정성이론(equity theory), 목표설정이론(goal-setting theory), 강화이론(reinforcement theory), 기대이론(expectancy theory) 등이 대표적인 과정이론이다.

1) 공정성이론

직장생활에서 종업원들은 자신의 직무에 대한 투입과 산출을 타인의 그것과 비교하게 된다. 비교의 결과 자신의 투입과 산출의 비율이 다른 사람의 그것과 동일하다면 공정성이 유지되고 그렇지 않을 경우에는 불공정성이 유발된다. 이런 경우 다른 사람보다 과대보상을 받으면 죄책감을 느끼고, 과소보상을 받으면 긴장하게 된다고 한다. 특히 불공정성에 대한 관심은 대단하며 인간은 불공정성을 인식하면 이를 수정하려고 노력하는 소위 공정성회복과정을 일으키게 되는데 이를 공정성이론이라 한다.[5)]

따라서 불만을 느끼는 경우에는 자신의 보상수준이 다른 사람보다 작다고 생각하여 기업에 대한 노력의 수준을 낮추든가, 또는 보상의 수준을 높여 줄 것을 요구한다. 반면에 죄의식을 느끼는 경우에는 자산의 보상수준이 타인보다 높다고 생각하면서 노력의 수준을 높이던가 자신의 노력에 대한 인식을 확대하는 방향으로 변화시켜 공정성을 유지하려 한다.

따라서 이 이론은 모든 종업원들이 임금에 대한 공정성을 인지하면서 직무수행에 임할 수 있도록 한다는 의미에서 보상수준의 산정에 기초를 제공하며, 개별적 성과의 정확한 평가의 중요성을 강조한다. 또 종업원의 노력의 대가로 기업에서 제공하는 임금에 대하여 공정성이 보장될 수 있도록 인사관리의 기본방침이 확정되고, 기업의 제반 인사정책이 수립될 필요성이 있음을 알 수 있게 한다.

이와 같은 공정성이론은 추후 조직공정성(organizational justice)에 대한 연구과정에서 분배공정성(distributive justice), 절차공정성(procedural justice), 상호작용공정성(interactional justice)으로 더욱 확장·발전되는 기초를 제공하였다. 분배공정성에서는 보상결과에 대한 조직구성원들의 공정성지각에 초점을 맞추는 반면, 절차공정성에서는 그와 같은 보상결정이나 의사결정과정상의 공정성지각에 초점을 두고 있다.[6)] 이는 결과의 공정성문제가 특정한 의사결정결과나 상황에 따른 일시적인 것일 수 있다는 점에서 모든 상황에 따른 의사결정의 공정성유지를 위해서는 의사결정방법과 절차에 있어서의 공정성유지가 중요하다고 보기 때문이다. 또한 의사결정과정에서의 사회적 상황(social context) 또는 상호 작용과정에서의 비공식적 측면이 공정성지각에 중요한 역할을 하는 것으로 나타나고 있다. 그 대표적인 사례가 상호 작용공정성으로, 이는 의사결정을 위한 절차나 제도의 실행과정에서 사람들이 경험하는 대인적 처우의 질에 대한 개개인의 평가를 의미한다.[7]

2) 기대이론

기대이론(expectancy theory)에 대한 초기의 연구결과는 부룸(V.H.Vroom)에 의해 이루어 졌는데 그는 개인의 노력수준은 노력의 결과 확보되어지는 보상과 함수관계를 맺고 있기는 하지만 그러한 노력 결정에는 다음과 같은 두 가지 중요한 요인들이 작용을 하게 된다고 보았다.[8]

① 기대감(expectancy): 기대감이란 일정한 노력을 기울이면 일정한 수준의 성과를 거둘 수 있으리라는 가능성에 대한 주관적 확률과 관련된 믿음을 의미한다.

② 수단성(instrumentality): 앞서의 기대감이 노력과 성과 간의 관련성 문제였던 것에 비해 수단성은 성과와 보상간의 관련성이라 할 수 있다.

이러한 부룸의 이론은 차후 포터와 로울러(L. W. Poter & E. E. Lawler)에 의해 더욱 발전되는데 그들은 부룸의 이론을 확장하여 단순하게 성과와 동

도표 7-3 기대이론의 기본적인 개념

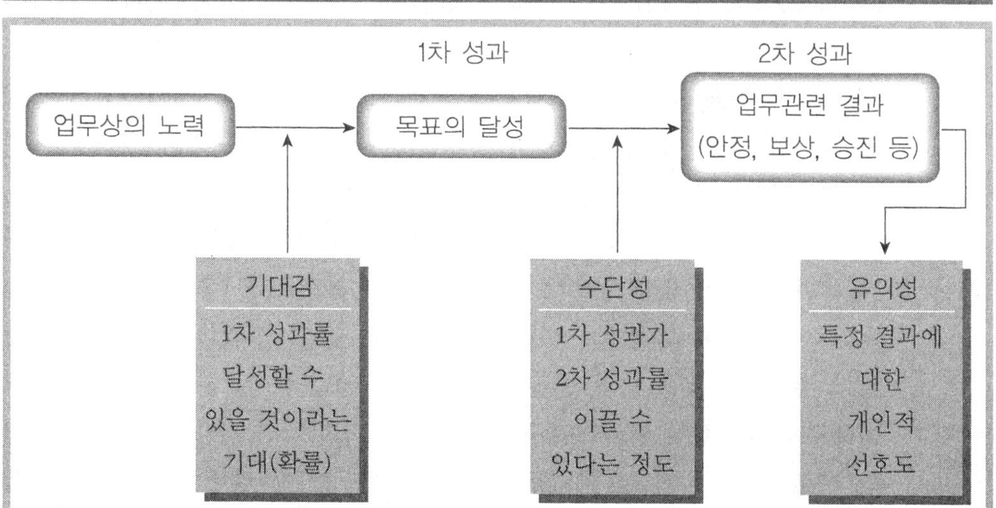

기부여를 연결시키는데 그치지 않고 여러 변수들을 첨가하여 독자적인 이론 전개를 시도하였다.

[도표 7-3]은 이들이 전개한 기대이론의 기본모형을 나타내 주고 있다. 모형에 따르면 어떠한 이유로 노력(effort)이 단독적으로는 성과를 이끌 수 없으며, 또 능력과 특성 및 역할지각 등이 노력과 성과 간의 관계에 어떻게 영향을 미치는지를 설명할 수 있다. 또한 이들의 모델에서는 성과가 곧바로 만족을 이끄는 것은 아니며, 성과에 뒤따르는 보상 및 그것이 자신에게 지각되는 공정성이 만족의 수준을 결정하게 된다는 것을 제시하고 있다. 따라서 모티베이션은 한마디로 수단성의 가치(value of instrumentality)인 것이다.[9)]

3) 목표설정이론

목표설정이론에서는 명확하고 도전감을 불러일으킬 수 있는 목표가 성과에 미치는 영향에 대하여 주목할 만한 결론을 제시하고 있다. 즉, 보다 명확한 목표일수록 성과를 증진시키며, 만약 받아들여지기만 한다면 달성하기 어려운 목표일수록 달성하기 쉬운 목표에 비하여 보다 높은 성과를 가져온다는 것이다.

목표설정이론을 구성하는 기본적인 요소는 목표의 난이도(goal difficulty), 목표의 수용도(goal acceptance), 성과의 피드백(performance feedback)으로 구성된다.[10)] 목표의 난이도는 목표달성에 내재된 어려움의 정도를 의미하며, 목표의 수용도는 사람들이 의식적으로 목표를 이해하고 그와 같은 목표에 동의하는 정도를 의미한다. 성과의 피드백은 과거의 성과에 대한 질적·양적 정보로서 목표달성을 위하여 현재까지 어느 정도의 진전이 있었는지를 제시해 주는 것을 의미한다.

만약 종업원이 자신의 목표를 설정하는데 직접 참여할 기회를 갖게 되는 것과 상사가 직접 목표를 부과하는 것과 어떤 것이 목표의 달성정도를 높여줄 것인지에 대해서는 여러 가지 견해가 있다. 그러나 분명한 것은 참여는 목표의 수용도를 높여 준다는 것이다. 일반적으로 사람들은 달성하기 어려운 목표일수록 이를 수용하지 않으려는 경향이 있지만, 종업원이 자신의 목표설정에 직접 참여하게 되는 경우에는 상사에 의해 일방적으로 목표가 주어지는 경우보다 달성하기 어려운 목표라 할지라도 수용할 가능성이 더욱 높아진다.

이는 사람들이 자신이 참여한 의사결정의 결과에 훨씬 더 헌신적이기 때문이다. 즉, 목표설정에의 참여여부가 달성하기 어려운 목표라 할지라도 수용도를 높이고 적극적인 실행가능성을 훨씬 높여 주는 것이다. 이와 같은 목표설정이론은 기업현장에서 목표에 의한 관리(MBO)를 실행하는데 주요 이론적 근거로 자주 발견된다.

4) 강화이론

강화이론에서는 특정한 행동은 그와 같은 행동의 결과에 따른 것이라는 점을 강조한다.[11] 즉, 긍정적 결과나 보상이 뒤따르는 행동은 더욱 자주 나타나는 반면, 부정적 결과나 보상이 뒤따르는 행동은 발생할 가능성은 줄어든다. 이와 같이 강화(reinforcement)는 특정한 행동에 뒤따르는 결과를 변화시킴으로써 행동을 변화시키는 과정이다.

이와 같은 강화이론에 기초하여 특정한 행동을 강화시키는 방법으로는 크게 적극적 강화, 부정적 강화, 소거와 벌 등 4가지 방법이 제시되고 있다.[12] 적극적 강화란 어떤 특정행위가 발생할 경우마다 칭찬과 보상을 제공하는 등 행동에 대해 보상이 되는 어떤 것을 더해 주는 것을 의미하며, 부정적 강화란 어떤 특정 행위가 발생할 경우마다 불쾌한 그 어떤 것을 빼주는 것을 의미한다. 한편 보상에 의해 지속되던 행동이 보상이 사라짐으로 인해 행동의 반복가능성이 줄어들거나 사라지는 것을 소거라 하며, 바람직스럽지 못한 행동은 벌에 의해서도 효과적으로 제거될 수 있다.

그러나 실제로는 특정한 행동에 대해서 그때마다 보상을 제공하는 것은 매우 어려운 일이다. 따라서 실제 상황에 있어서는 모든 반응에 대하여 보상이 주어질 때보다, 그런 반응 중 어떤 특정한 반응에 대해서만 강화가 이루어지게 되면 그때 학습된 행동이 오히려 오래 지속될 수 있다. 이와 같이 행동에 대한 강화가 일정한 형태를 두고 이루어지도록 하기 위한 방안을 강화일정(schedule of reinforcement)이라 한다. 강화일정은 시간에 기초하는 고정간격법과 변화간격법, 그리고 정확한 반응수에 기초한 고정비율법과 변동비율법이 있다.

제2절

권 력

1. 권력과 권한

권력(power)은 타인의 행동에 영향을 미칠 수 있는 능력을 의미한다. 권력은 개인뿐만 아니라 집단, 팀, 부서, 조직, 국가 등 다양한 수준에서 나타난다. 예를 들어 대기업의 기획조정실이나 구조조정본부 등과 같이 조직 내의 특정부서를 지칭하여 "막강한 권력을 지니고 있다"라고 하는 것은 그 부서가 다른 팀이나 부서에 속하는 사람들의 행동에 영향력을 지니고 있기 때문이다.

권력과 비슷하지만 다른 개념으로 권한(authority)이 있다. 권한은 ① 조직에 의해 공식적으로 부여되고, ② 조직구성원들에 의해 올바르고 적절한 것으로 수용되는 합법적인 권력을 의미한다. 그 대표적인 사례가 상사와 부하 간의 관계이다. 조직은 특정한 활동이나 기능에 대한 책임을 가지는 개인, 팀, 부서나 부문으로 체계화되는 공식적인 권한구조를 지니고 있다. 어느 한 사람이 조직에 들어가게 되었을 때, 일반적으로 그는 권한체계를 합법적인 것으로 수용한다. 즉, 종업원들은 정책을 설정하고 방향을 제시하는 상사의 권한을 당연한 것으로 받아들인다. 그와 같은 지시가 합리적이고 직무와 관련성을 지니는 한 종업원들은 상사의 지시를 수용한다.

2. 권력의 원천

일반적으로 조직 내에서 발생하는 권력의 원천은 대인적 원천과 구조적 원천으로 구분할 수 있다.

도표 7-4 조직 내의 권력의 원천

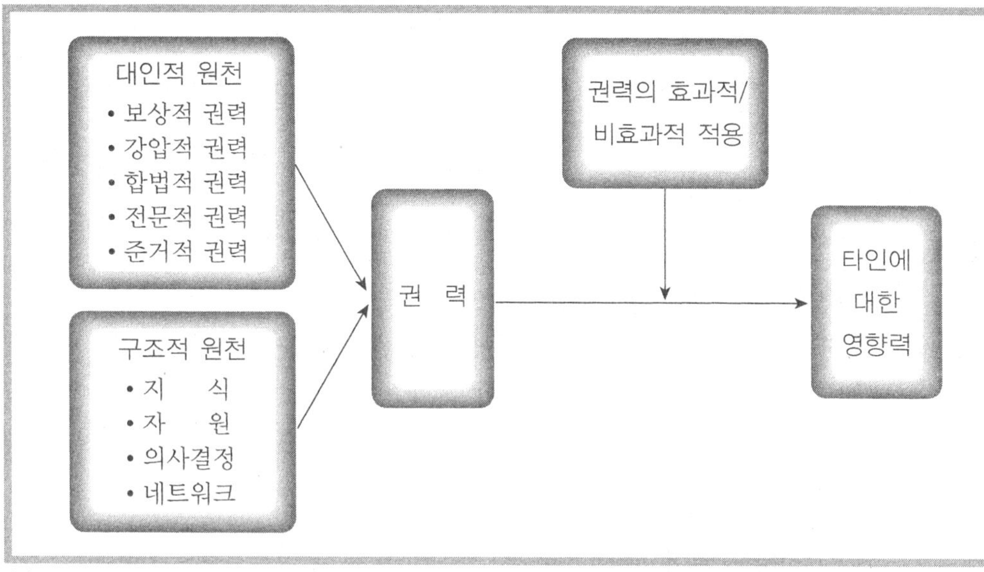

〈자료〉 D. Hellrigel, J.W. Slocum,JR.& R.W. Woodman(2001), *Organizational Behavior*, 9th eds., South-Western College Publishing, p. 269.

(1) 대인적 원천

1) 보상적 권력(reward power)

이 권력의 원천은 다른 사람에게 보상할 능력이나 자원을 가졌느냐에 달려있다. 관리자는 급료인상, 승진, 작업할당, 새로운 직무 등의 현재적 보상능력은 물론 잠재적 보상능력도 가지고 있어야 한다. 강화요법적 용어로는 적극적 보강제(positive-rein-forcers)를 다루는 권력을 관리자가 가져야 한다는 것을 의미한다. 이러한 권력의 원천에는 그 권력의 수령자(recipient)가 열쇠임에 주의할 필요가 있다.

2) 강압적 권력(coercive power)

이 권력의 원천은 두려움(fear)과 관련되는 것이다. 강압적 권력을 가진 사람은 다른 사람을 처벌할 수 있는 위협적인 능력을 가진 사람이다. 이 권력형태는 권력은 좋은 것이라는 견해와는 상반되는 권력형태이다. 부하를 해고하거나 강등시킬 수 있고 급료도 삭감시킬 수 있는 강압적 권력을 가지고 종업원을 위협하는 권력이다.

3) 합법적 권력(legitimate power)

이 권력의 원천은 합법적 권리를 부여함으로써 내면화된 가치(internalized value)와 관련된 권력이다. 다른 사람들은 그 권력을 받아들일 의무가 있다고 생각한다. 이 권력은 흔히 권한으로 인식되기도 하며, 합법성을 부여받은 사람은 보상과 처벌도 할 수 있는 위치에 있다고 인식된다. 합법적 권력은 그 사람의 역할이나 지위에 의존하다는 점에서 다른 권력과 다르다.

4) 준거적 권력(referent power)

이 권력유형은 결과와 관계없이 권력자와 동일시되기를 원하는 권력유형이다. 관리자가 매력적이고 힘이 있으며, 멋있는 개성을 가지고 있다고 믿는 권력이다. 광고주가 영화배우나 스포츠선수를 광고모델로 활용할 때 이 권력의 장점을 살리는 것이 된다.

5) 전문적 권력(expert power)

이 권력은 권력추구자의 지식이나 전문기술 정도에 따라 좌우된다. 전문가는 어떤 영역 안에서만 지식이나 지명도가 인정되는 사람이다. 모든 권력의 원천이 목표인지도(target's perception)에 의존하고는 있지만, 이 전문적 권력은 더 의존적이다. 전문적 권력의 신뢰성은 자격증이다. 예컨대 성공한 축구코치가 젊은 선수에게 새로운 수비전술을 충고해 준다면, 그는 틀림없이 믿고 그의 전문적 권력을 인정하게 될 것이며, 외교문제에서도 전문적 권력은 중요한 역할을 한다.

(2) 구조적 원천[13)]

1) 지식(knowledge)

기업조직은 제품과 서비스를 생산하기 위하여 지식을 활용하여야만 하며, 최근 이의 중요성은 더욱 높아지고 있다. 따라서 조직의 목표달성에 핵심적인 지식을 소유하고 있는 개인이나 팀 또는 부서는 권력을 지닐 수밖에 없다. 또한 조직 내의 특정한 문제나 활동에 대한 정보나 조직의 환경에 대한 정보를 지닐 수 있을 경우에도 권력은 발생한다.

2) 자 원

조직의 성장과 발전을 위해서 조직은 인적자원, 자금, 장비, 물자, 공급업자, 물자 등과 같은 다양한 자원을 필요로 한다. 그러나 기업의 성공에 필요한 특정자원의 중요성이나 자원확보상의 어려움은 기업에 따라 다를 수밖에 없다. 어떠한 자원이 가장 중요한지는 조직의 목표, 경제적 상황, 생산하는 제품이나 서비스의 종류에 따라 다르지만, 기업생존과 성장에 필수적인 특정자원이나 확보상의 어려움이 있는 자원을 제공할 수 있는 개인이나 팀 또는 부서는 권력을 지니게 된다.

3) 의사결정

조직 내에서의 의사결정은 조직 내의 수많은 개인, 집단 또는 팀의 참가에 의해 이루어지며, 그 결과는 조직 내의 구성원, 집단, 팀의 활동에 중요한 영향을 미친다. 따라서 조직 내의 의사결정과정에 영향을 미칠 수 있는 정도에 따라 개개인이나 집단, 팀이 지니게 되는 권력의 수준은 달라질 것이다. 목표의 개발, 목표달성을 위한 대안의 개발 및 선택, 목표달성을 위한 조직의 결정 등과 같은 영역에서 어느 정도의 영향력을 지닐 수 있는지에 따라 권력의 수준은 달라진다.

4) 네트워크

조직 내의 구조적 권력의 수준은 앞서 살펴본 지식이나 정보, 자원, 의사결정상의 영향력의 수준의 의해서 뿐만 아니라, 과업수행을 위해 요구되는 협력을 확보하는 능력에 의해서도 달라진다. 예컨대, 목표달성이나 과업수행을 위하여 조직 내의 유능한 개인이나 부서와의 연계관계를 구축하고 있는 경영자나 부서는 그렇지 못한 경우에 비하여 보다 강한 권력을 지니게 된다. 물론 상사와 부하 간의 수직적 관계라는 전통적인 연계관계도 권력의 중요한 측면이 될 수 있으나 조직의 내·외적 네트워크에 의한 수평적 연계는 권력수준의 차별성을 발생시키는 중요한 요인이다.

3. 권력의 행사와 수용과정

권력자가 다양한 권력원천을 사용할 때 권력수용자에게 영향을 미치는 과정에는 복종 · 동일시 · 내면화의 세 가지 과정이 있다.

(1) 복종(compliance)

권력행사자가 의도한대로 권력수용자에게 영향을 미치는 경우를 복종의 과정이라 할 수 있다. 이러한 복종은 그렇게 함으로써 자기에게 돌아오게 될 보상에 대한 기대와 그렇게 하지 않았을 때 받게 될 처벌의 두려움에서 발생한다. 이러한 복종을 성공적으로 유도하기 위해서는 보상을 할 수 있는 충분한 능력을 가지고 있어야 하며, 권력수용자의 행동을 충분히 관찰하고 평가할 수 있는 직위에 있어야 한다. 즉 권력수용자의 복종상태를 관찰하여 보상이나 처벌을 할 수 있어야 함을 의미한다.

(2) 동일시(identification)

다른 사람의 지시를 기꺼이 수행하는 것은 그 사람이나 집단과 밀접한 관계를 유지하려고 하기 때문에 발생하는 것이다. 권력행사자에게 많은 매력을 느끼고 그와의 관계를 유지하는 것에 높은 가치를 부여하고 스스로 그에게 영향을 받기를 원하기 때문이며, 이럴 경우 권력수용자는 권력행사자와의 동일시과정에 의해 권력이 이전된다고 할 수 있다.

현대기업에서는 신입사원 훈련과정에 동일시과정(mentoring)을 설치하여 신입사원이 조기에 친숙한 행동을 하게 하거나 기존사원과 단기간 내에 동일한 행동을 하도록 유도하고 있다. 즉 신입사원에게 선배사원을 관찰하고 상호접촉을 할 수 있도록 공식경로는 물론이고 비공식경로까지도 마련해 줌으로써 그들이 관리기술을 조속히 배워 동일한 행동을 할 수 있도록 유도하려는 것이다. 결국 이러한 과정을 통해 신입사원에게 선배사원과의 친밀성을 유지함은 물론 자기의 경력방향을 알게 하고, 기업의 철학을 체득하게 하면 조직의 업무수행에 자신감을 부여하려는 것이다.

(3) 내면화(internalization)

권력수용자는 권력행사자의 행위가 자기의 가치관과 일치하면 그것을 받아들이고 내면화하게 된다. 별도의 보상을 기대하지 않고 스스로의 내면적 보상을 받아들임으로써, 자기의 욕구가 충족되고 도덕적 판단의 기준이 설정되는 것이다.

제3절 리 더 십

1. 리더십의 개념

조직이 존재하는 궁극적인 목적은 개인으로는 달성하기 어려운 목표를 조직구성원의 협력과 노력에 의하여 효율적으로 달성하고자 하는 데 있다.

도표 7-5 리더십에 대한 개념적 모형

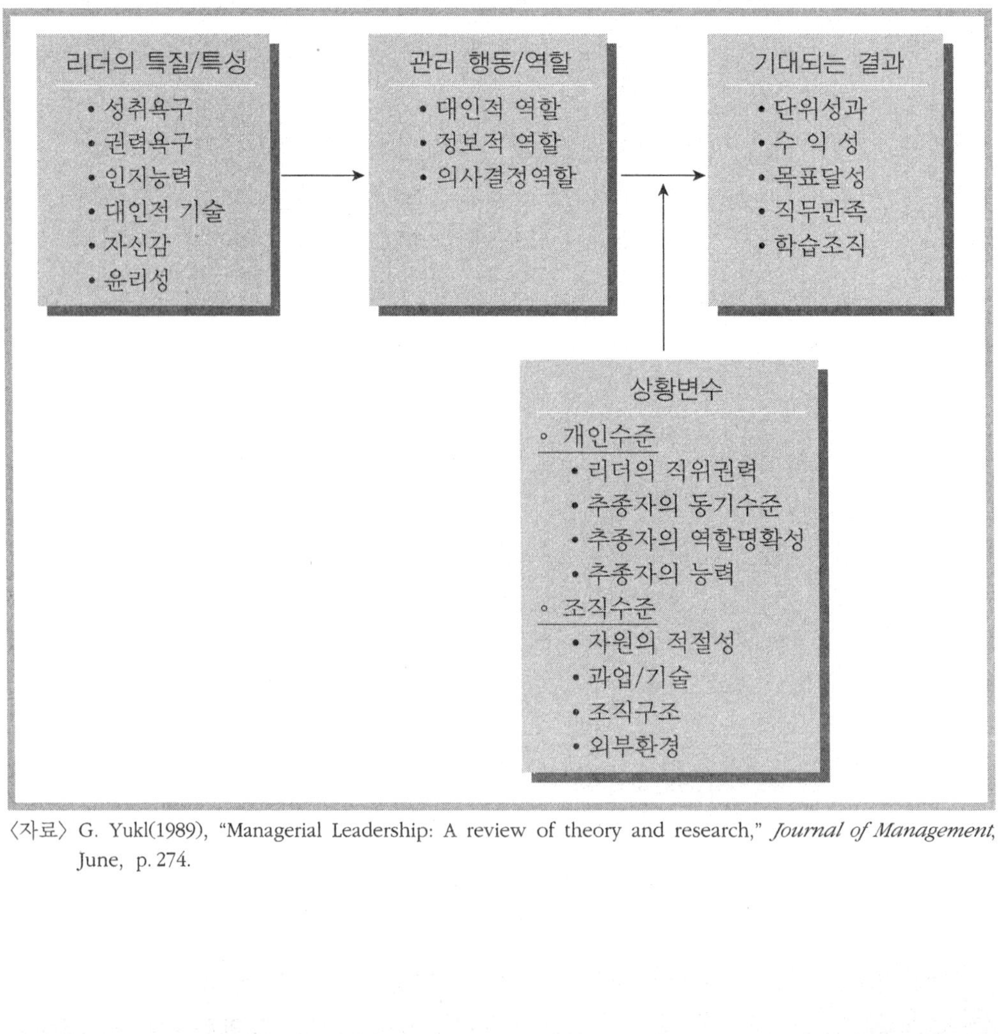

〈자료〉 G. Yukl(1989), "Managerial Leadership: A review of theory and research," *Journal of Management*, June, p. 274.

이와 같은 과정에서 리더십은 아이디어와 비전을 개발하고, 그와 같은 아이디어와 비전을 지지하는 가치에 의해 생활하며, 타인들로 하여금 자신들의 행동에 그와 같은 아이디어와 비전이 스며들 수 있도록 영향력을 미치고, 인적 및 기타 자원에 관한 어려움 의사결정을 시행하는 과정이다.

리더십과 관련하여 지금까지 이루어진 다양한 연구의 결과에 비추어 볼 때 일관성있게 유지되어 온 하나의 실마리는 사회적 영향력의 개념이라고 할 수 있다. 리더십은 권력을 휘두른다거나 권한을 행사하는 것과는 분명히 구분되어야 할 개념인 것이다.

유클(G. Yukl)은 이와 같은 리더십의 개념화를 용이하게 하는 개념적 모형을 [도표 7-5]와 같이 제시하고 있다. 이와 같은 유클의 모형은 리더십에 대해 지금까지 이루어진 다양한 이론들과 모형이 통합되어진 것이다.

위의 [도표 7-5]에 따를 경우 리더십은 리더의 일정한 특질이나 특성이 효과적인 리더십의 기초가 됨을 제시하고 있으며, 이와 같은 특성들은 다양한 관리적 행동이나 역할을 수행하기 위한 능력에 영향을 미치는 것으로 나타나고 있다. 또한 다양한 상황적 변수가 리더십의 효과에 영향을 미치게 되는데, 리더십은 결과지향적(result-oriented)인 것이라는 점에서 상황변수의 중요성이 강조되고 있다.

2. 리더십 이론

(1) 리더십 이론의 발전과정

리더십에 대한 연구가 본격화된 것은 1940년대부터라고 할 수 있으나 리더십에 대한 다양한 이론이나 연구를 서로 비교하여 보다 실제적이라든가, 쓸모없는 것이라든가 하는 결론을 쉽사리 유도하기는 어렵다. 이는 리더십에 관한 지금까지 연구의 흐름이 시대적 상황과 밀접한 연관성을 지니고 있을 뿐만 아니라, 연구의 축적과 비판, 새로운 시도 등의 연속적인 과정에 의하여 보다 세련된 형태로 다듬어지거나 새로운 이론을 창출하는 결과를 가져왔기 때문이다.

따라서 리더십과 관련된 다양한 연구의 흐름을 어떤 규범적인 틀에 맞추어 정리하기란 대단히 어려운 일이지만, 대부분의 리더십연구는 크게 ① 특성론적 접근, ② 행위론적 접근, ③ 상황론적 접근 등의 세 가지 차원에서 분석되어질 수 있다.

1) 특성론적 접근

특성론적 접근의 경우 만약 리더가 그의 추종자들과는 다른 천부적인 재능을 부여받는 것이라면 그와 같은 자질을 인식할 수 있다는 가정이 리더십에 대한 특성이론(trait theory)을 출발시키는 계기가 되었다. 특성이론에 따를 경우 이러한 특성을 지닌 사람은 상황에 관계 없이 훌륭한 리더가 될 수 있으며, 이러한 특성을 지니지 않은 사람은 결코 리더가 될 수 없다는 전제가 깔려있다.

따라서 1940년대까지 리더 및 리더십에 대한 대부분의 연구의 초점은 리더의 개인적 특성을 찾아내고자 하는데 두어졌는데, 크게 두 가지의 문제, 즉 리더와 비리더를 구분할 수 있는 특성의 내용, 그리고 그와 같은 차이의 정도를 밝히는데 초점을 두었다.

2) 행위론적 접근

행위론적 접근에서는 타인들에 대해 효과적으로 영향을 미치는 소위 리더십스타일이라고 하는 행위유형을 찾아내고자 하는 방향으로 연구의 초점을 두었다. 대표적인 연구들로는 리커드(R. Likert) 등을 중심으로 한 미시간(Michigan)대학의 연구팀에 의해 이루어진 리더십스타일 연구(직무중심-종업원 중심), 스토그딜(R. Stogdill) 및 플래시만(E. A. Fleishman) 등을 중심으로 이루어진 오하이오(Ohio)주립대학의 리더십스타일연구(구조주도-배려), 블래이크(R. R. Blake)와 모우튼(J. S. Mouton) 등에 의한 관리격자(Managerial Grid), 일본의 三隅二不二에 의한 PM(성과지향-유지지향)이론 등이 있다.

3) 상황론적 접근

상황론적 리더십이론은 특성이론과 리더십스타일에 있어서의 일관되지 못한 연구결과를 설명하고자 하는 시도 아래 출발하여 이론적 기반을 형성하였다. 특성이론에 있어서도 상황적 요소가 고려되어야 한다는 것을 인식하였듯이, 리더십스타일의 유효성 또한 상황에 따라 다르다는 것을 상황론적 접근에서는 가정하였다. 즉, 상황이 변화되면 상이한 리더십스타일이 유효성을 지니게 되는 것이다.

따라서 상황이론에 있어서 가장 핵심적인 부분은 상황이란 무엇인가라는 점과 리더십스타일이 유효성을 지니는 상황적 조건을 구체적으로 밝히고자 하는 데 있었다. 피들러(F. E. Fiedler)의 리더십 상황모델, 하우스(R. House)에 의해 제시된 목표-경로이론(Path-Goal Theory) 등이 상황이론의 대표적인 연구라 할 수 있다.

(2) 리더십이론의 한계

지금까지 살펴본 리더십이론들은 각각의 시대적 상황에서 적절한 접근방법이 될 수 있었으나 각 이론들이 지니고 있는 한계점도 간과해서는 안 될 것이다.

특성이론의 경우 그와 관련된 많은 연구가 이루어졌음에도 불구하고 연구결과가 보편적인 타당성을 이끌어 내는데 실패하였으며, 나아가 리더가 특정한 자질을 갖추었다고 한 경우에도 유효성이 발휘되지 못한 상황이 여러 곳에서 발견되는 한계를 극복하지 못하였다.

행위론적 리더십 또한 어떤 상황에서나 리더가 특정한 행동을 보여주면 리더십의 효과가 높아진다는 보편성을 추구함으로써 상황적 변수의 역할을 간과하였으며, 상황이론은 리더십의 유효성에 대한 상황변수의 고려라는 유효한 개념의 도출을 이끌어냈음에도 불구하고 과연 그와 같은 상황으로 어떠한 변수들이 고려되어야 하는가라는 부분에 있어서는 많은 한계와 과제를 내포하고 있다. 특히 행위론적 접근이나 상황론적 접근에서는 리더가 모든 부하들에 대하여 보편적이고 평균적인 리더십스타일을 발휘한다고 가정함으로써 리더십이론 전개상의 또 다른 한계를 지니게 되었다.

이와 같은 부분은 우리가 리더행동의 비일관성을 일상생활에서 경험할 수 있는 상황과는 차이가 있는 것이며, 특히 한국적 상황하에서의 전통적인 연고주의, 개인적인 친밀성에 의한 리더-부하 간의 관계형성, 비공식적인 커뮤니케이션망의 활성화 등에 따라 리더와 부하 간의 관계가 모든 상황에서 동질적으로 전개되리라고 가정하기에는 무리가 있을 수 있다.

잠깐 쉬어갑니다

나는 어떤 부하, 어떤 상사?

잊을 수 없는 부하 10	잊을 수 없는 상사 10
• 상사의 단점도 커버하는 부하직원	• 때로는 친구나 형같은 상사
• 불평과 불만을 속시원히 털어놓는 부하직원	• 차별대우를 하지 않는 상사
• 말보다 행동을 우선하는 부하직원	• 칭찬과 비판을 구분할 줄 아는 상사
• 실수를 인정하고 도움을 요청하는 부하직원	• 막강한 실력을 갖춘 상사
• 장단을 맞춰주는 센스있는 부하직원	• 자기주장을 굽힐 줄 아는 상사
• 일을 찾아서 처리하는 능동적인 부하직원	• 소신있는 상사
• 정시에 출근하는 부하직원	• 공과 사가 확실한 상사
• 여유와 유머가 있는 부하직원	• 부하직원을 믿어주는 상사
• 책임을 회피하지 않는 부하직원	• 자기를 희생할 수 있는 상사
• 자기분수를 지키는 부하직원	• 부하의 공을 가로채지 않는 상사

3. 전략적 리더십

전략적 리더십은 조직의 긍정적인 미래를 창조하기 위하여 미래를 예측하고 구성원들에게 비젼을 심어주며, 전략적으로 사고하고, 변화를 이끌어 내기 위하여 타인들의 힘을 하나로 모을 수 있도록 하는 능력을 의미한다.

전략적 리더십은 1987년 미국의 경영학자인 Byrd에 의해 체계적으로 정의가 내려졌다. 그에 따르면 전략적 리더십은 "미래를 예견하고, 비전을 만들고, 기업조직에 유연성을 유지시키며 또한 전략적 변화가 가능하도록 부하들을 임파워먼트(empowerment)시킬 수 있는 능력"이라고 정의할 수 있다.

우리에게 잘 알려진 GE사의 잭 웰치(J. Welch) 회장은 1981년 120억 달러에 불과하였던 GE사의 주식가치를 그가 재임하였던 동안 3,000억 달러까지 끌어올렸던 그여말로 성공신화를 창조한 인물로 유명하다. 그는 취임 초기부터 모든 GE사의 사업단위가 산업 내에서 1위 또는 2위가 되어야만 한다는 점을 명확히 하도록 하기 위한 전략적 리더십을 전개하였다.

전략적 리더십을 다룰 때 가장 중요한 개념은 비전(visoin)의 개념이다.

비전은 리더에 의해 만들어진 미래에 대한 이상적인 목표로서 리더는 그와 같은 비전을 제시할 수 있는 리더십(visionary leadership)을 발휘할 수 있어야 한다는 것이다.

비전을 제시하는 리더십은 조직구성원들을 동기부여시킬 수 있도록 미래에 대한 긍정적인 이미지를 창조하고, 미래의 계획과 목표설정에 대한 방향을 제공한다. 비전제시와 관련된 리더십에는 카리스마 리더십과 변혁적 리더십이 있다.

(1) 카리스마 리더십

카리스마 리더십은 조직의 비젼과 공유가치에 대해 조직구성원들의 강한 감정적 몰입을 개발함으로써 조직구성원들을 동기부여시키고 이끌어나가는 리더십을 의미한다. 카리스마라는 용어 자체는 "신으로부터의 선물"이라는 뜻을 지닌 희랍어로서 그들은 카리스마를 지닌 사람을 기적을 행하거나 예언하는 능력과 같은 하늘이 부여한 재능을 지닌 사람들로 보았다.

웨버(Weber)는 이와 같은 개념을 이용하여 리더는 특별한 재능을 가지고 태어난다는 추종자들의 지각에 기초하는 리더의 영향력의 행태를 기술하는데 사용하였다. 하우스(R. J. House)는 카리스마 리더십을 조직상황에 최초로 적용하면서 카리스마 리더는 다음과 같은 지표의 정도에 의해 결정된다고 보았다.

• 리더신념의 정당성에 대한 추종자들의 신뢰
• 리더신념과 추종자 신념의 유사성
• 추종자들의 무조건적인 리더수용
• 추종자들의 리더에 대한 애정
• 추종자들의 리더에 대한 복종의지
• 조직의 임무에 대한 추종자들의 정서적 몰입
• 추종자들의 고양된 수행목표
• 집단임무의 성공적인 달성에 기여할 수 있다는 추종자들의 신념

아울러 하우스는 카리스마적 리더행동으로 호소력있는 비전의 설정, 과업의 이념적인 측면의 강조, 부하들의 성과에 대한 높은 기대감 전달,

부하들이 높은 성과를 달성할 수 있으리라는 확신의 표현, 리더 자신의 강한 자신감의 표출, 역할모범적인 행동 등을 제시하였다.

2) 변혁적 리더십

1) 변혁적 리더십이란?

최근에는 변혁적 리더십론이 지금까지 연구와는 다른 입장에서 리더십론을 전개함으로써 많은 관심의 대상이 되고 있다. 즉, 지금까지 앞서 살펴본 대부분의 이론들이 리더와 부하 간의 대인적 상호작용(interpersonal transaction)에 초점을 맞춘데 비하여 변혁적 리더십론에서는 부하가 자신의 관심(self-interest)을 넘어 조직의 목표를 추구하도록 부하들을 변혁시키는 리더로서의 역할을 강조하는 것이 특징이다.

변형적 리더십 이론은 번스(J.M.Burns)에 의해서 처음 제시되어, 배스(B. M. Bass)가 조직 상황에 맞춰 구체화함으로써 널리 알려졌다. 이 이론에서는 지금까지 다른 리더십 이론들이 리더와 하급자 간의 교환관계에 기초한 거래적 리더십(transactional leadership)에 치중해 있다고 비판하면서 그 대안으로 변혁적 리더십을 제기하였다.

2) 변혁적 리더십의 요소

변혁적 리더십은 카리스마, 영감을 제공하는 모티베이션, 지적 자극, 개별적 배려하는 4가지의 요소가 핵심을 이루고 있다.[14)]

카리스마(charisma)는 리더가 부하에게 자부심, 신념, 존경을 주입시키고, 무엇이 정말로 중요한지를 볼 수 있는 재능을 갖고 있으며, 효과적으로 표현된 사명을 전달하는 요인을 의미한다.

영감을 제공하는 모티베이션(inspirational motivation)은 변혁적 리더는 부하들에게 자신들의 과업에 대한 의미와 도전감을 제공함으로써 부하들을 동기부여시키고 영감을 불어넣어줄 수 있어야 한다는 것을 의미한다.

지적 자극(intellectual stimulation)은 새로운 방법으로 생각하도록 일깨우고, 문제해결과 행동하기 전 충분히 생각할 것을 강조하는 요인이다. 개인적 배려(individualized consideration)는 리더가 학습 경험을 촉진시키기 위해 프로젝트를 맡기고, 코칭과 가르침을 제공하며, 추종자를 한 개인으로서 존중함을 의미한다.

따라서 변혁적 리더십을 발휘하는 리더가 부하들의 조직에 대한 몰입을 유도하고 보통이상의 노력과 성과를 거둘 수 있기 위해서는 부하들의 욕구체계를 개인적 욕구와 이해를 초월하는 수준으로 확대시킴과 아울러 고차원적인 욕구로 그 수준을 높여주어야 하며, 부하들에게 자신감을 심어줌으로써 부하가 지각하는 주관적인 성공확률을 제고시킬 수 있어야 한다. 또한 개인적인 이해보다는 조직의 이해를 추구하여야 하며 조직문화, 분위기혁신을 주도할 수 있어야 한다.

(3) 거래적 리더십

한편 이와 같은 변혁적 리더십과 구분되는 개념으로 거래적 리더십(transactional leadership)이 있다. 변혁적 리더십이 부하들에게 영향을 미치기 위하여 비전제시와 영감을 불어넣는 방법을 이용하는데 비하여, 거래적 리더십은 부하와의 교환과정에 기초한다. 즉, 훌륭한 성과에 대해서는 보상을, 낮은 성과에는 벌을 이용한다. 리더가 보상을 공정하게 관리하고, 부하들이 원하는 보상을 제공하는 한 부하들에 대한 그와 같은 리더십은 효과를 지닐 수 있다.

따라서 거래적 리더십하에서 상사는 첫째, 부하들이 원하는 보상을 얻기 위해 무엇을 해야 하는지 인식하고 부하들의 역할을 명확히 하여야 하며, 둘째, 부하의 욕구를 인식하여 부하들이 노력을 기울일 때 그러한 욕구가 어떻게 충족될 것인지, 즉 어떠한 보상이 주어질 것인지를 명확히 인식시켜줄 수 있어야 한다. 그러나 거래적 리더십의 경영자는 기준에 부합하는 성과를 이끌어 내기 위하여 규율과 위협에 지나치게 의존할 수 있어 장기적인 차원에서는 비효과적인 리더십이 되기 쉽다.

잠깐 쉬어갑니다

잭 웰치 GE회장, '1등 주의' 자아비판

"시장점유율 1, 2등이 아닌 사업은 포기하라는 나의 경영철학이 부작용을 낳았다." 올 연말 퇴임을 앞두고 있는 잭 웰치 GE 회장이 28일 주주와 직원들에게 보낸 고별편지에서 "자아비판"을 했다. "1, 2등."은 웰치경영의 상징이 돼 버린 철학.

이 기준을 적용한 경영진들은 자기 사업을 "한심한 수준"으로 비하하게 됐고, 이 때문에 GE는 신시장 개척이나 성장의 기회를 놓치기도 했다고 그는 고백했다. 웰치 회장은 또 효율적인 조직을 위해 다음 3가지를 실천해야 한다고 말했다.

첫째, 능력있는 상위 20%의 직원들은 우대하고 밑바닥 10% 직원들은 쫓아내라. 능력있는 20%의 직원들에게 "영혼과 지갑"을 채워줘라. 이들 중 한 사람이라도 잃는 것은 "리더의 죄악"이다.

둘째, 고객들의 새로운 니즈를 충족시키는 데 걸리는 기간(span)을 최소화하라. 이 기간의 목표는 항상 "O"으로 맞춰야 한다.

셋째, 관료주의는 "증오"의 대상이다. 인간은 관료주의 속성을 타고났기 때문에 이를 막기 위해서는 "편집증"에 가까운 경계를 늦추지 말아야 한다.

리더십과 관련, 웰치는 4가지로 유형을 분류했다.

첫째 회사의 공통가치를 실천하면서 임무도 완수하는 리더.
둘째 가치도 공유하지 못하면서 임무도 완수 못하는 리더.
셋째 가치는 공유하지만 맡은 일엔 미진한 리더.
넷째 임무는 완수하지만 가치는 공유하지 않는 리더.

웰치는 이 중 넷째 유형을 최악으로 꼽았다.

가치공유도, 임무완수도 못하는 둘째 유형의 리더는 어차피 "무능"이 겉으로 드러나지만, 넷째 유형은 직원들을 들볶아 맡은 일을 완수한뒤 최고위층에 잘보이려고만 하기 때문에 무능이 감춰진다는 것이다. 그는 "이런 리더는 기업전쟁을 승리로 이끄는 신뢰기반의 문화를 파괴하는 자"라며 이들을 발견하고 쫓아내는게 최고경영자의 임무 중 하나라고 강조했다.

〈자료: 한국경제신문, 2001. 3. 1.〉

제 4 절

임파워먼트

1. 임파워먼트란?

최근에 조직구성원들의 직무수행 권한과 책임을 확대시켜 줌으로써 조직구성원의 동기부여 및 원가절감과 품질개선 효과를 도모할 수 있다는 기법으로서 임파워먼트를 강조한다.

임파워먼트(empowerment)란 경영자가 개인이나 팀에게 권한 · 책임 · 재량권을 위양하는 것을 의미하는 것으로서, "경영자가 모든 조직구성원들에게 의사결정 권한을 부여하고, 결과에 대해 책임을 지도록 하며, 품질을 개선하고 비용을 절감하도록 하는 과정"이라고 할 수 있다. 예를 들어 부하들이 스스로 품질미달의 부품을 반품하고, 자신들의 직무를 확인하여 통제하며, 직무활동 일정계획을 수립하는 등의 권리를 갖도록 하는 것이다. 따라서 임파워먼트는 성취욕구, 소속감 그리고 자존심과 같은 인간이 기본욕구를 충족시켜 주며, 구성원들이 직무에 대해 긍정적인 감정을 가짐으로써 그들의 직무의욕과 잠재능력을 발휘할 수 있도록 한다.

임파워먼트는 1980년대 중반 미국기업에 만연된 무력감을 해소하고 구성원으로 하여금 더욱 업무에 몰입하게 하며 변화와 성장을 추구토록 하여 기업의 혁신과 도약을 도모하는 수단으로서 등장하게 되었다.

임파워먼트는 조직 내에서의 권력의 개념을 포지티브섬(positive-sum)의 관점에서 접근한다. 즉 기업 조직 또는 한 구성원의 권력의 크기가 정해져 있다고 보는 것이 아니라 상호 작용의 결과 서로의 권력이 원래보다 더 커질 수 있다는 관점이다.

2. 임파워먼트 유형과 실현방법

(1) 개인 임파워먼트(self-empowerment)

실현과정의 미시적 영역에서는 개인 임파워먼트를 추구하여 자기 신뢰감이나 자긍심을 증진시켜 개인 스스로의 사고변화와 역량 증대를 추구한다. 스스로에 대한 자기신뢰를 갖고 있는 셀프 임파워된 사람은 보다 향상된 임파워먼트가 나타난다. 자기신뢰는 스스로 내재화된 셀프 임파워먼트, 곧 증진된 자긍심(self-esteem)을 높여준다.

(2) 집단 임파워먼트(group empowerment)

다음으로 중시적인 영역에서는 자신이 속한 집단의 임파워먼트를 증가시키기 위해 구성원들의 증대된 역량을 확산시켜 여러 방향으로 파워가 흘러 다니도록 한다. 자긍심이 높은 사람은 남을 더 잘 신뢰하며 타인에 대한 능력, 지능, 충성심, 동기부여를 신뢰해서 타인을 더욱 임파워먼트시킨다. 이것은 대인관계능력과 집단의사결정능력을 높여줌으로써 결국 집단성과와 연결된다.

(3) 조직 임파워먼트(organization empowerment)

마지막으로 거시적인 영역에서는 이 집단들이 여럿 합쳐진 조직내로 역량의 확산을 발생시켜 결국은 조직 임파워먼트가 강화되어 조직의 제도와 구조를 변화시켜 임파워먼트 행동을 정착시키도록 한다. 공동체 구성원

도표 7-6 임파워먼트 종류와 실현방법

종 류	차 원	실현방법
개인 임파워먼트	미시	• 개인의 자긍심 증진, 개인의 사고변화와 역량 증대
집단 임파워먼트	중시	• 집단구성원의 역량증대
조직 임파워먼트	거시	• 집단 임파워먼트의 확산 • 제도 및 구조변화를 통한 임파워먼트 지향과 행동 정착

들 간의 신뢰는 번영을 이끄는 열쇠이다. 신뢰는 거래비용을 감소시켜 준다. 조직과 사회에 신뢰가 없으면 기업혁신은 물론 경제회생도 어렵다.

임파워된 조직은 조직구성원들의 뜨거운 열정과 냉정한 의사결정속에 적극성, 도전성, 신속성이 증대하게 되고, 서로를 위하는 조직풍토가 조성된다. 새로운 성원에 대한 육성은 구성원 전체가 책임진다. 임파워먼트가 성공하려면 그것의 핵심요소인 신뢰가 중요하다.

3. 임파워먼트의 장애요인과 촉진방안[15)]

(1) 임파워먼트의 장애요인

임파워먼트의 취지와 효과가 아무리 바람직하다 할지라도 이를 실행에 옮기지 못하면 의미가 없다. 실제로 임파워먼트를 추진하고 있는 많은 조직체들이 어려움을 겪고 있는데, 그 주된 이유는 다음과 같다.

1) 관료적 문화

관료적 문화를 가진 조직은 변화나 위험을 감수하고 새로운 아이디어를 장려하기보다는 현재의 상황을 유지하려는 경향이 강하다. 이러한 문화에 젖은 조직은 미래에 대한 명확한 비전 제시나, 실질적 변화에 필요한 지원을 제대로 하지 못한다. 또한 장기적인 성과보다는 단기적 성과에 집착하는 경향이 강하며, 보상 시스템을 통해 현재 상황의 유지를 더욱 공고히 다지는 경우가 다반사이다.

따라서 이러한 문화 속에서 경영자가 아무리 임파워먼트를 외친다 할지라도 대부분의 조직구성원들은 오히려 현재의 구도 속에 안주하는 것이 더 바람직하다는 메시지를 얻게 되는 것이다.

2) 갈등의 발생

상하간 또는 부문간 발생하는 갈등도 성공적인 임파워먼트의 실행을 가로막는 장애물이다. 대부분의 관리자들은 자신의 권한을 하위자에게 위임하는 것을 별로 달가워하지 않는다. 설사 위임을 하였다 할지라도 하위자가 자신의 의지에 반하는 의사결정을 하는 경우 그 구성원에게 불이익을 주는 경향이 있다. 때로는 관리자들이 임파워먼트를 자신들의 책임 회피를 위한 수단으로 사용하는 경우도 있다. 즉, 과업이 성공했을 때는 그 열매를 같이 공유하지만, 실패 시에는 그 책임을 부하에게 전가하는 것이다. 이러한 경우 상하 간의 신뢰는 깨지게 되고 구성원들은 자신의 창의력을 발휘하고 소신있는 의사결정을 내리기보다는 상사의 눈치를 보는 등 자기보신에 더 신경을 쓰게 된다.

3) 구성원들의 스킬 부족

업무 부담이 너무 크거나 스킬 및 지식의 부족 등으로 인해 조직구성원들이 주어진 일만 하기에도 시간이 부족한 경우가 있다. 이러한 작업환경하에서 뭔가 새로운 아이디어를 생각해 내고 새로운 일을 주도적으로 추진한다는 것은 매우 힘든 일이다.

구성원들을 임파워먼트시키기 위해서는 이러한 장애요인을 제거하여야 한다. 관리자들은 구성원에 대한 통제를 최소한으로 줄이고, 구성원들을 신뢰하고 어느 정도의 위험을 감수함으로써 그들의 잠재능력이 발휘될 수 있도록 하여야 한다. 그러나 많은 사람들이 동의하는 일이지만 통제를 포기한다는 것은 결코 쉽지 않은 일이다. 관리자들은 자신들이 임파워먼트되기를 원하지만 다른 사람이 임파워먼트되는 것을 원하지 않는 듯한 행동을 보이는 경우가 종종 있다.

잠깐 쉬어갑니다

권한대행의 장애물

- 장애 1 : 직원에 대한 불신임
- 장애 2 : 업무제어권 상실에 대한 걱정
- 장애 3 : 조직 내 자신의 위치에 대한 지나친 믿음
- 장애 4 : 자신이 가장 능력있다는 착각
- 장애 5: 입지가 축소될지 모른다는 걱정
- 장애 6 : 부하직원과의 경쟁선호
- 장애 7 : 권한대행은 업무의 유연성을 떨어뜨린다는 착각
- 장애 8 : 직원들의 정상업무에 지장을 줄 것이라는 염려
- 장애 9 : 직원들은 회사의 장기발전계획을 이해하지 못한다는 오해

(2) 임파워먼트의 촉진방안

1) 명확한 비전과 원칙의 제시

임파워먼트가 성공적으로 실행되기 위해서는 조직의 비전과 전략방향이 명확하게 제시되어야 한다. 또한 구성원들에게 임파워먼트의 의미를 명확하게 이해시켜야 한다. 조직구성원들은 이러한 이해를 바탕으로 상사의 허락이나 지침을 기다리지 않고 자기 스스로 업무를 수행하며 조직성과와 개인의 능력을 향상시킬 수 있다. 동시에 구성원들이 가지고 있는 재량권의 한계가 어디까지인가를 확실하게 인식시켜야 한다. 이러한 가이드라인이 없다면 구성원들은 임파워먼트되기보다는 오히려 혼란을 느끼게 될 것이다.

2) 인적 자산을 중시하는 조직문화 구축

조직은 구성원들이 조직체가 자신들을 임파워먼트시키기 위해 노력하고 있다는 것을 느낄 수 있도록 인적 자산을 중시하는 문화를 구축하여야 한다. 구성원들은 그들의 직업과 조직에 대해서 긍지를 느껴야 하며, 다른 구성원들과 문제를 해결하기 위해 함께 일하고 있다는 동료애를 느껴야 한다. 또한 구성원들은 자신들이 존중받고 있으며, 자신들의 의견이 경청되고 있다는 것을 느낄 수 있어야 한다. 이런 감정을 느낄 수 있어야 개인은 자신이 맡은 일에 주인 의식을 갖고 성과향상을 위해 열성을 다해 노력하게 된다.

3) 실패에 대한 격려

임파워먼트는 새로운 아이디어를 생각해 내고 과거의 관행에 얽매이지 않고 새로운 행동 방식을 실험해 나가는 것을 권장한다. 따라서 이에는 위험이 수반되기 마련이다. 조직은 구성원들이 이러한 위험을 감수하고 업무를 주도적으로 추진하는 동안 발생하는 실패에 대해서는 그것을 인정하고 격려하는 문화를 가져야 한다. 만약 업무 수행시 발생한 실수에 대해 강력한 제재가 가해진다면, 대부분의 조직구성원들은 상급자의 허락을 받기 전에는 새로운 업무를 수행하려고 하지 않을 것이다.

4) 공정한 보상

임파워먼트된 구성원들은 그들의 책임감의 증가에 따라 보상이 이루어져야 한다. 성공에 대한 적절한 보상은 생산성을 향상시키고 조직에 대한 관심도 및 몰입도를 제고시킬 수 있는 방법이다. 공정하고 적절한 보상을 통해 조직은 구성원 모두가 자신의 능력 개발을 위해 열심히 노력하고, 신바람나게 일할 수 있는 조직 풍토를 구축할 수 있다.

모든 관리자들은 조직문화의 일부로서 이러한 환경이 확립될 수 있도록 해야한다. 만약 이러한 환경이 조직의 기본으로 확립될 수 있다면 임파워먼트 실행의 성공 가능성은 매우 높을 것이다. 그러나 그것만으로는 충분하지 못하다.

5) 역할 재정립의 마인드 개발

조직이 아무리 훌륭한 관리 방식이나 시스템 구축을 통해 임파워먼트를 지원하는 환경을 구축한다고 해도 구성원들 스스로 임파워먼트되기를 원하지 않는다면 아무런 소용이 없다.

결국 임파워먼트의 핵심은 조직의 구성원들이 얼마나 능동적으로 조직내에서 자신의 역할 수준을 재정립하고 이를 실행해 나가려고 하는 마인드를 확립하느냐 하는 데 있다. 아직도 많은 조직구성원들은 스스로 주도권을 쥐고 업무를 수행하기보다는 현실에 안주하는 위험 회피적인 태도를 갖고 있는 경우가 대부분이다. 따라서 조직은 교육 등 다양한 방법을 통해 개인들이 다음과 같은 특성을 갖도록 하여야 한다.

- 전체적인 전략 방향이 제시되면 조직구성원들은 그들의 업무 목표 달성방법의 선택에 대한 재량권을 갖고 의사결정을 할 수 있어야 한다.
- 조직 구성원들이 자신이 하는 일에 대해 주인의식을 갖고 열정을 바치도록 하여야 한다.
- 담당 과업을 제대로 수행할 수 있는 능력을 보유하고 있으며, 또한 자신들의 능력을 통해 업무목표를 달성할 수 있다는 자신감을 가질 수 있도록 하여야 한다.
- 구성원들이 자신의 수행과업에 대해 영향력을 가지고 있으며, 상급자

나 동료들이 자신의 의견을 존중하고 있다고 느낄 수 있어야 한다.

6) 능력과 리더십의 조화

임파워먼트에 관한 많은 문제점들은 구성원들의 능력과 관리자들의 리더십 스타일이 제대로 조화되지 못했기 때문에 발생한다. 따라서 임파워먼트가 성공적으로 실행되기 위해서는 구성원들의 능력 정도에 따라 적절한 리더십이 발휘되어야 한다.

만약 구성원들이 임파워먼트를 실행할 수 있는 능력이 전혀 갖추어지지 않는 상황이라고 판단되면 명령/지시 위주의 통제형 리더십이 성과를 달성하는데 더 바람직하다. 능력이 부족한 구성원들에게는 교육과 보다 밀접한 통제가 필요하다. 따라서 리더는 부하들에게 전체 과업을 분담해 수행하도록 하며 업무조정과 통제를 수행하여야 한다. 동시에 지속적인 교육을 통해 과업에 대한 주인의식과 고난이도의 과업을 수행할 수 있는 능력을 개발시켜 나가야 한다.

반면 어느 정도 능력이 갖추어진 구성원들에게는 재량권을 일부 부여하는 대신 구성원들이 취약한 부분에 대해서는 어느 정도의 의사결정권을 유지하는 참여적 리더십이 적절하다. 마지막으로 임파워먼트를 실행할 수 있는 충분한 능력을 구비하고 있는 구성원들에게는 조언과 폭넓은 가이드라인만 제공하고 모든 과업에 대한 재량권을 업무수행자에게 부여하는 코치형 리더십이 적절하다.

임파워먼트에 대한 준비가 전혀 되지 않은 구성원들에게 코치형 리더십을 적용한다면 효과보다는 오히려 부작용이 더 클 것이다. 마찬가지로 구성원들의 능력이 아무리 높다 할지라도 통제형 리더십을 적용한다면 임파워먼트가 발생될 수 없다. 조직은 구성원들의 능력에 따라 책임감의 정도를 적절하게 조정하고, 동시에 능력 개발을 도모함으로써 결과적으로 구성원들이 임파워먼트되어 스스로 업무를 처리할 수 있도록 만들어야 한다.

읽을 거리

신뢰와 공정성의 중요성

[사례 1]

칠천량에서 원균이 이끄는 조선수준이 완패한 이후 이순신 장군은 다시 삼도수군통제사가 되었다. 그러나 배도 군사도 없는 해군사령관이었다. 그에게 남은 것은 재기를 위한 뜨거운 열정과 용기, 그리고 백성들과 군사들로부터의 신뢰뿐이었다.

위급한 전쟁의 와중에서 이순신은 반손으로, 그것도 빠른 기간 안에 군사와 물자를 모았다. 또 많은 사람들이 "장군이 다시 오시니 이제는 살게 되었다"라며 스스로 돕겠다고 모여들었다. 어떻게 이것이 가능할 수 있었을까. 많은 사람들이 인간적으로 그를 믿었고 연전연승한 장군의 능력을 높이 평가했기 때문이다.

물질적으로 가진 것은 적었지만 '신뢰'라는 재산을 크게 쌓았다는 점에서 장군은 정말 부자였다. 그가 주위로부터 신뢰받을 수 있었던 것은 정직하고 원칙에 충실한 몸가짐 때문이었다. 그는 출장갈 때 지급받은 쌀에서 남은 것이 있으면 반드시 도로 가져와 반납했다. 또 상관이 자기와 친한 사람을 무리하게 승진시키려 하자 이를 저지시킨 적도 있다. 이런 성품 탓에 이순신은 윗사람에게는 미움을 사기도 했으나 부하들은 그를 진심으로 신뢰했다.

우리는 예부터 진퇴가 분명해야 훌륭하고 믿음직한 사람으로 여겼다. 이순신은 강직한 성품으로 세 번 파직당하고 두 번 백의종군했다. 이런 시련 속에서도 그의 인생관은 조금도 흐트러짐이 없었다.

이순신의 부하사랑 역시 남달랐다, 장수로서 품위가 없다고 모함을 받을 정도로 부하들과 마음을 트며 같이 일했다. 어려운 사람을 돕는 일에도 앞장섰다. 궁색한 사람에게 옷을 벗어준 일화도 있다. 이순신의 이같이 강직하고 따뜻한 성품과 백전백승의 전적으로 그를 믿고 따르는 사람이 많았다. 이순신은 오랫동안 쌓은 신뢰라는 재산을 바탕으로 위급한 상황에서도 군사를 모으로 전쟁을 승리로 이끌었던 것이다.

〈이상 자료: 지용희(2004), 경제전쟁시대 이순신을 만나다, 디자인하우스, p. 57〉

[사례 2]

칭기스칸은 4준마와 4맹견처럼 인간관계를 맺은 평생동지, 평생형제들과 꿈을 공유하기 위한 새 제도를 도입한다. 당시 전쟁에서 승리한 부족은, 패퇴했거나 항복한 부족으로부터 우선 가축부터 빼앗았다. 몽골인들에게는 그 전리품을 누가 얼마나 차지하느냐가 매우 중요한 문제였다.

칭기스칸이 전리품 획득과 배분에서 새로운 조치를 내리기 전까지는 일종의 선착순 약탈방식이 지배했다. 적이 달아난 뒤 적진에 먼저 도착한 순서대로 전리품을 취했다. 개인적 약탈이었던 셈이다. 이 방식에선 맨 앞에서 싸우는 사람만 득을 볼 수밖에 없다. 뒤에 서거나 간접적으로 전투를 도운 사람, 다른 사정으로 전투에 참여하지 못한 사람에게는 돌아오는게 없다.

칭기스칸은 이런 불공평을 해소하고, 조직 전체 전투력과 소속감을 높일 목적으로 혁신적 조치를 단행한다. 전리품을 공동몫으로 두고 누가 얼마만큼 공을 세웠느냐에 따라 나눠갖는 공동분배제였다. 이 방식에서는 선봉에 선 사람은 싸운만큼 자기 몫을 차지하고, 뒤에서 싸움을 도운 사람에게도 몫이 돌아간다.

예를 들면 활이나 칼을 만들고 수리하는 사람도, 척후병으로 적을 발견한 사람도, 말발굽을 고친 사람도 전리품을 챙길 수 있다. 조직원들은 어디서 어떻게 근무하든 최선을 다해야 다른 사람보다 많이 배분받을 수 있다. 결과적으로 조직전체 전투력이 올라가게 마련이다.

원대한 비전제시와 개인적 약탈금지로 칭기스칸의 병사들은 성취욕에 불탔다. 전쟁에서 승리하면 기여한만큼 댓가가 반드시 돌아온다는 믿음도 갖게 됐다. 이는 숫자가 적은 칭기스칸 군대가 엄청나게 많은 상대방을 제압한 비결이기도 하다.

〈이상 자료: 김종래(2003), CEO칭기스칸, 삼성경제연구소, pp.63~64〉

토론문제

1. 자발적인 모티베이션이 중요한 이유를 조직성과와 관련하여 설명하여 보시오.
2. Maslow의 욕구이론에 따를 경우 소속 및 애정의 욕구가 강한 부하에게는 어떠한 동기부여수단을 활용할 수 있을까?
3. 공정성이론의 주장에 따를 경우 불공정성이 지각되었을 때 조직구성원들의 행동은 어떻게 나타날 수 있을까?
4. 조직 내 권력의 원천을 유형별로 구분하고 각각의 사례를 찾아 보시오.
5. 카리스마 리더십과 변혁적 리더십에서 강조하는 내용을 찾아 정리하고 최근의 사례를 찾아 토론하여 보시오.
6. 리더가 갖추어야 할 요건으로 신뢰의 중요성이 부각되는 이유는 무엇인지에 대하여 생각하여 보시오.
7. 임파워먼트가 중요시 되는 이유는 무엇이며, 장애요인과 촉진방안을 생각하여 보시오.

참고문헌 및 자료

1) 이에 대해서는 제1장 제3절 경영사상의 발전을 참조.

2) A. H. Maslow(1954), *Motivation and personality*, New York: Harper & Row.

3) F. Herzberg(1968), "One more time: How do you motivate employees?," *Harvard Business Review*, Jan.~Feb., pp. 56~58.

4) D. Hellrigel, J. W. Slocum, Jr. & R.W. Woodman(2001), *Organizational Behavior*, 9th eds., South-Western College Publishing, p. 145.

5) J. S. Adams(1965), "Inequity in social exchange," L. Berkowitz(ed.), *Advances in Experimental Social Psychology*, Vol. 2, New York: Academic Press, pp. 272~283.

6) R. Folger, R(1987), "Distributive and procedural justice in the workplace," *Social Justice Research*, 1, pp.143~159.

7) R. J. Bies & J. S. Moag(1986), "Interactional justice: Communication criteria of fairness," In R. J. Lewick, B. H. Sheppard & M. H. Bazerman(eds.), *Research in Negotiations in Organizations*, 1, Greenwich, CT: JAI Press, pp. 33~55.

8) V. Vroom(1964), *Work and Motivation*, New York: Wiley; D. Hellriegel, J. W. Slocum, Jr., and R. W. Woodman(2001), *op.cit.*, p. 374에서 재인용.

9) J. R. Gordon, R. W. Mondy, A. Sharplin and S. R. Premeax(1990), *Management and organizational behavior, Needham Heights*, Massachusetts: Allyn and Bacon, pp. 450~451.

10) E. A. Locke and G. P. Latham(1984), *Goal setting: A motivational technique that works*, Englewood Cliffs, N. J: Prentice-Hall.

11) B. F. Skinner(1954), *Science and human behavior*, New York: MacMillian.

12) C. Williams(2002), *Management*, South-Western College Publishing., pp. 669~671.

13) D. Hellrigel, J. W. Slocum, Jr. & R. W. Woodman(2001), *op.cit.*, pp. 271~274.

14) B. M. Bass(1990), From transactional leadership to transformational leadership: Learning to share the vision, *Organizational Dynamics*, 18, pp.19~36.

15) 김범열, "잠재력 창의력 일깨우는 임파워먼트의 성공요건," LG주간경제, 461호, LG경제연구원, 1998. 4.

제 8 장

통 제

이 장을 공부하고 나면

1. 통제란 무엇이며, 왜 중요한지를 이해할 수 있습니다.
2. 조직 내에서 통제가 수행하는 기능과 역할을 이해할 수 있습니다.
3. 효율적인 통제시스템이 지녀야 할 요건에 대하여 인식할 수 있습니다.
4. 기본적인 통제의 절차에 대하여 이해할 수 있습니다.
5. 기업현장에서 활용가능한 다양한 통제의 기법과 내용에 대하여 알 수 있습니다.
6. 통제의 실패가 어떠한 결과를 가져올 수 있는지를 알 수 있습니다.

이 장의 주요 목차는

워밍업

통제는 조직의 성과를 평가함으로써 그 목표달성정도를 확인하는 경영관리기능이다. 따라서 통제의 기준이 되는 것은 앞서 제5장에서 살펴본 계획이며, 결과적으로 계획과 통제는 동전의 앞뒷면의 관계와 같다고 할 수 있다.

효과적인 통제가 이루어짐으로써 경영자는 조직의 활동을 감시하고, 목표와의 차이를 비교할 수 있으며, 차이에 대한 수정조치를 취할 수 있고, 미래의 행동방향 및 의사결정에 대한 중요한 정보를 확보할 수 있게 된다. 통제를 통한 확인된 정보는 차후 계획에 반영되어 계획의 수정을 가져오게 되며, 이를 통하여 조직과 지휘의 과정도 달라지게 될 수 있다. 즉, 계획에서 조직, 지휘, 통제에 이르는 과정은 계속적으로 반복하는 사이클을 지니게 된다. 따라서 효율적인 통제시스템은 확실성, 적시성, 경제성 등과 같은 다양한 요건을 충족시킬 수 있어야 한다.

통제의 기본적인 과정은 표준계획의 설정→성과측정→차이분석→수정조치와 같은 4단계를 통해 이루어지며, 이와 같은 과정에서 여러 가지 통제기법을 활용할 수 있다. 전통적인 통제기법으로는 예산통제기법, 손익분기분석법, 전통적 자료이용법, 영업실적법, 개인적 관찰법, 내부감사 활용법 등이 있으며, 근대적 경영통제기법으로는 MIS기법이나 OR기법 등이 활용된다. 통제는 전통적으로 재무관리분야에서 발달되어 왔으나 생산분야, 마케팅분야, 인적자원관리분야 등 대부분의 경영관리분야에서 폭넓게 활용된다.

그럼에도 불구하고 실제 현장에서 통제는 때때로 조직적 상황에 의해 무시되거나 지나친 자율성의 강조로 인하여 소홀하게 다루어지기도 한다. 그러나 설마하는 생각으로 무시된 통제는 엄청난 재앙과 실패를 가져올 수 있다는 점을 '챌린저호'의 사고는 분명하게 보여 주고 있다.

주요 용어와 개념

- ▶ 통　　제
- ▶ 통제의 기능
- ▶ 내부통제제도
- ▶ 통제의 기본방침
- ▶ 통제시스템의 요건
- ▶ 시장통제
- ▶ 공유에 의한 통제
- ▶ 사전통제
- ▶ 피드백통제
- ▶ 통제의 절차
- ▶ 차이분석
- ▶ 예산통제
- ▶ 손익분기분석법
- ▶ 요소비교법
- ▶ 내부감사
- ▶ 재무제표분석
- ▶ 재무비율분석
- ▶ 재고관리기법

제 1 절

통제의 의의와 중요성

1. 통제란?

모든 경영활동은 계획에서부터 시작하지만 계획대로 이루어지는 것은 아니다. 그래서 그 계획을 수행할 때 계획과 목표에 맞는지 검토해야 하고 계획과 비교하여 잘못된 결과가 나오면 계획에 맞게 결과가 나올 수 있도록 통제(control)를 해 주어야 한다.

통제란 현재 조직의 목표를 달성하기 위해 수립한 계획이 의도대로 달성되었는지를 확인하기 위해 경영성과를 측정하고 목표와 성과 간의 차이를 분석해 이 차이를 최소화할 목적으로 이루어진다. 이러한 관점에서 통

도표 8-1 스테이너의 경영계획 모형

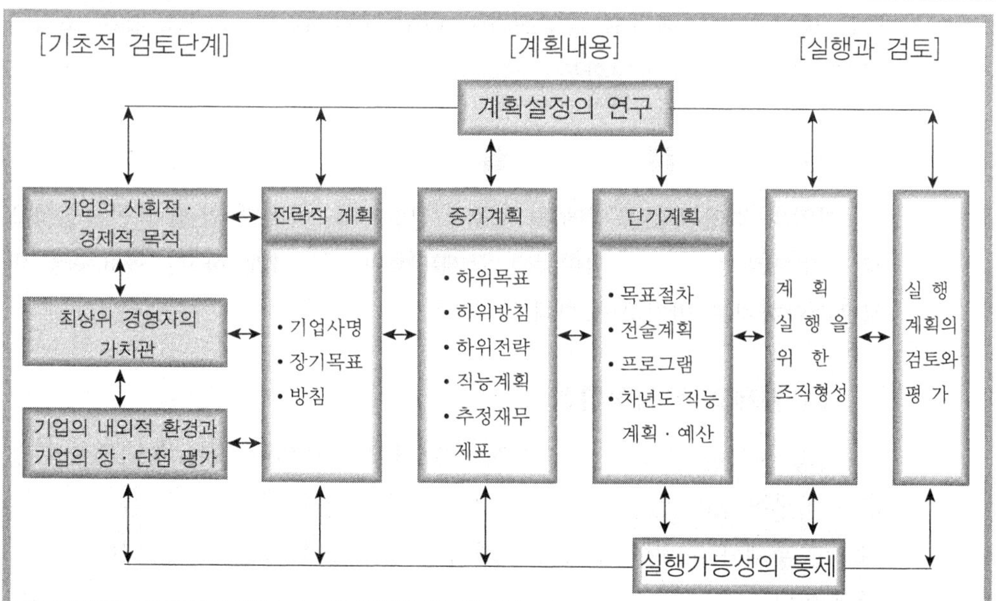

제는 다음과 같이 정의할 수 있다.

- 통제란 계획에 따라 기업의 목표가 달성될 수 있도록 어떤 조치를 취하는 과정이다.
- 통제란 기업에서 수립한 목표가 제대로 달성되고 있는지 감시하는 과정이다.
- 통제란 목표와 성과 간의 차이가 있을 때 이를 최소화하여 조직의 목표달성의 효과성을 높이기 위하여 시정하는 과정이다.

한편 스테이너(G. Steiner)는 그의 경영계획모형에서 통제란 계획을 수립하고 이의 실행단계 및 계획의 평가단계뿐만 아니라 세부적인 계획의 수립단계에서도 정보를 반영하여 새로운 계획을 설정해야 한다고 말하고 있다. 이는 통제 실행의 결과가 계획수립으로 다시 피드백될 필요가 있다는 것을 보여 주고 있다.[1]

2. 통제의 중요성

경영활동에서 통제가 중요한 이유는 대부분의 계획이 본래의 계획과는 다른 방향으로 실행되고 경영조직이 더욱 복잡해지면 그만큼 많은 조직구성원 및 부서 간의 조정활동이 필요하기 때문이다.

(1) 기업 경영환경의 불확실성

기업의 경영환경은 언제나 유동적이다. 즉, 이러한 환경의 불확실성으로 기업으로 하여금 조정활동과 통제활동이 필요하게 하고, 목표수정 및 목표수단까지도 변경하게 한다.

(2) 통제의 목적적합성

가장 적합한 통제는 조직의 목적을 달성하기 위한 방향대로 목표와 성과가 이루어지고 있는지를 확신시켜 준다. 이는 통제의 효율성을 결정하는 기준이 통제가 조직의 목적에 적합하여 얼마나 목적달성을 용이하게 하느냐에 있다.

(3) 권한 위양

최근의 경영은 조직의 구성원을 경영활동에 참여시키는데 이는 권한을 위임하고 조직구성원으로 하여금 하나의 팀 차원에서 업무를 하도록 하는데 있다. 권한을 위임함으로써 경영자의 책임이 감소되는 것은 아니며 경영통제과정에 있어서의 변화를 의미한다.

(4) 성과의 확인

경영자는 원하는 성과수준을 달성할 수 있도록 경영계획을 수립할 수도 있고, 실행조직도 설계할 수 있으며, 종업원들을 동기부여시켜 성과달성을 할 수도 있다. 그러나 성과가 달성되고 있는지의 여부는 통제기능을 통해서만 확인가능하다.

(5) 미래의사결정에 영향

통제활동은 미래 의사결정을 위해 경영층에게 피드백하는 기능을 가지고 있고, 조직구성원에 대한 영향력과 보상을 통한 조직의 역동성을 억제하는데 도움이 될 수 있다.

(6) 비교기능

실제성과와 표준성과 간의 일치 정도를 활동의 시작시점과 진행 중, 종료된 시점에서 비교하는 기능을 갖고 있다.

3. 통제의 기능

통제의 경영활동에서의 기능은 감시기능, 비교기능 편차의 수정, 미래의사결정에 영향 등이 있다.

(1) 감시기능

통제시스템은 조직이 원하는 성과를 이룰 수 있도록 조직의 모든 활동을 감시하는 일을 하고 적절한 행동을 하고 있는가를 확인하는 기능을 한다.

(2) 비교기능

실제성과와 표준성과 간의 일치 정도를 활동의 처음부터 끝까지 비교하여 의사결정에 보고하는 기능을 갖는다. 이때 비교에서 중요한 것은 실제치와 표준치와의 편차의 정도를 파악하는 것으로 경영자는 편차의 범위를 정해야 한다.

(3) 실제성과와 표준성과 편차의 시정조치

통제는 기준으로부터 떨어진 편차를 시정하는 기능을 가지고 있다. 이는 통제의 기본적 시정조치이다.

(4) 미래의사결정에 영향

통제는 미래의 의사결정을 위해 최고 경영층에 피드백하는 기능을 가지고 있다. 즉 조직구성원에 대한 영향력과 보상을 통해 조직의 역동성 통제 및 구성원에 대한 동기부여의 정보를 제공해 준다.

잠깐 쉬어갑니다

내부통제제도의 개선

우리의 내부통제제도는 사회와 업무환경의 다양성, 복잡성, 및 급속한 변화에 더 이상 대처가 불가능한 제도이며 이는 여러 가지 금융기관의 대출사건'으로도 충분히 알 수 있다.

그러므로 새로운 개선책이 필요하다. 특히 우리 기업 등 조직이 수 년 전 팀제를 도입하면서 필수적인 제도적 기반 조성을 소홀히 해서 이제 그 문제점이 폭발적으로 노출되고 있으며 이에 대한 점검이 필요한 때이다. 팀제는 조직의 군살을 빼고 신속한 의사결정에 의한 업무효율성 증대를 가져올 수 있는 제도다. 그러나 이 제도는 조직의 슬림화와 권한 이양으로 감시감독체계가 약화되고, 직원의 정보접근 용이로 정보유출의 위험성과 이에 따른 위법행위의 증가 가능성이 높아질 위험을 안고 있다. 이런 기업 환경에서 효율적인 팀 제도를 운영하기 위해서는 우선 모든 직원의 업무전문성 확보, 직무윤리 강화, 내부통제의 강화, 위험관리체계 구축 등이 반드시 필요하다.

미국에서는 기업환경 변화에 따라 지난 1992년도에 새로운 내부통제제도를 도입하였고 이를 사회조직 전반에 확대하고 있다. 그들은 기업에 위기를 주는 위험이 급속하게 닥치고 이를 관리하기 위한 기존의 규정과 제도가 시기적절하게 따라갈 수 없으며, 기업에 위험을 주는 가장 큰 요소이면서도 관리가 어려운 직원들의 위법행위에 대해 기존의 내부통제제도로는 통제가 불가능함을 인식하고 이를 강화하기 위한 조치를 취했다. 특히 기존 내부감사 기능으로는 조직 내 전체적으로 위법, 불법행위를 미리 예방할 수 없는 태생적 한계를 가지고 있다는 점에 주목했다. 이러한 새로운 조직 내 위험은 각 직원이 발생시키기도 하고 따라서 각자가 대처하고 관리할 수밖에 없는 특성을 가진다는 점에서 기존의 것과는 성격이 다른 것이다. 이러한 상황에서 그들은 모든 직원이 회사가 추구하는 가치와 목표, 원칙에 따라 행동해야 한다는 내부 직무윤리를 강화했고, 관리자의 감독책임, 직원의 위법행위보고체계, 위험자기평가제도(risk self assessment), 위험관리제도(risk management system), 자기감사제도(self audit system), 준법프로그램(compliance program) 등을 도입했다.

〈자료: 서울경제신문, 2000. 9. 18〉

제 2 절

효율적인 통제시스템

1. 통제의 기본방침

(1) 직무의 목적에 적합한 통제

최고경영자에게 필요한 통제 시스템과 권한의 위임을 받은 조직구성원이 직무를 위해서 필요한 통제 시스템은 그 성격과 내용이 달라야 한다는 의미이다. 분명히 각 부서 간의 통제는 그 성격이 다르며 또한 중소기업과 대기업과의 통제도 다르다.

예산(budget), 손익분기분석(BEP: Break-Even Point Analysis), 각종의 재무비율분석, 재고자산의 감가상각 방법, 재무제표의 분석 등과 같은 통제기법은 많은 기업의 경영실태를 전반적으로 분석하는 데 이용되고 있다.

그러나 이렇게 광범위하게 사용되는 각각의 통제기법은 모든 특정상황에 적용될 수 없는 경우가 많다. 따라서 경영자들은 조직의 목표와 집행을 실행하는 과정에서 이를 통제할 통제기법의 특성을 경영의 환경과 각각의 직무특성에 목적적합하도록 하여야 한다.

(2) 계획목표를 반영하는 통제

통제는 기본적으로 수립된 계획이 얼마나 잘 실행되고 있는지를 파악하고 감시하는 과정이라고 할 수 있다. 따라서 재무적인 목표, 고객만족성향, 경영혁신, 기업경쟁력 등에 대한 계획목표를 반영해야 한다.

(3) 편차를 분석, 구분할 수 있는 통제

가장 이상적인 통제는 편차가 발생하기 전에 발생가능한 편차를 탐지할 수 있는 것을 의미 하지만 현실적인 통제는 설정된 계획치와 결과치를 분석, 구분할 수 있어야 하며 필요한 정보를 신속하게 제공하여야 한다.

통제의 기본인 시정조치는 편차에 의해서 가능하기 때문이다. 이를 위해서는 여러 가지 지표를 계량화하여야 한다.

(4) 미래지향적 통제

경영자는 앞으로 어떤 문제가 발생할 것인가를 미리 통찰함으로써 문제가 일어나기 전에 정확하게 시정할 수 있는 통제기법을 준비하고 있어야 하는데, 이는 경영자의 예측력에서 비롯될 수 있다.

(5) 목표지향적 통제

통제가 목표실천을 위한 감시, 억제의 역할을 하기 때문에 통제는 항상 목표를 의식할 수 있어야 하며, 이러한 목표를 무시한 통제는 통제로서의 의미가 없다. 그리고 통제는 더욱 적극적으로 전제(前提)가 되는 목표를 수정하고 목표의 개선을 위한 오리엔테이션을 할 수 있는 특성을 갖출 수 있어야 한다.

(6) 탄력적 통제

통제는 여러 가지 예상치 못한 상황의 변화에 대비하기 위하여 항상 유동적이어야 한다. 이를 위해서는 여러 상황에 맞는 대체적 계획을 갖추고 있어야 여러 복잡한 상황에서도 목표가 잘 실현될 수 있다.

(7) 객관적 통제

계량화되었다고 해서 객관적인 통제가 되었다고 볼 수는 없으며 이를 위해서는 다수의 사람이 여러 번 측정할 수 있어야 하며 시행 전에는 반드시 비용과 효익을 따져봐야 한다.

2. 통제시스템의 요건

통제시스템이 갖추어야 할 요건을 살펴보면 다음과 같다.[2)]

(1) 확실성(accuracy)

불확실한 정보에 의한 경영통제는 통제행위를 제대로 수행하지 못하고 문제점이 발생한 정보가 발생해도 반응하지 않는 등의 결과를 초래한다.

(2) 적시성(timeliness)

목적적합한 통제는 적시성을 전제로 한다. 즉, 적시성이란 통제가 의사결정에 영향을 미칠 수 있는 능력을 상실하기 전에 정보를 제공하는 정도를 말한다.

(3) 경제성(economy)

통제시스템의 운영시 적절한 비용이 소요되어야 하는데 소요비용보다 효익이 더 초과되어야 한다.

(4) 유연성(flexibility)

효과적인 통제시스템은 다양한 변화에 적응할 수 있고 새로운 기회를 탐지할 수 있도록 유연하게 설계되어야 한다.

(5) 이해가능성(understandability)

통제가 이해가능하기 위해서는 통제 자체도 이해 가능한 형태로 제공되어야 하고 이해할 수 없는 통제는 아무런 가치가 없으며 오히려 불필요한 실수가 발생한다. 단, 통제가 목적 적합하여 이용되는 경우, 일부 이용자가 이해하기 곤란하다는 이유로 제외되어서는 안 된다.

(6) 합리적 표준(reasonable standard)

통제를 위한 표준은 합리적이고 쉽게 이용 가능하여야 하고 통제 이용자의 동기부여 및 달성 가능한 표준을 설정해야 한다.

(7) 전략적 배치(strategic placement)

경영상 발생하는 모든 문제를 통제할 수는 없다. 따라서 통제 이용자 및 경영자들은 전략적으로 성과에 중요하게 영향을 미칠 수 있는 문제를 통제해야 한다.

(8) 합리성(rationality)

통제수단을 결정시 각 부서의 통제시스템의 여건을 고려해야 하며 통제 이용자들로부터 지지를 획득해야 한다.

(9) 복수기준(mulit-criteria)

한 가지의 기준이 결과의 모든 것을 보여줄 수 없기 때문에 여러 개의 기준을 적용해서 통제할 수 있어야 한다.

3. 통제의 유형

(1) 통제의 강조점에 따른 분류

1) 시장의 통제(market control)

시장의 통제는 외부 시장매커니즘의 사용을 강조하는 통제 접근법으로 대개 경쟁이 심한 상황에서 기업들이 주로 이 접근법을 채택하고 있다. 이런 상황에서 각각의 사업부들은 이익 중심점의 역할을 수행하며 기업 전체의 이익에 대한 공헌도, 즉 전체 이익에 대한 비율에 따라 평가를 받는다. 이에 따른 통제기준으로는 경쟁사의 가격차이나 시장점유율 등이 사용된다.

2) 관료적 통제(bureaucratic control)

관료적 통제는 조직 차원에 대한 권위와 관리규칙, 규제정책 등에 중심을 두는 통제로 조직의 구성원들이 조직의 통제에 따라 올바른 행위를 수행하고 성과를 달성하는 것을 확신하기 위하여 사용된다. 이러한 유형의 통제는 행위의 표준화 정도와 직무기술서 및 예산과 같은 관리 메커니즘에 따라 평가하는 방법이다.

3) 공유(共有)에 의한 통제

공유에 의한 통제는 조직구성원의 행위가 공유된 가치, 전통, 규범, 신념 등의 규정을 받는 것을 강조하는 통제 접근법으로 개인과 집단의 실체를 적합하고 기대되는 개인의 과업행위와 성과측정을 통한 비전공유를 추구하는 매커니즘에 초점을 두고 있다.

팀제를 도입하고 있는 곳이나 기술이 급변하는 곳에서 주로 사용되며 최고 경영자에서부터 말단 사원에 이르기까지 조직에서 중요한 것이 무엇인지를 알고 공유를 하고 있어야 한다.

(2) 행위의 시간순서에 따른 분류[3)]

1) 사전통제

사전통제는 예측될 수 있는 문제점을 탐지하여 사전에 제거해 주고 통제가 행위에 앞서서 수행되므로 가장 이상적인 통제방법이다. 사전통제의 가장 중요한 핵심은 어떤 문제점이 발생하기 전에 경영조치를 취한다는 점이다. 종업원의 적절한 교육훈련이나 효과적인 내부통제시스템의 구축이 바람직하다.

2) 실행통제(동시통제)

어떤 행위가 실행 중일 때 이루어지는 통제방법으로 실행 중일 때 통제를 함으로써 사후에 발생하게 될 지도 모르는 문제점을 사전에 제거할 수 있다. 수정비용이 적게 들고, 지체없이 적시에 통제가 이루어지며 관리자가 직접 현장에서 업무를 감독할 수 있다. 적절한 경영정보 시스템이 필요하다.

3) 사후통제(피드백 통제)

가장 널리 사용되는 통제기법이다. 이는 어떤 행위가 일어난 후에 통제가 되는 것으로 경영자 또는 조직구성원들이 문제에 대한 정보를 알았을 때는 이미 그 문제가 종료되어 있기 때문에 결과를 변경시키거나 새로운 결과를 생성시킬 수 없다는 한계점이 있다.

반면에 피드백을 통한 경영자들 자신의 계획의 효율성에 대한 정보를 알 수 있으며, 미래에 유사한 계획을 수립하는데 도움을 주며, 종업원 자신들의 과업수행 결과에 대한 동기부여를 할 수 있다는 장점도 가지고 있다. 그러므로 실제 많은 부문에서는 사후통제가 쉽게 활용되고 있다.

도표 8-2 경영통제의 시기별 형태

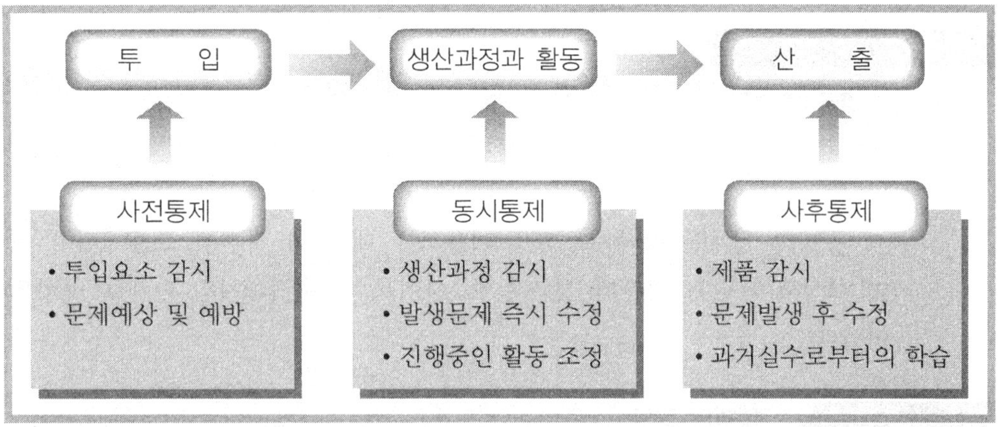

제3절

통제의 절차

통제의 절차는 통제시스템을 이용하는 데 있어 사전에 표준계획이 이미 설정되어 있는 가운데 성과측정, 차이분석, 수정조치의 단계로 구성되어있다.[4)]

도표 8-3 통제의 절차

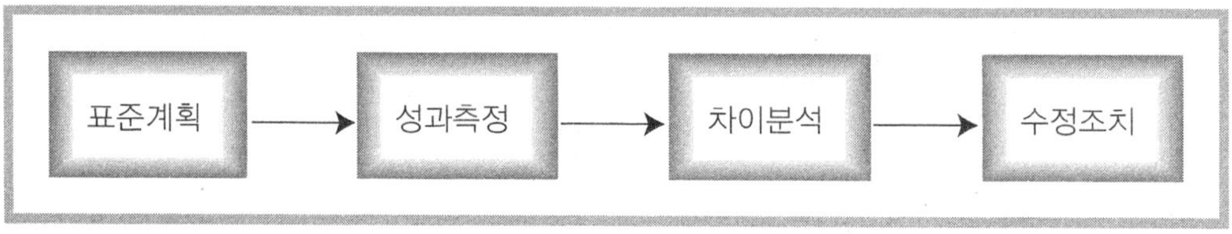

1. 표준계획 설정

표준계획은 경영통제가 적용될 수 있는 기초가 되므로 계획의 수립은 매우 중요하다고 볼 수 있다. 여기서 표준(standard)이란 성과를 측정하기 위하여 설정해 놓은 판단의 기준 또는 통제기준을 의미한다. 여기에는 산출기준과 투입기준이 있다.

도표 8-4 산출과 투입의 비교

구 분	산출(output)기준	투입(input)기준
정의	양, 질, 비용 및 시간측면에서 산출의 결과인 성과를 측정하는 것을 말한다.	성과를 달성하기 위해 투입된 자원의 이용정도
예	오차율, 단위기간 내 생산량, 예산초과액 등	연구개발비, 1인당 교육훈련시간, 인력투입률 등

2. 성과측정

성과측정은 성과를 점검하고 측정하는 경영통제의 중심적 단계로 조직 내에서의 성과측정은 지속적으로 이루어져야 한다. 또한 효과적인 통제를 위해서는 관련된 성과측정치가 타당하여야 하며 목적 적합하여야 한다.

(1) 경영자들의 성과측정방법

성과를 측정하기 위한 정보획득 수단에는 관찰, 통계보고서, 구두보고, 서면보고 등이 있으며 하나의 방법에 다른 방법을 중복해서 사용 할 수 도 있으며, 이는 경영자가 어떻게 활용하는가에 따라 달려 있다. 실제로 현장에 나가 종업원들의 활동과 성과를 관찰 또는 조사를 할 수 있으며 구두 또는 문서로 받은 보고 중에서 계수나 사실을 분석하여야 한다.

도표 8-5 성과측정을 위한 정보획득 수단의 장·단점

정보의 원천	관 찰	통계보고서	구두보고	서면보고
장 점	가장 정확한 즉각적 조치	객관적	즉각적 조치	대규모의 조직에 적합
단 점	대규모 조직에 불가능	조작 가능성	주관 개입	사실의 왜곡

(2) 성과측정항목의 적합성

잘못된 평가기준을 설정하게 되면 여러 가지의 문제점을 초래하게 되며, 조직의 구성원들은 측정항목에 의해 행동하므로 오히려 성과측정방법보다는 성과측정지표가 더 중요할 수 있다. 대부분의 통제항목은 각 부문별로 구분되어 있으며 이를 구분하여 보면 다음과 같다.

1) 생산부문

생산단위를 책임지고 있는 관리자의 경우에는 효율성에 관련된 부문에 중심을 두어야 하며 일일 생산 단위량, 불량률, 반송률, 1인당 생산량 등에 대한 항목을 측정해야 한다.

2) 관리부문

관리 및 지원 부문의 관리자는 타 업무에 대한 지원과 협조, 종합적 서비스에 중점을 두어야 하며 일일 보고서 수량, 시간당 처리 건수, 타 부문의 협조사항 처리시간 등을 측정할 수 있다.

3) 영업부문

영업부문의 관리자나 임원은 시장이나 고객과 관련되어 있는 부분에 대하여 초점을 두어야 하며 이들은 시장점유율, 판매 총가치, 영업인력 1인당 고객 방문횟수 등을 측정할 수 있다.

(3) 계량화하기 어려운 과업의 측정

모든 활동들에 대해서 결과 또는 성과를 측정하기란 어려움이 있다. 그러나 대부분의 활동은 세분화될 수 있으며 측정 가능한 목표로 전환할 수 있다. 만일 성과측정지표를 계량화할 수 없다면 관리자는 새로운 측정지표를 찾아야 하며 또한 측정지표를 개발해야 한다.

3. 차이분석

현실적으로 성과기준과 실제성과와의 차이는 존재한다. 측정되는 성과가 기준보다 높을 수도 있고, 낮을 수도 있으며, 동일할 수도 있다. 경영자는 이러한 차이를 분석하여 [도표 8-6]과 같이 허용할 수 있는 차이를 어디까지 할 것인가를 결정하여야 한다. 차이분석하는 방법으로는 구두보고 또는 서면보고 중에서 분석하기도 하고, 실제 현장에서 종업원의 활동과 성과를 관찰 또는 조사를 할 수 있다.

4. 수정조치

수정조치는 경영통제의 마지막 단계로 기준과 성과 간의 차이를 수정하고 평가하여 시정하는 것으로 업무집행의 결과와 목표의 기준이 맞지 않을 때, 즉 우발적인 작업조건의 변경, 종업원의 교육이나 능력의 결여, 계획이나 기준설정의 부적절, 경영자의 리더십 결여 등의 상황에서 이루어진다. 수정하는 방법으로는 내·외부환경조건의 수정, 종업원의 교육훈련의 수정, 경영자의 리더십 및 동기부여방법의 수정 등이 있다.

도표 8-6 허용가능한 변동범위

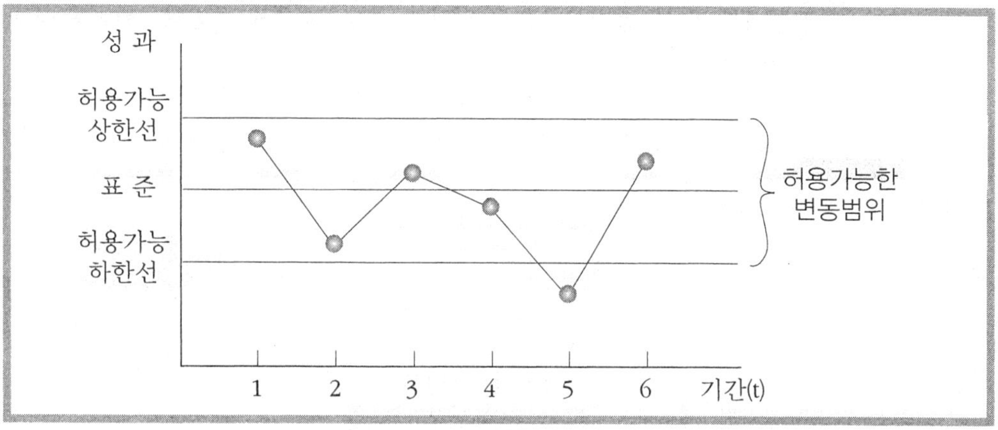

제 4 절 경영통제의 기법과 분야

경영통제를 위한 방법은 [도표 8-7]과 같이 전통적 방법과 현대적 방법으로 구분할 수 있다.

도표 8-7 경영통제의 구분

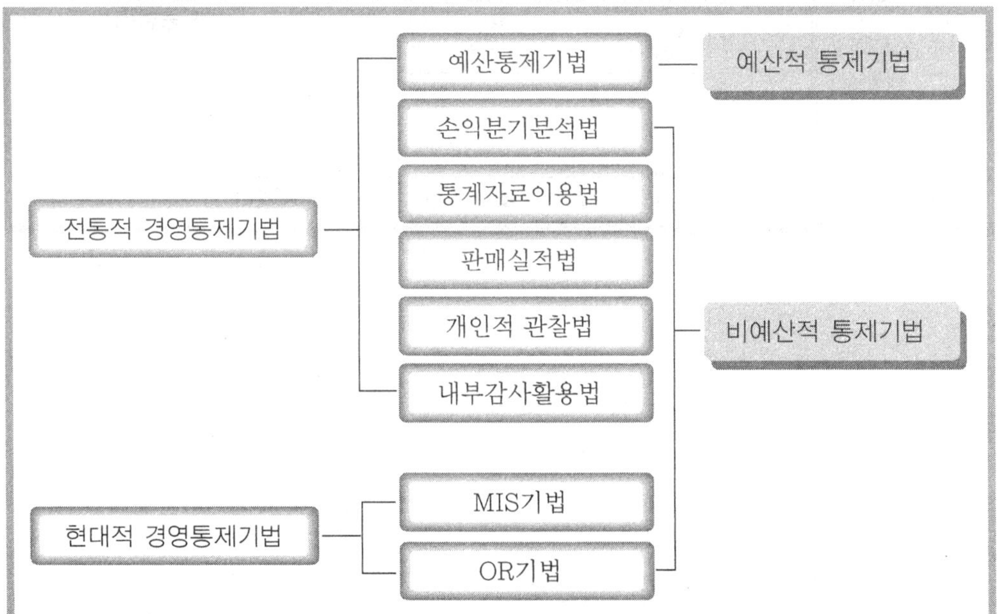

1. 전통적 경영통제기법

(1) 예산통제법

1) 예산통제란?

예산통제(budget control)란 예산을 기준으로 예산과 실제 업무성과의 차이를 분석하는 관리방법을 말한다. 예산(budget)은 주어진 기간에 걸쳐 계획된 활동을 수행하기 위하여 작성된 수치화된 계획으로 조직의 각 수준에서 계획을 수립하고 통제를 하기 위한 수단으로 이용된다.

이와 같이 예산이 통제수단으로 이용되는 중요한 이유로는 다음과 같다.

- 예산은 화폐적 가치로 표시되기 때문에 조직의 활동을 위한 공통기준이 된다.
- 예산은 확실한 성과기준을 제공하는 역할을 한다.
- 예산은 자원활용의 향상을 위한 용도나 성과목표 달성과정의 사후통제수단으로 이용될 수 있다.

2) 예산의 유형

예산은 운영예산(operating budget)과 재무예산(financial budget)으로 나누어질 수 있다. 먼저 운영예산이란, 예산기간 동안 사용해야 할 것으로 예상되는 재화와 서비스를 나타내는 예산을 의미한다. 이는 다시 비용예산(expense budget), 수익예산(revenue budget), 이익예산(profit budget)으로 세분화할 수 있다.

도표 8-8 운영예산의 비교

구 분	비용예산	수익예산	이익예산
비 교	예산기간 내에 사용할 비용에 관한 예산으로 변동비와 고정비가 포함된다.	정상적인 영업을 통해 얻을 수 있는 수익에 관한 예산	수익에서 비용을 차감한 미래이익에 관한 예산

재무예산에는 현금흐름예산(cash flow budgets), 자본적 비용예산(capital

도표 8-9 재무예산의 비교

구 분	현금흐름예산	자본적 비용예산	대차대조표 예산
비 교	조직이 영업활동을 위하여 필요하다고 예상한 현금수입과 지출에 관한 예산	새로운 기계, 토지구입 등과 같이 자본적 비용에 대한 예산	조직의 전체적인 자산, 자본 및 부채에 관한 대차대조표를 예측한 예산

expenditures budgets), 대차대조표 예산(balance sheet budgets)으로 나누어 질 수 있다.

(2) 손익분기분석법

손익분기분석(break-even analysis)이란 생산비, 판매량, 판매가격이 변할 때 이익의 변화를 분석하는 것으로 비용, 매출액(량), 이익분석이라고도 한다(CVP: cost-volume-profit).

손익분기분석을 협의로 해석하는 경우에 손익분기점(BEP: break-even point), 즉 수익과 비용이 일치하여 이익이 0이 되는 판매량 또는 매출액을 분석하는 것을 의미하며 광의로 해석하는 경우는 비용, 매출액, 이익의 관계를 분석하는 것을 의미한다.

오늘날에는 기업의 경영계획이나 단기이익계획 등을 수립할 때에는 손익분기분석이 활발하게 활용되고 있고, 비용, 매출액, 이익을 분석함으로써 기업의 이익구조 및 기업의 안전도를 알 수 있어 경영관리에 공헌을 할 수 있다.

(3) 통계자료이용법

기업경영활동의 수많은 측면을 분석하기 위하여 오늘날 여러 가지 통계자료를 동원하고 있다. 왜냐하면 경영통제를 하기 위한 가장 쉬운 방법인 각종 통계자료의 비교, 검토, 분석을 통해서 간단히 경영통제를 할 수 있기 때문이다. 따라서 통계적 자료의 정확한 수집, 분석, 평가가 바로 합리적인 경영통계의 결과와 직결되는 원인이 된다.

통계자료의 활용방법으로 여러 방법을 활용할 수 있으나, 도표에 의한 방법이 효과가 크다. 왜냐하면 경영자가 통계전문가가 아니더라도 통계적 수치를 도표로 표시함으로써 경영현상을 객관적으로 판단할 수 있기 때문이다. 특히, 표준과 실제 측정치의 경향, 즉 과거의 추세를 관찰하고 미래의 추세를 판단 할 수 있으므로 도표에 의한 방법을 많이 활용한다.

(4) 판매실적법

판매예측의 전형적인 방법으로 전기의 판매실적에 의한 현재와 미래의 판매량을 예측, 통제하는 방법으로서 전기의 통계자료를 이용한다는 점에서 통계적 자료이용법과 비슷한 성격을 갖는다.

(5) 개인적 관찰법

예산과 통계자료이용 등과 같은 통제기법은 매우 실용적인 것은 사실이나 이러한 방법만으로는 완전한 경영통제를 달성하기는 힘들다. 앞의 판매실적, 통계자료이용과 같은 방법은 경영자의 계획대로 잘 실행되는가를 확인하는 데는 도움이 되지만, 아직도 통제의 마지막 관건은 인간의 행동을 측정하는 데 있다. 목표계획의 달성은 인적자원요소의 능력과 과학적 수단에 의해 좌우되고 있다고 하지만 인간의 행동을 이해하고 측정하여 통제하기는 쉽지 않다. 따라서 행동과학적인 방법을 이용하여 개인의 능력과 가능성 및 개성을 관찰한 자료를 통제수단으로 이용하는 방법이다.

(6) 내부감사 활용법

내부감사에는 협의의 의미로 내부회계감사 외에도 넓은 의미로 정책, 권한의 행사, 경영진의 능력, 경영진의 경영방식의 효율성 등 경영 전반에 대한 정기적이고 독립적인 평가에 관한 내용을 포함하고 있기 때문에 경영자들, 즉 기업조직의 계획 및 정책을 직접 집행하는 경영자들은 내부감사에 의한 통제를 인정하지 않으려는 생각을 갖고 있다. 하지만 회계 및 자산관리자들은 대체로 내부감사자료의 활용을 인정을 하고 있다. 경영자들이 내부감사를 인정하고 받아들인다면 경영자들의 업무수행을 지원해 주는 내부자문의 역할을 할 수 있으며, 또한 효율적인 경영통제기법으로도 이용될 수도 있다.

2. 현대적 경영통제기법

오늘날 통제를 위하여 사용되는 기법에는 전통적 통제기법 이외에 경영정보시스템과 OR기법이 있다.

(1) 경영정보시스템(MIS: management information system)

경영정보시스템은 하위경영층의 업무를 감독하고 통제하며, 최고경영층의 의사결정에 필요한 정보를 제공하는 중간경영층의 경영관리 업무를 지원하는 정보시스템이다. 경영정보시스템은 컴퓨터 하드웨어와 소프트웨어는 물론 분석, 통제 및 의사결정에 필요한 모형 및 데이터베이스 등이 이용된다.

경영정보시스템과 대비되는 개념으로 거래처리시스템(TPS: transaction processing system)이 있다. 이는 조직의 정보시스템을 구성하는 가장 기본적인 정보시스템으로서 일상적인 거래를 처리하며 거래처리로부터 발생하는 데이터를 저장, 관리한다. 이 시스템의 목적은 주문의 수령, 상품의 판매, 매입채무의 지급 등의 많은 양의 데이터를 기록, 분류, 정리하여 신속하게 처리하는데 있으며 의사결정을 지원하는 것은 아니다.

도표 8-10 TPS/MIS/EIS의 비교

구 분	기 능	지원업무의 정형화 정도	이 용 자
TPS	거래처리를 통해 발생되는 자료를 수집하고 저장	일상적인 업무로 표준화된 순서와 규정이 존재	거래처리실무자와 최하위경영층
MIS	경영통제에 필요한 정보를 제공	일상적인 성과 측정 등의 구조화된 업무와 즉흥적인 정보요구와 비정형적인 업무도 지원	중간경영층
EIS	최고경영자의 전략 기획업무를 지원	전략수립, 새로운 사업의 타당성 조사 등과 같은 비정형화 된 업무를 지원	최고경영층

[도표 8-10]에서와 같이 MIS는 TPS에 의하여 처리된 자료를 저장해 두었다가 이를 의사결정에 적합한 정보로 만들어 내는데, 이는 거래처리시스템이 개별업무를 중심으로 업무의 효율성 증대를 목적으로 개발된 반면 경영정보시스템은 조직전체를 대상으로 효과적인 정보제공에 그 목적이 있기 때문이다. 여기서 자료란, 특정한 일에 사용될지도 모르는 객관적인 사실을 의미하므로 이를 이용한 이용자가 목적이나 용도에 적합하게 사용될 수

있어야만 의미가 있는 것이다.

(2) OR기법(OR: operations research)

OR은 의사결정 환경의 문제해결을 수리적 방법으로 나타내어 해결하는 접근방법으로 다음의 조건이 갖추어져야 한다.

- 문제를 수리적인 변수와 변수 간의 함수관계로 정의할 수 있어야 한다.
- 모델의 지표가 실용적이고 충분한 정확성을 가지고 있어야 한다.
- 수리적 기법에 대한 적합한 규정이 가능해야 한다.
- 시간 및 비용면에서 계산이 가능해야 한다.

의사결정사항에 따라 활용되는 기법으로는 다음과 같은 것들이 있다.

1) 확실성하의 의사결정

의사결정대안에 따른 발생 가능한 유일한 결과에 대하여 확실히 알고 있는 상황하에서의 의사결정을 말한다. 손익분기점 분석, 선형계획법, 수송법, 할당법, 목표계획법, 정수계획법, 동적계획법, 비선형계획법 등을 들 수 있다.

2) 위험한 상황하의 의사결정

의사결정 대안에 따른 발생 가능한 결과와 이들 각각의 결과가 나타날 확률을 알고 있는 상황하에서의 의사결정을 말한다. 대기행렬이론, 시뮬레이션, 마아코브연쇄모형 등을 들 수 있다.

3) 불확실한 상황하의 의사결정

의사결정 대안에 따른 발생 가능한 결과의 전부를 알 수 있지만 이들 각각의 결과가 나타날 확률을 알 수 없는 상황하에서의 의사결정을 말한다. 라플레이스준거, 맥시민준거, 맥시맥스준거, 후르비츠준거, 유감준거 등을 들 수 있다.

잠깐 쉬어갑니다

계량의사결정의 등장배경

제 2 차 세계대전 중 영국군과 미군의 지휘부는 레이더 배치, 수송선단의 안전한 수송로 확보, 대잠수함 작전 등에 관하여 과학적인 분석을 수행하고 적절한 조언을 해 줄 연구팀을 구성하였다. 영국쪽에서는 1935년에 15명으로 출발한 공군의 방공위원회가 1940년에는 육 · 해 · 공군의 대단위 연구팀으로 발전하였다. 미국에서는 1940년에 NDRC(National Defense Research Committee)의 하부기구로AMP(Applied Mathematical Panel)가 군사작전 관련연구를 담당하였다.

제 2 차 세계대전이 끝난 후, 1950년대에는 기업경영에 이와 같은 연구를 접목시키고 발전시키려는 노력이 본격적으로 이루어졌으며 많은 결실을 거두었다. 1960년대는 OR이란 학문분야가 응용과학으로 제자리를 잡고 체계적으로 성장을 한 시기로 인정되고 있다.

3. 경영통제의 분야

경영활동의 통제 분야에는 경영활동의 분야인 재무분야, 생산분야, 경영관리분야 등이 있다.

(1) 재무분야

재무관리의 재무통제의 기법에는 재무제표분석, 재무비율분석, 재무감사가 있다.

1) 재무제표분석

기업 및 그 외의 경제주체들이 경제활동을 수행하는데 있어 한정된 자원을 효율적으로 배분할 수 있도록 유용한 회계정보를 제공하는 것을 재무제표라고 하는데, 우리나라에서는 대차대조표(B/S: blance sheet), 손익계산서(I/S: income statement), 이익잉여금처분계산서(statement of appropriations), 현금흐름표(statement of cash flow) 등을 제시하고 있으나 일반적으로 재무제표라 함은 주석, 주기까지도 포함한다.

이와 같이 재무제표를 분석하여 자료로 이용하는 것을 재무제표분석(financial statement analysis)이라고 한다. 기업의 경영성과 및 자산, 자본 ,부채 등의 재무상태는 기업이 작성하여 공표하는 재무제표에 나타나 있으나 처음 재무제표를 이용하고자 하는 이용자는 기업의 주요 재무제표를 구성하는 항목이 많고 복잡하여 재무제표를 그대로 이용하기에는 많은 지식을 요구하는 경우가 많아 자신의 의사결정에 필요한 정보를 알기가 쉽지가 않다.

도표 8-11 재무보고의 형태

<table>
<tr><th colspan="5">투자 및 신용제공 등 의사결정에 유용한 정보</th></tr>
<tr><th colspan="4">재무보고</th><th rowspan="4">기 타
정 보</th></tr>
<tr><th colspan="3">기업회계기준의 영역</th><th rowspan="3">기타재무
보고수단</th></tr>
<tr><th colspan="2">기본재무제표</th><th rowspan="2">부속명세서</th></tr>
<tr><th>기 능</th><th>주석 및 주기</th></tr>
<tr><td>대차대조표
손익계산서
이익잉여금
차분계산서
현금흐름표</td><td>회사의 개황
회계처리방법
당기순이익
주당순손익</td><td>제조원가명세서
공사원가명세서
잉여금명세서
유가증권명세서</td><td>영업보고서
예측정보
결산서</td><td>대중매체
뉴스</td></tr>
</table>

그래서 주요 재무제표에 포함되어 있는 경제적 정보를 쉽게 파악할 수 있도록 하는 지표의 필요성이 대두되었는데 이것이 재무비율이다. 재무분석에 의한 재무비율은 주요 재무제표를 구성하는 많은 요소 중에서 자기의 의사결정에 필요한 특정 항목만을 대응시켜 이용하기 때문에 수 없이 많을 수 있다. 그러나 실제로 경제적 의미가 있는 명확한 비율만을 실무에서 이용하고 있으므로 유동성비율, 레버리지비율, 안정성비율, 활동성비율, 수익성비율, 시장가치비율 등 몇 가지 범주로 분류될 수 있다.

기업의 재무관리자는 기업의 목표인 기업가치의 극대화를 위하여 투자결정, 자본조달 결정, 배당결정, 유동성관리의 효율성을 극대화하여야 한다. 이렇게 하기 위해서는 재무분석이 선행되어야 한다. 이와 같이 재무분석은 재무적 정보를 분석할 뿐 아니라 이를 토대로 미래를 예측하는 데도 중요성이 있다.

2) 재무비율분석

재무비율분석(financial ratio analysis)은 재무제표상의 항목을 서로 대응하는 항목으로 분류하여 그 총체적인 구성비나 개별항목 간의 연간 비율을 산출하고, 이를 과거의 평균비율이나 표준비율과 비교함으로써 재무상태와 경영성과를 분석, 평가하는 것을 말한다. 여기에는 유동성비율, 레버리지비율, 안정성비율, 활동성비율, 수익성비율, 시장가치비율 등으로 나누어 볼 수 있다.

재무비율의 가장 기본이 되는 자기자본순이익률(ROE: return on equity)은 자기자본을 얼마 투자하여 얼마의 당기순이익을 거두었냐 하는 것이 기업의 기본적인 정보이며 재무비율분석의 기본이므로 다음과 같이 분석할 수 있다.

$$\text{자기자본 순이익률} = \frac{\text{순이익}}{\text{자기자본}}$$

$$= \underset{ⓐ}{\frac{\text{순이익}}{\text{매출액}}} \times \underset{ⓑ}{\frac{\text{매출액}}{\text{총자본}}} \times \underset{ⓒ}{\frac{\text{총자본}}{\text{자기자본}}}$$

$$= \frac{\text{순이익}}{\text{매출액}} \times \frac{\text{매출액}}{\text{총자본}} \times \left(1 + \frac{\text{부채}}{\text{자기자본}}\right)$$

위 식의 첫째 항은 매출액 순이익률이고, 두 번째 항은 총자본회전율이며, 세 번째 항은 부채레버리지비율을 의미한다.

이를 다시 분석하면 ⓐ 부분은 기업의 일정기간 동안의 경영성과를 종합적으로 측정하는 비율인 수익성 분석을 위한 도구로 사용할 수 있다. 즉 매출액 부분에 총자산을 대입하면 총자본이익률, 자기자본을 대입하면 자기자본이익률 등의 기업의 수익성을 나타내는 재무정보를 얻을 수 있다. ⓑ 부분은 기업이 자산을 얼마나 효율적으로 활용하였는가를 나타내는 비율로 매출액에 대한 주요 자산의 회전율로 표시되는 활동성 분석을 위한 도구로서 이를 총자본 대신에 재고자산을 대입하면 재고자산 회전율, 매출채권(외상매출금+받을어음)을 대입하면 매출채권회전율, 고정자산을 대입하면 고정자산회전율 등의 기업의 활동성을 분석할 수 있다. ⓒ 부분은 기업의 타인자본의존도 또는 장기부채에 대한 지급능력을 나타내는 비율로 부채성비율 이라고도 하며 이는 기업의 재무위험 정도를 분석하는 도구로 이용할 수 있다.

즉, 총자본 대신에 타인자본을 대입하면 부채비율을, 고정부채를 대입하면 고정부채비율 등을 분석할 수 있어 기업의 재무위험 정도를 파악할 수 있다. 그러나 재무비율 그 자체만으로는 모든 기업의 경영상태를 판단하기에는 어려움이 있기 때문에 비교 대조할 수 있는 기준이 필요하다. 이때 비교기준이 되는 비율을 표준비율이라 하는데 일반적으로 동종기업의 평균실적비율이 사용된다.

재무비율에 의한 분석을 보완하기 위하여 지수법(index method)과 원형도표분석법이 사용되는데 지수법은 분석목적에 따라 몇 가지의 주요비율을 선정하고 그 항목의 중요도에 따라 기업의 경영성과나 재무상태를 단일지수 또는 종합점수로 나타내어 기업경영의 상태를 종합적으로 평가하는 방법으로 월(A. Wall)지수법과 트랜트(Trant)지수법이 있다. 원형도표분석법이란 기업의 종합적인 경영상태의 변화를 분석하고 이를 기초로 하여 간략하게 원형에 시각적으로 알기 쉽게 표시하는 방법이다.

3) 재무감사

조직의 회계, 재무, 운영 시스템을 평가하고 통제하는 방법으로 재무감사가 있다. 재무감사는 재무제표의 투명성과 공정성을 확인하는 재무통제방법이다. 재무감사에는 조직외부전문가인 공인회계사에 의해 수행하는 외부감사와 조직내부 감사요원에 의하여 수행되는 내부감사가 있다.

외부감사는 '일반적으로 인정된 회계원칙'(GAAP: generally accepted accounting principles)인 기업회계기준에 따라 자산 부채를 평가했는가를 확인하고, 재무제표의 정확성과 투명성 및 조직운영에 있어서의 정직성을 평가하는데 중요한 역할을 한다. 우리나라에서는 주식회사의 외부감사에 관한 법률에 의거 직전 사업연도 말 현재 자산총계가 70억 원 이상인 주식회사들은 외부감사가 의무화되어 있다.

내부감사는 재무적 구조의 정확성과 재무제표와 운영상의 효율성을 검토함으로써 통제 시스템을 개선하는 데 이용하는 것으로 조직구성원이 해야 할 일을 정확히 그리고 효율적으로 수행했는가를 재무제표를 통해 검토하므로 운영통제라고도 한다.

(2) 생산분야

생산분야에서 활용되는 주요 통제기법으로는 품질관리기법과 재고관리기법 등이 있다. 이에 대한 자세한 내용은 제11장에서 보다 구체적으로 살펴보기로 하자.

1) 품질관리기법

품질관리는 소비자가 요구하는 품질의 제품이나 서비스를 경제적으로 산출하기 위한 모든 수단과 활동의 체계를 의미한다. 이에는 통계적 품질관리(SQC: statistical quality control), 종합적 품질관리(TQC: total quality control)기법 등이 있다.

2) 재고관리기법

재고관리기법으로는 고정주문량모형(fiixed order quantity model), 고정주문기간모형(fixed order interval model), 그리고 이 양자를 결합시킨 절충모형, ABC관리법, JIT시스템 등이 있다.

4. 통제의 부작용

통제의 부작용은 통제가 목적 · 적합하지 못하고 비합리적인 표준을 이용할 때 발생한다. 이 경우 통제 이용자 및 조직의 종업원들은 회사 전체의 목표와 방향이 무엇인지 알 수 없게 된다. 그렇게 되면 조직이 통제에 의해 운영되는 결과를 초래한다. 그러나 통제시스템은 완전하지 않기 때문에 이로 인한 문제점은 발생하기 마련이므로 항상 통제의 부작용을 최소화할 수 있는 방안을 마련해야 한다.

부작용이 나타날 수 있는 원인으로는 불완전한 성과측정, 잘못된 표준설정, 성공강조 또는 실패증거 은폐를 위한 정보자료의 왜곡 등을 들 수 있다.

잠깐 쉬어갑니다

'태평양': ERP로 판매, 재고 실시간 분석

태평양이 회계정보 투명성을 높일 수 있었던 것은 업무처리의 "디지털화"를 지속 추진해 왔기 때문이다. 태평양은 2000년부터 "디지털 드림 컴퍼니"라는 기치 아래 기간 시스템과 업무프로세스의 디지털화에 애써 왔다. 생산, 물류, 영업 등 사내 각 부문의 정보와 업무를 통합하고 최적화하는 SCM(공급망관리)활동을 지속했고 2001년 4월부터 DDP(디지털 드림 프로젝트)추진본부를 설치, 회사 내 모든 시스템을 ERP(전사적 자원관리)로 재구축하는 작업을 진행했다. 이 회사는 지난 6월 본격 가동에 들어간 ERP를 통해 판매정보를 즉시 분석, 생산, 계획을 수립하고 재고정보의 실시간 분석을 통해 재고관리의 효율화를 기하게 됐다.

서경배 태평양 사장은 "회계처리가 현업 부서에서 이뤄져 회계정보가 신속히 제공될 뿐만 아니라 회계처리 시스템에서 추적도 가능해져 회계투명성이 그만큼 높아졌다"라고 말했다. 아울러 제도개선과 투명성 검증을 위한 내부통제 제도를 도입했고 사외이사를 중심으로 감사위원회를 운영, 경영감시체제를 강화했다.

태평양은 올 6월부터 재무프로세스 혁신과 회계투명성 확보를 위해 회계법인과 함께 구매, 생산, 원가 등 밸류체인(Vale Chain)의 주요 재무과정을 분석, 평가하고 진단하는 프로젝트를 수행하고 있다. 이 작업이 완료되면 회계 투명성에 대한 제도와 시스템을 다시 한번 검증받는 계기가 될 것으로 회사측은 보고 있다.

〈자료: 한국경제신문, 2003.7.22.〉

읽을거리

통제의 실패

1986년 1월 28일 화요일 아침 7명의 승무원을 태운 미국의 우주왕복선 챌린저호가 플로리다주의 케이프커내버럴기지에서 발사된 후 75초 만에 공중에서 폭발, 선장 프란시스 스코비를 포함한 승무원 전원이 사망했다. 승무원 중에는 민간우주비행사 제 1 호인 고교 교사 크리스타 맥얼리피도 포함되어 있었다. 일기불순과 연료계통의 이상 등으로 4차례나 연기된 끝에 이날 발사된 챌린저호는 미국의 25번째 우주 왕복선이었으며 챌린저호로서는 10번째의 우주비행이었다.

사건 발생 후 미국 정부는 윌리엄 라저스(William Rogers)를 단장으로 하여 대통령 직속 조사단(Presidential Commission on the Space Shuttle Challenger Accident)을 구성하고 진상조사에 나섰다. 조사단이 밝힌 바에 따르면 사고 원인은 챌린저 주엔진에 붙은 두 개의 로켓 부스터(solid rocket booster: SRB)에 있었으며, 그 중에서도 부스터를 현장 조립하기 위하여 끼워 넣은 O-링에 있었다.

부스터는 각각 3.6m 직경과 34.8m 높이를 갖는 원통형 고체연료 탱크로써 디오콜(Thiokol Corporation)에서 설계 제작하여 현장 조립하였다. 디오콜은 유타주에 회사가 있으며, 발사장이 있는 플로리다 케네디 우주센터까지 부스터를 조립하여 운반할 수 없기 때문에 각각 두 조각 씩 모두 네 조각으로 제작하여 현장에서 조립하였다. 조립할 때 이음새 부분에서 연료가 새지 않도록 두 개의 O-링을 삽입해 넣도록 설계되었다. 사고가 난 O-링은 두 가지 문제점을 갖고 있었다. 하나는 부스터가 점화되면서 그 압력에 의해 자동적으로 O-링이 자기 자리를 찾아 가도록 설계된 설계상의 문제이며 또 한 가지는 O-링이 화씨 65도 이하가 되면 유연성을 상실하여 제 자리를 제대로 찾아 가지 못한다는 것이다.

O-링이 설계된 방식은 1973년 디오콜이 NASA로부터 계약을 따 내기 위해 저렴한 가격으로 부스터를 조립할 수 있는 방안으로 제시한 것이며, 디오콜은 그 덕에 다른 경쟁사를 제치고 계약을 따 낼 수 있었다. 부스터 37기를 일차로 납품하는 계약을 맺어 1977년 첫번째 시험에 들어 가면서부터 설계상의 문제가 노출되었다. 그 후 1985년 7월 스페이스 셔틀 51-F 비행시험까지 NASA와 마셜우주비행센터(Marshall Space Flight Center) 엔지니어들이 꾸준히 문제를 제기했으나 그때까지 비행시험에 실패할 정도의 고장이 나지 않았으므로 큰 문제가 없다는 것이 디오콜의 입장이었다.

그러나 1985년 4월 51-B 비행시험 이후부터는 디오콜의 엔지니어, 특히 O-링을 직접 설계한 라저 보졸리(Roger Boisjoly)도 O-링에 대하여 걱정하기 시작하였으며 메모를 통하여 O-링을 재설계하거나 아니면 문제가 해결될 때까지 챌린저 발사를 연기하도록 메니저들에게 주지시키려 노력하였으나 끝내 엔지니어들의 의견은 받아들여지지 않았다.

챌린저(51-L)가 발사되던 28일 아침 케네디 센터 온도는 화씨 40도 이하였다. 지금까지 60도 이하에서는 시험해 본 적이 없었으며, 온도가 낮으면 O-링이 유연성을 잃기 때문에 사실 40도는 챌린저를 발사하기에는 너무 낮은 온도였던 것이다.

발사 하루 전인 27일 일기예보를 들은 에버링(Evering)과 보졸리를 포함한 유타의 디오콜 엔지니어는 즉시 케네디 센터에 연락하여 발사 연기를 제안하였다. 두 번에 걸쳐 케네디 센터, 마셜 센터, 디오콜 엔지니어들이 원격 전화회의를 갖고 이 문제를 토의하였으나 결국 발사를 계획대로 진행하도록 건의하는 것으로 결론을 내고 말았다.

엔지니어 중에 확신을 갖고 다른 사람들을 설득시킨 사람이 없었던 셈이다. 이 사업에 관여된 엔지니어나 메니저들은 무리가 따르더라도 발사를 원래의 계획대로 진행시켜야 된다는 은근한 압력도 있었다. 디오콜 입장으로는 NASA와 곧 2차 계약을 맺어야 되는 시점에서 자기네가 설계, 제작한 부스터에 중대한 결함이 있다는 것을 들어내고 싶지 않았을 것이다.

발사를 총 지휘하는 NASA나 케네디 센터 및 마셜 센터 메니저들도 발사일 저녁 의회에서 시정연설을 하게 되어 있는 레이건 대통령을 실망시키고 싶지 않았을 것이다. 특히 10 차례나 발사가 연기된 터에 더 이상 체면을 구길 수는 없었다.

〈자료: http://sts.unesco.or.kr〉

토론문제

1. 기업에서 활용하는 내부통제시스템의 내용과 방향에 대하여 알아보시오.
2. 효율적인 통제시스템의 목적과 요건에 대하여 설명하여 보시오.
3. 통제에 실패함으로써 큰 위험을 초래한 사례를 조사하고 그 원인을 정리하여 보시오.
4. 사전통제가 중요시되는 상황과 그 이유에 대하여 설명하여 보시오.
5. 재무관리분야에서 활용되는 주요 통제기법과 내용에 대하여 정리하여 보시오.
6. 생산관리분야에서 활용되는 주요 통제기법과 내용에 대하여 정리하여 보시오.
7. 인적자원관리분야에서 활용되는 주요 통제기법과 내용에 대하여 정리하여 보시오.

참고문헌 및 자료

1) 조희영 · 박상범(2002), 현대경영학원론, 민영사, p. 323.

2) S. P. Robbins, & D. A. De Cenzo(1998), *Fundamentals of management*, Prentice-Hall.

3) 조동성(2002), 21세기를 위한 경영학, 서울경제경영, pp. 552~554.

4) Ricky W. Griffin(2002), *Fundamentals of management: Core concepts and applications*, 3rd ed., Houghton Mifflin Company, pp. 396~399.

5) 이 부분에 대한 보다 자세한 설명은 제12장 재무 및 회계관리시스템을 참조.

제3부

경영의 부문별 기능

제 9 장

인적자원의 관리

이 장을 공부하고 나면

1. 기업경영에 있어 인적자원관리의 중요성을 인식할 수 있습니다.
2. 인적자원관리의 전반적인 흐름을 이해할 수 있습니다.
3. 인적자원확보를 위한 주요 절차를 이해할 수 있습니다.
4. 인적자원의 개발을 위한 주요 절차와 제도를 이해할 수 있습니다.
5. 인적자원의 유지를 위한 주요 절차와 제도를 이해할 수 있습니다.
6. 직무설계가 지니는 중요성과 그와 관련된 주요 방법을 이해할 수 있습니다.

이 장의 주요 목차는

워밍업

인적자원관리는 하나의 과정(process)이다. 즉, 경영관리활동의 하나로서 인적자원관리는 조직내 인적자원의 확보와 개발, 유지 및 관리라는 하나의 큰 흐름을 형성하고 있다. 따라서 개별적인 기능보다는 전체적인 맥락과 전략적 사고하에서 인적자원관리를 이해하는 것이 무엇보다 중요하다.

오늘날 지식경영시대와 디지털경영시대를 맞이하여 기업경쟁력의 원천은 창의력과 속도에 있다. 단순히 비용의 차원에서 인사관리를 행하던 차원에서 벗어나 기업의 핵심인력을 개발하고 이를 어떻게 활용하는지가 기업의 생존과 경쟁력을 결정짓는 시대가 된 것이다. 따라서 현대기업의 인적자원관리는 핵심인재의 선발과 아울러 종업원들의 능력개발과 육성을 통하여 개인과 조직의 목표를 어떻게 효과적으로 일치시켜 나갈 것인가에 초점을 두고 있다. 즉, 조직 내의 개개인을 단순히 비용적 차원이 아닌 지적자산 또는 파트너로 인식하는 것이다.

이와 같이 기업구성원에 대한 시각이 변화하게 된 것은 무엇보다 기업의 내외부환경이 크게 변화하였기 때문이다. 특히 지식경영시대와 디지털경영시대로 대별되는 급격한 조직환경 변화는 조직으로 하여금 그 구조조정은 물론이고 인적자원의 능력까지도 변화시켜 적응하지 않으면 안 되는 상황이 되었다. 그와 아울러 경제 · 사회환경 및 개개인의 가치관의 변화는 기업조직으로 하여금 과거와는 전혀 다른 새로운 인적자원관리시스템을 요구하고 있다.

주요 용어와 개념

- 인적자원관리
- 직무분석
- 인적자원의 공급예측
- 인적자원의 수요예측
- 교육훈련
- 개발과 계발
- 인사고과
- 다면평가
- 인사이동
- 임금수준관리
- 임금체계관리
- 임금형태관리
- 연 봉 제
- 직무설계
- 직무충실화
- 직무특성이론

제 1 절

인적자원관리의 의의

1. 인적자원관리의 의의

기업을 경영하기 위해서는 필요한 자금을 조달하고 공장부지, 건물, 설비, 재료 등의 물적 요소를 마련한 것 이외에 종업원을 고용하지 않으면 안 되는데, 이 종업원, 즉 사람에 관한 관리는 기업의 성공에 가장 큰 영향을 미치는 요인의 하나이다. 피고스와 마이어스(P. Pigos. & C. A. Myers)는 "인적자원관리란 종업원이 그들의 노동으로부터 최대의 만족을 얻음과 동시에, 기업에 대하여 최대의 공헌을 하게끔 그들의 잠재능력을 육성 · 발전시키는 방법이다"라고 정의하고 있다.[1)]

이처럼 인적자원관리(human resources management)란 노동력 내지는 인력을 관리의 대상으로, 그것을 가장 효과적으로 이용코자 하는 관리활동으로, 기업경영에 필요한 인적자원(human resources)의 조달, 개발, 유지 및 모티베이션에 관한 관리활동이라고 정의할 수 있다.

여기에서 조달기능이란 모집 · 면접 · 시험 · 선발 등으로 이루어지는 채용기능을 말하고, 개발기능이란 교육 · 훈련 · 승진 · 배치 · 전환 등을 통하여 인적자원의 능력 내지 지식의 향상을 도모하는 기능을 뜻한다. 한편 유지기능이란 임금관리, 복지후생 시설, 안전보건 관리, 커뮤니케이션, 제안제도 등을 통하여 종업원의 양호한 작업환경을 유지하는 기능이며, 모티베이션(motivation)기능이란 업적주의에 의한 보상관리, 승진제도, 참가적 리더십, 직무충실화 내지 자주관리를 통해서 종업원의 동기부여를 제고시키는 기능을 말한다.

2. 인적자원관리의 주요 대상

일반적으로 인적자원관리란 사원의 잠재능력을 최대한으로 살려 직원 스스로가 최대한의 성과를 이루도록 처우하고 조직하는 방법을 말하며, 주된 내용으로는 종업원의 채용, 배치, 교육훈련, 인사고과, 임금, 복리후생, 인간관계 이외의 안전, 보건 및 노사관계의 관리가 포함된다.

인적자원관리는 경영자원 중에서 노동력의 관리를 주목적으로 하는 인간을 대상으로 하는 것인 만큼 노동력의 효율적 운용을 도모하기 위한 체계적인 시책 이외에 경영에 인간의 상호 이해와 신뢰를 유지하도록 하는 관리활동으로 각종 인사관계 규정에 근거하여 실시하고 있는데 관리상의 기본원칙은 능력주의, 적재적소, 신상필벌에 두고 있다.

조직에 활력을 불어넣어 창조적인 활동을 추진하고, 자신의 일에 보람을 느끼기 위해서는 각자의 능력을 최대한 발휘할 수 있는 체제를 만들고, 공헌도에 따라 대우하고 승진하는 능력주의가 확립되어야 한다. 또한 자기발전의 욕구충족에 의한 사기앙양 및 생산성 향상을 꾀하는 자주적인 관리시스템이 도입되어야 하고, 인사 종합평가, 교육평가 등을 통하여 모든 사원들의 창조적인 동기 부여와 업무 수행능력의 극대화와 그에 따른 사원의 적재적소의 배치에 주안점을 두어야 한다. 특히 처우문제는 개인의 문제일 뿐만 아니라. 타인과 비교했을 때 좋고 나쁨이 느껴지는 것이므로 직장 안에서 시샘이나 불공평감을 낳게 되고, 더 나아가 집단의 화목을 해치기까지 한다. 때문에 종업원 관리에서는 목적달성의 효율화를 기하면서도 공평성을 유지할 수 있는 합리적인 방법이 요구되는 것이다.

제 2 절

인적자원계획과 확보

인적자원계획(human resource planning)은 현재 및 장래의 각 시기에 기업이 필요로 하는 인력을 양적인 차원에서 사전에 예측하고 결정하는 한편, 이를 충족시킬 수 있는 기업 내·외부의 공급인력을 예측하고 계획하는 인사관리기능을 의미한다. 이를 기업현장에서는 흔히 인력계획(manpower planning), 인사계획(personnel planning)이라고도 한다

인적자원계획을 효과적으로 수립하기 위해서는 우선 조직 내에서 어떠한 직무들이 어떠한 자격과 요건을 갖춘 사람들에 의해 이루어져야 하는지를 명확히 할 수 있어야 한다. 즉, 인적자원계획은 무엇보다 직무분석과 노동력의 수요와 공급예측이라는 중요한 두 가지의 인사기능에 바탕으로 두고 이루어진다.

1. 직무분석

직무분석(job analysis)은 조직 내의 직무 및 해당 직무수행에 필요한 숙련도, 책임, 기술 지식 등에 대한 자료를 수집분석하고 이를 관리목적에 적합하도록 체계화시키는 과정이다. 즉 조직의 목적달성을 위하여 어떠한 직무가 수행되어져야만 하며, 그와 같은 직무들이 어떠한 특성을 지니고 있고, 해당직무들이 가장 효과적으로 수행되기 위하여 요구되는 직무담당자의 요건을 분석하는 것이 직무분석이다.

직무분석의 결과는 직무기술서와 직무명세서로 정리되어진다.

(1) 직무기술서

직무기술서는 직무담당자가 수행하는 직무와 그 직무의 그 수행방법 및 직무수행조건 등에 관한 서면보고서로서 해당 직무를 성공적으로 수행

하는데 필요한 서식, 능력, 기능 등을 기술(description)한 것이다.

(2) 직무명세서

직무명세서(job specification)는 업무 중심적인 직무분석에 의하여 얻어지는 직무기술서와는 달리 사람 중심적인 직무분석에 의하여 얻어진다. 즉, 인적요건에 초점을 둔 것이다. 직무명세서는 직무기술서상의 내용을 기초로 하여 그 직무를 성공적으로 수행해 내기 위하여 어떤 자질과 경험(traits and experience)을 필요로 하는가를 결정하여 기록하게 된다. 따라서 직무명세서는 채용되어야 할 인간유형과 채용시 어떤 자질을 시험(test)하여야 하는가를 결정해 준다.

2. 인적자원수요와 공급의 예측

조직 내에서 이루어지는 직무에 대한 이해가 이루어지면, 경영자는 미래에 있어 인적자원요구에 대한 계획을 수립하여야 한다. 인적자원계획의 과정을 도식화하면 [도표 9-1]과 같이 나타낼 수 있다.

첫째, 인적자원계획은 조직의 장기적 목표를 달성하기 위한 전략적 계획과 연결될 수 있어야 한다는 점이다. 전략적 계획은 기업의 기본적인 장기적 목표의 결정, 행동과정의 선택, 목표의 달성에 필요한 제자원의 할당과 밀접한 관련을 지니고 있다. 따라서 인적자원계획 담당자는 기업의 전략적 경영계획의 범위와 그 내용을 명확히 알고 있어야 할 뿐 아니라, 외부노동시장의 흐름, 회사 내의 노동인력, 일반경제흐름 등 인적자원과 관련된 분야에 대한 정보를 지니고 있어야 한다.

둘째, 인적자원수요에 대한 예측과정에서는 직무와 인적 요건에 따라 종업원의 형태 및 수를 결정하는 활동이 중심이 된다. 이 과정에서는 생산계획, 생산성의 변화, 기업의 활동방향 등에 대한 고려가 이루어져야 한다.

셋째, 인적자원의 활용가능성(공급력)을 예측과정에서는 현존 종업원을 중심으로 한 내부원천과 외부노동시장으로부터 유입될 수 있는 외부원천에 대한 평가가 이루어진다.

도표 9-1 인적자원계획의 과정

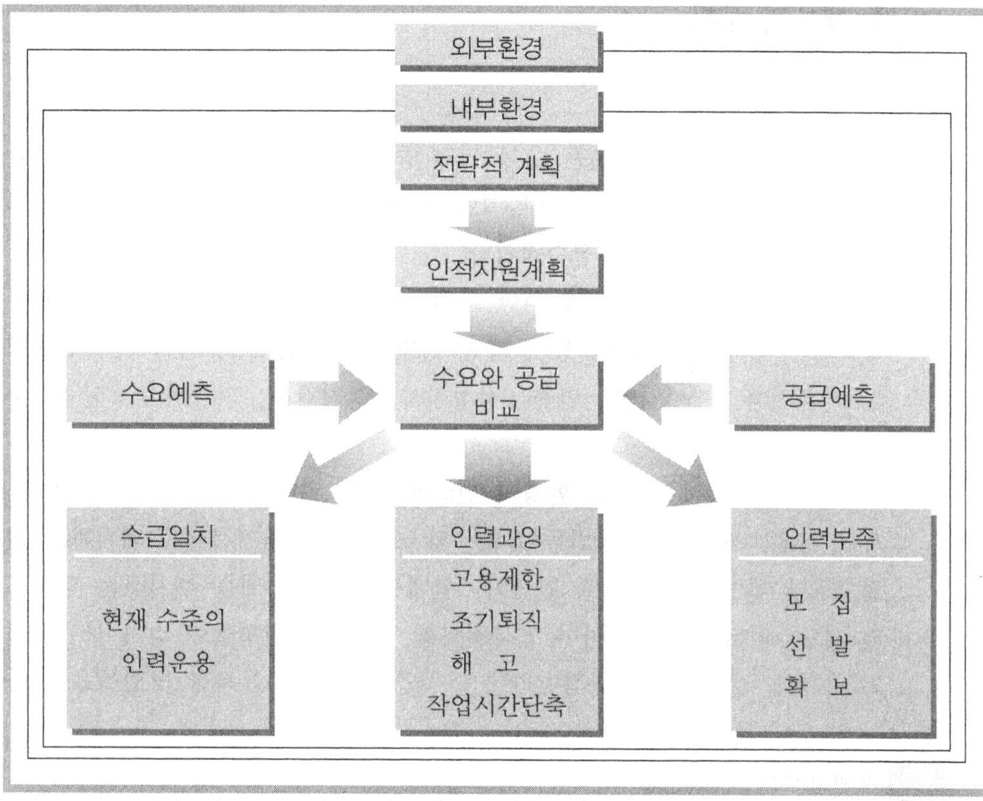

넷째, 인적자원요구와 활용가능성의 비교를 통하여 인적자원의 과부족 상태를 평가하고 그에 따른 대응활동이 선택 · 실시된다. 만약 인적자원의 과잉이 예측되면 기업은 마땅히 그에 따른 해결대안을 모색할 수 있어야 한다. 고용계획의 축소, 근로시간의 감축, 조기퇴직 등과 같은 방법이 고려될 수 있다. 특히 인적자원의 부족이 예측될 경우 조직외부로부터 필요한 인력의 확보과정에 들어갈 수 있어야 하는데, 모집 및 선발관리의 과정이 여기에서 출발한다.

3. 채용과 배치

(1) 채　　용

종업원을 채용할 때에는 우선 어떤 종류의 능력을 얼마만큼 가진 사람이 몇 명이나 필요한지를 결정하여야 한다. 이를 위해서는 앞서 살펴본 것과 같은 인적자원계획이 필수적이다.

종업원의 모집은 광고에 의한 모집, 모집원에 의한 모집, 직업소개소, 학교의 추천에 의한 모집 등이 가장 일반적인 방법이다. 응모자의 전형에는 서류전형, 필기시험, 면접, 적성검사, 성격검사, 기능검사, 신체검사 등을 실시한다.

그러나 최근에는 기업 환경의 변화에 따라 우수한 사원을 선발하기 위하여 매우 다양한 채용방법들이 활용되기도 한다. 필기시험을 폐지하고 면접으로만 선발하는 경우도 있으며, 선배사원들이 후배를 추천하는 리쿠르터 제도, 인터넷을 이용하여 입사원서를 접수하는 방법들이 점차 보편화되는 추세에 있다. 특히 면접방법에서 기업마다 매우 독특한 방법들을 취하

잠깐 쉬어갑니다

장애인의무고용제

지난 1991년 '장애인고용촉진법' 의 시행과 동시에 적용된 '장애인 의무고용제도' 는 민간기업의 경우, 상시 노동자를 300인 이상 고용하는 사업주에게는 91년에는 전체 노동자의 1%, 1991년 이후부터는 2%를 의무적으로 장애인 노동자를 고용하도록 하고 있으며, 미 이행 시에는 일정의 분담금을 부담하도록 하는 제도로서 장애인의 고용촉진을 위하여 마련된 제도이다.

2004년부터는 장애인의무고용 사업체 범위가 기존 300인 이상에서 50인 이상 사업장으로 확대된 반면, 미 이행 시 분담금의 경우 종업원 100명 미만 사업체의 경우 부과대상에서 제외되었다. 또한 100인 이상 300인 미만 업체에 대해서는 사업장 규모에 따라 2~3년 부담금 부과를 유예하고, 부과 후에도 부과시점부터 5년 동안은 내야 할 부담금의 50%만 납부토록 하고 있다. 제도의 필요성과 현실상의 제약이 상충된 결과이다.

만약 여러분이 경영자라면 신규인력이 필요치 않거나 인력부족이 있더라도 회사의 사정으로 채용이 어려운 상황에서 장애인 고용요구가 있었을 때 어떻게 하겠는가?

는데, 입사지원 동료면접, 집단토론면접, 무자료 면접, 선배사원면접, 주제발표면접, 화상면접, 특수장소(주점, 노래방, 목욕탕, 놀이공원 등)에서의 면접 등 기발한 방법들이 동원되고 있다.

(2) 배　　치

일단 채용이 결정된 신입사원은 입사시험성적이나 채용 후 교육훈련의 결과, 본인의 희망, 각종 검사결과를 참고로 하여 심사 후 가장 적합한 직무를 선택하는 것이 바람직 할 것이다. 즉, 실제의 배치는 차후로 하고 그 동안에 적재적소에 배치할 수 있도록 절차는 밟은 것이 필요하다. 이는 결과적으로 기업에 있어서 생산성을 향상시키고, 노동재해를 감소시키며, 관리를 쉽게 하는 등과 같은 장점이 있고, 종업원에게는 정신적인 안정을 얻게 하여 일에 대한 만족감과 의욕을 불어넣고 사기를 높이게 된다.

잠깐 쉬어갑니다

우리 나라 기업들의 인력모집방식

한국직업능력개발원이 우리 나라 600개 사업장을 대상으로 조사한 결과에 따르면 전체적으로 신문, TV 등의 대중매체와 인터넷을 이용한 모집이 가장 많은 것으로 조사되었다. 이를 직종별로 보면 관리직(24.5%), 사무직(24%), 전문기술직(24.4%)의 경우 인터넷을 통한 모집이 가장 많은데 비하여, 숙련기능직(23.0%), 서비스판매직(27.2%), 생산기능직(24.8%)의 경우는 대중매체의 이용이 가장 많았다. 숙련기능직(18.8%)과 생산기능직(19.1%)의 경우는 고용안정센터 등 국·공립직업안정소의 이용이 상대적으로 가장 많았다. 사업장 규모별로는 50인 미만의 소규모 사업장의 경우 사무직과 전문기술직을 제외하고는 연고에 의한 모집방식이 가장 많았고, 50~229인 사업장의 숙련기능직(22.7%)과 생산기능직(24.8%)의 경우 국·공립직업안정소의 이용이 상대적으로 많았다. 300인 이상 사업장의 경우는 인터넷을 통한 모집이 가장 많았으나 사무직의 경우는 학교요청(27.4%), 생산기능직(20.5%)은 연고에 의한 모집방식을 가장 선호하였다.

〈자료: 한국직업능력개발원(2001), 기업의 인적자원개발 실태조사에 관한 기초연구〉

제3절

인적자원의 개발

아무리 효과적인 선발시스템이 활용되었다 할지라도 대부분의 종업원들은 자신들이 조직 내에서의 업무를 보다 효율적으로 처리할 수 있는 능력개발을 필요로 하게 된다.

1. 교육훈련

한 기업의 미래는 인적자원의 손에 달려있다. 우수한 인재는 기업이 가지고 있는 가장 큰 재산이며, 이러한 인재의 육성은 끊임없는 교육훈련에 커다란 비중을 두고 있다. 기업 내에서 직원에게 교육훈련을 하는 목적은 직원들의 능력과 자질을 개발하며 기업이 필요로 하는 직무에 대한 지식이나 기능을 습득시키기 위한 것과 취업에 대한 올바른 태도를 몸에 익혀서 생산성의 향상을 도모하자는 데 있는 것이다.

최근에는 교육훈련에 대한 생각을 한층 더 발전시켜서 조직의 일원으로 맡은 바 직무를 수행함에 있어서 능률과 효과를 극대화하도록 직원의 자기개발에 의해서 가치를 높이고자하는 점에서 중시하게 되었으며 교육훈련이란 표현에서 능력개발이라고 표현되는 경우가 많아지고 있다.

종업원이 주어진 직무를 수행하기 위해서는 자기 스스로 지식이나 기술을 습득하여 자기계발을 도모하는 것이 중요하다. 그러나 경영관리자는 종업원의 자발적인 향상에만 맡겨둘 수 없기 때문에 대부분의 기업에서는 여러 가지 방법으로 종업원에 대한 교육훈련을 실시하고 있다.

즉, 신입사원 교육, 기능교육, 관리자 교육훈련 및 능력개발, 경영자 능력개발 등의 여러 가지 교육훈련을 계층별 · 직능별로 행할 필요가 있다. 교육훈련을 합리적으로 실시하기 위해서는 장기교육계획을 수립하고 이를 기초로 실시하여야 하며 교육훈련이 필요한 때에만 단기간에 실시하든가

잠깐 쉬어갑시다

開發과 啓發?

자기개발(開發)과 자기계발(啓發)이라는 두 낱말의 가장 큰 차이는 개발(開發)은 물질적인 것, 계발(啓發)은 정신적인 것과 관련된 용어이다. 예를 들면 개발은 경제개발, 신도시개발, 프로그램개발 등이며, 계발은 창의력계발, 상상력계발, 민족정신계발 등이다.

다만 계발의 경우 인간의 정신적인 것과 관계된다 해도 인위적으로 사람의 능력만을 키운다는 의미로 쓰일 때는 '개발' 이란 말을 쓰기도 한다. 따라서 '자기계발' 이라고 쓰면 인간의 내면에 잠재해 있는 사상이나 인성 따위를 포함한 슬기나 재주 등을 일깨운다는 뜻이 되겠지만, '자기개발' 이라고 쓴다면, 학습에 따른 인위적인 발전으로 계산 능력, 그림 그리는 솜씨 등만을 향상시킨다는 뜻이 된다. 따라서 보통은 전자와 같은 의미로 '자기계발' 이라고 쓰는 게 맞지만 특별히 후자와 같은 의미로 '자기개발' 이라고 쓰기도 한다.

하면 교육의 큰 효과를 거두기 어렵다.

(1) 교육훈련의 종류

교육훈련의 종류는 계층별, 직능별, 신입사원, 교육시기, 교육장소별 등 여러 가지로 분류할 수 있다. 사내에서 실시하는 교육훈련의 종류는 관리교육, 전문교육, 기능 및 교양교육 등으로 대별할 수 있다. 이 중 기능교육은 반복하여 연습함으로서 기능을 몸에 익히지 않으면 안 되므로 특히 기능훈련이라 한다.

교육훈련의 종류 중 대표적으로 계층별 교육대상 분류를 살펴보면 다음과 같다.

1) 신입사원 교육

기업이 독자적으로 지니고 있는 습관이나 환경에 신속히 적응하고 기업사회의 일원으로써 기업에 이바지할 수 있는 소지를 기르는 것으로 말하자면 조기에 적응시키는 훈련을 말하는 것이다.

교육의 기간은 1주일에서 수개월 정도이며, 그 내용은 회사의 연혁, 경영 방침, 조직 및 제품, 일에 대한 기초지식, 기능훈련, 직원으로서의 확고한 정신자세와 투철한 사명감을 갖는 직장인이 되도록 교육한다.

2) 기능자 교육

기술의 고도화에 의한 생산기술의 진보는 기능의 정도에 크게 영향을 미치고, 계획적인 기능자 훈련을 필요로 하게 되었다. 기업 내에서 기능자 훈련으로 실시되는 사업장 내 직업훈련은 직무와 생산에 직결된 기능과 그것에 관련하는 지식을 습득시키는 것을 목적으로 하는 것으로 중견 기능자를 1~3년간에 걸쳐서 양성하고 있다.

3) 감독자 교육

현장작업을 직접 감독하는 초급관리자에 대한 교육으로서 생산현장의 입장에서 볼 때에는 반장교육이다. 감독자의 업무는 작업자에 대한 지도, 감독만이 아니고 관리자와 작업자의 중간역할을 하는 등 여러 가지 기능을 수행하게 되는데, 이를 위하여 감독자나 반장이 구비해야 할 조건으로 다음 5가지를 들 수 있다.

- 작업에 대한 지식(knowledge of work)
- 책임에 대한 지식(knowledge of responsibility)
- 작업을 지도하는 기능(skill in instructing)
- 방법을 개선하는 기능(skill in improving method)
- 사람을 다루는 기능(skill in leading)

4) 관리자 교육

대기업에는 교육이 각 관리층별로 행해지는 것이 보통이다. 교육내용은 관리기법 · 전문지식 · 일반교양 · 노동관계 등을 익혀 관리력의 증진과 원가절감 및 이익관리, 목표설정과 실천요령, 그리고 창의력의 증진에 역점을 둔다.

기술의 급격한 진보나 국제진출, 컴퓨터의 활용 등 기업을 둘러싸고 있는 환경은 크게 변화하고 있으므로 경영자를 비롯해서 부장이나 과장 등의 감독자는 이러한 정세의 변화에 대응해서 스스로 지식을 넓히면서 처치를 할 수 있게 할 필요가 있다. 이를 위해서 관리자교육은 기업에 있어서 아주 중요한 것이다.

5) 경영자 교육

기업을 건전하게 운영하고 기업경쟁에서 승리하기 위하여 경영자는 항상 국내외 사회경제의 동향과 환경변화의 예측, 성공경영을 위한 경영철학의 정립, 그리고 고급관리자의 자질향상에 역점을 두어야 한다. 경영자교육의 방법으로는 회사 내에 기구를 설치하고 이를 이용하든가 전문가를 고문으로 하여 브레인 트러스트를 만들거나 또는 관계단체의 회의나 정보를 활용하는 방법을 이용한다.

2. 인사고과

인사고과는 종업원의 임금과 신분보상을 결정짓는 가장 중요한 기준일 뿐 아니라, 개개인의 능력과 성과에 대한 피드백을 제공함으로써 동기를 유발시키고, 나아가 강·약점을 분석함으로써 교육 훈련를 위한 기초정보를 제공하는 등 다양한 목적 아래 수행되는 주요한 인사기능이다.

(1) 우리나라 기업의 인사고과제도의 변화

우리나라 기업에서의 인사고과제도는 시기별로 그 특징과 내용을 달리하면서 상당한 많은 변화를 겪어 왔다. 1960년대와 1970년대의 인사고과가 전통적 위계서열에 초점을 두면서 상사의 일방적이고 주관적인 고과가 중심이 되어 왔다고 한다면, 1980년대의 인사고과는 서구의 인사고과기법에 대한 관심증대와 아울러 고과제도 도입기업의 급속한 증대가 이루어져 왔다. 그러나 경제의 지속적인 성장과 안정적 경영환경하에서 기업에서의 인사고과는 과거의 형태와 큰 차이가 없었다. 1990년대에 기업현장에서는 서구의 다양한 인사관리기법들이 경쟁적으로 소개·도입되었으나 큰 흔적을 남기지 못한 채 유행처럼 사라지는 경우도 흔히 발견되고 있었다.

그러나 1997년 우리나라가 IMF의 구제금융을 받게 됨에 따라 경쟁력을 상실한 기업은 아무리 거대기업군이라 할지라도 한 순간에 무너질 수밖에 없다는 기업생존의 원리는 우리나라 기업의 인사고과에 업적과 능력을 중시하는 풍토를 더욱 강조하게 되었다. 그에 따라 정리해고제, 조기퇴직,

연봉제와 같이 우리나라의 전통 문화적 특성과는 상당히 이질적인 인사제도들이 급속히 도입되기 시작하였으며, 정부나 사회적 분위기 또한 이와 같은 제도의 도입과 실시를 당연한 것으로 받아들여야만 하는 것으로 형성되었다.

(2) 인사고과의 대상

인사고과는 여러 가지로 분류할 수 있으나 가장 보편적인 것으로 능력고과와 업적고과가 있다. 능력고과란 일정 시점에서 피고과자가 지니고 있는 직무수행능력, 잠재능력, 적성, 태도 등을 평가하기 위한 것이며, 업적고과는 일정기간에 있어 피고과자가 달성한 업종, 성과를 목표와 대비하여 평가하는 방법이다.

인사고과는 기본적으로 직무와 사람의 관계에 대한 평가이므로 항상 직무가 기준이 된다. 따라서 직무수행에 필요한 태도와 자질, 직무를 수행하는 능력, 직무수행결과에 따른 성과가 고과의 대상이 되며, 이를 인사고과의 3요소라 한다. 그러나 고과의 대상과 목적에 따라 가중치나 주안점은 달라질 것이다.

(3) 인사고과의 방법

1) 고과의 주체에 따른 방법

인사고과는 고과주체가 누구인가에 따라 다양하게 분류된다.

- 상사고과: 상급자가 부하를 평가하는 방법이다. 직속상사는 부하의 성과를 관찰하는데 가장 적합한 위치에 있고 특히 부하에 대한 교육훈련책임을 맡고 있기 때문에 일반적으로 많이 활용되는 방법이다.
- 동료고과: 동료가 서로 평가하는 방법으로 상사보다는 동료가 잠재력을 더 정확히 평가할 수 있는 다는 생각에서 착안한 방법이다. 그러나 경쟁자일 경우 편파적인 고과의 우려도 있다.
- 하위자 고과: 이 고과는 상위자에게는 비호의적이며, 하위자에게는 두려움을 안겨 줄 수 있는 방법이다. 이 제도를 실시하면 상위자가 부하들의 욕구 반영에 노력하기 때문에 직무수행이 원활화될 수 있

으나 너무 지나치면 인기에 영합될 수 있다는 단점을 가지고 있다.

- 자기 고과: 자신을 스스로 고과하게 되면 작업성과에 대하여 체계적이며 진지한 사고를 하게 되고 개인의 결함발견을 통해, 능력의 신장을 가져올 뿐 아니라 참여의 확대로 모티베이션 효과도 기대할 수 있다.
- 외부인사전문가에 의한 고과: 이는 객관성과 전문성을 지닌 외부의 인사 분야 전문가가 실시하는 고과이다. 그러나 이 고과는 고과자가 피고과자에 대한 정보를 제대로 파악하기 어렵고, 비용이 많이 소요되기 때문에 예외적으로 중요한 직무와 특히 편견에 대한 비난을 불식시켜야 할 경우에만 사용된다.
- 다면고과(평가): 이상에서 제시한 다양한 고과주체들이 고과에 참여하여 고과를 실시하는 방법이다. 다면평가는 최근 고과의 공정성과 객관성을 위하여 많은 조직에서 도입·운영되고 있다. 다면평가의 주체는 [도표 9-2]와 같이 구분할 수 있다.

도표 9-2 전통적 고과와 다면평가

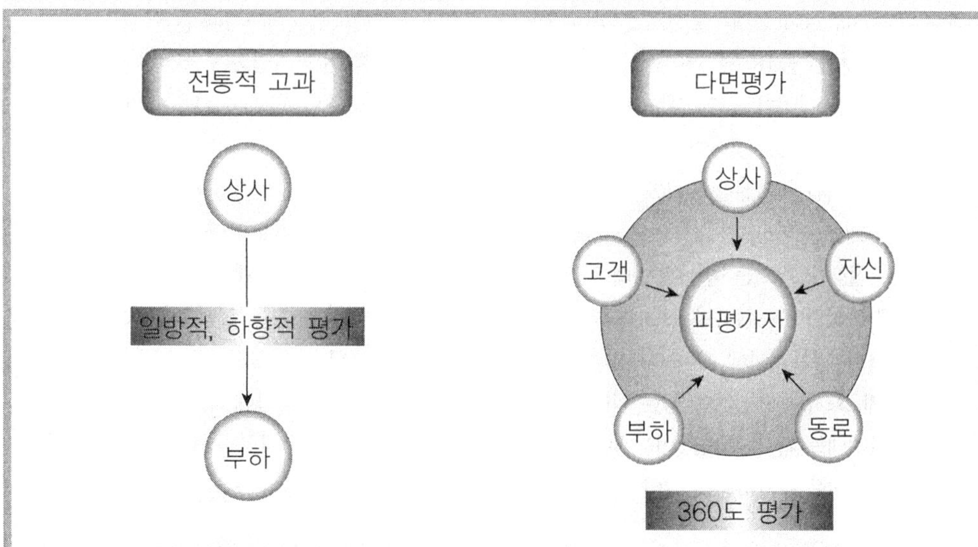

2) 고과기법에 따른 고과방법

고과기법에 따라 고과방법에는 다음과 같은 것들이 있다.

- 서열법(Ranking Method): 이는 순위법이라고도 하는데 직무평가의 서열법처럼 근무성적이나 능력을 순위를 매겨 서열을 정하는 방법을 말한다. 서열법에는 직접서열법과 교대서열법, 쌍대비교법이 있다.
- 강제할당법(Forced Distribution Method): 이는 미리 고과의 범위와 수를 결정해 놓고 피고과자를 소정의 비율에 맞추어 할당하는 방법을 말한다. 예컨대, 이 방법하에서는 수 10%, 우 20%, 미 40%, 양 20%, 가 10%의 비율 등으로 그 범위를 미리 정해 놓고 평가하게 된다.
- 평정척도법(Rating Scale Method): 이는 고과기법 중에서 가장 오래되

잠깐 쉬어갑시다

평가의 신뢰도를 향상시키려면...

평가에 대한 피평가자들의 믿음을 향상시키는 방법으로는 분배공정성과 절차공정성을 지각토록 고과시스템이 설계·운영되는 것이 중요하다. 분배공정성(distributive justice)은 말 그대로 평가결과에 대한 공정성을 의미한다. 즉, 자신의 투입요소에 비하여 평가결과가 공정한 것으로 지각되는가 하는 것이다. 반면 절차공정성(procedural justice)은 평가의 과정과 절차가 얼마나 공정하게 지각되는가 하는 것이다.

평가에 대한 종업원들의 태도에 영향을 미치는 절차적 요소 가운데 가장 중심적 주제는 평가상 참여(participation)의 개념이다. 과정통제, 발언권 등과 같이 연구자에 따라 다양한 방식으로 개념화된 참여의 기회는 평가에 따라 직접적인 영향을 받는 피평가자들에게 어떠한 형태로든 평가과정에 참여할 수 있는 기회를 제공하는 것이다. 예컨대, 자신의 느낌을 표현할 수 있는 기회, 참여의 기회, 평가결과에 대한 이의나 논박의 기회 제공, 투입기회의 제공과 이에 기초한 성과평가, 발언권, 자기평가의 기회 등은 피평가자로 하여금 평가시스템 및 평가에 대하여 긍정적인 태도를 이끌어내는데 기여한다. 이는 무엇보다 고과과정에서 참여기회의 제공이 피고과자들에게는 고과자가 자신을 평가하는데 있어 보다 완전하고 정확한 정보를 가질 수 있도록 한다고 보기 때문이다.

〈자료: 이경근(2002), "상호작용적 공정성지각이 고과에 대한 태도에 미치는 영향," 인사관리연구, 26(2), 한국인사관리학회, pp.145~181〉

고, 가장 널리 사용되는 방법이다. 이 방법은 피고과자를 평가하는 평정요소의 척도가 연속척도(continuous scale)인가, 비연속척도(discrete scale)인가에 따라 연속평정척도법과 비연속평정척도법으로 구분된다.

- 체크리스트법(Checklist Method): 고과에 적합한 표준행동을 리스트에 기재하여 나열하고, 기재된 리스트에 따라 해당 사항이 있으면 체크하고, 그 체크한 수를 소정의 채점기준표에 따라 등급을 정하는 방법이다.
- 중요사건 서술법(Critical-Incident Method): 이는 고과자가 성과달성의 성패에 영향을 준 중요사건을 평소에 관찰하고 기록해 두었다가 정기고과 때 자료로서 활용하는 보조적 기법이다.
- 행동기준 고과법(BARS: Behaviorally Anchored Rating Scales): 이는 관리자들이 실제적으로 중요한 사건들을 기술한 다음, 인사전문가의 도움으로 기술된 사건들을 5개에서 10개 정도의 범주로 나눈다. 이러한 범주의 설정에 대하여 관리자(평가자)들 사이에 일치가 있게 되면 평정을 위해 보통 1점에서 9점까지의 척도를 부여하게 된다.

3. 인사이동

종업원은 그의 능력개발의 정도, 회사의 조직편성이나 직무의 변동에 따라 배치가 전환된다. 특히 기술혁신이 급격한 시대에는 낡은 직무는 소멸되고 새로운 직무가 발생하는 경우가 많으므로 종업원의 배치전환이 자주 일어나게 된다. 이와 같이 인사이동이란 기업조직 내에서 직무나 직위가 변화하는 것을 의미한다.

한편 경영자 측에서도 사원의 이동이 빈번하면 교육훈련에 많은 비용이 들뿐 아니라, 생산능률도 저하되므로 지나친 노동이동은 바람직하지 않다. 노동이동의 원인에는 회사 외부의 사정에 의하는 수도 있으나 회사 내부사정, 즉 인사관리의 불공평, 불합리에 의한 것도 적지 않다. 배치전환에는 종업원의 재교육이 필요하게 되고 또 배치전환은 인사고과에 기초하여 공정하게 행해져야 한다.

인사이동을 하는 목적은 몇 가지가 있다. 기업의 특정 부문의 증강, 신설 또는 축소, 폐지에 따른 이동이 있을 수 있다. 또한, 각 부문에 있어서 업무부담의 조절을 목적으로 하는 이동도 있으며, 종업원의 능력이나 의욕향상을 목적으로 하는 경우도 있다. 경우에 따라서는 보상이나 징계의 의미로 하는 이동도 있다. 인사이동은 결과적으로 승진, 전임, 강등의 세 가지 종류의 이동으로 분류된다. 승진인 경우에는 학력, 연령, 근무 연수 등을 신중히 고려할 필요가 있으며, 일반적인 실적만을 중시하는 것과 같은 승진은 동료 간의 위화감 등으로 본인에게 오히려 불행할 경우도 있다. 또 전직, 강등인 경우에는 설명을 통하여 본인의 이해와 납득을 얻어두어야 한다.

인사이동을 시기의 측면에서 분류하면 정기이동과 임시이동으로 나누어진다. 정기이동은 1년 중 일정한 시기를 정해서 계획적으로 이동을 하는 것으로써 계획적인 업무상의 필요성에 의한 것이므로 비교적 종업원의 협력을 얻기 쉬운 것이지만 임시이동은 비정기적인 것으로써 특별하고 명확한 이동 실시의 이유가 없으면 종업원에게 불안감을 주기 쉽다.

잠깐 쉬어갑니다

속인주의의 배경

우리 나라는 전통적으로 속직보다는 속인적 요소에 의해 임금이나 승진 등 조직내 보상관리가 이루어져 왔다. 즉, 종업원이 담당하는 직무의 내용이나 질, 종업원 개인의 능력이나 성과보다는 평등주의와 연공서열의 문화적 전통에 입각하여 보상배분의 기초로서 전통적으로 서구에서 선호되는 형평성(equity)의 원칙보다는 균등성(equality)의 원칙이 우선적으로 적용되었다.

비록 개개인들의 기여와 비례하여 보상을 배분하는 것이 공정한 것이라는 점에 있어서는 동서양 문화간에 공통적인 합의가 이루어지고 있다할지라도, 유교문화의 영향을 받아 집단주의적 경향을 지니고 있는 동아시아권의 국가들에 있어서는 형평성보다는 균등성의 원칙이 선호되어 왔다. 우리 나라의 조직들도 그와 같은 면에서 예외는 아니었다. 서구의 시각에서 본다면 생산성을 우선시하는 조직에서는 무엇보다 형평성의 원칙이 우선되어야 마땅하지만, 동양권의 시각에서 조화는 생산성과 대치되는 개념이라기보다는 생산성에 기여하는 수단으로 인식되어져 왔기 때문이다.

제 4 절

인적자원의 유지

1. 임금관리

(1) 임금의 의의

종업원들은 자신이 소유한 노동력을 기업에 제공하고 그에 따른 반대급부로 보상을 받는다. 보상의 종류는 다양하지만 크게 두 가지로 구분할 수 있다. 그 보상이 금전적인 형태로 지급되는가, 비금전적인 형태로 나타나는가에 따라 전자를 금전적 보상, 후자를 비금전적 보상이라 하는데, 비금전적 보상이란 종업원의 직무수행과정에서 느끼는 만족감이나 성취감 등과 같은 내재적 보상(內在的 報償)을 의미한다. 금전적 보상은 다시 임금을 중심으로 한 직접적 보상과 복지후생을 중심으로 한 간접적 보상으로 구분된다.

한편 우리나라의 근로기준법 제18조에서는 "임금은 사용자가 노동의 대가로 근로자에게 임금, 봉급, 기타 여하한 명칭으로든지 지급하는 일체의 금품을 말한다"라고 정의하고 있다.

(2) 임금관리의 방향

기업에서 이루어지는 임금관리는 기본적으로 ① 외부노동시장으로부터 우수한 노동력의 확보, ② 종업원에 대한 동기유발과 근로의욕의 고양, ③ 합리적인 임금관리를 통한 내부인력의 유출방지라는 세 가지의 목적을 달성할 수 있도록 전개되어야 한다. 흔히 임금관리의 기본원리로서 적정성의 원칙, 공정성의 원칙, 합리성의 원칙이 제시되는데 이 또한 임금관리의 기본방향과 다르지 않다.

1) 적성성의 원칙

적정성의 원칙이란 종업원이 기업으로부터 받는 임금수준이 기업의 입장에서나 종업원의 입장에서, 그리고 나아가 전반적 노동시장의 견지에서 모두에게 적정한 액수만큼 결정되어야 한다는 것이다.

2) 공정성의 원칙

공정성의 원칙은 임금수준이 결정된 후, 그와 같은 임금총액이 종업원들에게 분배되어질 때 각자가 가지고 있는 인적 가치, 업무성과와 업적, 직무의 가치 등에 따라 공정하게 분배되어야 함을 의미한다. 따라서 공정성의 원칙이 적용되는 분야가 임금체계(wage structure)관리로서 여기에서는 임금수준관리에서 산정된 임금의 총액을 각 종업원들에게 일정한 기준에 따라 공정하게 분배하는 측면이 다루어지기 때문에 임금관리의 미시적 분석이라고 할 수 있다.

3) 합리성의 원칙

합리성의 원칙은 임금형태관리와 밀접한 관련을 지니고 있다. 임금형태(wage payment method)의 관리는 임금의 계산 및 지불방법에 대한 관리로서 종업원의 작업의욕 및 능률향상과 직접적인 관련을 지니고 있다. 임금형태에는 노동시간을 기준으로 하느냐, 작업성과를 기준으로 하느냐에 따라 크게 시간급제와 성과급제로 구분할 수 있지만, 보다 세부적인 형태로 나누어지기도 한다.

(3) 임금수준

임금수준은 일정기간 동안에 한 기업 내의 모든 근로자에게 지급되는 총액임금을 의미한다. 그러나 보통 우리가 종업원 한 사람을 놓고 임금수준이라고 이야기 할 경우에는 총 임금을 모든 종업원수로 나눈 개별임금의 수준의 의미에서 파악된다.

일반적으로 기업이 지불하는 임금은 지속적으로 종업원을 확보하고 보유하기 위해서 절대적으로 필요한 최저임금수준(minimum wage system)과 더 이상 지불할 경우 기업자체의 생존이 위협받을 수 있는 최고임금수준

(maximum wage system) 사이에서 단체교섭과 경영층의 판단을 통해 결정되게 되지만 최대 및 최저임금수준의 개념자체도 다양한 요인에 의해 영향을 받게 된다. 즉, 최저임금수준은 지역사회의 현행임금률, 실업률, 노동시장 조건, 기업의 고용계획, 기업이 관례적으로 지불해 온 임금수준 등에 의해서, 최대임금수준은 제품에 대한 수요의 탄력성, 제품가격, 산업 내에서 차지하는 기업의 상대적 능률 등에 의해서 영향을 받게 된다.

(4) 임금체계

임금수준이 총액임금의 결정 및 관리과 관련을 지닌 데 비해, 임금체계에서는 그와 같은 총액임금을 어떠한 기준에 의해 종업원들에게 공평하게 배분할 것인가라는 문제가 다루어진다. 즉, 총액임금이 각 종업원에게 어떠한 방식을 통해 배분되어야 종업원들의 임금만족도와 동기부여수준을 높임으로써 궁극적으로 생산성과 작업성과를 향상시킬 수 있을 것인지가 임금체계의 핵심적 문제이다.

임금체계관리와 관련해서는 크게 두 가지의 문제가 중심이 되는데, 첫째, 어떠한 항목으로 임금체계를 구성할 것인가. 둘째, 각 종업원들 간의 개별임금격차를 결정하는 기준을 어떻게 설정하여야만 공정한 임금배분이 이루어질 것인가라는 것이다. 즉, 임금구성항목의 합리성, 개별임금격차의 공정성이라는 문제가 임금체계관리의 주요내용이 된다. 특히 개별임금격차가 공정성을 갖기 위해서는 종업원에게 주어지는 기본급이 노동대가의 원칙과 생활보장의 원칙이라는 두 가지의 조건을 충족시켜야 한다. 노동대가의 원칙은 일하는데 따른 임금이며, 생활보장의 원칙은 임금에 의해 누구나 일정한 생활이 보장되어야 한다는 원칙이다.

따라서 기본급은 이와 같은 기준에서 어디에 초점을 두는가에 따라 연공급, 직무급, 직능급으로 구분되어진다.

1) 연 공 급

연공급은 임금결정의 기준을 개인의 학력, 연령, 근속연수 등에 두는 방식이다.

2) 직 무 급

직무급은 직무의 상대적 가치에 임률을 곱하여 임금을 결정하는 방식이다. 따라서 근속연수, 학력, 연령 등에 상관없이 "동일노동 · 동일임금(equal pay for equal work)의 원칙이 지켜지는 임금체계라 할 수 있는데, 주로 구미에서 적용되는 임금체계이다.

3) 직 능 급

직능급이란 직능(職能: function), 즉 직무수행능력에 따라 개별임금을 결정하는 임금체계이다. 즉, 직능급은 직무급과 연공급을 혼합한 형태라고 할 수 있는데 임금의 산정기준으로 종업원의 직무수행능력이 중추적 역할을 하는 것이다.

(5) 임금형태

임금형태란 임금을 지급형태 및 그 계산과정에서 본 경우를 의미한다. 이 임금형태에서 결정된 임금액을 임금률이라고 한다. 따라서 임금형태는 종업원들의 작업의욕이나 작업성과의 향상에 직접 관련되어 있고 이를 잘 관리함으로써 종업원들의 사기를 높일 수 있다. 임금형태의 기본적인 유형은 시간급제(time payment)와 성과급제(output payment)로 크게 구분된다.

1) 시간급(고정급)제

시간급제(time payment, time-rate plan)는 작업자의 작업성과량이나 그 질에 상관없이 그가 실제로 노동에 종사한 시간만을 기준으로 해서 임금을 산정하는 제도이다.

2) 성과급제

성과급제(piece-rate plan)란 작업자들의 작업성과를 측정하여 측정된 성과에 따라 임금을 산정하여 지급해 주는 제도이다. 따라서 각 종업원이 받는 임금은 자신이 얼마만큼 열심히 작업을 하였는가 하는 성과에 따라 성과의 단위당 임률을 기초로 산정이 된다.

3) 절충급제

절충급제는 앞의 시간급제와 성과급제와는 달리 근로자들에게 최저한의 임금을 보장하면서 표준 이상의 작업성과를 달성하는 사람에게 일정률의 추가급을 지급하는 제도이다. 즉, 임금의 일정수준을 유지해 주면서, 소정의 표준 이상으로 작업성과를 올렸을 때에는 할증(premium) 또는 상여(bonus)의 형식으로 일정한 추가급을 지불하는 제도이다.

2. 연 봉 제

연봉제는 개인의 능력, 실적, 공헌도의 평가와 계약에 의해 연간 임금액이 결정되는 임금지급형태이다. 그러나 연봉제라고 해서 한 순간에 전액을 다주는 것은 아니고, 총 지급액을 보통 12개월 또는 그 이상으로 나눈 후 일정시기마다 보너스 형태로 추가하여 지급한다. 따라서 연봉제에는 기본급, 수당, 상여금의 구분이 없는 것이 특징이라 할 수 있다.

도표 9-3 기존 임금제도와 연봉제의 비교

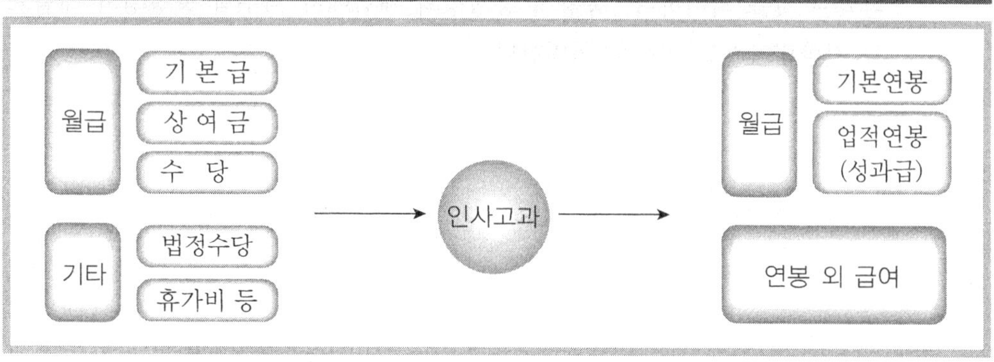

연봉제는 능력과 임금의 직결로 동기유발효과와 조직 활성화를 기할 수 있고, 과감한 인재기용이 가능하고, 능력과 임금이 직결되므로 관리자의 경영감각을 배양할 수 있다는 장점이 있다.

우리나라는 전통적으로 연공급제가 보편적인 임금체계로 활용되어져 왔다. 연공급제는 근속년수나 나이, 학력 등과 같은 속인적 요소에 의해 임금수준을 결정하는 것으로 비록 수당 등의 형태를 통하여 직무적 요소가 임금에 반영된다 할지라도, 속인적 요소가 같은 한 동일임금이 적용되며, 근속기간에 따라 승진과 임금인상이 이루어진다. 따라서 연공급제는 종업원이 담당하는 직무의 내용이나 질, 종업원 개인의 능력이나 성과보다는 평등주의와 연공서열의 문화적 전통에 입각하여 임금을 배분하는 것으로, 보상배분의 기초로서 전통적으로 서구에서 선호되는 형평성(equity)의 원칙보다는 균등성(equality)의 원칙이 보다 강한 임금제도라 할 수 있다.

그러나 1990년대에 들어서면서 연공급제에 대한 비판적 논의와 함께 직무급이나 직능급 도입과 관련된 활발한 논의가 이루어져 왔다. 특히 1997년 말 IMF경제체제 이후 직무적 요소와 개인별 성과가 임금결정에 핵심적 요소로 반영하기 시작하면서 연봉제에 대한 관심이 높아지고 있고, 급속히 확산되는 추세에 있다. 연봉제는 단순히 임금을 1년 단위로 산정하는 총액개념을 넘어, 무엇보다 과거 근속과 나이 등과 같은 속인적 요소에 의해 결정되던 임금수준을 직무적 요소와 개인별 성과에 의해 결정되도록 한다는 점에서 일종의 성과급적 특성을 지니고 있다. 따라서 이는 결국 공정한 보상배분의 원칙이 과거의 균등성의 규범에서 형평성의 규범으로 전환되는 것을 의미하며, 동양적 공정성의 개념에서 서구적 공정성의 개념으로 전환되어가고 있음을 의미한다.[2)]

제 5 절

직무설계

1. 직무설계의 의의

전통적 직무관리는 '직무'를 중심으로 '사람'을 어떻게 적응시키도록 하느냐 하는 직무분석과 직무평가가 연구대상이 되었으나 근대적 직무관리는 '사람'을 중심으로 '직무'를 어떻게 설계하느냐 하는 직무설계(job design)를 연구대상으로 삼고 있다. 즉, 직무설계란 조직의 목표와 그 직무를 맡고 있는 개인의 욕구가 만족되도록 직무내용(content)과 작업방법(work method)을 설계하는 체계적인 과정이다.

직무설계는 여러 측면에서 직무와 관련이 있다. 즉, 직무의 내용(job content), 직무의 기능(job function), 관계(relationships) 등이 직무설계의 핵심적 요인이다. 직무설계는 작업(과업)의 능률과 작업자의 만족이 동시에 고려하여야 한다.

따라서 직무설계의 목적은,

- 모든 계층의 조직구성원들로 하여금 직무 그 자체에서 만족과 의미를 부여받도록 하여 종업원의 동기부여(motivation)를 꾀하고,
- 생산성 향상,
- 재화와 용역의 양 · 질의 개선,
- 원가절감,
- 이직과 훈련비용의 절감,
- 신기술에 대한 신속한 적응을 시키는데 있다.

2. 전통적인 직무설계 방식

전통적 직무설계의 한 기법으로 테일러(F. W. Taylor)의 「과학적 관리법」

을 들 수 있다. 이 기법은 전통적 직무설계로서 오늘날에도 여전히 중요한 위치를 차지하고 있다.

과학적 관리법(scientific management)은 전문화(specialization), 표준화(standardization), 그리고 반복(repetitiveness) 등을 통한 작업의 능률을 강조하였다. 작업의 능률은 작업에 대한 '과학적'인 분석을 통하여 가장 '이상적'인 작업내용과 작업수행 방법을 설계하는 하향적 접근방법이다. 과학적 관리법을 통한 전통적 직무설계방법은 생산시스템의 기계화와 자동화 그리고 능률 중심적인 경영관리에 매우 유효한 연구방법을 제공하였다.[3)]

(1) 과학적 관리법에 의한 직무설계의 장점

- 작업의 능률 향상: 과학적인 분석과 검토를 통해서 작업은 최대한으로 전문화되고 단순화되도록 설계하여 작업자의 능률을 극대화시킨다.
- 경제적 이점: 작업이 전문화되고 단순화됨으로써 미숙련공도 작업을 쉽게 수행할 수 있어서 비교적 싼 임금으로 노동력을 쉽게 구할 수 있다.
- 비용 절약: 기술상의 숙련도가 문제되지 않기 때문에 작업 수행상 필요한 최소한의 교육만 시켜도 되므로 교육훈련에 따른 비용의 절약을 기할 수 있다.
- 작업자의 배치전환 용이: 최소한의 교육요건 및 저숙련도는 작업자를 기계의 부품처럼 교환성이 높도록 만듦으로써 타 직무로의 전환은 공정진행에 별다른 지장 없이 시행될 수 있다.
- 관리자에게 통제권 부여: 작업의 양과 질에 대해 관리자에게 고도의 통제권을 부여해 준다. 즉, 고도의 기계화로 인해 작업자는 작업중 신체상의 피로는 거의 느낄 수 없으며, 생산품에 대한 안정수준의 양과 질이 사전에 예측 가능하고, 표준화와 전문화로 인해 감독자는 작업자에 대한 통제임무를 보다 잘 수행할 수 있다.

(2) 과학적 관리법에 의한 직무설계의 단점

- 불공정을 기초로 설계된 직무는 직무수행자에게 불만족, 직무에 대한 관심의 결여, 몰개성화, 소외감, 개인적 성장 및 성공기회의 결

여 등을 주게 된다.

- 직무수행자에 대한 이러한 영향은 정신건강, 태업, 노사분쟁, 높은 이직 및 결근, 저질제품 생산 등과 같은 경제적·조직적 문제들을 유발시킨다.

3. 과도기적 직무설계 방식

과학적 관리법에 의한 직무설계는 오늘날까지 직무설계의 원칙으로서 중요한 위치를 차지하고 있지만 많은 부작용을 초래하였기 때문에 새로운 대안으로 직무순환과 직무확대를 제시하였다.

(1) 직무순환

직무순환(job rotation)은 작업자들에 의해 수행되는 다양한 과업을 서로 교환할 수 있으며, 작업자들은 작업흐름에 큰 지장없이 이 과업에서 다른 과업으로 순환이 가능하다. [도표 9-4]는 직무순환의 기본절차를 보여 주고 있다.

도표 9-4 직무순환의 기본절차

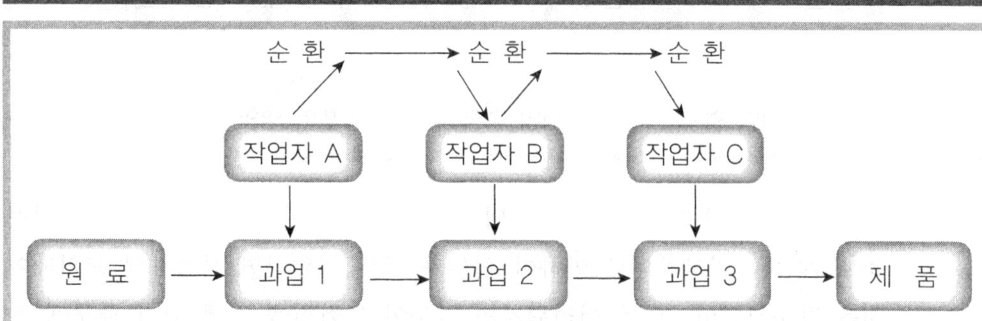

직무순환시 작업자가 행하는 실제 직무(actual job)에는 사실 큰 변화가 없다. 그러나 경영자는 종업원들을 여러 직무로 이동시킴으로써 다른 기능(skills)을 개발할 기회와 전체 생산과정에 대한 시야를 넓혀줌으로써 지루함과 틀에 박힌 일 등을 감소시킬 수 있다.

그럼에도 불구하고 직무순환은 문제에 대한 단기 해결책이라는 지적을 받고 있다. 왜냐하면, 작업자의 직무와 기대는 크게 바뀌지 않기 때문이다. 단조로움과 지루함은 일시적으로 완화될지도 모르지만, 틀에 박힌 일은 직무순환 후에도 계속 남을 수 있다.

(2) 직무확대

직무확대(job enlargement)는 직무에 대한 단조로움, 권태감 등을 줄이고 직무만족을 높이며, 결근이나 이직을 감소시키기 위한 하나의 해결책으로서 작업자가 맡는 과업의 수와 다양성을 증가시킨다. 즉, 작업자의 자기실현욕구를 충족시켜 하나의 인격체로서의 만족감을 갖게 하여 작업의욕을 향상시키고자 하는 것이다. [도표 9-5]는 직무확대의 기본절차를 나타낸 것이다.

도표 9-5 직무확대의 기본절차

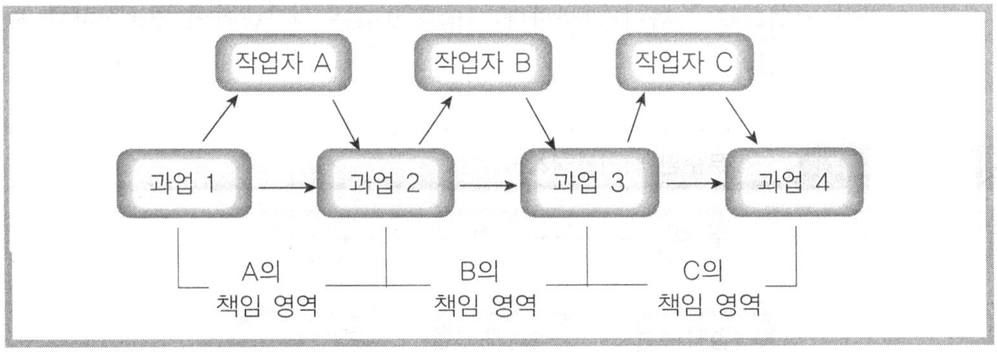

그러나 문제가 되는 것은 과업의 수와 다양성을 어떻게 적정하게 결정하느냐이다. 직무확대로 인하여 직무가 너무 쉬워지면 작업자의 모티베이션을 감소시키며, 너무 어려워지면 갈등이나 좌절을 갖게 되기 때문에 과업수의 적절성과 다양성을 결정하는 문제를 갖고 있다. 또한 종업원들의 작업량이 증대되어 종업원을 감축시키는 수단으로 이용되고 있다는 비판도 제기되고 있다.

4. 현대적 직무설계 방식

과학적 관리론과 함께 직무순환과 직무확대는 단기적인 전략에 불과하였기 때문에 장기적인 전략이 요구됨에 따라 직무충실화이론과 직무특성이론이 등장하게 되었다.

(1) 직무충실화이론

직무충실화이론은 직무확대보다 종업원들에게 더 많은 책임과 더 많은 선택의 자유를 요구한다. 직무충실(job enrichment)이란 관리기능의 일부인 계획(planning)과 통제(controlling)를 작업자에게 위임하는 방법이다. 즉, 작업자가 담당하는 기본과업은 변하지 않으나 작업자 스스로가 그 직무수행을 계획하고 통제하도록 한다. 직무충실에 의한 직무설계란 각각의 직무로 하여금 만족요인으로서 성취감, 인정, 흥미, 책임, 발전 및 성장과 같은 동기유발요인을 포함하도록 직무를 설계하는 것이다.

핵크만과 올드햄(J. R. Hackman & G. R. Oldham)은 직무충실에 관한 모델을 [도표 9-6]과 같이 제시하였다.[4)]

이들에 의하면 충실화된 조건을 정말로 느낀 사람은 충실화되지 않은 조건을 느낀 사람보다 과업의 다양성, 과업의 정체성, 과업의 중요성, 자율성, 피드백 등을 더 많이 가지고 있으며, 직무에도 더 만족을 한다는 것이다.

직무충실화 이론은 작업자들에게 자기 직무에서 보다 많은 직무 만족을 느낄 수 있도록 작업내용에 질적인 변화를 주어 생산성을 향상시킬 수는 있지만, 다음과 같은 비판들이 제기되고 있다.

- 개인 간의 차이를 고려하지 않았다.
- 투입된 비용을 상쇄시킬 만큼 효과가 있는가 하는 의문이 있다.
- 감독자나 타부서(수직적, 수평적)와의 관계문제가 대두된다.
- 충실화할 수 없는 직무의 경우에 문제가 나타난다.
- 기업에서 직무충실화의 적용시 기술, 훈련, 임금상승, 유인 등의 변

도표 9-6 직무충실화모형

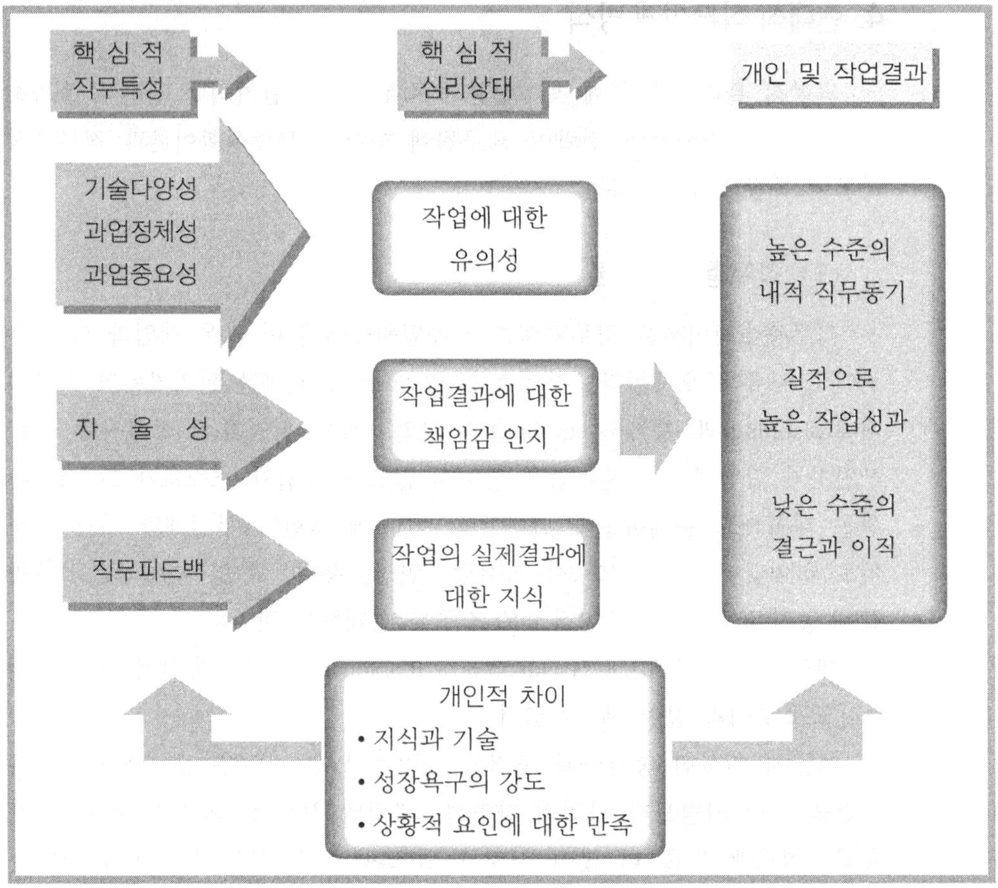

〈자료〉 J. R. Hackman & G. R. Oldham(1980), *Work redesign*, Reading, Mass.: Addison-Wesley.

화를 동시에 시행하기 때문에 직무충실화만의 효과인지 다른 직무요소의 영향인지를 밝히기가 어렵다.

(2) 직무특성이론

직무특성이론은 직무충실화가 안고 있는 문제점들을 보완하기 위해 나온 이론으로 다섯 가지 직무특성을 확인하여 그들 사이의 상호관련성과 그것들이 종업원의 생산성 · 동기유발 · 만족에 미치는 영향관계를 설명하고 있다. 즉 개인 및 작업성과가 중요심리상태(critical psychological states)에서 얻어지며 이 중요심리상태는 핵심직무특성차원(core job characteristic dimensions)에서 만들어진다는 것이다. [도표 9-7]을 보면 직무특성이론은 앞서 제시한 직무충실화모델을 한 단계 발전한 직무설계이론임을 알 수 있다.

도표 9-7 직무특성모형

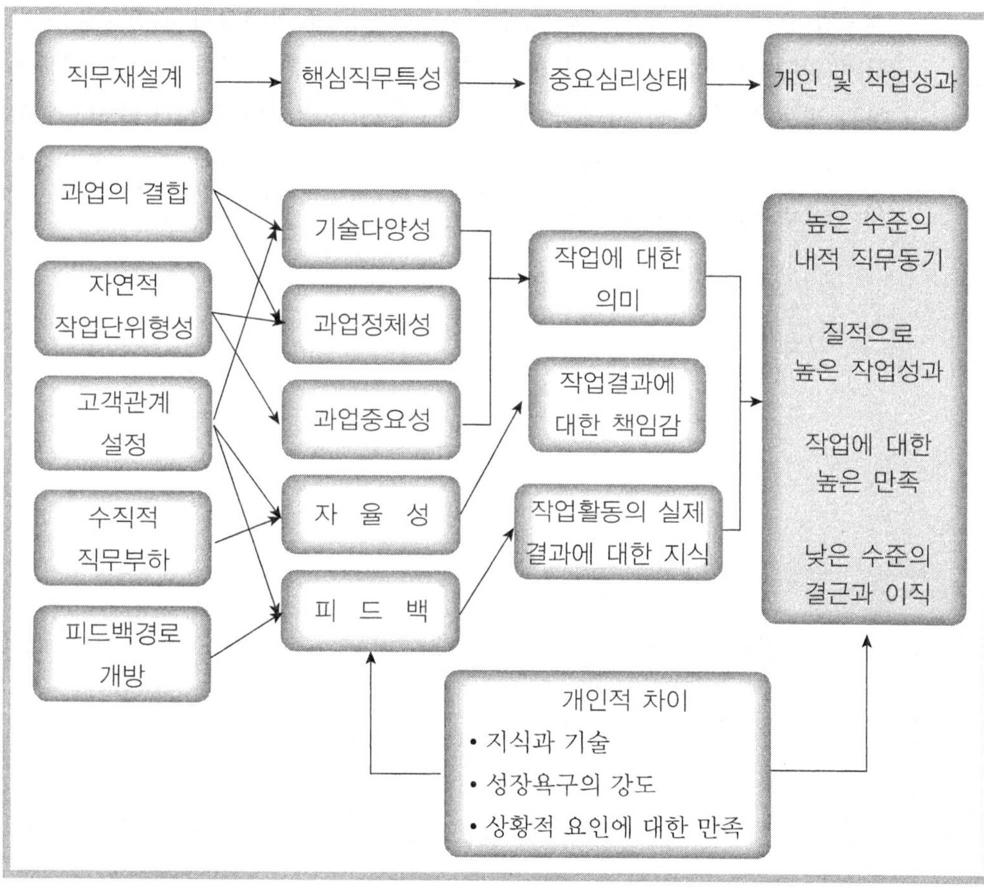

직무특성이론은 종래의 추상적이고 개념적인 직무충실화이론에서 벗어나 종업원의 개인차를 고려하여 직무특성과 성과변수 사이의 관계를 제시하고 각 직무특성 차원을 명확히 하여 실행개념까지 도입함으로써 실질적인 직무설계방법을 제시한 것이다.

5. 인간공학

인간공학(ergonomics)에 의한 직무설계는 육체적 피로와 작업의 위험성을 최소화할 수 있도록 직무를 설계하는 데 초점을 맞추는 현대적 직무설계방법이다. 이와 같은 접근법에서는 작업자들이 작업상의 위험성을 수반하지 않고 자신들의 육체적 능력과 직무상의 요구를 일치시킬 수 있도록 하는 방법을 찾는다. 따라서 작업도구로부터 시작하여 컴퓨터 소프트웨어에 이르기까지 직무수행에 활동될 수 있는 보조구의 설계 또한 인간공학의 중요한 영역의 하나이다.

읽을 거리

기업채용방식 변화의 이유

채용시장에서의 패러다임 자체가 신규채용에서 경력채용으로, 대규모 공채방식에서 소규모 수시채용으로 변화되고 있다. 이와 같은 추세는 비단 대기업에 국한된 현상이라기 보다는 중소기업을 포함하는 전반적인 현상으로 나타나고 있다. 한국직업능력개발원이 2001년 우리나라 600개 대·중·소기업을 대상으로 실시한 전국적 조사결과에 따를 경우에도 대부분의 사업장에서 과거의 정기적인 채용방법 대신 수시채용방식을 선택하고 있는 것으로 나타나고 있다.[5] 즉, 과거 대규모 정기공채를 통하여 우수한 능력을 가지고 있는 사원을 '그물형 채용'을 통하여 미래 필요예상인력까지 한꺼번에 모집하였다가 필요한 기업활동영역에 배치하여 활용하던 방식에서 최근에서 전문화된 고급인력을 별도의 교육비용 없이 필요한 때에 곧 바로 뽑아쓰는 방식으로 변화되고 있다.

이와 같은 형태로 채용방식이 변화된 이유는 우선적으로 경쟁환경하에서 인재의 중요성 부각과 자사에 적합한 인재의 조기확보 필요성이 높아졌기 때문이지만, 보다 구체적으로 다음과 같은 요인이 그 저변에 자리잡고 있다.

첫째는 인재에 대한 기업의 시각이 달라졌기 때문이다. 즉, 과거에는 고급학력과 학위의 소유자가 인재로 받아들여지는 경향이 있었으나, 최근 기업환경변화에 따른 기업의 탄력적 대응이 중요시되면서 인재에 대한 시각이 달라지고 있다. 최근 전경련이 우리 나라의 대표적인 11개 그룹을 대상으로 조사한 자료[6]에 따르면 우리 나라 대기업이 요구하는 인재는 '글로벌 환경하에서 전문지식과 프로근성을 갖고, 올바른 가치관, 창의와 도전정신으로 조직구성원과 상호 협력하며 맡은 바 임무를 완수하는 국제화된 인재'로 요약된다. 즉, 인재의 요건으로 현재적 능력과 아울러 잠재능력, 태도와 자질, 적성과 인성 등 다양한 요소를 고려하고 있는 것이다.

이에 따라 인력선발시 고려요소도 변화하고 있다. 한국직업능력개발원의 조사결과[7]에 따를 경우 조사대상 사업장 600여 개 가운데 인력을 선발할 때 가장 중요하게 고려하는 요소는 개인의 전공능력(41.9%)이며, 그 다음으로 문제해결능력, 대인관계능력, 의사소통능력과 같은 기초직업능력(24.7%)이 중요한 선발요소로 고려되고 있으며, 학력이 차지하는 비중은 단지 3.6%에 불과한 것으로 나타나고 있다(그러나 이것이 학벌주의의 위축을 의미하는 것은 아니다).

둘째, 고용관리상의 비용이 크게 증가하였기 때문이다. 모집은 채용할 직무에 적합한 인재를 모으는 과정이지만, 선발(selection)은 채용할 직무가 요구하는 기술, 능력, 적성을 가진 자 중 가장 적합한 자를 뽑는 과정이다. 따라서 선발의 유효성 측면과 함께 최소의 비용으로 최적의 종업원을 선발하는 경제성 측면이 함께 고려되어야 한다. 따라서 대규모 공개채용을 유지하는데 따르는 채용관리비용, 신입사원 교육훈련비용, 고용유지비용의 증가는 기업으로 하여금 채용방식의 변화를 꾀하도록 만들고 있다.

전경련 교육발전 특위에서 기업의 인사담당 간부 300명을 대상으로 조사한 결과(2003)에 따르면 기업은 입사초기소양, 기업문화, 커뮤니케이션 능력, 기업경영기초, 전산 등 기업기초교육에 평균 5개월을 투자하며, 1인당 교육비용도 560여만 원에 이르는 것으로 나타났으며, 또한 실무, 전문교육 등 실무수행을 위한 자질과 지식을 갖추는데 2년의 기간이 소요되는 것으로 조사된 바 있다.[8] 따라서 이와 같이 고용관리상의 비용증가는 기업으로 하여금 신입사원보다는 경력사원을, 대규모 공채보다는 소규모 수시채용을 선호하도록 만들고 있다.

셋째, 노동시장의 여건변화이다. 노동시장은 일반적으로 노동력이라는 상품의 판매자인 임금노동자와 구매자인 사용자가 만나서 양자의 관계가 결정되는 장소로서 이는 노동력의 수요와 공급의 관계로 이해될 수 있다. IMF 외환위기 이후 우리나라 노동시장은 근본적으로 공급자중심의 시장에서 수요자중심의 구도로 변화되어가는 모습을 띠고 있다.

전반적으로 고용여건의 악화에 따라 기업은 채용의 규모를 축소하고 있으며, 기술개발 · 자동화를 통하여 작업현장에서의 인력에 대한 의존도를 계속 축소시켜 나가고 있다. 또한 필요에 따라 정리해고를 할 수 있는 법적 기반이 갖추어지고, 능력과 성과주의가 확산됨에 따라 점차 횡단적 노동시장이 발달하는 모습을 갖추어가고 있는 반면, 높은 청년실업률을 통하여 알 수 있는 것과 같이 종단적 노동시장의 규모는 점차 축소되어가고 있다. 특히 최근에는 고용없는 성장이 우려될 만큼 노동력에 대한 수요는 지속적으로 감소되고 있다.

넷째, 내부경쟁의 촉진을 위한 전략적 계산이 채용방식의 변화를 가져오고 있다.[9] 즉, 과거 기업들이 '그물형 채용' 또는 '대규모 공채' 방식에서 '작살형', '핀셋형', '낚시형' 채용으로, 그리고 '소규모 수시 채용' 방식으로 채용방식을 변화하게 된 것은 내부경쟁을 촉진시켜 기업의 경쟁력을 강화시키고자 하는 의도와 밀접한 관련이 있다. '대규모 공채'를 유지할 경우 공채제도는 공채로 입사한 직원 간에 연공의식을 고착화시켜 능력주의 인사제도를 전개하는데 걸림돌이 될 수 있다. 정기채용의 경우 동기의식이 발생하고 이에 따라 기업도 입사동기를 의식하여 능력주의 인사제도를 전개하는데 어려움을 지니게 된다. 반면 소규모 수시채용방식을 전개할 경우 연공주의를 타파하고 능력주의를 확산시키기 위한 기반 바탕이 마련될 수 있다는 점에서 채용방식의 변화는 기업의 필요와 목적에 부합한 결과라 할 수 있다.

〈자료: 박성수 · 이경근 · 최광신(2005), 한국기업의 인사선발시스템의 과제와 방향, 경영논총 제29집, 전남대학교 경영대학원, pp. 37~71〉

토론문제

1. 지식경영의 시대와 디지털경영시대에 인적자원관리자에게는 어떠한 역할이 요구된다고 봅니까?
2. 인적자원관리에 영향을 미치는 환경적 요인 가운데 최근 가장 특징적인 변화를 내외부로 구분하여 정리하여 보시오.
3. 조직목표의 달성을 위하여 조직구성원의 헌신과 몰입이 요구된다면 인적자원관리의 기본방향은 어떻게 전개되어야 할까요?
4. 최근 연봉제에 대한 논의와 도입이 활발히 이루어지고 있다. 연봉제하에서의 보상방식을 전통적인 연공급과 비교하여 설명하여 보시오.
5. 다면평가제도는 무엇이며, 이를 도입하는 목적은 무엇인지에 대하여 설명하여 보시오.
6. 직무수행자에게 의미와 만족을 주는 직무설계방식이란 무엇인지에 대하여 설명하여 보시오

참고문헌 및 자료

1) P. Pigors, and C. A. Myers(1981), *Personnel administration, A point of view and method*, 9th ed., New York: McGraw-Hill, Inc.
2) 이경근 · 박성수(2001), 분배적 공정성과 절차적 공정성 지각이 임금만족에 미치는 영향: 연공급제와 연봉제하에서의 효과를 중심으로, 인사관리연구, 한국인사관리학회, 25(2), pp. 165~195.
3) 박성수 외(2004), 새로운 인적자원관리, 전남대학교 출판부, pp. 71~72.
4) J. R. Hackman & G. R. Oldham(1980), *Work Redesign*, Reading, Mass: Addison-Wesley.
5) 한국직업능력개발원(2001), 기업의 인적자원개발 실태조사에 관한 기초연구.
6) 전국경제인연합회(2003), 기업이 바라는 인재상 및 이의 실현방안.
7) 한국직업능력개발원(2001), 전게서.
8) 전국경제인연합회(2003), 기업의 바람직한 인재상 및 이의 실천과제.
9) 공선표(2002), 확보관리, 어떻게 달라지고 있나, http://www.hrmgo.com.

제 10 장

마케팅관리

이 장을 공부하고 나면

1. 마케팅이 무엇이며, 그 중요성을 인식할 수 있습니다.
2. 마케팅에 대한 체계적인 사고능력을 갖출 수 있습니다.
3. 마케팅에 대한 다양한 관점을 이해하고 어떠한 요인들이 소비자행동에 영향을 미치게 되는지를 알 수 있습니다.
4. 최근 새로운 마케팅의 중요성에 대하여 알 수 있습니다
5. 소비자모델의 유형에는 어떤 것들이 있는지 이해할 수 있습니다.

이 장의 주요 목차는

워밍업

일반적으로 시스템(system)이라는 개념은 목적에 의해 통일성을 부여받은 다수의 상관관계가 있는 요소로부터 이루어지는 활동의 체계이다. 오늘날 우리가 말하는 마케팅이라는 개념은 개별적이고 단편적인 지식이나 활동 또는 요소의 비체계적인 집합이 아니라 그것의 요소 및 활동을 유기적으로 체계화시킨 종합체라고 할 수 있으므로 마케팅도 하나의 시스템으로 간주할 수 있다. 따라서 마케팅 시스템이란 기업을 시장(고객)과 결합시킨 중요한 기관과 흐름(flow)의 집합으로 정의할 수 있다.

가장 단순한 마케팅 시스템은 마케팅의 주체적인 기업과 기업활동의 대상인 시장(고객)만의 관계이다. 이 관계에서 기업은 시장으로 상품 및 서비스와 커뮤니케이션을 제공하고, 역으로 시장은 판매에 따른 대금지불과 정보를 기업에게 제공한다. 그러나 실제의 마케팅 시스템은 매우 복잡한데 그 기본적 요소에는 시장 외에도 유통업자, 공급업자, 경쟁기업을 포함하지 않으면 안 되기 때문이다. 이들도 시장에 필요한 상품과 서비스를 공급하기 위하여 상호 작용하고 결합하는 네트워크를 구성하는 중요한 기관이다.

또한 마케팅 시스템의 환경은 공중적 환경과 거시적 환경으로 나눌 수 있다. 공중적 환경은 기업에 실체적이고 잠재적인 이해관계 내지 영향을 가진 다양한 집단을 말하며, 거시적 환경은 기업의 마케팅 활동을 제약하는 통제 불가능한 요인인데, 기업은 통제 가능한 요인, 즉 마케팅믹스를 통하여 그것에 적응을 시도하려 한다.

주요 용어와 개념

- ▶ 마케팅관리
- ▶ 마케팅믹스
- ▶ 시장세분화전략
- ▶ 사회지향적 마케팅
- ▶ 제 품
- ▶ 마케팅경로
- ▶ 소비자행동의 환경요인
- ▶ 포지셔닝
- ▶ 소비자행동
- ▶ 소비자의 구매과정
- ▶ 인지부조화
- ▶ 가 격
- ▶ 촉 진
- ▶ 스포츠 마케팅

제1절

마케팅관리

1. 마케팅의 의의

대부분 기업의 목표는 이윤극대화에 있으며, 이를 위해서 기업은 제품을 생산, 판매하고 있지만, 모든 소비자들이 구매를 하지는 않는다. 이런 상황에서 기업들은 자신들이 만든 제품을 소비자들에게 더 좋은 이미지로 인식시키고 더 많이 팔기 위해 많은 노력을 기울이는데 이를 마케팅관리(marketing management)라 한다. 즉, 마케팅이란 소비자만족을 규정짓고 조직체의 욕구충족을 통한 장기간 이익을 실현할 수 있는 제품(제품, 서비스, 아이디어, 커뮤니케이션 방법의 개발)을 입증하는 것으로 결국 마케팅은 조직이나 개인이 자신의 목적을 달성시키는 교환을 창출하고 유지할 수 있도록 시장을 정의하고 관리하는 과정이다.

한편, 일반적으로 마케팅에서 가장 많이 이용되는 마케팅에 대한 정의는 미국 마케팅학회의 정의로서 다음과 같다. "마케팅은 개인이나 조직의 목표를 충족시켜 주는 교환의 창출을 위해 아이디어, 제품, 서비스의 개념정리, 가격결정, 촉진, 마케팅경로를 계획 · 수립하고 실행하는 과정이다."[1)]

2. 마케팅의 발전 과정

(1) 생산지향적 마케팅(Production concept)

소비자의 필요, 욕구에 관계없이 기업은 생산만 하면 쉽게 판매할 수 있는 판매자 중심의 시장이었던 시기로 원가절감을 통한 가격인하로 생산량 증대에만 관심을 두었다.

(2) 제품지향적 마케팅(Product concept)

치열한 경쟁에 대처하고자 경쟁자와의 차별성, 우수한 품질의 제품을 공급하여 소비자를 유인하려는 마케팅으로 제품의 품질, 성능 등에 관심을 가지기 시작했다.

(3) 판매지향적 마케팅(Selling concept)

시장에서 경쟁이 치열해지면서 판매라는 개념이 등장 즉, 경쟁상황에서 좋은 제품을 가지고 있더라도 판매하기 어려운 경우 기업은 판매 및 촉진에 관심을 가져야 한다는 것을 알았다.

(4) 고객지향적 마케팅(Consumer concept)

기업은 목표시장에서 목표시장의 욕구 및 필요를 파악하고 소비자들의 기대를 충족시킬 마케팅 활동을 전개하여 소비자의 욕구 충족을 통하여 판매를 증대 시키고자 하였다.

(5) 사회지향적 마케팅(Social marketing concept)

기업은 목표시장에서 소비자의 필요와 욕구를 발견하고 제품을 생산함에 있어 소비자와 사회전체에 어떠한 영향이 미칠 것인가에 대한 관심을 가져야 하며 기업은 그 기업이 속한 사회에 봉사할 수 있을 때 존속·번영할 수 있는 것으로 기업의 사회적 책임이 강조되는 오늘날 바람직한 마케팅이다.

도표 10-1 마케팅활동의 발전과정

3. 마케팅관리의 내용

마케팅관리의 주요 과정은 다음 [도표 10-2]와 같이 정리할 수 있다.

도표 10-2 마케팅관리과정

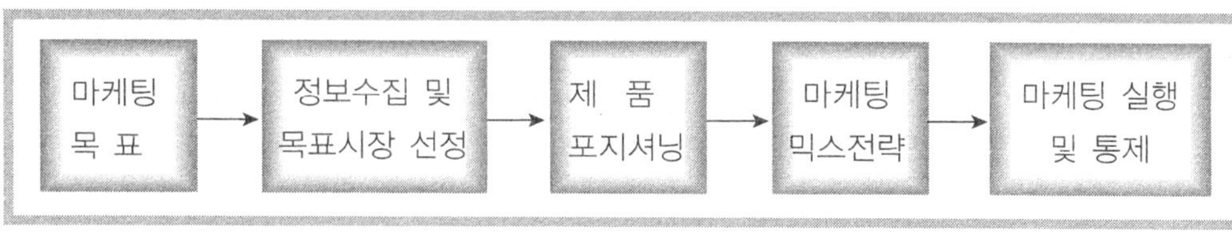

(1) 마케팅 목표(고객의 행동분석)

마케팅의 목적은 먼저 고객의 욕구(needs)를 파악하여 이를 충족시키는 것이다. 이를 위해서는 먼저 소비자가 어떻게 다양한 마케팅 활동에 반응하고 어떠한 과정으로 구매의사결정을 하는지 알아야 한다.

도표 10-3 고객행동의 기본모형

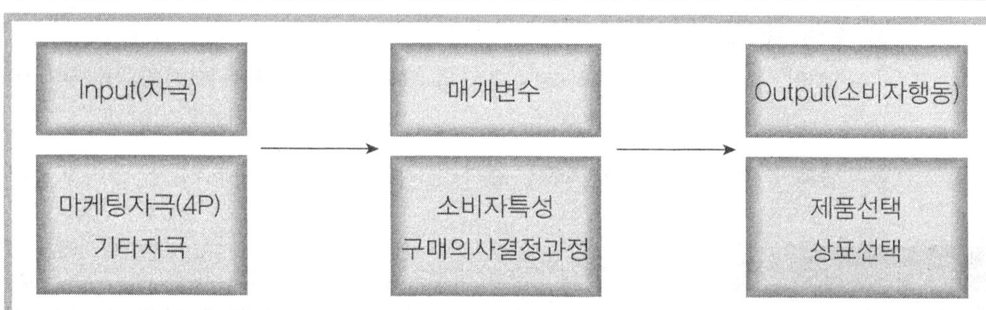

(2) 마케팅 정보수집 및 시장기회 분석

마케팅관리 활동에서 가장 먼저 해야 할 일은 마케팅 정보를 수집하여 현재의 시장상황을 분석하는 것이다. 이는 현재의 시장에 마케팅 활동을 전개할 기회가 있는지를 파악하는 데 목적이 있다. 시장기회의 분석은 마케팅관리 기능을 합리적으로 수행하기 위하여 기업의 자원과 능력을 고려하여 적응하고 여러 가지 투입요소를 제공하는 것으로, 사업의 매력도와 기업의 강점이 일치하는 사업을 선정해야 함은 물론이다.

도표 10-4 시장기회 분석

	기존제품	신 제 품
기존시장	시장침투 (가격인하, 광고증대, 유통망 확대)	제품개발 (관련분야 신제품, 개선제품)
신시장	시장개발 (인구 통계적·지리적 신 시장)	다각화 (타 사업 분야 진출)

(3) 목표시장의 선정

마케팅활동에서 매우 중요한 개념 가운데 하나가 시장세분화(market segmentation), 표적화(target), 포지셔닝(positioning)이라는 세 가지 활동으로 구성된 표적마케팅(target marketing) 개념이다. 이 개념이 오늘날 널리 사용되고 있는 까닭은 다음과 같다.

첫째, 시장세분화를 통해 기업의 수익성이 보장되며, 마케팅노력에 의해 효율적으로 접근될 수 있는 세분시장을 확보하게 해 준다. 즉 경쟁우위를 빨리 확보할 수 있다.

둘째, 표적시장 선정과 포지셔닝을 통해 표적시장에 적합한 마케팅 믹스를 개발할 수 있기 때문이다.

셋째, 기업은 시장세분화를 통하여 각 마케팅 활동에 대한 소비자들의

도표 10-5 표적 마케팅전략 과정

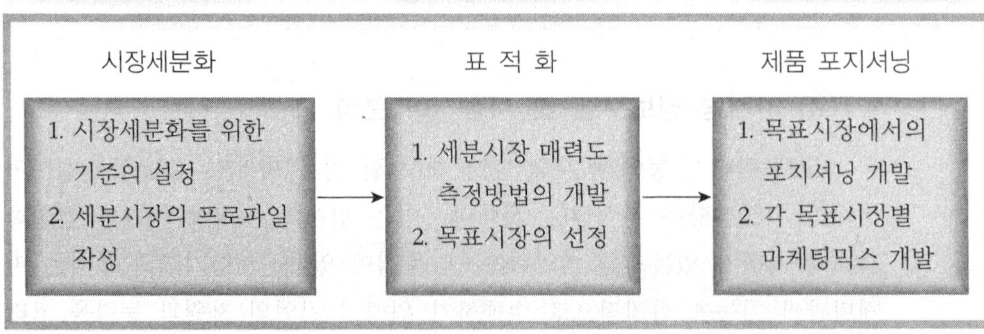

반응을 알게 되므로 마케팅 자원을 더 효과적으로 배분할 수 있다.

넷째, 시장세분화를 함으로써 시장에서의 목표를 더욱 뚜렷이 선정할 수 있다.

1) 시장세분화(market segmentation)

시장세분화란 "전체 시장을 비슷한 소비자집단(동일한 방법으로 행동하거나, 유사한 욕구를 가지고 있는 독특한 하위단위 고객)과 다른 성격의 소비자집단을 각각 하나의 집단으로 나누어 자사가 제공하는 제품이나 서비스에 가장 적합한 고객집단을 선정하는 과정"이다.

따라서 세분시장 상호 간에는 이질성이 극대화 되어야 하고, 세분시장 내에서는 동질성이 극대화되어야 한다. 시장세분화는 고객의 욕구를 더 잘 충족시킬 수 있으므로 경쟁우위를 빨리 확보할 수 있으며, 차별화를 통하여 가격경쟁을 줄일 수 있는 효과가 있다.

시장세분화를 위해 사용할 수 있는 변수에는 인구통계학적 변수(연령, 성별, 지역, 소득, 종교, 가족수 등), 심리 분석적 변수(사회계층, 라이프 스타일, 개성 등), 구매행동변수(상표애호도, 사용경험 등) 등이 있는데 시장을 세분화할 때 하나의 변수만을 사용하기보다는 여러 변수를 조합하여 사용하는 것이 효율적이며, 각 세분시장은 측정가능성, 접근가능성, 규모, 차별화 가능성, 실질성, 수행가능성, 유효성, 정당성 등의 요건을 구비하고 있어야 한다.

2) 표적화(target)

세분시장을 평가한 후 진입할 가치가 있는 시장 및 그 범위를 결정하고, 선택한 시장에 제품 포지셔닝을 결정하여야 한다.

첫번째는 차별적 마케팅으로 시장을 여러 개로 세분화한 후 모든 세분시장을 표적시장으로 선정하여 각각의 세분시장에 대해 상이한 제품과 마케팅믹스를 가지고 접근하는 전략으로 합리적으로 실행될 경우, 매출액의 증가를 가져올 수 있으나, 제품개발비, 생산비, 관리비, 촉진비 등 비용의 증대를 초래하는 단점도 있다.

두 번째로는 비차별적 마케팅으로 세분시장의 차이를 무시하고 시장을 하나의 통합체로 간주하여 단일제품과 단일 마케팅믹스를 가지고 전체 시장에 소구하는 전략이다.

이 전략은 대량 유통경로, 대량 광고매체, 대량 생산체제의 이용으로 마케팅비용의 경제성을 추구하는데 있으며, 표준화를 통한 최소의 비용과 최저의 가격으로 대량의 잠재시장을 개발하는 데 있다.

세 번째로는 집중화 마케팅으로 시장을 세분화한 뒤 모든 세분시장에 진출하지 않고 일부의 세분시장에 하나 또는 그 이상의 제품으로 소구하는 전략으로 이는 시장의 틈새시장을 공략하기 위한 전략이다.

3) 포지셔닝(positioning)

목표시장이 선정되었으면 제품을 포니셔닝(positioning)한다. 제품 포니셔닝이란 소비자로 하여금 자사의 제품이 경쟁제품과 다른 차별적 특성을 인식시키는 활동으로 성공적인 포지셔닝으로 생기는 제품 포지션은 경쟁제품과 비교하여 소비자가 느끼는 제품 또는 상표의 상대적 위치이다.

도표 10-6 포지셔닝의 절차

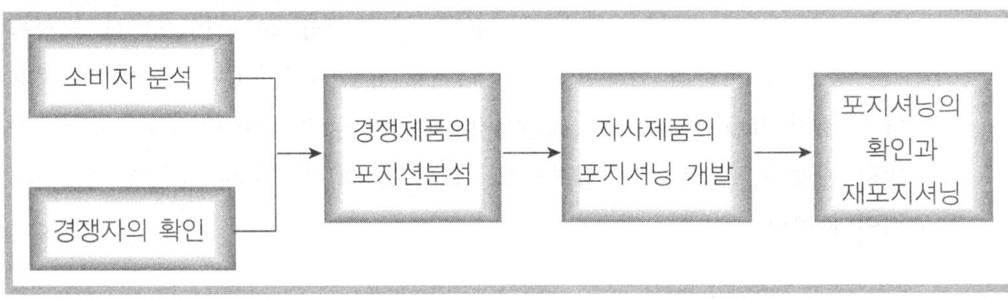

(4) 마케팅믹스 전략

목표시장이 선정되면 마케팅 목표의 달성을 위한 구체적인 전략을 마케팅믹스(marketing mix) 전략이라 한다.

(5) 마케팅실행

실행이란 마케팅계획이 효과적으로 기능하도록 활동들을 수행하는 것으로, 마케팅실행은 전략적 마케팅목표를 달성하기 위하여 마케팅 전략과 계획을 마케팅행위로 옮기는 과정을 말한다. 성공적인 실행을 위해서는 실행의 검토, 조직구조, 의사결정과 보상시스템, 인적자원, 조직문화 등이 검토되어야 한다.

(6) 마케팅통제

마케팅부분의 실행은 여러 부서의 사람들과 협조가 이루어져야 하므로 이와 같이 계획이 잘 진행되고 있는가를 점검하고 예기치 못한 문제발생시 그것을 명확히 하고, 필요에 대응하고 여러 업무를 조정하기 위하여 언제나 통제 기능이 필요하다. 통제과정을 통하여 목표와 성과의 차이를 줄이기 위한 수정조치를 할 수 있다.

잠깐 쉬어갑니다

마케팅의 영향력은 가격의 1.4배

플러그 밸브 수출업체인 3Z는 지난 해 9월 시장개척을 위해 중남미에 출장을 갔다. 지난 1998년부터 몇 차례 시장 개척을 시도했지만 번번이 실패했던 경험이 있기에 이번에도 실패하면 '한국에 돌아가지 않는다' 는 각오까지 했다. 그러나 영세업체 한 곳과 계약을 맺었을 뿐 사실상 빈손으로 돌아오는 쓰라린 결과를 맛봐야 했다. 3Z 당당부장은 "제품도 좋았고, 가격대도 경쟁사보다 나쁘지 않았지만 현지 밸브 거래상(유통업체)들이 우리 제품을 취급하려 들지 않았다" 고 회고했다.

이 회사는 유럽연합(EU)에서 주는 CE인증과 미국석유화학협회의에서 상을 받는 등 품질력을 국제적으로 인정받았기에 중남미에서 몇 년째 퇴짜를 맞았다는데 자존심마저 상했다. 3Z의 사례에서 보듯이 품질과 가격이 좋은 수출상품이 있어도 유통망 확보 등 마케팅에서 뒤진다면 수출시장을 제대로 개척할 수 없다. 마케팅의 중요성은 실증 분석에서도 그대로 드러나고 있다.

서강대 이철 교수가 최근 국내 486개 기업을 대상으로 설문조사를 실시한 결과, 국제 유통력(마케팅)이 가격 등 다른 요인보다 해외사업의 성패에 더 큰 영향을 미치는 것으로 나타났다. 최근 삼성전자 등은 미국 4대 가전 유통체인을 대상으로 적극적인 마케팅을 펼치고 있으며, 현대차는 올해 안 글로벌 딜러망 소속 딜러 수를 4,900개까지 늘릴 계획이다. 기업들이 환율 탓만 하는 시대는 지나갔으며 수출 단가도 매년 하락하고 있기 때문에 가격만으로 승부하기 어렵다는 게 대다수 전문가들의 의견이다. 한 마디로 마케팅을 강화하지 않으면 살아남기 힘들다는 판단 때문에 마케팅은 이제 최고경영자들이 직접 챙기고 책임지는 과제가 되어가고 있다.

4. 마케팅믹스 전략

마케팅의 정의 중 '개념정립, 가격결정, 촉진 및 마케팅경로 등'이라는 말처럼 소비자가 의사결정에 고려하는 최상의 제품과 서비스를 제공하여야 한다. 이러한 해당시장의 특성을 고려하여 마케팅전략에 사용할 수 있는 요소들은 적정하게 혼합하여 전략을 세우는 도구를 마케팅믹스라고 한다. 대표적인 마케팅믹스는 4P's라고 하며 이는 제품(product), 가격(price), 마케팅경로(place) 및 촉진(promotion)전략으로 구성된다.

도표 10-7 마케팅믹스

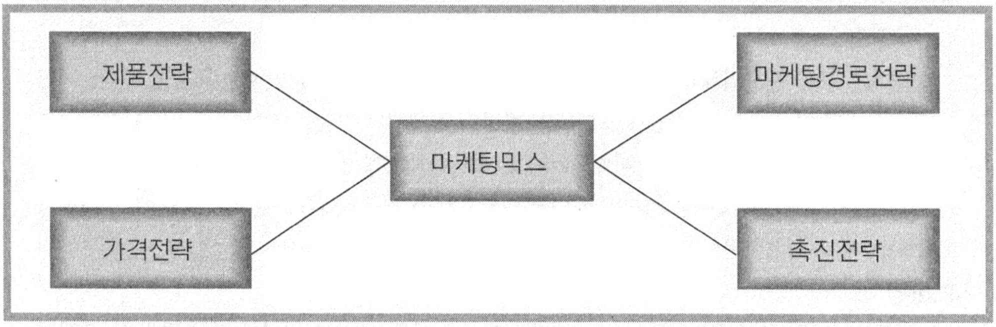

(1) 제품믹스전략

기업이 판매하는 모든 제품의 구성이 최적의 상태에 있도록 하는 전략을 의미한다. 최적 제품믹스를 결정하는 데 기업의 목적은 매우 중요한 기준이 된다. 여기서 제품이란, 구매자가 관심을 갖게 되어 구입하여 사용하거나 소비함으로써 자신의 욕구를 충족시켜 줄 수 있는 유형재 및 무형재 등으로 소비자에게 대가를 받고 소비자들의 욕구충족을 위하여 제공하는 모든 것을 의미한다. 만일 제품믹스를 변화시킨다 하더라도 이익이나 판매성장에 어떠한 기여를 할 수 없게 될 때 최적 제품믹스가 이뤄지게 되는 것이다.

(2) 가격믹스전략

가격이란 제품 또는 서비스를 소유·사용하기 위하여 소비자가 지불하여하는 화폐의 양을 의미한다. 기업이 제공하는 제품·서비스의 가격을 결정·변경하는 전략으로 판매자가 시장의 상황에 대응하여 제품의 가격을 임의로 결정·변경하는 것을 내용으로 하는 일련의 계획적·조직적 활동이라고 할 수 있다. 가격을 결정할 때는 제품의 유형, 제조방법, 기술변화의 정도, 진부화의 정도, 시장 점유율, 제품의 수명, 판촉비용 등을 고려해야 한다.

(3) 마케팅경로전략

마케팅경로는 제품이나 서비스가 소비자에게 전달·유통되는 경로를 말하며, 마케팅경로의 결정은 마케팅전략의 하나로 경로기능의 발휘를 위해 경로의 길이, 지역적 분포밀도, 폐쇄성의 정도에 따라 행해진다. 마케팅경로의 중요성으로는 거래횟수를 줄임으로써 거래의 과정을 활성화시키며, 거래의 표준화 제공, 소비자와 판매자 사이의 그들이 필요로 하는 정보를 제공함으로써 그들의 욕구를 충족시키는 등의 역할을 한다.

(4) 촉진전략[2)]

촉진전략은 잠재적 소비자에게 제품에 대한 설득과 주의를 시도하는 커뮤니케이션을 주요 역할로 하는 마케팅믹스의 모든 수단을 포괄하는 활동이다. 광고(advertising), 인적판매(personal selling), 판매촉진(sales promotion), 홍보활동(publicity) 등으로 구성된다.

1) 광고(advertising)

기업이 상품(제품), 서비스, 아이디어를 제시 또는 촉진하되 비인적 매채 방법에 의해 비용를 지불하고 수행하는 촉진수단으로 광고는 짧은 시간에 다수의 사람들에게 적용할 수 있으며, 고객 1인당 촉진비용이 저렴하다는 장점이 있다. 그러나 모든 고객에게 동일한 문안이 제공되므로 고객에 따라 개별화가 불가능하며, 촉진대상을 구별할 수 없다. 2001년부터는 자

도표 10-8 비교광고의 사례

사의 장점을 강조하는 비교광고가 공정거래위원회에서 허용됨에 따라 경쟁제품간 비교를 통한 광고도 활발하게 이루어지고 있다.

2) 인적판매(personal selling)

판매자와 소비자가 직접 접촉하여 대화를 통하여 상품을 판매하는 활동으로 인적매체를 통한 촉진수단이다. 인적판매는 소비자의 반응을 보면서 촉진활동이 가능하며, 소비자에게 필요한 정보를 정확히 제공 가능하지만, 촉진의 속도가 매우 느리고 촉진비용이 많이 사용되는 관계로 많은 대중을 상대로 하는 제품에는 적합하지 않다.

3) 판매촉진(sales promotion)

기업이 목표시장에 제품이나 서비스의 판매를 빠르고 강력하게 반응하도록 하기 위하여 단기적으로 시도되는 촉진수단으로 광고, 인적판매, 홍보 이외의 모든 촉진 활동을 말한다. 판매촉진은 비인적수단으로 샘플, 쿠

폰, 경품, 마일리지, 점포진열, 상품전시회 개최 등을 사용한다.

판촉은 구매시점에서 구매를 유도하기 위하여 사용되며, 단기적이고 직접적인 촉진수단이나, 단기적이어서 장기적인 상표애호도를 증진시키는 데는 부적절하다는 단점이 있다.

4) 홍보(publicity)

광고주가 대가를 지불하지 않는 상태에서 비인적 매체로 하여금 제품이나 서비스, 기업에 관한 내용을 신문이나 방송 등에 기사나 뉴스의 형식으로 다루게 함으로써 촉진효과를 보는 방법이다. 홍보는 매체에 광고비를 지불하는 광고와는 달리 기업이 비용을 부담하지 않고, 촉진활동이 신문이나 방송등에 의해 시행되므로 높은 신뢰성을 지녀 촉진효과 큰 반면에 기업이 적극 통제하기가 곤란하다는 단점이 있다.

지금까지의 각각의 촉진전략이 지니는 특징을 정리하면 [도표 10-9]와 같다.

도표 10-9 촉진믹스전략의 특징

	범 위	비 용	장 점	단 점
광 고	대중	높음	• 동시에 많은 소비자에게 도달 • 메시지 통제 가능	• 효과측정의 곤란 • 정보의 양이 제한
인적판매	개별고객	높음	• 정보의 양과 질 • 즉각적인 피드백	• 접촉건당 높은 비용 • 촉진속도가 늦음
판 촉	대중	높음	• 주의 집중 • 즉시적 효과	• 제품의 비하 • 모방이 쉬움 • 단기적 효과
홍 보	대중	낮음	• 신뢰도가 높음	• 통제가 곤란 • 간접적 효과

잠깐 쉬어갑시다

산타클로스 = 코카콜라?

산타클로스가 크리스마스의 주연으로 등장하기 시작한 것은 미국에서이다. 그러나 오늘날 세계 어디서나 볼 수 있는 항상 웃는 모습의 뚱뚱한 산타할아버지는 코카콜라의 상상에서 나왔다. 코카콜라는 엄격하고 근엄한 산타를 따뜻하고 인자하게 바꾸어 놓았다. 산타에게 코카콜라를 연상하게 하는 흰색털이 달린 빨간색 외투를 입히고 커다란 벨트를 채운 것도 코카콜라였다. 1920년대 코카콜라는 겨울 콜라 판매량을 늘리기 위해 고심하던 중 겨울 이미지에 잘 어울리는 산타를 광고 캠페인에 등장시키기로 했다. 초기 광고에서는 선물배달 후 코카콜라 한잔을 마시며 쉬는 산타의 모습을 강조했다. 후에는 어린이들이 선물배달로 피곤한 산타할아버지를 위해 코카콜라를 양말 옆에 준비해 두어 산타를 기쁘게 한다는 이미지를 전달하였다. 산타클로스는 점차 코카콜라의 전속모델이 되어 가고 있었던 것이다.

당시 코카콜라의 산타를 그려주던 사람은 상업용 그림을 주로 그리던 하든 선드블롬이라는 화가였다. 선드블롬이 형상화한 산타는 항상 어린이들에게 선물을 나누어 주는 산타, 어린이들로부터 코카콜라를 받는 산타, 장난감에 둘러싸인채 어린이들과 코카콜라를 마시는 산타, 코카콜라를 마시며 어린이들에게 동화책을 읽어주는 산타였다. 코카콜라의 막대한 광고와 함께 '선드블롬의 산타'는 세계 산타의 표준이 되었다... 결국 코카콜라는 '크리스마스 = 산타클로스' 이고 '산타클로스=코카콜라' 라는 이미지를 세계 소비자의 마음 속에 심었다. 크리스마스가 코카콜라의 것이 되버린 것이다. 그래서 펩시콜라는 크리스마스때만 되면 우울하다.

〈자료 : 김병도(2003), 코카콜라는 어떻게 산타에게 빨간 옷을 입혔는가, 21세기 북스, pp.80~82〉

5. 마케팅관리의 과제

마케팅은 소비자의 필요와 욕구를 충족시킬 수 있는 활동을 위하여 수요의 수준, 시기, 성격을 조절할 필요가 있는데 다음 [도표 10-10]은 각 수요단계에서의 과제를 보여 주고 있다.

도표 10-10 수요상황에 따른 마케팅관리

명 칭	수요상황	과 제
	• 부정적 수요	• 수요의 전환 소비자들에게 수요의 참뜻을 이해시켜

전환적 마케팅	잠재고객이 대부분 구매를 꺼리는 상황	긍정적 수요로 전환시켜 수요 · 공급의 균형을 유지할 때까지 수요를 끌어 올린다.
자극적 마케팅	• 무(無) 수요 소비자의 대부분이 마케팅자극에 기호와 자극을 가지고 있지 않는 상황	• 수요의 창조 소비자의 욕구와 흥미를 자극할 수 있는 충분한 정보를 알려 수요를 창조한다.
개발적 마케팅	• 잠재적 수요 소비자의 욕구는 있으나 존재하지 않는 제품 · 서비스에 더 강한 욕구를 가지고 있는 상황	• 수요의 개발 잠재적 수요를 측정하여 실제수요가 될 수 있도록 수요를 개발한다.
재(再)마케팅	• 감퇴적 수요 수요가 하락하거나 쇠퇴되어 있는 상황	• 수요의 부활 시장수요의 감소원인 분석, 신(新)시장 개발 등을 통하여 수요를 부활시킨다.
동시화 마케팅	• 불규칙적 수요 수요시기가 계절변동, 시간상의 오차 등으로 공급시기와 차이가 있는 상황	• 수요 · 공급의 시기 일치화 불규칙적 수요의 평준화를 모색하여, 수요 · 공급의 시기를 일치시킨다.
유지적 마케팅	• 완전 수요 현재의 수요가 기업의 소망과 일치하는 상황	• 수요의 유지 소비자의 선호, 일상적 마케팅의 효율적 수행 등을 통한 수요수준을 유지시킨다.
역(逆) 마케팅	• 초과 수요 제품이나 서비스에 대한 소비자의 수요수준이 공급수준을 초과하는 상황	• 수요의 감소 가격인상, 마케팅활동의 축소 등으로 수요를 일시적, 영구적으로 억제한다.
대항적 마케팅	• 불건전 수요 수요가 공공복지나 소비자, 사회에서 불건전하다고 여겨지는 상황	• 수요의 파괴 사회전반의 문제를 야기할 수 있는 제품 · 서비스에 대한 수요를 소멸시킨다.

제 2 절 소비자행동과 마케팅관리

1. 소비자행동의 정의

소비자행동이란, 각각의 사람에 따라 의미하는 바가 다양하여 일치된 견해가 없으므로 대표적인 견해를 소개하면 다음과 같다.

- 쉬프만(L. G. Schiffman)과 카눅(L. L. Kanuk): 소비자행동이란 소비자가 자신의 욕구(need)를 만족시켜줄 것이라고 기대하는 제품, 서비스, 아이디어 등을 탐색, 구매, 사용, 평가하기 위해 나타내는 행동이다.
- 엥겔(J. F. Engel), 블랙웰(R. D. Blackwell), 클랏(D. J. Kollat): 소비자행동이란 재화 및 서비스의 획득이나 사용에 직접적으로 관계하는 개인의 모든 활동으로 그들 행동에 선행하여 행동을 결정하는 일련의 의사결정 과정을 포함하는 것이다.[3)]

이상의 정의에 기초할 때 소비자행동이란 "어떤 제품이나 상표의 구매행동 그리고 거기에 이르기까지의 정신적, 물리적 여러 행동의 집합에서 구성되는 인간의 의사결정의 측면이다"고 할 수 있다.

2. 소비자행동분석의 중요성

소비자 지향의 마케팅이 전개되고 있는 환경 속에서 최종 소비자가 어떤 동기를 가지고 어떤 태도로 상품 및 서비스의 구매를 결정하고 있는가는 소비자행동분석에 있어 매우 중요하다. 그러나 소비자행동을 연구하는 경제적 의의는 마케팅자원의 효율적 이용과 마케팅 문제의 해결을 위한 것에서 찾아야 한다.

아울러 오늘날 가장 중요한 마케팅 변수의 하나로 등장하고 있는 컨슈

머리즘에의 대책과 공동정책 수립을 위한 정보를 제공한다는 것이 소비자 행동연구를 하게 되는 또 하나의 중요한 이유가 된다.

도표 10-11 소비자의 행동과정모델

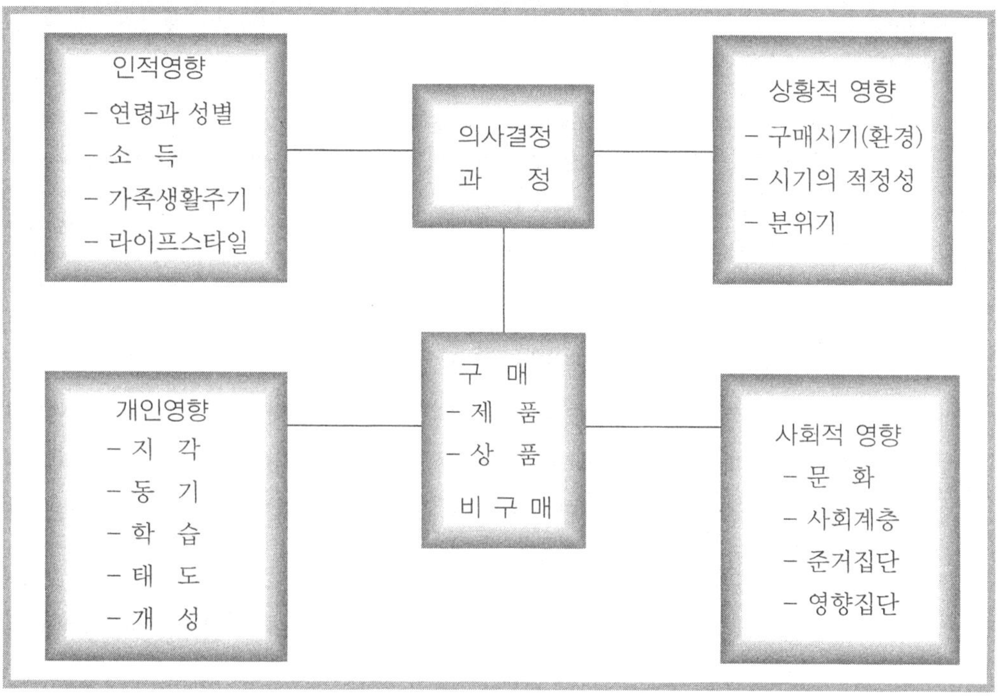

3. 소비자행동의 환경요인

(1) 문화(culture)

문화란 일관성 있는 사고와 행동의 모형으로 한 사회를 특정지어 주고 다른 사회와 구분할 수 있는 독특한 행동양식과 사회적 규범의 복합적 총체를 말한다. 특히 마케팅 전략 수립과정에서 문화와 하위문화(sub-culture)의 중요성은 매우 높다.

잠깐 쉬어갑시다

하위문화

현대사회는 다원화된 사회로 모든 사회의 개인들이 동일한 문화가치를 갖는 것이 아니며, 각각의 나름대로 독특한 생활방식을 유지하는데 이들의 문화를 하위문화라고 한다. 하위문화는 특정제품에 대한 한정된 목표집단을 나타내 주며 대규모 시장을 구분짓기 위한 논리적 단위가 된다. 하위문화는 다음과 같은 원인에 의하여 소비자행동에 영향을 미친다.

- 독특한 동질성을 갖고 유지할수록 하위문화의 잠재력이 커진다.
- 문화적 배타성은 구성원을 사회로부터 분리시킴으로써 하위문화의 영향력을 강화시키려고 한다.
- 동질적 가치를 갖는 하위문화일수록 영향력 발휘 가능성이 크다.

(2) 사회계층(social stratification)

마케팅에서의 사회계층은 특정사회에서 구성원들의 기여도를 사회적 기준상에서 개인이나 가계가 차지하는 위치 또는 지위를 말한다. 사회계층은 각 계층 나름대로 독특한 생활기회와 라이프스타일을 갖는데 특성은 다음과 같다.

- 사회계층은 권한, 자산, 교육의 정도 등에 의해 불평등이 존재하므로 계층적이다.
- 사회계층은 낮고 높음의 지위로 이어지는 위계구조, 즉 지위를 갖는데 각 계층의 구성원들은 같은 계층에 속한 사람들과 더 많은 상호작용을 한다.
- 사회계층은 고착된 것이 아니라 여러 형편에 의해 유동적이다. 이러한 지위의 이동을 사회이동이라 하는데 사회이동은 세대간 또는 세대 내에서 이루어지기도 한다.
- 사회계층은 다른 계층의 구성원과 접촉을 멀리함으로써 심리적 구속력을 갖는다.

(3) 준거집단(reference group)

준거집단이란 소비자들이 자신의 판단, 신념, 등을 결정하는데 준거로 사용하여 자신의 행동기초로 이용하려는 집단으로 자신이나 다른 사람들의 태도나 행동을 평가할 때 비교의 기준점을 제공한다. 준거집단은 다음과 같은 특성이 있다.

- 집단이 규정한 행동의 규칙과 표준을 따르도록 기대되어진다.
- 개인이 맡거나 집단의 목표를 위해 할당된 역할이 주어진다.
- 집단의 구성원은 그 집단의 규범이나 가치를 배워가면서 사회화가 되어간다.

(4) 가족(family)

가족은 혼인과 혈연관계를 통해서 살아가는 친족 공동체로 영속적인 사회단위로 정의할 수 있다. 가족이 소비자행동의 연구에 있어 중요한 이유는 가족이라는 그 자체가 한단위의 소비형태이며, 하나의 준거집단으로 개인의 소비행동에도 영향을 미치고, 나아가 사회의 중심기관이다.

4. 소비자의 의사결정과정

소비자들이 합리적으로 구매의사결정을 할 때 다음 [도표 10-12]와 같은 다섯 단계를 거친다.[4]

도표 10-12 소비자 의사결정과정

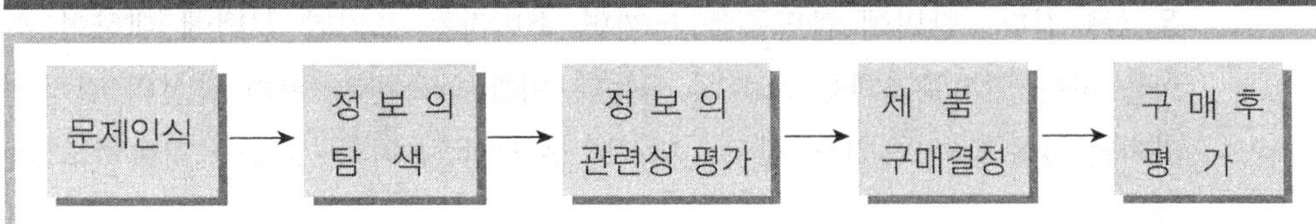

(1) 문제인식

소비자의 구매행동은 자신의 현재상태와 그에 상응하는 바람직한 상태 사이에 불 충족된 욕구를 충족시키고자 하는 행동을 말하는 것으로, 즉 소비자가 자신의 욕구(need)나 문제를 인지하는 단계로써 의사결정과정의 출발점이다.

(2) 정보의 탐색

소비자가 문제를 인식하면 그 문제를 해결하기 위하여 유익한 정보를 탐색 및 수집하는 것으로, 일반적으로 개인적 경험, 친구, 친척, 광고 매체 등에서 의사결정에 필요한 정보를 얻는다.

(3) 정보의 관련성 평가

정보가 평가되기 위해서는 먼저 수집한 정보를 체계화하고 의사결정기준을 설정하고 유형화된 대체적인 선택가능성을 결정하고, 비교하여 평가해 보아야 하는데 제품에 대한 평가기준은 소비자의 태도나 신념 등에 의해 결정된다.

(4) 제품구매결정

정보평가의 결과로 소비자의 능력에 비추어 문제의 해결에 대해서 가장 적절하고 마음에 드는 해답을 선택하여 구매를 결정한다.

(5) 구매 후의 평가

소비자의 구매결정이 올바른 것인지 아닌지를 평가하는 단계로 만약 구매제품에서 만족을 느끼면 그 제품에 대한 선호는 강화되어 재구매 확률은 높아진다. 반면에 불만족을 느끼면 소비자는 포기한 선택에 대하여 후회를 하는 인지부조화를 느끼게 되는데 이를 해소하기 위해 자신의 결정을 지지한 정보를 모으기도 하고, 자신이 포기한 선택의 정보를 피하기도 한다.

제3절 마케팅관리기법의 최근 동향[5)]

1. 다이렉트 마케팅

경쟁력을 높이기 위해 사업비 등을 절감할 목적으로 시행된다. 그래서 기존의 대중매체인 공중파 방송, 옥외간판 등을 피하고 기존의 고객정보를 저장한 데이터베이스를 가지고 전화나 편지를 직접 발송하여 수행하는 마케팅을 말한다.

2. 데이터베이스 마케팅

고객에 대한 여러 정보를 컴퓨터를 이용하여 데이터 베이스화하고 구축된 고객 데이터베이스를 바탕으로 고객개개인과 장기적인 관계를 구축하여 마케팅 전략을 수립하고 집행하는 활동을 의미한다.

3. 텔레마케팅

텔레마케팅의 의미는 시대의 변화에 따라 변하고 있다. 특히 정보통신의 급속한 발전에 따른 새로운 통신서비스의 등장은 텔레마케팅의 의미와 범위를 설정하는 데 큰 어려움이 되고 있다. 텔레마케팅이란 "고객과 상품에 관한 다양한 정보를 체계화하고 전화를 비롯한 정보통신기기를 활용하여 비즈니스를 창출하고 이를 계속 유지하는 마케팅 기법"이라고 정의할 수 있다. 이를 보다 구체적으로 설명하면 일종의 전문적인 방법에 의거하여 매출액 또는 이익증대와 고객서비스 향상 그리고 생산성 향상에 그 목적이 있으며 텔레커뮤니케이션 기술을 겸비한 인간미가 있는 경영자원이라고 할 수 있다.

잠깐 쉬어갑시다

고객관계관리(CRM)

과거의 대중 마케팅(Mass Marketing), 세분화 마케팅(Segmentation marketing), 틈새 마케팅(Niche marketing)과는 확실하게 구분되는 마케팅의 방법론으로 데이터베이스 마케팅의 Individual marketing, One-to-One marketing, Relationship marketing에서 진화한 요소들을 기반으로 등장했다.

CRM은 기업의 고객과 관련된 내·외부 자료를 이용하자는 측면은 데이터베이스 마케팅과 성격이 같다고 할 수 있다. 그러나 CRM의 경우 고객의 정보를 취할 수 있는 방법, 즉 고객 접점이 데이터베이스 마케팅에 비해 훨씬 더 다양하고, 이 다양한 정보의 취득을 전사적으로 행한다는 특징이 있다.

CRM을 통해 달성하려는 목적은 여러 방향으로 설명할 수 있으나, 기본적으로 신규 고객의 유치에서부터 시작하여 그 고객의 전생애에 걸쳐 유지하고 제고해 나가면서, 장기적으로 고객의 수익성을 극대화하고자 하는데 있다. 다시 말하면 CRM을 통해 새로운 고객과의 거래를 시작한 후, 다양한 마케팅 활동을 전개하여 그 고객과의 관계를 지속 및 강화시켜 평생고객으로 만드는 것이 CRM의 목적이다.

4. 인터넷 마케팅

인터넷이란 TCP/IP라는 공동의 규약(Protocol)을 표준으로 채택함으로써 기종과 운영체계가 다른 컴퓨터를 하나로 묶어주는 최상위의 운영체계이다. 이를 이용하여 개인이나 조직이 쌍방향 커뮤니케이션을 하는 것을 인터넷 마케팅(Internet Marketing)이라 한다.

(1) 새로운 미디어

새로운 미디어란 케이블 TV나 인터넷과 PC통신 외에도 위성통신 종합정보통신망(ISDN: Integrated Services Digital Network)과 같은 것들, 그리고 700서비스와 같은 새로운 서비스, 노래방, 비디오방, 사회문제가 되고 있는 폰팅 등을 그 영역으로 간주할 수 있을 것이다. 이러한 미디어는 지금까지 정보의 통로에서 위세를 떨치던 신문, TV, 라디오와 여러 면에서 차이를 가진다.

(2) 광고매체로서의 인터넷

정보의 바다로 불리는 인터넷은 컴퓨터의 빠른 보급과 각종 멀티미디어기술의 발전, 정보의 상업화에 힘입어 기하급수적으로 발전하고 있다. 또한, 인터넷의 상업적 이용률도 매년 200%를 넘는 것으로 나타났다. 이러한 인터넷의 무한성장의 가능성을 배경으로 하는 인터넷 마케팅은 개인이나 조직이 인터넷을 이용하여 쌍방향 커뮤니케이션을 하는 것이라고 정의할 수 있다.

인터넷 마케팅의 장점은 공간적 · 시간적 제약이 없으며 광고비가 저렴하다. 또한 인터넷을 사용하는 인구의 약 20% 정도가 흔히 "베이붐 세대"(Baby Boomer)로 불리는 계층으로, 부유하고 직업을 가지고 있으며, 잘 교육받은 사람들이기 때문에 마케팅 담당자의 입장에서는 이들을 의견 선도자(Opinion Leader)로 신중하게 받아들이고 있다. 또한, 인터넷 마케팅의 자료는 데이터베이스 마케팅이나 다이렉트 마케팅의 기초로 사용될 수 있으므로 매우 중요하다.

그러나 인터넷 마케팅은 다음과 같은 면에서는 약간 회의적이다. 고객이 인터넷상에서 다양한 제품을 구매하기 위해서는 제품에 대한 정확한 인식, 타 제품과의 가격비교, 제품의 질에 대한 평가 등이 제대로 이루어져야 한다. 그런데 현재와 같이 단순한 정보검색이나 평면적인 평가만으로는 이러한 욕구를 충족시키기 어렵다. 이것은 현재 인터넷에서 이루어지는 상품의 거래가 주로 구입 장소에 구애받지 않으며 충분한 정보 없이도 구매 가능한 서적이나 컴팩트 디스크, 컴퓨터관련 소프트웨어, 비디오 테이프에 편중되어 있는 것으로 알 수 있다.

5. 서비스 마케팅

최근의 마케팅에 있어 중요시되는 분야의 하나가 서비스 마케팅(Service marketing)이다. 기업의 제품생산능력과 가격경쟁에 있어 차이가 없어짐에 따라 관심이 높아진 분야가 서비스에 관한 분야로 마케팅전략의 중요 부분을 차지하고 있다. 1960년 미국마케팅학회(American Marketing Association)

는 서비스에 대한 정의를 발표하였는데 "서비스란 판매목적으로 제공되거나 또는 상품판매와 연계해서 제공되는 제 활동, 편익 및 만족"을 말한다고 정의하고 있다. 서비스 마케팅의 특징은 [도표 10-13]과 같이 정리할 수 있다.

도표 10-13 서비스 마케팅의 특징

특 성	문 제 점	해결전략
무 형 성	• 저장이 불가능 • 특허보호 곤란 • 진열, 커뮤니케이션 곤란 • 가격설정의 불명확성	• 실체적 단서의 강조 • 인적 접촉의 강조 • 구전커뮤니케이션 강조 • 기업이미지의 세심한 관리 • 가격설정의 과학화
비분리성	• 서비스 제공 시 고객이 개입 • 집중화된 대규모 생산이 곤란	• 서비스 제공자의 선발 · 교육에 섬세한 고려 • 고객관리 • 여러 지역에 서비스망 구축
변 화 성	• 표준화가 곤란 • 품질통제가 곤란	• 서비스의 공업화 및 개별화전략 시행
소 멸 성	• 재고로써 보관 못함	• 수요와 공급의 조화

6. 스포츠 마케팅

스포츠 마케팅이란 기업이 스폰서십을 통하여 기업의 인지도 향상, 이미지 개선 및 보호, 신제품 소개, 고객과 판매자와 접촉, 사회적 참여의 표현, 사원의 동기유발, 소비자의 구매행동에 영향력 행사 등을 목적으로 참여하는 것을 말한다.

스포츠 마케팅을 구성하는 주체는 크게 세 부분으로 나눌 수 있으며 이는 스포츠 자체, 자사의 상품선전 및 이미지 제고에 활용하는 기업 및 스포츠와 기업의 관계를 증폭시켜 주는 역할을 해 주는 매스미디어로 구성되어진다.

잠깐 쉬어갑니다

LG Hockey Games

LG전자가 유럽 아이스하키 최강국 대표팀 간의 대항전인 'LG 하키 게임' (LG Hockey Games)을 공식 후원한다. LG전자는 이번 후원 계약을 통해 2006년부터 3년간 대회 명칭을 'LG 하키 게임' 으로 변경하고 대회 엠블럼에 LG 로고 사용, 대회기간 중 각종 광고물에 LG 로고 사용 등 다양한 혜택을 얻게 되어 스웨덴을 비롯한 북유럽에서 LG 브랜드 인지도를 높이는데 상당한 기여를 할 것으로 기대하고 있다.

LG전자가 공식 후원하는 'LG 하키 게임' 은 스웨덴, 러시아, 핀란드, 체코 등 유럽 아이스하키 최강 4개국 대표팀이 참가하는 대항전으로 지난 1991년 처음 시작된 이래 매년 2월 개최된다.

지난해까지는 '스웨덴 하키 게임' (Sweden Hockey Games)이라는 명칭으로 개최되어 왔으나, 이번 LG전자의 후원을 계기로 'LG 하키 게임' 이라는 이름으로 대회 명칭이 바뀌게 되었다. 특히, 이번 대회는 전 경기가 스웨덴과 러시아, 핀란드, 체코 등 참가국의 TV 채널을 통해 생중계되고 1,000만 명 이상이 시청할 것으로 예상됨으로써 상당한 수준의 광고 효과가 기대된다.

〈자료: 연합뉴스, 2005. 10. 7일자〉

7. 비영리조직 마케팅

일반적으로 마케팅은 기업이나 영리조직에 국한되어 왔으나, 점차 비영리조직들이 경영난을 겪으면서 마케팅의 중요성이 부각되고 있다. 예컨대, 우리 나라의 경우에 있어서도 1990년대 이후 민간 사회복지조직들에 주어지는 외부 압력은 주로 정부자원의 한계와 그로 인한 민간자원의 활용에 대한 강조로 나타나고 있으며, 이에 따라 마케팅의 중요성의 더욱 부각되고 있다.

이러한 면에서 대표적인 마케팅학자인 Kotler와 Levy의 경우도 "비영리조직의 마케팅의 중요성"을 매우 강조한 바 있으며, 이에 따라 1970년대 이후부터 미국에서는 대학, 박물관, 교회, 사회복지단체 등 다양한 비영리조직에서 마케팅의 중요성을 인식하고 적극 활용하기 시작하였다.

읽을 거리

Blue Ocean과 Anycall

소형화되는 휴대폰의 추세와 반대로 소비자들은 손에 잡기 편한 휴대폰을 선호한다. 잡기 편할 정도로 넓지만, 휴대가 용이하게 가볍고 얇아야 한다. 삼성전자가 경쟁이 치열한 소위 레드오션(red ocean)의 휴대폰 시장에서 '애니콜' 신화를 이룩할 수 있었던 것은 이처럼 '경쟁업체를 잊고 고객의 입장에서 새로운 가치를 창출하는' 블루오션(blue ocean) 전략을 펼쳐 나갔기에 가능했다.

삼성전자가 휴대폰 수출에 나섰던 지난 1998년. 당시만 해도 세계시장에는 노키아, 모토로라, 소니, 에릭슨 등의 글로벌 기업들이 기능적인 차이 없이 가격경쟁력에만 매달리는 레드오션에서 치열한 경쟁을 펼치고 있었다. 이들 업체들의 핵심가치는 오직 경쟁업체들보다 '좀더 빨리, 좀더 싸게' 내놓는 것이 전부였다. 하지만 삼성전자는 '노는 물'이 달랐다. 후발주자로서 같은 물(레드오션)에서 놀기보다는 좀더 넓고 깨끗한 물(블루오션)을 찾았던 것.

삼성전자가 빼든 '히든카드'는 블루오션의 핵심 분석툴인 '전략 캠버스'와 4가지 액션 프레임워크. 전략 캠버스는 현재의 상태를 분석하고 진단하여 향후 전략을 구축할 수 있는 도구이다. 액션 프레임워크는 전략 캠버스의 분석결과를 통해 실제로 제품에 투영시키는 과정을 말한다. 전략 캠버스는 이미 알려진 시장에서 경쟁업체나 자사의 현 상황을 파악해 일목요연하게 보여준다. 때문에 전략 캠버스를 활용하면 경쟁자들이 지금 어디에 투자를 하며, 업계가 제품과 서비스 유통에서 경쟁하는 요소는 무엇인지를 파악할 수 있게 된다. 또한 고객들이 기존 시장의 경쟁상품으로부터 얻은 가치가 무엇인지도 파악할 수 있다.

삼성전자가 전략 캠버스를 통해 당시 외국 휴대폰 업체들은 '경쟁사에 비해 얼마나 통화 품질을 높이고 원가를 줄이느냐'에 모든 포커스를 맞추고 있음을 감지했다. 따라서 전혀 다른 컨셉트를 통해 전혀 다른 제품을 내놓지 않으면 승산이 없었다.

삼성전자는 휴대폰의 개념을 재정의했다. 휴대폰을 단순히 통화수단으로 보기보단 사람과 사람, 혹은 사람과 정보기기 간 커뮤니케이션의 창구로 정의를 내렸다. 당시 기능성 제품으로 인식되었던 휴대폰을 감성적인 제품으로 전환할 수 있었던 것도 고민의 차원이 달랐기에 가능했다.

일례로 '우리는 커피를 팔지 않고 문화를 판다'며 감성 마케팅을 전개했던 스타벅스도 단순히 마시는 커피에서 벗어나 고객들로 하여금 스타벅스의 문화를 즐길 수 있게 한 가치혁신을 전개했던 것. 블루오션의 핵심전략 중의 하나인 '기정 사실화된 시장구획과 산업경계선을 깨고 새롭게 규명하고, 경쟁과 무관한 미개척 공간을 새로 개발해 시장을 만든다'는 원칙을 삼성전자와 스타벅스는 충실히 따랐던 것이다.

다음 단계는 4가지 액션 프레임워크(ERRC)를 통해 새로운 가치곡선을 그리게 된다.

첫번째 질문인 "당연한 것으로 받아들이는 요소들 가운데 제거할 요소는 무엇인가"부터 시작했다. 당시엔 경쟁업체들의 대부분 모두 작고 가벼운 휴대폰을 만드는 것이 성공의 지름길로 여겨졌다. 그러나 삼성전자는 이를 휴대폰에서 '제거' 했다(제거와 감소). 휴대폰이 작아지면서 화면도 줄어들어 버튼을 누르는 데 불편함을 겪는 소비자가 많다는 조사결과에 주목했다. 특히 동양인에 비해 손이 큰 서양인들의 반응은 더 그랬다. 이에 따라 삼성은 이 모델에 '와이드&슬림(wide & slim)이라는 개념을 처음 적용했다(창조). 화면은 넓히고(와이드) 버튼은 사용하기 쉽게 키우되, 얇게(슬림) 디자인해 휴대하기 편하도록 만든 것이다.

또한 당시 이 휴대폰 개발팀은 향후 고화질의 컬러 액정화면이 대세가 될 것으로 판단했다. 따라서 당시로서는 최초로 최고 화질을 구현하는 초박막 액정표시장치(TFT-LCD)를 휴대폰에 달기로 결정했다.

최근에 삼성전자는 MP3폰, 고화질디카폰, 위성DMB폰 등 휴대폰의 기능 다변화를 통해, 음악을 듣는 사람, 사진에 관심을 갖고 있는 사람들 등의 비(非) 고객까지 고객으로 흡수할 수 있는 비약적인 가치를 제공하고 있다. 경쟁사들이 어떻게 하느냐보다는 소비자들이 무엇을 원하는지에 더 집중한 가치혁신이 비싸도 잘 팔리는 초대형 히트상품을 만들어낼 수 있었고 삼성전자가 경쟁이 없는 블루오션을 항해할 수 있었던 비결이다. 삼성전자는 휴대폰의 개념을 재정의했다. 단순히 통화수단이 아닌 사람과 사람, 사람과 정보기기 간 커뮤니케이션의 창구로 생각한 것. 이로써 휴대폰은 기능성 제품에서 감성적 제품으로 탈바꿈했다.

〈자료: 이코노믹리뷰, 2005. 5. 26〉

토론문제

1. 최근 마케팅환경에서 유통경로관리가 중시되고 있는데 이에 대하여 생각해 보시오,
2. 여러분이 구매 후 인지부조화를 느낀 적이 있다면 여러분의 생각을 정리해 보시오.
3. 시장세분화가 마케팅에 미치는 영향에 대하여 정리해 보시오.
4. 가격을 결정하는 방법 및 전략에 대하여 생각해 보시오.
5. 어떤 상황에서 특정 판매촉진방법이 유리한지 사례를 들어 정리해 보시오.
6. 최신 마케팅기법이 성공하기 위한 조건을 정리해 보시오.
7. 기업이 시장세분화를 하는 이유가 무엇인지 정리해 보시오.
8. 소비자의 환경요인에서 가족이 어떤 영향을 미치는지 여러분의 사례를 들어 정리해 보시오.
9. 레드오션과 블루오션이 지니는 전략상의 차이는 무엇이며, 블루오션전략을 경영전략에 어떻게 활용할 수 있는지에 대하여 정리하여 보시오.

참고문헌 및 자료

1) 김홍유 · 이상만 · 고부언(2004), 현대 경영의 이해, 청람, p. 280.
2) 조희영 · 박상법(2002), 경영학원론, 민영사, pp. 428~431.
3) 상게서, pp. 436~437.
4) James F. Engel, Roger D. Blackwall and Paul W. Miniand(1990), *Comsumer behavior*, 4th ed., The Dryden Press, p. 26.

제 11 장

생산관리시스템

이 장을 공부하고 나면

1. 기업경영에 있어 생산관리의 중요성에 대하여 인식할 수 있습니다.
2. 생산관리의 주요 기능에 대하여 이해할 수 있습니다
3. 생산관리가 조직구조에 어떤 영향을 미치는지 알 수 있습니다.
4. 생산관리의 운영에 대하여 체계적인 사고능력을 알 수 있습니다.
5. 효율적인 생산을 위한 최신 생산관련 기법들을 이해할 수 있습니다.

이 장의 주요 목차는

워밍업

넓은 의미에서 생산활동은 인간생활에 필요한 제품과 서비스의 생산을 효율적 · 효과적으로 만들어 공급하는 활동이다. 기업에서의 제품과 서비스의 생산은 생산기능이 담당하고 있다. 따라서 생산관리란 생산기능의 효과적 · 효율적 관리라고 볼 수 있다. 이러한 생산 활동을 위해서는 기본적인 재화와 이를 관리할 수 있는 인력 등이 필요하지만 어느 정도 한계가 있기 마련이다. 이러한 관점에서 볼 때, 생산관리(production management)는 "기업이 가진 재화나 용역을 가지고 고객이 요구하는 양질의 제품이나 서비스를 적시에 적가로 신속하게 개발하고 생산, 공급 할 수 있도록 이와 관련된 활동을 계획, 조정, 통제하는 과정"이라고 할 수 있다.

과거에는 기업의 생산기능은 주로 공장, 기계설비 등에 의한 생산, 즉 제조중심의 생산이었으며, 공장 내의 공장장, 생산 · 재고 관리자, 품질 관리자, 현장 감독자 등 생산관리자에 의해 관리되었으나, 산업구조가 2차산업인 제조업 중심에서 3차산업인 서비스업 중심으로 옮겨감에 따라 서비스를 창출하는 조직에 대한 관리가 주요 관심사가 되었다. 은행, 식당, 호텔, 항공사, 심지어 정부 등과 같은 조직은 어떤 유형의 물건을 생산 · 제조하는 것이 아니라 조직을 운영함으로써 서비스를 창출하며 이러한 서비스의 관리가 조직의 운명을 결정짓기 때문에 조직의 운영관리가 중요해지게 되었다.

이러한 서비스산업에서는 운영관리자가 제조업의 생산관리자와 마찬가지로 서비스의 생산 · 공급을 책임지는 역할을 수행한다. 이와 같이 최근 서비스업에 대한 비중이 차츰 높아지고 있는 바, 전통적인 생산관리란 명칭은 제조업뿐만 아니라 서비업까지 포함한다는 의미에서 생산관리를 운영관리(operation management)라고도 한다.

주요 용어와 개념

- ▶ 생산관리의 원칙
- ▶ 생산관리의 목표
- ▶ 생산관리시스템
- ▶ 생산공정의 유형
- ▶ 제품설계
- ▶ 동시공학(설계)
- ▶ 가치공학(분석)
- ▶ 설비배치
- ▶ 총괄생산계획
- ▶ 공정관리
- ▶ 재고관리
- ▶ 재고관리기법
- ▶ 통계적 품질관리
- ▶ 종합적 품질관리

제 1 절

생산관리의 의의와 발전과정

1. 생산관리의 의의

광의의 생산관리는 경영에서의 모든 생산 활동을 의미하며, 협의로는 구매, 제조, 재무 등에서 일어나는 활동을 의미한다. 생산관리는 학자에 따라 다양하게 정의 되고 있다. 채스(Chase) 등은 생산관리를 "기업의 주요 제품이나 서비스를 생산하는 생산시스템의 설계, 운영 및 개선"으로 정의하고 있으며, 리츠만(Ritzman) 등은 "투입물을 제품이나 서비스와 같은 산출물로 변환시키는 공정의 관리 및 통제"로 정의하고 있다.

이를 종합해보면, 생산관리(production management)란 양질의 제품과 서비스를 적기에 생산, 공급할 수 있도록 조직의 여러 활동을 계획(planning), 조직(organizing), 통제(controlling)함으로써 생산성을 향상시키는 기능을 의미하며, 주요 목표는 품질(quality), 납기(delivery), 원가(cost), 유연성(flexibility)을 들 수 있다.

2. 생산관리의 발전과정

근대적인 생산관리의 발전은 18세기 후반에 공장제도의 시작인 영국의 산업혁명에서부터 중요성이 인식되기 시작했다. 생산관리는 1776년대 산업혁명(방적기계 발명, 공장제공업 등)을 전후해서 초기 이론과 실제가 동시에 시도되었으며, 그 후 계속적인 발전과 함께 1776년 아담 스미스(Adam Smith)의 「국부론」에서 분업의 원리가 생산공정에 미치는 경제력 효과를 발표하면서 더욱 활발히 활용되었다. 현대적인 의미의 생산관리는 테일러(F. W. Taylor)의 과학적 관리법에서부터 태동되었다고 볼 수 있다.

(1) 과학적 생산관리/이동조립라인

1911년 테일러(Frederick W. Taylor)의 과학적 생산관리는 생산능률을 올리기 위하여 작업과정에 있어서 시간연구와 동작연구를 행하여 과업의 표준량을 정하고 그 작업량에 따라 임금을 지급함으로써 조직적인 태업을 방지하여 생산성을 향상시키려는 관리방식이다.

1913년 포드(Henry Ford)는 이동조립라인을 도입하여 자동차의 조립시간을 대폭 줄이고, 대량생산을 가능케 했다. 이런 방식을 대표할 수 있는 것이 포드의 컨베이어시스템이다.

(2) 인간관계의 생산관리

테일러의 과학적 생산관리는 생산성을 향상시킬 수 있는 장점이 있지만 인간성이 무시된다는 단점이 있기 때문에 인간관계를 중시하는 새로운 인간관계론이 등장하게 되었고, 메이요(Elton Mayo)의 호손실험을 계기로 인간의 존엄성과 비공식집단의 활동을 고려한 생산관리방식이 도입되었다,

도표 11-1 시스템적 생산관리순서

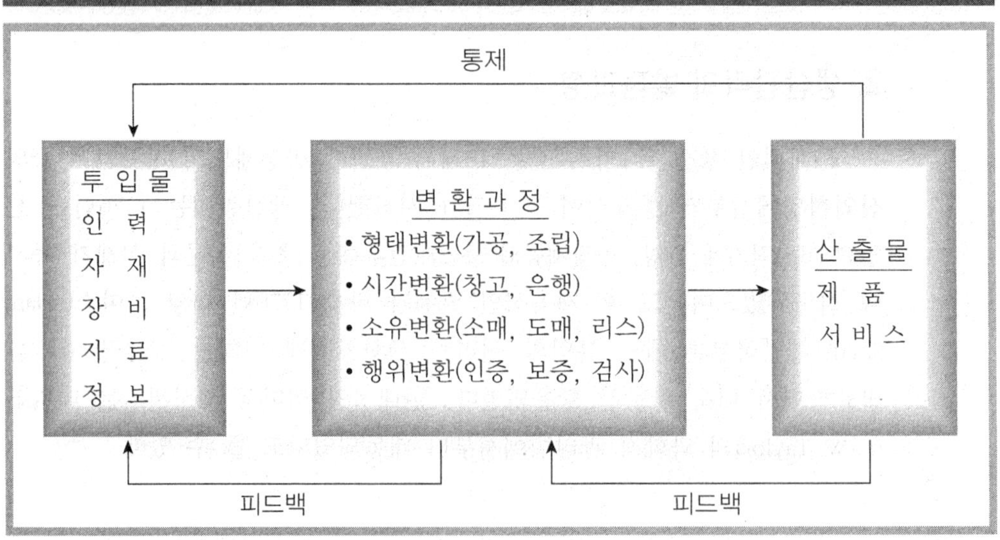

(3) 시스템적 생산관리

시스템적 생산관리는 기업 또는 조직입력(투입)이 주어지면, 이를 프로세스에 의해서 처리하고 최종적으로 결과(산출물)가 나온다는 것이다. 이는 1970년대에 새로운 경영이론인 시스템이론(system theory)으로, 이러한 생산관리기법을 이용할 경우, 아무리 큰 기업이라도 그 구성조직을 [도표 11-1]과 같이 각각의 시스템으로 표현할 수 있어서 이를 쉽게 관리 및 분석할 수 있다.

한편 생산관리의 역사적 발전과정을 정리하면 [도표 11-2]와 같다.

도표 11-2 생산관리의 역사적 발전

1900년대 이전	1910년대	1930년대	1940년대	19350~60년대	1970년대	1980년대	1990년대
분업	과학적 관리법	통계적 품질관리	심플렉스 해법	시뮬레이션	일정계획	JIT	TQM
호환성 부품	이동조립 라인	인간 관계론		대기행렬 이론	재고관리	TQC	BPR
	경제적 주문량			의사결정 이론	프로젝트 관리	공장 자동화	가치공학, 동시공학
				PERT/CPM (OR기법의 개발)	MRP(컴퓨터의 이용)	FMS(생산 전략패러다임)	ISO9000 시리즈
							공급사슬 관리

〈자료〉 Chase, Aquilano & Jacobs, 1998.

3. 생산관리의 원칙

현대 생산관리의 가장 큰 특징은 표준화, 간소화, 전문화이다. 이를 3S라고 부른다. 이들 원칙은 각각 독립된 것이아니라 서로 밀접하게 유기

적인 관계로 실제원칙의 적용으로 그 효과를 누릴 수 있다.[1)]

(1) 단순화(Simplification)

단순화는 제품생산과 관련된 다양한 작업요소 중에서 필요 없거나 중요하지 않은 부분들을 제거하고 작업절차를 간소하게 하는 것으로, 관리활동이 용이해지고, 연속작업이 가능하며, 제품의 품질 향상이나 생산기간을 단축시킬 수 있는 효과를 가진다.

(2) 표준화(Standardization)

표준화는 제품의 크기, 형태 등에 대하여 기준을 설정하여 대량생산하는 방식이다. 즉 생산방법과 생산수단에 대한 과학적 연구와 관찰을 통하여 작업과정을 통일하는 것으로, 생산능률 향상, 비용 절감 등의 효과가 있다.

(3) 전문화(Specialization)

전문화는 생산활동에서 작업을 공정과 제품의 특성에 따라 분업화함으로써 전문성을 높이는 것으로, 작업의 숙련도 향상, 능률 향상 등을 가져올 수 있다. 그러나 전문화가 가능하기 위해서는 표준화가 먼저 이루어져야 한다.

제2절

생산관리의 기본활동

1. 생산관리의 목표

전형적인 생산관리의 목표로는 원가(cost), 품질(quality), 납품(delivery), 유연성(flexibility)의 네 가지를 들 수 있다.[2)]

(1) 원가(Cost)

생산원가에는 재료비, 노무비, 간접비가 포함되며, 생산관리의 목표가 원가 또는 비용의 최소화라면 신제품을 신속히 도입할 수 있는 유연성을 희생하고서라도 고도의 자본집약적인 대량생산이 이루어져야 한다.

(2) 품질(Quality)

품질이란 제품·서비스의 가치, 탁월성, 규격의 통일성, 고객의 만족감 등을 의미한다. 생산에서 품질이 강조될 때는 설계품질과 제조품질이 강조된다.

(3) 납품(Delivery)

납품이란 고객이 원하는 시간과 장소에 신속하고, 정시에 제품이나 서비스를 인도할 수 있는 생산의 능력을 말한다.

(4) 유연성(Flexibility)

유연성이란 수요의 양적 및 질적 변화에 신속히 대응할 수 있는 능력을 말한다. 즉 수요의 변동에 따라 생간수량을 신속히 조절할 수 있고, 소비자의 요구나 취향에 맞추어 신속하게 새로운 제품을 개발할 수 있는 능력을 말한다.

기업의 이상적인 생산활동이란 낮은 원가, 높은 품질, 신속한 납품, 높은 유연성을 동시에 달성하는 것이다. 하지만 네 가지의 생산목표는 서로 상충할 수 있는데 그 이유는 낮은 원가를 추구하다보면 품질, 납품, 유연성에 상당한 손실을 가져올 수 있으며, 또한 유연성은 상당한 비용증가를 수반한다. 신속한 납품을 위해서는 많은 재고와 여유생산능력을 유지해야 하는데 이 또한 비용의 증가를 수반한다.

이와 같이 네 가지의 생산목표를 동시에 모두 최적화하기에는 어려움이 많으므로 생산전략에 의해 네 가지 생산목표의 상대적 우선순위가 결정되어져야 할 것이다.

도표 11-3 생산관리의 의사결정과정

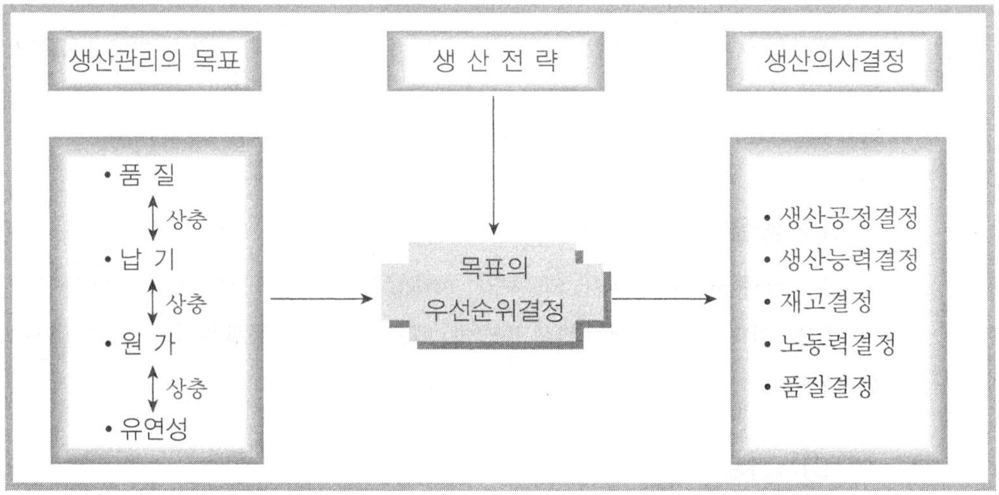

2. 생산관리시스템의 설계

생산관리시스템은 기업이 생산목표를 달성할 수 있도록 여러 생산자원을 합리적으로 결합·변환시켜 원하는 산출물을 만들어 내는 활동체계를 말한다. 생산관리시스템은 기업시스템의 하부시스템인 동시에 외부의 여러 시스템 등과 관련을 갖는 개방적 시스템이다

(1) 제품설계

1) 제품설계 및 개발과정

기업에 있어서 신제품의 도입 및 설계는 기업의 생존 및 경쟁력 확보에 있어 매우 중요하다. 생산은 신제품 도입의 마지막 단계이며, 동시에 신제품은 기존의 생산 및 기술에 의해 제약을 받으므로 신제품의 설계과정과 생산과의 상호 작용을 이해하는 것은 매우 중요하다.

신제품 도입시 고려해야 할 전략으로는 시장지향적 전략, 기술지향적 전략, 다기능간 협력전략 등이 있다.

도표 11-4 신제품 도입전략

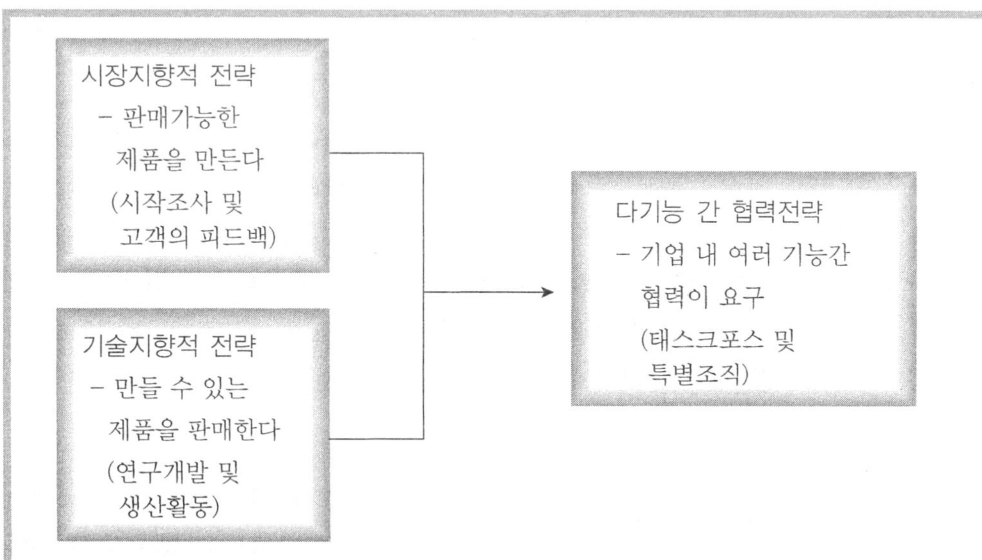

한편 예비공정설계는 예비제품설계와, 그리고 최종제품공정설계는 최종제품설계와 각각 동시에 개발하는 것이 효율적이다.

도표 11-5 신제품 개발과정

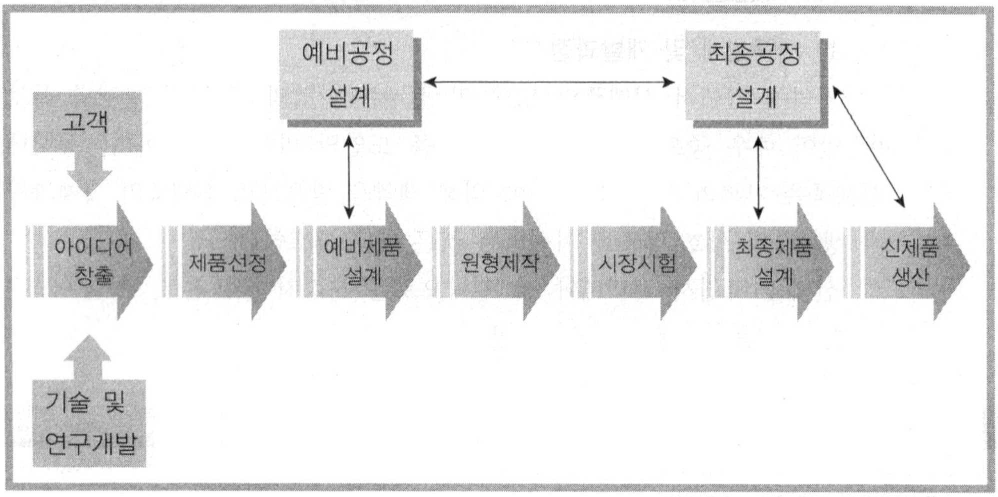

2) 동시설계(동시공학)

동시설계(concurrent design)또는 동시공학(concurrent engineering)은 제품의 설계, 기술, 생산, 마케팅, 서비스 등의 전과정을 거쳐 서로 다른 여러 부서로부터 다가능팀을 구성하고, 팀웍을 중시하며 함께 협력하는 방식이다. 즉, 이는 제품의 설계단계에서부터 사내의 관련부서 및 외부의 공급자까지 참여하여 그들의 경험을 적절히 반영함으로써 제품개발기간 단축, 비용절감, 품질향상을 달성하고자하는 설계방식이다.

3) 품질기능전개

품질기능전개(quality function deployment)란 고객의 요구를 설계나 생산에 사용되는 기술적 명세(특성)에 반영하기 위한 방법으로 엔지리어링, 마케팅, 생산 등 여러 기능으로 구성된 신제품 도입팀에 의해 주로 사용되며 기본적인 설계도구는 품질의 집(house of quality)을 많이 이용한다.

4) 가치공학과 가치분석

가치공학(value analysis)과 가치분석(value engineering)은 기업의 경쟁력을 유지하기 위하여 제품과 서비스의 가치를 증대시키기 위한 체계적인 혁신 기법이다. VA/VE는 제품 또는 서비스의 기능을 최소의 원가로 제공할 수 있는 방법을 찾으려는 것이 기본개념이나, 엄밀히 구분하면 VE는 생산 단계이전의 제품이나 공정설계시에 사용되며, VA는 이미 생산되고 있는 제품에 대한 원가분석에 사용된다.

5) 모듈러 설계

모듈(module)이란 다수의 부품으로 구성된 표준 중간조립품을 말하며, 모듈러 설계란 서로 다른 제품으로 조립될 수 있는 구성품을 개발하여 제품의 다양성은 높이고, 부품의 다양성은 낮추는 제품설계방식을 말한다.

(2) 공정설계

공정설계는 설계된 제품을 효율적으로 생산하기 위하여 생산 공정의 유형결정과 생산흐름 분석 및 생산설비 선정을 결정하는 의사결정 중의 하나이다.

1) 생산공정의 유형

생산공정은 연속공정, 단속공정, 프로젝트 공정 등 세 가지 유형으로 나눌 수 있다. 연속공정은 제품생산량의 크기가 크고 생산기간이 장기이며 표준화된 제품의 대량생산에 적합한 형태로 자본집약적인 생산방법이기에 생산능률이 높지만 설비투자가 크고, 수요의 변화에 민첩하게 대응하기가 어렵다.

단속공정은 생산량이 적고 제품생산의 흐름이 단속적이며 비연속적인 공정을 말하며, 소규모의 배치(batch) 또는 로트(lot)로 생산되는 개별생산 방식으로 신축성 있는 범용설비의 이용으로 수요변화의 대응이 용이하지만, 생산의 흐름이 느리고 복잡하다. 한편 프로젝트 공정은 건설공사, 예술품, 건축물등과 같이 한 단위를 생산기간이 장기이며 비반복적인 성격을 가지고 있다.

2) 생산형태의 유형

생산형태에 따른 유형으로는 시장생산공정과 주문생산공정 등이 있다. 시장(재고)생산공정은 기업이 자체적으로 수요예측에 따라 불특정 고객들을 상대로 생산하는 방식이며, 주문생산공정은 고객의 개별적인 주문에 따

도표 11-6 주문생산과 시장생산의 비교

비 교	주문생산	시장생산
제 품	고객이 제품 결정	생산자가 결정
주요목표	납기	원가
주요문제	생산활동과 납기관리 주문흐름 통제	수요예측 생산계획 재고관리

라 생산하는 방식이다.

(3) 설비배치[3)]

모든 계획이 완료되면 실제로 제품을 생산하기 위한 공장 또는 설비의 배치가 이루어져야 한다. 설비배치의 목표는 생산시스템의 효율의 극대화로, 설비배치가 잘 이루어지면 자재의 흐름이 원활해지고, 재고를 줄일 수 있으며, 일정계획이 좋아지고, 공간의 이용효율성이 높아지며, 생산과정상의 애로를 줄일 수 있고, 자재취급비용을 줄일 수 있다.

여기에는 공정별 배치, 제품별 배치, 고정위치 배치, 이 세 가지 배치방법의 장·단점을 고려한 혼합형 배치, 셀룰러 배치 등이 있다.

1) 공정별 배치

유사한 설비나 기능을 한곳에 모아 배치하는 것으로 단속생산공정, 다품종 소량생산에 적합하다. 공정별 배치는 수요 등의 변동에 대한 신축성이 크고, 다양한 작업으로 직무만족도가 높은 반면, 공정관리가 복잡하고 각 작업의 주문이 다양하고 가공요건이 달라 생산성은 떨어진다.

2) 제품별 배치

제품별로 제품이 생산되어지는 제조과정에 따라 기계설비를 배치하는 방법으로 연속생산공정, 소품종다량생산에 적합하다. 대량생산시 단위당 생산원가가 저렴하고, 공정관리가 용이한 반면 설비투자비용이 많이 소용되어 수요 등의 변동에 대한 신축성이 낮다.

3) 고정위치 배치

제품의 특성 때문에 이동이 곤란한 경우, 제품은 한곳에 고정시키고 제품생산에 필요한 모든 요인들을 제품의 작업현장으로 이동시켜 작업을 수행하는 방법으로 프로젝트 생산공정이나, 대형제품, 복잡한 제품에 적합하다. 고정위치배치는 제품의 이동이 없으므로 제품이동비용은 발생하지 않지만 장비이동비용은 많이 발생된다.

4) 셀룰러 배치

한 종류 또는 다수의 유사부품들을 생산에 필요한 기계들의 가공순서에 따라 모아놓은 것을 제조셀이라 하는데 이러한 제조셀을 이용한 배치를 셀룰러 배치라 한다. 셀룰러 배치는 운반비용의 감소, 준비시간, 생산시간이 단축되지만 투자금액이 증대되고 기계의 이용률이 낮다.

제3절 생산시스템의 관리

앞에서 생산관리의 개념과 기능 등 기본적인 활동에 대해서 알아보았다. 이 절에서는 기업이 우량의 제품을 생산하기 위해 생산계획을 설계하고 이를 바탕으로 제품을 생산하는 생산시스템에 대해서 알아보기로 하자.

도표 11-7 생산시스템의 관리과정

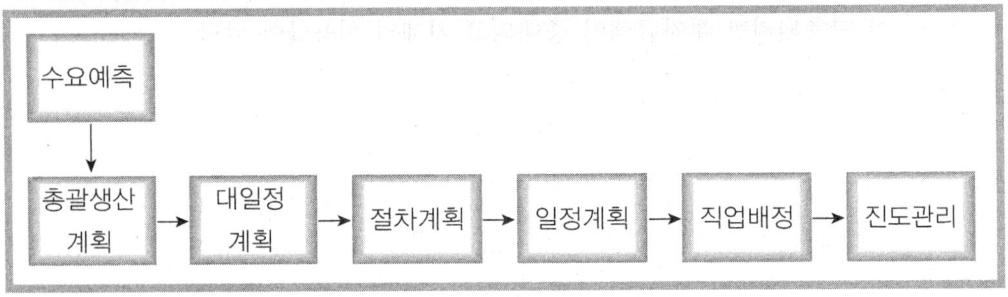

1. 생산계획

생산계획은 미래 일정기간 동안의 수요예측을 바탕으로 제품적 차원과 공정 및 시간적 차원에서 생산시스템의 능력을 가장 경제적·합리적인 방법으로 적용시켜 나가기 위한 활동이다.

(1) 수요예측

제품을 판매하기 이전에 미래의 일정기간 제품·서비스에 대한 수요를 예측하는 것으로 이는 각종 생산의사결정에 기초자료를 제공한다. 특히, 수요예측은 공정설계, 재고, 계획생산 등에 주로 사용된다. 수요예측의 대표적인 기법은 다음과 같다.

1) 질적 기법

개인의 주관이나 판단 또는 여러 사람들의 의견에 입각하여 수요를 예측하는 방법으로, 과거의 자료가 불충분하거나, 신뢰할 수 없는 경우에 주로 사용한다. 이에는 델파이법, 시장조사법, 패널동의법, 역사적 유추법 등이 있으며, 주로 중·장기 예측에 많이 사용한다.

2) 시계열 분석법

일반적으로 시계열이란 일정한 시간간격으로 시간의 변화 따라 어떤 현상을 일정한 시간간격으로 관찰할 때 얻어지는 일련의 관측치를 말한다. 즉, 시계열 분석이란 과거의 역사적 수요에 입각하여 미래의 수요를 예측하는 방법으로 이동평균법, 지수평활법, 추세분석법, 시계열분해법 등이 있다. 주로 단기 및 중기 예측에 많이 사용된다.

3) 인과형 모형

과거의 자료에서 수요와 밀접하게 관련되어 있는 변수를 찾아 낸 다음, 수요와 인과관계를 분석하여 미래수요를 예측하는 방법으로 수요를 시간이 아닌 다른 독립변수를 이용하기 때문에 수요패턴에 있어 전환점이나 근본적인 변화를 예측할 수 있다. 회귀분석법, 계량경제모형, 투입-산출모형, 선도지표법, 시뮬레이션모형 등이 있으며, 중·장기예측에 주로 사용된다.

(2) 설비계획

생산에 필요한 생산자재를 준비하는 것을 말하는데, 소비자가 원하는 양의 제품을 적기에 생산하기 위해서는 충분한 생산 능력을 갖추고 있어야 한다. 생산능력에 관한 의사결정은 장기의 설비계획, 중기의 설비계획, 단기의 일정계획에 의해 이루어진다. 이를 위해서는 필요한 생산능력과 시점, 그리고 입지조건에 대한 정보가 필요하다.

설비계획의 절차는 다음과 같다.

1) 미래수요의 예측

설비계획에서는 수요의 예측에 따라 설비의사결정이 크게 영향을 받으므로 수요예측치를 신중히 해야 한다. 설비계획에서는 장기수요예측이 요구되므로 질적 기법이나 인과형 모형이 많이 사용된다.

2) 생산능력의 추가요구량 결정

기간별 생산능력의 추가요구량을 결정하는 것으로 생산능력의 추가요구량은 미래수요의 예측치에 입각한 소요생산능력과 가용생산능력의 차이라고 볼 수 있다. 이 추가 요구량은 여러 가지 대안이 고려될 수 있도록 미래의 상당기간에 걸쳐 기간별로 추산되어야 한다.

3) 생산능력의 변경대안 수립

생산능력은 시기, 수량, 입지의 여러 조합이 가능하여 매우 복잡하므로 의사결정을 보다 쉽게 하기 위해서는 시기, 수량, 입지의 세 가지 변수 중 한두 개를 먼저 결정하는 것이 좋다. 왜냐하면 문제가 보다 단순해지고 대안의 수가 줄어들 뿐만 아니라 대안의 비교 · 평가도 보다 용이해지기 때문이다.

4) 대안의 평가

대안의 평가시 가장 중요한 것은 평가기준의 선택이다. 대부분의 설비계획문제에 있어서는 수익과 비용이 여러 기간에 걸쳐 현금흐름이 발생하므로 현금흐름 분석을 통한 순현가나 내부수익률을 기준으로 사용한다.

5) 설비의 의사결정

설비의 의사결정은 생산부문 및 조직내부의 모든 부문에 영향을 미치기 때문에 여러 측면을 적절히 평가하여 기업전략에 부응할 수 있도록 최고경영층에 의해 이루어진다.

(3) 총괄생산계획

총괄생산계획은 주로 1년 이상의 수요예측을 바탕으로 하여 이루어지고, 기업은 이 계획을 가지고 고용수준, 재고수준, 생산능력 및 하청 등의 전반적인 수준을 결정하는 중기계획이다.

총괄계획은 기업이 생산하는 여러 제품을 총괄할 수 있는 공통의 산출단위, 즉 총괄생산단위에 입각하여 수립된다. 총괄생산계획은 수요를 충족시켜야 하며, 중기에는 사실상 고정되어 있는 생산설비의 생산능력 범위 내에서 이루어져야 하고, 기업정책에 부합해야 하며, 관련비용이 최소가 되도록 수립되어야 한다. 총괄생산 기법으로는 도표법, 수학적 모형인 선형계획법, 수송모형과 휴리스틱기법 등이 있다.

(4) 대일정계획

총괄생산계획에서 결정된 총괄단위는 실제생산에 되어야 할 제품단위로 변화되어야 하는데 이를 총괄생산계획의 분해라 하고, 이 분해의 결과를 대일정계획이라 한다. 특히 대일정계획은 그 자체가 생산에 대한 계획을 의미하는 것이아니라 특정 제품의 필요량과 시기를 결정하는 것이라는 점을 알아야 한다.

2. 공정관리(production control)

생산이 시작되는 시점부터 제품이 생산되기까지 계획, 통제활동을 의미하며, 주어진 제품을 양질의 품질로 적시에 생산할 수 있도록 인력 및 기계설비 등의 생산자원을 합리적으로 활용하는 것을 목적으로 한다. 주요 순서는 다음과 같다.

(1) 절차계획

작업의 절차 및 각 작업의 표준시간과 작업장소를 결정하고 배정하는 것을 말한다.

(2) 일정계획

일정계획이란 가용할 수 있는 생산능력이나 자원을 시간에 따라 얼마나 생산할지를 결정하는 단기생산능력계획이다.

일정계획에서는 구체적으로 무엇이, 언제, 누구에 의한, 어떤 장비를 사용하여 이루어지는가가 결정되며, 가용자원의 할당 의사결정이 이루어지므로 생산능력에 관한 의사결정의 체계에서 최종의사결정으로 생산일정계획이 수립된 뒤에는 각각의 작업이 예정대로 진행되고 있는지, 장애요인,

투입과 산출의 문제가 없는지 등의 생산통제가 이루어져야 한다. 일정계획에는 라인공정, 단속공정, 프로젝트의 일정계획이 있다.

(3) 작업배정

절차계획과 일정계획에서 예정된 작업순서·시간과 현장사정을 고려하여 가장 유리한 작업순서를 정하고 작업자와 기계에 작업을 배정하는 것을 말한다.

(4) 진도관리

생산활동의 여러 과정 중에서 작업요소를 조사, 연구하여 합리적인 작업방법을 설정하고, 작업표준에 의해 작업활동을 계획, 조직, 통제하는 관리활동을 의미한다.

3. 재고관리(inventory management)

재고란 "원재료, 반제품 또는 완제품으로서 수요와 공급의 예상치 못한 불규칙적 변동 등에 사용 또는 판매를 위하여 보관 중인 것과 제조 중에 있는 것"을 가리키는 것으로 생산활동과 판매활동을 원활히 한다. 그러므로 재고는 불확실성에 대처, 경제적 생산과 구매, 예상되는 수요나 공급의 변화에 대처, 운송 등의 이유로 필요하며, 또한 재고는 많은 자본을 요구하고 고객에 대한 제품의 납품에 많은 영향을 미치기 때문에 재고관리는 생산관리의 가장 중요한 기능 중의 하나이다.

(1) 재고관리의 목적

재고(inventory)는 계획의 오차, 수요와 공급의 예상치 못한 불규칙적 변동 등에 대처하게 하고 생산활동과 판매활동을 원활하게 한다. 그러므로 재고의 충분한 계획으로 기업의 수익성과 유동성을 발휘할 수 있게 해야 한다.

따라서 재고관리는 기업전반의 문제로 판매부서에서는 많은 재고를 원하고 재무부문은 적은 재고를 원하며, 생산부문은 원활한 생산과 고용수준의 안전을 위해 적절한 재고수준을 원하는 서로 간의 상충된 문제를 갖고 있다.

그러므로 재고관리문제는 기업활동과정에서 수요와 공급을 원활하고 합리적으로 유지함과 동시에 재고 보유비용을 최소화시킬 수 있도록 관리 통제활동이 필요하며 재고에 대한 투자가 가장 적절하게 계획, 통제, 관리해야 한다. 일반적으로 재고관리의 목적으로는 다음과 같이 볼 수 있다.

- 기업의 적정재고는 경제적 손실의 감소와 연속적 생산량을 촉진시킨다.
- 초과재고로 인한 불필요한 비용 등을 절감할 수 있다.
- 판매 및 조업수준의 조정 등을 통하여 노사관계를 향상시킨다.
- 고객의 다양한 수요에 유연하게 대처 할 수 있다.

(2) 재고관리기법[4)]

1) 고정주문량모형

고정주문량모형(fixed order quantity model)은 재고가 일정수준에 도달하면 사전에 결정한 주문량을 발주하는 기법이다. 여기서 일정수준에 도달하는 수준을 재주문점이라 하는 데 재주문점(ROP: reorder point)이란 추가적인 재고자산이 필요하여 다시 주문해야 하는 재고수준을 의미하며 주문간격은 일정하지 않는다. 이것은 발주량을 기준으로 하는 모형으로 주문점방식, 계속실사시스템, Q system이라고도 한다.

이 기법은 수요가 불확실하고 변동의 폭이 큰 재고관리에 많이 이용되고 재고수준을 수시로 조사, 파악해야 하는 단점이 있으며, 저가격, 다품종인 재고자산의 경우 관리통제의 어려움이 있다. 그러나 고가격, 소품종과 재고파악이 쉬운 제품의 경우에는 매우 유리하다. 고정주문량모형에는 경제적 주문량, 경제적 생산량, 투빈 시스템 등이 있다.

2) 고정주문기간모형

고정주문기간모형(fixed order interval model)은 일정기간마다 재고를 조사하여 부족량을 주문하는 방법으로 주기적으로 조달되는 물품, 계속적으로 재고기록을 하지 않는 값싼 제품 등에 이용된다. 보통은 목표재고수준을 미리 정해 놓고 재고수준과 목표재고수준의 차이만큼만 주문을 한다.

정기발주시스템, 정기실사시스템이라고 하며, 고정주문량모형보다 더 많은 안전재고를 유지해야 하므로 높은 재고 유지비용이 발생한다.

수요가 일정한 재고에 대하여 유용하며 일정기간 동안 정기적으로 실사해야 하는 단점이 있다.

도표 11-8 고정주문량모형과 고정주문기간모형의 비교

비교사항	고정주문량 모형	고정주문기간 모형
주문시점	재고량이 재주문점에 도달시 주문 (부정기적)	미리 정한 주문시점에 도달시 주문 (정기적)
주 문 량	정량(경제적 주문량)	부정량(최대재고－현재재고)
수요정보	과거실적에 의존	미래의 예측정보에 의존
재고조사	계속 실사	정기실사
적용품목	가격과 중요도가 낮은 품목 수요변동의 폭이 작은 품목 (불확실성이 낮다)	가격과 중요도가 높은 품목 수요변동의 폭이 큰 품목 (불확실성이 높다)
안전재고	작다	크다

3) 절충모형

고정주문량모형과 고정주문기간모형을 결합한 모형으로 고정주문기간모형에서와 같이 재고수준이 정기적으로 검토되지만 사전에 결정된 재주문점 이하에 이를 때만 주문하는 방법으로 재고조사비용과 주문비용이 매우 클 때 유용한 방법이다. 절충모형은 고정주문량모형에 비해 주문량 계산이 어렵고 주문량이 변하기 때문에 안전재고가 많이 필요하다.

4) ABC관리법(ABC control method)

ABC관리법은 재고자산의 품목이 다양한 경우 이를 일률적으로 관리하기 위하여 ABC순으로 재고의 가치나 중요도에 따라 차별적으로 관리하는 방법으로 분류기준은 파레토분석(pareto analysis)에 의한다. 금액이 높은 자재부터 원가가 높고 수량이 적은 품목을 A, 원가가 낮고 수량이 많은 품목을 C, 그 중간을 B로 선정하여 중요도에 따라 재고관리를 한다. 이 중 중점관리대상은 원가가 높고 수량이 적은 A품목이고 이 A품목에 대해서는 재고를 계속적으로 검토하고 기록의 정확성을 기할 수 있는 통제방식을 사용한다.

5) 단일기간 재고관리모형

단일재고 관리모형(single period inventory control model)이란 최적구입량을 결정하기 위한 재고관리모형을 말한다. 주로 식료품 등의 부패성 물품이나 유행성 제품, 크리스마스 트리, 신문처럼 사용기간이 제한된 물건의 관리에 주로 이용된다.

주문량보다 수요량이 많으면 재고부족비가 발생하여 품절로 인한 기회손실이 발생하고 그 반대이면 재고과잉비가 발생하여 초과재고로 인한 손실이 발생하므로 단일기간 재고관리모형에서는 재고부족비와 재고과잉비의 합이 최소가 되는 주문량 또는 재고수준을 결정하는 것이다.

6) 자재소요계획

자재소요계획(MRP: material requirement planning)이란 그 자재보다 높은 계층에 있는 제품의 생산수량 및 일정을 기초로 그 제품의 생산에 필요한 원재료, 부품 등의 원료의 소요량 및 계획을 역산하여 자재조달계획을 수립함으로써, 일정관리와 더불어 효율적인 재고관리를 기하고자 하는 방법이다. 종속적인 수요품을 위한 재고관리기법으로 자재에 대한 재고투자가 최소화되며, 상황변화에 대하여 민감하게 변경할 수 있으며, 사전납기통제가 용이하다.

7) 적시관리시스템(JIT: just in time)

JIT시스템은 재고가 생산의 비능률을 유발하는 원인이 되기 때문에 이를 없애야 한다는 사고방식에 의해 만들어진 기법으로 적시에 적량의 필요한 부품을 생산에 공급을 하고 작업자의 능률을 최대로 발휘하게 하는 생산 또는 재고관리시스템이며 무재고 시스템, 토요타 생산방식이라고도 한다. JIT는 적시에 부품이 조달되고, 기계준비시간이 단축, 재고의 감소로 창고공간이 축소, 재고회전율이 커진다.

4. 품질관리(quality control)

용도, 성능, 가격 등에서 소비자가 요구하는 품질의 제품을 생산하기 위해 설계에서 완성에 이르기까지 품질을 유지, 향상시키기 위한 관리를 말한다. 그리고 제품의 완성은 기업의 이미지와 같기 때문에 우량의 품질을 지속적으로 생산할 수 있도록 제조공정을 관리하는 것을 품질관리라 한다.

(1) 품질관리기법[5)]

품질관리는 소비자가 요구하는 품질의 제품이나 서비스를 경제적으로 산출하기 위한 모든 수단과 활동의 체계를 의미한다.

1) 통계적 품질관리(SQC: statistical quality control)

품질관리활동에는 통계적 관리기법이 가장 많이 사용되고 있다. 이는 품질관리에 통계학적 기법을 적용하여 고객에게 만족을 줄 수 있는 제품을 가장 경제적으로 생산할 수 있도록 생산의 모든 단계에 통계적 기법을 이용하여 품질을 관리하는 경우를 통계적 품질관리라고 한다.

이 방법은 합리적 비용지출로 최대의 검사를 가능하게 하며 소비자의 불만을 분석하고 이를 제조과정에 반영하여 품질의 균일성을 증가시키고 또한 검사비용과 불량률을 감소시켜 품질의 문제점과 설비능력을 파악하여 소비자와의 관계를 개선시킨다. 그리고 모든 품목을 전부 검사할 필요가 없게 하는 장점이 있으나 품질관리부라는 전문적인 부서에서 품질을 통제하는 단점이 있다.

통계적 품질관리에 흔히 이용되는 기법으로는 표본검사법, 관리도법, 도수분포법, 파레토법 등이 있다.

2) 종합적 품질관리(TQC: total quality control)

종합적이란 품질이 어느 한 부서에만 한정되어 있는 것이 아니라 기업의 전 부서와 종업원들에게까지 확대되는 것을 말한다. 그래서 TQC란 기업 내의 다양한 부문들이 품질을 개발하고, 유지, 개선하는 활동을 통합하는 효과적인 시스템으로 마케팅, 생산, 엔지니어링, 서비스부서 등 전 분야의 조정을 통하여 소비자 만족을 가장 경제적으로 달성하도록 하는 것이다.

이와 같이 TQC는 품질과 경영관리의 양측을 결합시킨 것으로 종합적인 품질보증의 체계를 마련하여 고객만족향상이라는 경제적 수준의 생산을 위한 조직을 바탕으로 관리를 하는 형태이다. 그러므로 전반적인 부문까지 전사적인 관리형태의 품질의식으로 확산, 전개됨이 필요하다. 종합적 품질관리에는 완전 무결점(zero defect)운동과 QC(quality control)써클 등이 있다.

- 완전문결점(ZD)운동: 종업원에게 계속적으로 동기부여를 함으로써 종업원 각자가 작업상의 결점을 0(zero)으로 하고, 제품의 품질향상, 신뢰성 향상, 납기엄수, 원가절감을 달성 하고자 하는 운동이다.
- QC써클: 한 작업 단위인 10명 이내의 일선감독자 및 종업원들이 자발적으로 모여 제품의 질과 문제점을 분석하고 제안하는 것으로 품질향상 및 참여적 분위기를 조성함으로써 종업원의 사기 및 팀워크를 증진시키고자 하는 방법을 말한다.

제5절

생산관리기법의 최근 동향[6)]

1. 적시생산시스템(JIT)

적시생산시스템(Just In Time)은 일본 토요타(Toyota)자동차에서 처음 개발됐다. 일반적으로 재고는 생산의 비능률을 유발하는 원인이 되기에 이를 없애야 한다는 사고에 의해서 생겨난 기법으로 근본적인 목적은 재고최소화와 공간의 절약을 통한 비용의 절감, 품질 향상을 통한 이익과 투자수익의 극대화에 있으며, 재고가 없는 생산시스템으로 널리 알려져 있다. 재고를 줄이기 위해 적시적소에 필요한 만큼의 원자재를 공급하는 시스템으로 일종의 재고 관리시스템이라고도 할 수 있으며, 대량의 반복생산체제에 적합하다.

이 시스템에서는 만약 작업자가 부품을 적시에 제공할 수 없게 된다면, 즉시 생산공정의 중단을 요청하고 도움을 받아 이를 해결한 후에 비로소, 전체 생산시스템은 재가동된다. 뿐만 아니라 제품의 품질 면에서 품질팀과 제안제도 등을 도입, 지속적인 생산현장의 개선이 이루어진다. 현재, 일본을 비롯해 많은 외국의 기업들이 이 시스템을 사용하고 있다.

2. 공급체인관리(SCM)

공급체인관리(supply chain management)는 부품을 공급하는 업체와 공장, 창고, 최종고객에 이르기까지의 정보, 자재 및 서비스의 전체 흐름을 유기적으로 연결하여 하나의 기업처럼 움직이는 생산시스템을 말하는 것으로 경쟁우위 달성의 주요 수단이 된다. 이는 기준 → 기능적 통합 → 내부적 통합 → 외부적 통합을 거쳐 실현된다.

도표 11-9 SCM의 단계별 실현

SCM의 단계별 실현	
제 1 단계 기 준	구매 → 자재통제 → 생산 → 판매 → 배송
제 2 단계 기능적 통합	자재관리 → 제조관리 → 배송
제 3 단계 내부적 통합	자재관리 + 제조관리 + 배송
제 4 단계 외부적 통합	공급업체(내부적 통합) + 내부공급연쇄 + 고객

(1) SCM의 특징

- 공급사슬 전체를 하나의 실체로 간주
- 공급사슬 전략적 중요성
- 재고에 대한 새로운 접근방법 제시
- 정보시스템에 대한 새로운 접근방법 요구

(2) SCM의 발전흐름

① 과거 SCM은 공급사슬의 상류와 하류의 관계가 적대적이었으나, 점차적으로 기업이 차별적 우위를 확보하고 있는 분야에 경쟁력을 집중하고 그 밖의 것은 아웃소싱을 통해 해결하고 있다. 이것은 경쟁은 개별 기업 대 기업이 아니라 공급사슬 대 공급사슬의 경쟁이라고 인식하는데 있다.

② SCM과 전통적 자재·생산관리의 차이점은 SCM은 공급사슬 전체를 하나의 실체로 간주하고 공급사슬의 전략적 중요성을 가지며, 재고에 대한 새로운 접근방법을 제시하여 정보시스템에 대한 새로운 접근방법을 요구하는데 있다.

③ 전통적인 기능 중심의 사고에서 SCM으로 전환하기 위해서는, 최고경영자의 SCM에 대한 중요성 인식과 전통적인 기능 중심의 사고에서 전체적인 SCM 조망으로 관념의 전환이 필요하다.

④ SCM을 할 수 있도록 기업의 체계와 프로세스, 정보 시스템을 구축

하지 못하는 기업은 결국 경쟁력 우위를 유지하거나 쟁취하지 못하게 될 것이다.

3. 컴퓨터통합생산시스템(CIM)

컴퓨터통합생산시스템(computer integrated manufacturing system: CIM)은 하나의 제품을 생산하는데 관여하는 모든 부문들을 통합하려는 개념이다. 즉 초기 계획 및 설계단계부터 포장, 선적 등 생산의 제일 마지막 단계에 이르기까지를 통합하는 개념이다. 이러한 CIM을 성공적으로 구현하기 위해서는 경영부문까지 포함한 모든 제조영역을 컴퓨터로 관리하고 통제하여 '완전 자동화된 기업'이 이루어지도록 가능한 모든 기술을 결합하고 이런 요소 기술들이 공통의 데이터베이스를 사용하여 통합됨으로써 전체 생산시스템이 마치 하나의 유기체와 같은 기능을 수행하도록 설계되어야 한다.

4. 컨커런트 엔지니어링(CE)

컨커런트 엔지니어링(CE: concurrent engineering)은 제품 및 그에 관련된 여러 과정, 즉 연구개발 · 설계 · 검사 등을 동시적으로 병행적으로 디자인하기 위한 체계적인 접근방법으로 회사 내외의 관련된 사람들이 일관성 · 동시적 · 체계적 · 병행적 · 개발초기부터 참여하여 시행착오를 제거하려는 것이다. 따라서 CE는 이런 요소들을 다루는 사람들을 제품개발에서부터 품질검사에 이르는 전 과정에 참여시켜 바람직한 제품과 서비스를 제공하는 것으로 제품개발기간의 단축, 비용절감, 품질향상을 달성하고자 하는 설계방식이다.

5. 전사적 자원관리(ERP)

전사적 자원관리(ERP: enterprise resource planning)는 자재조달에서 생산, 재고, 물류, 판매에 이르는 일련의 기업활동과정과 이를 지원하는 회계, 인사 등의 관리업무, 그리고 경영정보까지를 통합하여 관리 운영함으로써 기업의 생산성을 극대화하고 경쟁력을 높이는 방식을 말한다. ERP는 사내의 각 부문별, 부서별로 흩어져 있는 정보를 컴퓨터의 도움으로 받아 통합시킨다. 따라서 ERP를 구축하면 사내의 모든 정보흐름을 조직화, 체계화할 수 있으며, 모든 임직원이 관련정보를 공유하므로 업무처리속도가 빨라진다.

전사적 자원관리의 특징으로는 다음과 같다.

- 업무개혁으로 효율을 향상시킨다.
- 일상 업무의 공동화와 낭비요소를 제거해 준다.
- SCM의 구축을 앞당긴다.

6. 유연제조시스템(FMS)

소비자들은 개성있고 다양한 제품을 원하는데 이는 기업의 입장에서는 비용상승의 원인이 되며, 기업의 입장에서는 단일제품의 대량생산을 통하여 비용을 절감하고자 하는데 이러한 상충되는 관계를 동시에 충족시키려는 시도가 바로 유연제조시스템(FMS: flexible manufacturing system)이다.

이는 기존의 개별적인 자동화기술 및 시스템을 하나의 생산시스템으로 통합한 것으로 다품종 소량생산에 있어서 높은 생산성과 융통성을 동시에 달성하고자 하는 제조시스템이다.

읽을 거리

토요타 성공의 요인

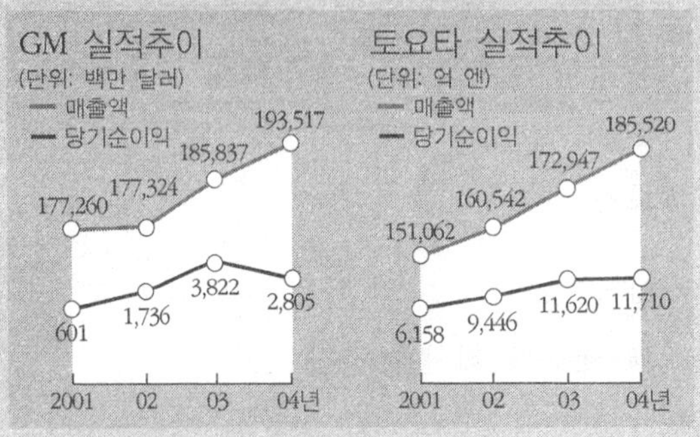

매출 1760억 달러, 순이익 110억 달러, 미국 하이브리드 자동차 시장점유율 64%. 55년간 노조 무파업, 50년 이상 흑자 행진. 세계 최대의 자동차업체인 미국의 GM을 꺾고 세계 자동차 시장을 평정한 일본 토요타 자동차의 성공신화를 단적으로 입증하는 통계자료들이다. 그러나 토요타는 이 같은 성공에 만족하지 않고 더욱 자세를 낮춰 전세계 자동차 시장을 공략하고 있다.

토요타 성공신화의 원동력은 어디에 있을까. 자동차업계는 주저없이 토요타만의 생산방식인 TPS(Toyota Production System)와 JIT(Just In Time)를 꼽는다. 여기에 끊임없는 개선활동, 협력업체와의 긴밀한 상생관계, 안정적인 노사관계, 미래 시장을 대비한 꾸준한 투자 등 토요타는 제조업 성공의 모범답안을 보여주고 있다.

◇토요타만의 생산방식 "TPS와 JIT"

토요타는 세계 시장 공략을 목표로 전세계 각국에 51개의 현지 생산공장을 갖추고 일본 내에서 확립한 토요타만의 생산방식을 적용해 성공을 거두고 있다. 미국 시장 역시 동일한 방식으로 결실을 맺었다. TPS(Toyota Production System)는 토요타의 대표적인 생산방식으로 그 핵심은 자원의 낭비를 없애자는 것이다. 토요타는 TPS를 통해 비용을 낮추고 효율을 극대화하는데 성공했다.

이러한 TPS를 실현시켜 준 대표적인 수단으로 JIT(Just In Time)가 있다. JIT는 시스템 협력업체와의 부품재고량을 거의 '제로'에 가깝게 유지해 필요할 때 필요한 부품으로 차를 만드는 것을 의미한다. 기존 자동차회사들이 부품공급시 며칠분 재고량을 한꺼번에 창고에 입고시키고 생산량에 따라서 재고가 소진될 시점에 다시 발주를 주는 방식과 달리 결품이 별로 없고 매우 안전하게 재고관리를 할 수 있는 방법이다.

◇끊임없는 개선활동

토요타의 '개선활동'은 한마디로 '개선할 문제를 현장에서 찾아내 문제를 해결하는 작업을 되풀이 하는 것'으로 정의된다. 토요타는 최고 경영자에서 일반 근로자에 이르기까지 모든 토요타 직원이 개선을 생각하고 실천하려고 노력한다. 금전적 보상이 없더라도 개선하기 위한 새로운 아이디어를 기꺼이 내놓을 정도로 의욕을 갖고 있다.

이는 생산현장에도 그대로 적용되어 매일 이루어지는 작업을 통해 현장 근로자들이 근무 중에 발견한 사소한 사항이라도 개선할 여지가 있다면 반영해 끊임없는 개선을 하는 것으로 유명하다. 실제로 토요타는 2004년 기준 53만 건의 개선사항을 현장 근로자들을 통해 접수했고, 이 중 99%를 채택해 실행에 옮겼다. 이러한 개선활동은 1951년부터 시작됐다.

◇협력업체와의 긴밀한 상생관계 "불량률 0.01%"

토요타의 50년 이상 흑자 행진은 부품업체들과 상생의 파트너십을 바탕으로 한 지속적인 원가절감 운동을 바탕으로 한다. 토요타와 부품업체간 협력이 가능한 것은 무엇보다 깊은 신뢰가 배경이다. 토요타는 부품업체에게 납품가를 낮추라고 일방적인 압력을 행사하지 않는다.

대신, 합리적인 원가절감 목표를 내건 뒤 부품업체와 함께 고민한다. 이렇게 고민해 원가절감 목표를 달성하면 절감한 비용의 3분의 1은 다시 부품업체에 투자해 부품업체가 토요타와 함께 성장할 수 있도록 배려한다. 이를 통해 토요타의 부품업체들은 불량률을 0.01%로 낮췄다. 미국 자동차 부품업체들의 불량률은 평균 1.8%에 이른다.

◇노-사, "한 축의 두 바퀴"

토요타는 1950년 전례 없는 불황과 함께 추진됐던 인력감축의 영향으로 노조가 파업을 단행했다. 이에 대한 책임을 지고 창업 1세인 도요타 기이치로가 물러나고 전문경영인 체제로 전환했다. 이후 토요타는 55년간 무파업 신화를 이어가며 안정적인 노사관계를 유지하고 있다.

토요타의 성공적인 노사관계는 '한 축의 두 바퀴' 와 '상호 신뢰' 라는 말로 요약된다. 여기서 두 바퀴는 각각 노사를 가리키는 말로 자동차의 두 바퀴가 맞추어 나가야만 전진할 수 있다는 뜻을 담고 있다. 또한 노사는 서로를 동등하게 존중해야 하고 이를 바탕으로 상호 신뢰와 지속적인 대화를 통해 어려움과 문제를 극복할 수 있다는 것을 뜻한다. 이는 지난 55년 동안 무파업과 노조의 임금 자진 동결 등을 통해 세계 최고의 생산성을 갖추게 하는 밑거름이 됐다.

◇미래를 향한 끊임없는 도전

토요타는 대중적인 브랜드인 '토요타' 의 성공을 발판으로 세계 자동차시장이 '프리미엄급' 으로 급격히 옮겨갈 것에 대비했다. 프리미엄 브랜드인 '렉서스' 를 1989년 미국에서 처음으로 선보인 것은 과감한 결단이었다. 결국 렉서스는 지속적인 성공을 거두며 지난 2000년부터 5년 연속 미국내 럭셔리 브랜드 매출 1위로 도약했다.

토요타는 1997년 '환경' 과 '미래' 를 내다보는 하이브리드 기술을 개발해 세계 최초의 대량생산 하이브리드 차량인 '프리우스' 를 발판으로 미국 내 하이브리드시장에서도 64%의 점유율을 기록하고 있다. 토요타의 하이브리드 기술은 프리미엄 브랜드인 '렉서스' 에도 적용돼 지난 4월 15일 세계 최초의 럭셔리 하이브리드 자동차인 '렉서스 RX400h' 를 미국에서 최초로 출시하는 결실을 맺었다.

〈자료: 머니투데이, 2005. 5. 19〉

토론문제

1. 생산관리시스템의 목표를 제품의 사례를 들어 정리해 보시오.
2. 라인공정, 단속공정, 프로젝트 공정의 흐름을 비교해서 정리하여 보고, 적합한 설비배치 형태는 무엇인지 설명해 보시오.
3. 재고생산 공정과 주문생산공정의 차이점을 정리해 보시오.
4. 단속공정이 라인공정보다 일정계획이 더 복잡하고 어려운지를 정리하여 보시오.
5. ABC재고관리의 기본원리를 사례를 찾아 설명해 보시오.
6. JIT의 출현배경에 대하여 설명해 보시오.
7. TQC와 TQM의 차이를 비교해서 설명해 보시오.

참고문헌 및 자료

1) 정기만 · 장영광(2003), 생활속 경영학, 신영사, pp. 249~250.

2) 이상범(2003) 현대생산 · 운영관리, 명경사, pp. 17~19.

3) J. S. Martinich(1997), *Production and operations Management*, John wiley & Sons, Inc.

4) 조희영 · 박상범(2002), 현대 경영학원론, 민영사, pp. 400~402.

5) John A. Goodman, Gary F. Bargatze, and Cynthia Grimm(1994), "The key problem with TQM," *Quality progress*, January, pp. 45~48.

6) 이건창(2005), 현대경영의 이해, 무역경영사, pp. 93~99; G. A. Farley,(1997), "Discovering supply chain management: A roundtable discussion," *Aplcs-The performance Advantage*, January, pp. 38~39.

제 12 장

재무 및 회계관리시스템

이 장을 공부하고 나면

1. 기업의 재무관리의 중요성에 대하여 인식할 수 있습니다.
2. 기업의 자본조달방법에 대하여 이해할 수 있습니다.
3. 재무제표의 중요성에 대하여 인식할 수 있습니다.
4. 재무제표를 읽고 분석하는 방법에 대해 사고능력을 갖출 수 있습니다.
5. 회계정보로써 재무제표에 대해 이해할 수 있습니다.
6. 회계정보 이용자에 대한 입장을 이해할 수 있습니다.

이 장의 주요 목차는

워밍업

기업에 있어서 자금은 기업 내의 각 경영활동이 원활하게 수행될 수 있도록 혈액과 같은 역할을 수행한다. 사람에게 있어서 혈액의 흐름이 원활하지 못하면 정상적인 생활을 할 수 없듯이 기업도 자금의 흐름이 원활하지 못하면 영업성과가 떨어지거나 도산의 위기에 직면할 수 있다.

이처럼 기업의 자금이나 흐름을 총괄하는 경영활동을 재무활동이라 한다. 한편, 기업에서는 원재료를 구입하고 노동력을 투입하여 제품이나 서비스를 생산한 후 이를 판매하는 영업활동을 전개한다. 이때 반드시 재산의 변동인 자금의 흐름이 발생하는데 이와 같은 재산의 변동을 재무상태의 변동이라고도 한다.

기업에서는 재산의 변동이 있으면 이를 확인해서 화폐금액으로 기록하여 재무상태의 변동을 계산하는 회계시스템을 갖추어야 하는데 이를 회계활동이라 한다. 재무활동은 외형적으로 볼 때 회계활동과 비슷하지만 내용적으로는 볼 때 회계활동은 자금의 흐름을 사후적으로 정리해 그와 관련된 회계정보를 정확히 제공하고자 하는 것이며, 재무활동은 자금의 조달계획 및 관리, 수익성 분석 등을 통한 기업의 모든 경영활동 전반에 걸쳐 계획 · 조정 · 통제하는 통합적 경영활동기능을 의미한다.

주요 용어와 개념

- 재무관리
- 기업가치의 극대화
- 재무분석
- 회계정보의 유용성
- 대차대조표
- 현금흐름표
- 금융시장
- 자본조달 결정
- 자금조달 형태
- 회 계
- 분식회계
- 손익계산서
- 회계정보
- 회계감사

제 1 절

재무관리의 일반적 이해

1. 재무관리의 개요

(1) 재무관리의 의의

기업의 모든 활동은 자금과 직·간접적으로 관련되므로 자금을 효율적으로 관리하기 위한 기능이 필요한 것은 당연하다. 재무관리(financial management)란 이처럼 기업이 필요로 하는 자본의 조달과 이의 운용에 관한 이론 및 기법을 연구하는 분야이다.[1]

전통적 재무관리는 기업의 자금조달 및 운용의 문제를 주요 연구대상으로 하고 있는데, 현대 재무관리는 기업재무뿐만 아니라 투자론과 금융론을 포함하고 있다.

(2) 재무관리의 기능

구체적으로 재무관리가 적용되는 대상영역이 무엇인지 알기 위해서 재무관리 담당자가 수행하는 여러 기능을 살펴볼 필요가 있는데, 밴혼(J. C. Van Horne)은 이 기능을 다음과 같이 세 가지로 구분하여 설명하였다. 이 중에서 핵심적인 연구분야는 투자결정과 자본조달결정이다.[2]

1) 투자결정: 기업자산의 최적배합

투자결정(investment decisions)은 기업이 어느 자산에 투자할 것인가를 의사결정하는 것으로, 이에 따라 기업의 미래수익성, 성장성, 영업위험이 달라진다. 즉, 조달된 자본을 효율적으로 배분하는 자본의 운용을 의미한다. 이러한 투자결정에 의하여 자산의 규모와 구성상태가 결정되는데, 투자결정의 목표는 기업자산의 최적배합에 있다.

2) 자본조달결정: 기업자본의 최적배합

자본조달결정(financing decisions)은 투자에 소요되는 자본을 어떤 방법에 의해 효율적으로 조달할 것인가를 의사결정하는 것이며, 이러한 자본조달결정에 의하여 자본규모(구조), 재무위험, 자본비용이 달라진다. 이 경우 자본조달 결정의 목표는 기업자본의 최적배분에 있다.

3) 배당결정(dividend decisions)

배당결정(dividend decisions)은 기업의 경영활동으로부터 창출된 순이익 중 얼마를 주주에게 배당하고 얼마를 기업 내에 유보할 것인가를 의사결정하는 것으로 배당결정에 의하여 배당성향, 배당의 안정성, 배당의 형태가 결정된다. 그러므로 배당결정을 자본조달의 잔여적 의사결정이라고 할 수 있다.

도표 12-1 기업자금흐름과 재무관리기능

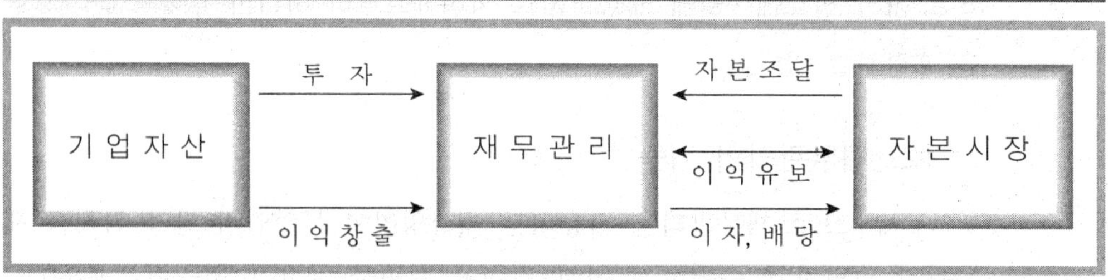

(3) 재무관리의 목표

전통적으로 인정된 재무관리의 목표는 이익개념의 모호, 화폐시간가치의 무시, 미래의 불확실성 무시 등의 문제점을 안고 있어 이를 개선하기위해 발전된 현재의 재무관리목표는 기업가치 극대화 또는 주주 부(富)의 극대화이다.

기업가치의 극대화가 타당한 이유로는 기업가치는 기업이 미래에 얻을 것으로 기대되는 현금흐름을 현금흐름의 위험이 반영된 적절한 할인율로 할인한 현재가치로 정의되기 때문이다. 이는 개념이 명확하며, 화폐의 가치는 시간에 따라 달라지는데 이를 고려하였으며, 또한 할인율에 미래의

잠깐 쉬어갑시다

증시의 자본조달기능 부실

2005년 10월 대한상공회의소의 보고서에 따르면 지난해 증시의 자본조달비율(자본조달액/GDP)을 분석한 결과 우리나라의 주식시장의 자본조달기능이 크게 취약한 것으로 나타났다. 조사결과에 따르면 한국은 자본조달비율이 0.83%에 그쳐 홍콩(21 .96%)·싱가포르(2.64)·영국(1.53%)에 비해 크게 뒤졌다. 주식시장이 사실상 기업의 자금조달 창구가 되지 못하고 있는 것이다. 기업의 상장추세를 보더라도 마찬가지다. 지난해의 경우 25개 기업이 신규상장한 반면 퇴출되거나 상장을 철회한 기업은 26개였다. 하지만 선진국들은 달랐다. 미국은 230개, 영국은 144개, 일본은 50개 기업이 증가했다. 올 국내의 9월까지 상황을 보면 상장폐지기업(20개)이 신규상장 기업(9개) 수를 크게 앞지르고 있다.

이와 같은 현상의 원인에 대하여 상의는 우선, 기업들이 증시를 통한 자금조달보다 배당과 자사주 매입 등에 지출되는 돈이 많기 때문이라고 분석했다. 실제 올 상반기 거래소와 코스닥 시장에서 기업들이 기업공개와 유상증자를 통해 조달한 자금은 2조 779억 원이었다. 하지만 주주배당과 자사주 매입에 들어간 돈은 4조 2910억 원이었다. 또 상의는 상장유지와 관련된 각종 의무가 기업에 부담이 되고 있다고 지적했다. 한 예로 상장기업이 지켜야 할 공시의무사항 수가 거래소시장의 경우 1997년 117개였지만 지난해 6월에는 280개로 늘었다. 외국과 달리 기업이 발행할 수 있는 주식 종류가 제한된 것도 문제점으로 꼽았다.

〈자료: 문화일보, 2005.10.28〉

불확실성을 적절히 고려하였고, 기업가치는 주식을 통하여 객관적으로 측정가능하다는 장점이 있다.

2. 자금의 조달

우리는 기업이 자금을 조달하고 운용하는데 자금시장에 대한 이해가 필수적이라는 사실을 이해해야 한다. 여기서의 자금시장이란 시장에서 거래되는 재화가 바로 자금인 시장을 의미한다. 즉, 자금의 수요자란 개인이나 기업 또는 정부 등 누구든지 자금을 필요로 하는 측을 의미하고, 자금의 공급자는 말 그대로 자금을 공급하는 측을 말한다.

따라서 주요한 자금의 수요자는 자금을 조달하고자 하는 기업이며, 주요한 자금의 공급자는 여유자금을 공급하는 개인, 금융기관 또는 기업이

도표 12-2 자금시장의 분류

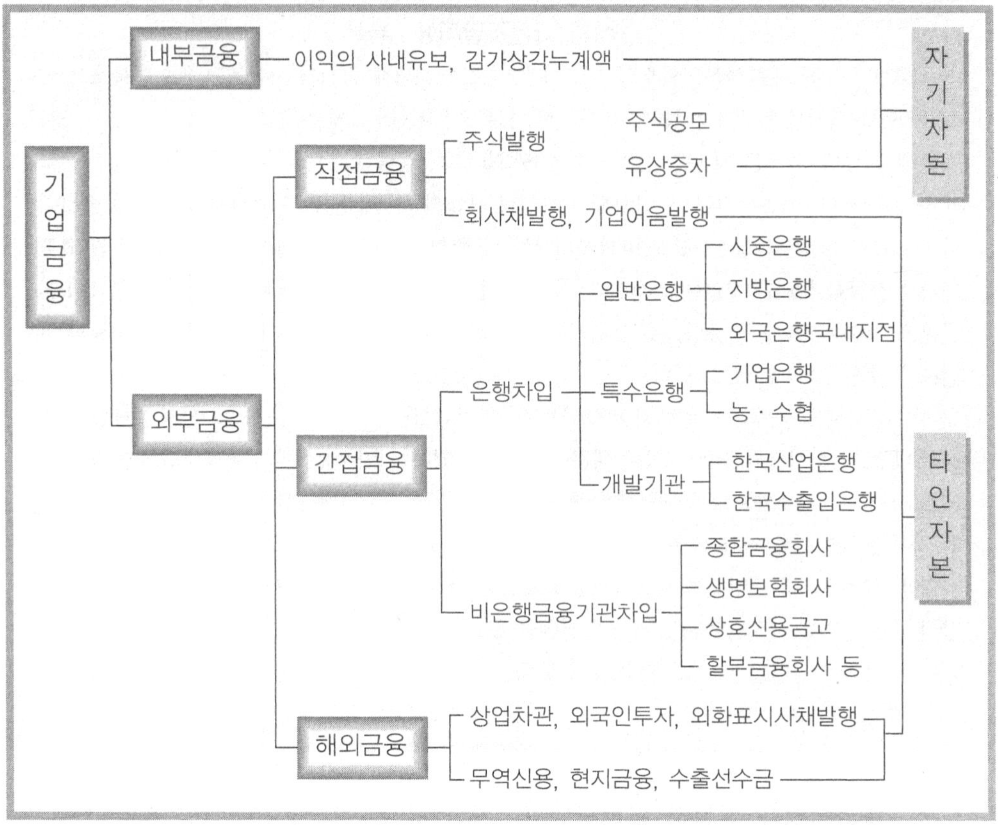

될 것이며, 이들이 자금을 교환하는 곳이 바로 자금시장 또는 금융시장이다. 자금시장은 넓은 의미에서 금융수단, 금융기관을 포함하는 모든 금융시장을 의미하는 전반적인 조직을 말한다.

(1) 자금조달형태에 따른 분류[3)]

1) 직접금융시장

직접금융시장은 중개기관을 거치지 않고 자금의 최종수요자(기업)와 공급자간에 직접증권의 매매형태로 자금의 수급이 이루어지는 시장을 말하는 것이며, 주식이나 채권이 대표적이다.

가. 주식시장

주식은 발행기업의 소유지분을 표시하는 유가증권이며, 일반적으로 보통주(common stock)와 우선주(preferred stock)의 두 종류가 있다. 보통주는 기본적인 소유권을 나타내는 주식으로 기업의 최종위험을 부담하는 잔여지분의 성격을 갖는 주식을 말한다. 매입과 동시에 해당 기업의 주주로서 중요한 의사결정에 관한 투표권(voting right)을 가진다. 이러한 의미에서 기업의 소유주는 바로 이러한 보통주의 소유주들인 주주라고 할 수 있다.

우선주는 특정사항에 관해서 보통주에 비하여 우선적인 권리가 부여된 주식으로 우선권의 종류에 따라 누적적 우선주, 참가적 우선주, 전환우선주 및 상환우선주로 나누어진다. 이와 같이 주식시장의 특징으로는 주주들은 주식을 보유함으로써 투자에 대한 급부로 배당금(dividend)과 함께 주식가치의 상승으로 인한 자본이득(capital gain)을 기대한다.

나. 채권시장

채권은 기업에 자금을 빌려준 대여자들에게 일종의 차용증서로 교부되는 증권이다. 채권에는 보통 채권자들에게 지급될 확정이자 및 만기일이 표시되어 있으며 기업이 파산 시에도 보통주나 우선주에 앞서 기업자산에 대한 청구권을 갖는다. 따라서 채권자들은 기업의 주요 의사결정에는 참여할 수 없고 단지 정해진 이자와 만기일에 원금만 지급받을 수 있다. 그러므로 채권시장은 발행자가 다수의 투자자에게 주로 만기가 1년 이상인 고정금리를 지급하는 채권을 발행하여 직접자금을 조달한다.

종류로는 국채(government bond), 지방채(municipal bond), 공채(public bond), 회사채(corporate bond), 전환사채(convertible bond)등이 있다.

2) 간접금융시장

간접금융시장은 자금의 최종수요자와 공급자 간에 은행, 투자신탁회사, 보험회사와 같은 금융중개기관이 개입하여 직접 또는 간접증권의 매매형태로 자금의 수급이 이루어지는 시장으로, 예금증서나 보험증서가 대표적이다. 일반적으로 개인투자자들은 금융기관에서 제공하는 각종 금융상품, 예를 들면 예금이나 적금에 가입하여 자금을 금융기관에 공급하고, 이 자금을 금융기관은 각 기업들에게 단기 혹은 중장기에 걸친 대출상품으로 기업들에게 판매한다. 그리고 기업은 대출에 대한 이자와 원금을 약정기일에 금융기관에게 지급하고, 금융기관들은 이를 다시 원래의 개인투자자들에게 원리금으로 지급함으로써 중개기관의 역할을 한다. 이러한 시장이 바로 간접금융시장이다.

(2) 기타 자금시장의 분류

1) 발행시장과 유통시장

발행시장(primary markets)은 기업들이 신규자본을 조달하기 위하여 증권을 발행하는 시장으로 1차 시장이라고도 하는데, 유통시장과 상호 의존적 관계에 있다. 유통시장(secondary markets)은 이미 발행된 증권이 투자자들에게 거래되는 시장을 말하는데, 제2차 시장이라고도 한다. 우리가 흔히 말하는 주식시장, 채권시장 등이 바로 이러한 유통시장이다.

2) 현물시장과 선물시장

현물시장(spot markets)은 현재시점에 정해진 가격으로 특정 자산을 사고팔기로 현재시점에서 거래되는 시장이며, 선물시장(future markets)은 미래의 특정 시점에 정해진 가격으로 특정 자산을 사고팔기로 현재시점에서 거래되는 시장을 말한다.

3) 통화시장과 자본시장

통화시장(money markets)은 단기금융시장을 일컫는 말로써 금융자금의 공급기간이 보통 1년 이내의 자금이 거래되는 시장을 의미한다. 주로 기업의 단기자금조달시장의 역할을 한다. 우리나라의 경우 양도성 정기예금(CD), 환매조건부채권(RP), 기업어음(CP), 통화안정증권 등이 주요 상품이며, 자본시장(capital markets)은 이에 비해 1년 이상 장기의 금융자금이 거래되는 시장을 말한다. 따라서 보통 우리가 말하는 증권시장은 바로 이와 같은 자본시장을 의미한다.

4) 국제자본시장

현대기업의 규모가 커지면서 자금시장도 과거와 같이 국내기업들만을 상대로 자금조달 및 운용을 허용하던 국내자본시장에서 국제자본시장(world capital markets)으로 확대되어가고 있는 실정이다. 우리나라의 많은 기업들도 해외증권시장, 예를 들면 뉴욕증권거래소(NYSE: New York stock exchange)나 런던증권거래소(LSE: London stock exchange) 등에서 자금을 조달하기도 한다.

잠깐 쉬어갑니다

장기해외자금조달행태의 변화

우리나라 기업의 장기 해외자금조달에서 유로지역이 차지하는 비중이 갈수록 높아지고 있다. 또 대외장기차입 가산금리가 최근 몇 년새 지속적으로 하락하는 등 대외 차입여건도 개선되고 있는 것으로 나타났다. 한국은행이 발표한 '최근 기업 대외차입 여건 및 형태변화'에 따르면 국내 기업들의 대외장기차입 지역(잔액기준)은 2004년 말 현재 유럽이 38.9%로 가장 많았고, 미국 27.6%, 일본 11.2%, 홍콩 13.8%, 기타 8.4% 순이었다. 지난 2001년 말에는 미국이 32.8%로 유로지역 24.8% 보다 많았다. 2002년 말까지는 미국의 비중이 가장 높았으나 2003년 말 유로지역이 38.0%, 미국이 31.4%로 역전된 뒤 2004년 말에는 격차가 더욱 벌어졌다.

주 차입지역이 미국에서 유로지역으로 바뀐 것은 유로지역과의 수출입규모가 확대되고 있을 뿐 아니라 세금 및 수수료 등 금융거래비용 측면에서도 상대적으로 유리하기 때문이다.

대외 차입여건도 지속적으로 개선되고 있는 것으로 나타났다. 기업들의 만기 1년 초과 대외차입 및 채권발행 중 변동금리부 차입의 가산금리는 2001년 1.77%에서 2002년 1.49%, 2003년 1.27%, 2004년 1.25% 등으로 3년 사이 0.5%포인트 이상 하락했다. 이는 국가 신용등급이 상향조정되고 기업들의 재무구조가 개선돼 신용리스크가 크게 감소한 영향으로 풀이된다. 다른 채권에 비해 가산금리가 낮은 자산담보부채권(ABS) 발행이 늘어난 것도 한 요인이다. 변동금리부 차입총액에서 ABS가 차지하는 비중은 2001년 12.1%에서 지난해 52.0%로 상승했다.

〈자료: 머니투데이, 2005. 8. 31〉

3. 자금의 운용

기업의 가치는 곧 그 소유자산의 가치이다. 따라서 기업가치의 극대화를 위해서는 자산에 대한 투자결정을 합리적으로 수행함으로써 자산의 가치를 극대화하여야 한다. 이와 같은 기능이 재무관리의 기능에서 언급한 투자결정기능이다. 투자결정은 투자대상 자산이 단기성 자산인지 장기성 자산인지에 따라 운전자본관리와 자본예산 편성관리로 구분되는데 여기서는 자본예산에 대해서만 설명하기로 한다.

(1) 자본예산의 의의

자본예산(capital budgeting)이란 투자로 인한 현금흐름의 효과가 장래 1년 이상에 걸쳐 장기적으로 실현될 투자결정에 관련된 계획의 수립 및 평가과정을 의미한다.[4)]

자본예산은 고정자산에 대한 투자결정의 문제이므로 많은 자금이 필요로 하며 그 결과가 기업에 장기간에 걸쳐 영향을 미치고 자본예산의 결과에 따라 그 기업의 미래 수익성과 위험이 달라지므로 자본예산은 기업의 성패를 좌우하는 매우 중요한 의사결정이다. 그러므로 미래의 투자환경에 대한 정확한 예측을 할 필요가 있다.

(2) 투자안의 경제성 평가방법

1) 회수기간법

회수기간(payback period)이란 최초의 투자액을 다시 현금유입으로 투자원금을 완전히 회수하는 데 걸리는 기간을 말하며, 회수기간법이란 각 투자안의 회수기간을 계산하여 회수기간이 가장 짧은 투자안을 최선으로 선택하는 방법이다.

2) 할인회수기간법

할인회수기간(discounted payback period)이란 현재가치로 환산한 현금유입액으로 투자원금을 회수하는 데 걸리는 시간을 말한다. 할인회수 기간법에서는 회수기간 내의 현금흐름에 대하여 화폐의 시간가치를 반영함으로써 회수기간법의 단점을 보완하지만 회수기간 이후의 현금흐름은 여전히 무시하는 문제점이 있다.

3) 회계적 이익률법

회계적 이익률법(accounting rate of return method)이란 평균이익률법이라고도 하며, 회계적 이익률을 산정하여 이익률이 가장 큰 투자안을 선택하는 방법이다.

$$\text{회계적 이익률} = \frac{\text{연평균순이익}}{\text{연평균투자액}}$$

여기서 순이익은 회계장부상에서 산출된 납세 후 순이익을 말한다. 연평균 투자액은 (투자액+잔존가치)/2가 된다. 회계적 이익률법에서는 기업이 미리 설정한 목표이익률과 회계적 이익률을 비교하여 투자가치를 평가하며, 회계적 이익률이 높은 투자안을 바람직한 투자안으로 채택한다.

4) 순현재가치법

순현가법(純現價法) 또는 순현재가치법(NPV: net present value)은 투자결과로 발생하는 현금유입액을 할인율로 할인하여 얻은 현금유출의 현가를 비교하는 방법이다. 현금유입의 현가에서 현금유출의 현가를 차감한 것은 순현재가치라고 하며, NPV는 투자로 인한 기업가치의 순증가분을 의미하므로 순현재가치가 0보다 클 경우 투자할 가치가 있는 것으로 평가 한다.

$$\text{순현가(NPV)} = \sum_{t=0}^{n} \frac{CI_t}{(1+r)^t} - \sum_{t=0}^{n} \frac{CO_t}{(1+r)^t}$$

CI_t: t 시점에서의 현금유입

CO_t: t 시점에서의 현금유출

r: 할인율(자본비용, 최저필수수익률)

5) 내부수익률법

내부수익률(IRR: internal rate of return)은 투자로 인한 미래 현금유입의 현재가치와 미래 현금유출의 현재가치를 동일하게 하는 할인율을 말한다. 또한 현금유입의 현재가치와 현금유출의 현재가치를 일치하면 그 투자안의 NPV는 0이 되므로 내부수익률은 투자안의 NPV가 0이 되도록 하는 할인율이다.

$$\sum_{i=0}^{n} \frac{CI_t}{(1+r)^i} - \sum_{i=0}^{n} \frac{CO_t}{(1+r)^i}$$

CI_t: t 시점에서의 현금유입

CO_t: t 시점에서의 현금유출

r: 내부수익률(IRR)

위의 식을 만족시키는 r은 투자로 인한 내부수익률로서 이것이 기업의 자본 비용 혹은 최저필수수익률(k)보다 높은 경우 투자할 가치가 있다는 것이다. 이는 투자안의 내부수익률이 투자한 자본의 조달비용인 자본비용보다 높은 경우 기업의 가치를 증가시키기 때문이다.

6) 수익성 지수법

수익성지수(profitability index)는 투자안으로부터 발생하는 현금유입의 현재가치를 현금유출의 현재가치로 나눈 값을 말한다.

$$PI = \frac{\sum_{t=1}^{n} \frac{C_t}{(1+k)^t}}{C_0}$$

PI가 1보다 크면 현금유입의 현재가치가 현금유출의 현재가치보다 크므로 투자가치가 있는 것으로 평가하여 바람직한 투자안으로 평가한다. 이상에서 살펴본 투자안의 경제성 평가방법들에 대한 장·단점을 요약하면 [도표 12-3]과 같다.

도표 12-3 투자안 경제성 평가방법들의 비교

	장 점	단 점
내부수익률법	• 내용연수 동안 모든 현금흐름을 고려한다. • 화폐의 시간가치를 고려한다. • IRR은 자본비용의 손익분기점을 갖는다.	• IRR에 의하여 선택한 투자안은 반드시 기업가치를 극대화시켜 주는 투자안은 아니다. • IRR에서의 평가기준은 현금흐름의 형태에 따라 달라진다.
수익성지수법	• 내용연수 동안의 모든 현금흐름을 고려한다. • 화폐의 시간가치를 반영한다.	• PI에 의하여 선택한 투자안은 반드시 기업가치를 극대화시켜 주는 투자안은 아니다.
회수기간법	• 현금흐름을 기초 • 적은 시간과 비용으로 투자안을 평가	• 회수기간 내의 현금흐름에 대한 화폐의 시간가치를 무시 • 목표회수기간의 설정이 자의적이며 평가결과가 객관적이지 못하다
회계적 이익률법	• 간단하며 이해하기가 쉽다 • 자료수집이 용이	• 현금흐름이 아닌 회계적 이익에 기초 • 화폐의 시간가치를 무시 • 목표이익률의 결정이 자의적이며 평가결과가 객관적이지 못한다.
순현재가치법	• 내용연수 동안의 모든 현금흐 름을 고려한다. • 화폐의 시간가치를 고려 • NPV를 극대화하도록 투자하면 기업가치가 극대화를 달성할 수 있다.	

4. 재무분석과 재무비율[5)]

(1) 재무분석의 의의

재무관리 담당자는 자본의 조달과 운용에 관한 합리적 의사결정을 하기 위하여 재무정보를 획득하여 분석할 필요가 있다. 재무분석(financial analysis)은 기업의 이해관계자들이 기업의 재무적 자료(financial date)를 분석하여 기업의 재무상태와 경영성과의 좋고 나쁨을 평가하여 필요한 정보를 추출하는 과정을 말한다. 따라서 이는 재무제표분석(financial statement analysis)이 중심이 된다.

(2) 재무분석의 목적

재무분석을 하는 목적은 기업재무의 유동성, 재무구조의 안전성 그리고 기업의 수익성을 파악하고자 하는 데 있다. 이러한 목적은 분석주체가 누구냐에 따라서도 다르다. 그러므로 분석자료와 분석방법이 다를 수 있으며 결과를 해석하는 기준도 달라질 수 있다. 왜냐하면, 경영분석을 이용하는 사람들은 서로 다른 의사결정목표를 가지고 있으며, 따라서 그들에게 필요한 정보의 내용이 [도표 12-4]와 같이 서로 다르기 때문이다.

도표 12-4 재무분석의 이용자와 목적

이 용 자	목 적
경 영 자	경영성과, 관리통제, 경영계획, 재무제표의 외부보고
투 자 자	투자가치, 업적평가, 투자의 수익성과 안정성
채 권 자	대여자금에 대한 이자와 회수 가능성
종 업 원	급여, 다른 기업으로의 전직, 임금교섭의 자료
정부기관	기업의 규제 및 통제, 가격인상 등의 요구 심사, 정확한 과세자료 확보
금융감독기관	각종법률 위반 여부 심사, 신용조사, 여신결정
외부감사인	회계처리의 적정화
학 계	경영, 경제에 대한 분석자료

(3) 재무제표

경영분석을 위하여 재무적 자료를 분석할 때 재무자료의 대표적 형태가 재무제표이다. 재무제표는 기업의 거래를 측정·기록하여 정보이용자에게 이를 보고하는 수단이며, 재무비율분석에서는 이 중 대차대조표와 손익계산서가 사용된다.

(4) 재무비율

재무비율은 기업의 재무상태와 경영성과를 분석·평가할 수 있는 중요한 지표이다. 이에는 다음과 같은 것들이 있다.

1) 유동성비율

유동성비율(liquidity rations)이란 기업의 단기채무지급능력을 측정하기 위한 비율이다.

- 유동비율: 단기채무인 유동부채를 충당할 수 있는 유동자산이 얼마나 되는가를 나타낸다.

$$유동비율 = \frac{유동자산}{유동부채} \times 100$$

- 당좌비율: 현금화가 용이한 당좌자산에 의하여 단기채무인 유동부채의 지급능력을 평가하는 비율이다. 이 비율은 현금화의 속도가 비교적 늦은 재고자산의 처분이 없이도 단기채무를 지불할 수 있는 능력을 나타내는 비율이다.

$$당좌비율 = \frac{유동자산 - 재고자산}{유동부채} \times 100$$

2) 레버리지비율

레버리지비율(leverage rations)이란 기업이 타인자본 또는 장기부채에 대한 지급능력을 나타내는 비율로 부채성 비율이라고도 한다.

- 부채비율: 타인자본과 자기자본의 관계에 의하여 자본구성의 안정성을 측정한다.

$$부채비율 = \frac{타인자본}{자기자본} \times 100$$

- 이자보상비율: 이자 및 납세전이익이 타인자본의 사용으로부터 발생하는 이자비용의 몇 배인가를 측정하여 부채에 대한 이자지급능력을 평가한다.

$$이자보상비율=\frac{이자\ 및\ 납세전이익}{이자비용}=\frac{세전이익+이자비용}{이자비용}$$

- 자기자본비율: 총자본 중에서 자기자본이 차지하는 비율로 은행에서 대출심사시 중요한 기준이 된다.

$$자기자본비율=\frac{자기자본}{총자본}$$

- 고정재무비보상비율: 영업활동으로부터 얻은 이익으로 이자비용뿐만 아니라 리스료나 임차료 등을 포함한 고정재무비를 지급할 능력이 어느 정도인가를 나타낸다.

$$고정재무비보상비율=\frac{이자\ 및\ 세전이익+고정재무비}{이자비용+고정재무비}$$

3) 활동성비율

활동성비율은 기업의 자산이 얼마나 효율적으로 활용되고 있는가를 나타내는 비율로 매출액에 대한 주요 자산의 회전율로 나타낸다.

- 재고자산회전율: 재고자산이 일정기간 동안 당좌자산으로 얼마나 전환되었는가를 나타내며 회전율이 높을수록 적은 재고자산으로 효율적인 생산, 판매활동이 수행되었음을 나타낸다.

$$재고자산회전율=\frac{매출액}{재고자산}$$

- 매출채권회전율: 매출액을 매출채권(외상매출금+받을어음)으로 나눈 값으로 매출채권의 현금화속도를 측정하는 지표이다.

$$\text{매출채권회전율} = \frac{\text{매출액}}{\text{매출채권잔액}}$$

$$\text{총자본회전율} = \frac{\text{매출액}}{\text{총자본}}$$

$$\text{유형고정자산 회전율} = \frac{\text{매출액}}{\text{유형고정자산}}$$

4) 수익성비율

수익성비율은 일정기간 동안의 기업경영성과의 종합적인 평가비율이다. 매출액에 따른 이익반영지표로는 다음과 같은 방식이 있다.

$$\text{매출액순이익률} = \frac{\text{당기순이익}}{\text{매출액}} \times 100$$

$$\text{매출액영업이익률} = \frac{\text{영업이익}}{\text{매출액}} \times 100$$

$$\text{매출액총이익률} = \frac{\text{매출액총이익}}{\text{매출액}} \times 100$$

한편 기업에 투자된 총자본이 얼마나 효율적으로 운용되었는가를 나타내는 지표로는 다음과 같은 것들이 있다.

$$\text{총자본이익률(ROI)} = \frac{\text{당기순이익}}{\text{총자본}} \times 100$$

$$\text{자기자본순이익률(ROE)} = \frac{\text{당기순이익}}{\text{자기자본}} \times 100$$

5) 안정성비율

안정성비율은 조달된 자본이 기업자산에 얼마나 적절히 배분되어 있는가를 나타내는 비율이다.

- 고정비율: 자기자본에 대한 고정자산의 비율로 일반적으로 100% 이하일 때 양호한 것으로 판단한다.

$$고정비율=\frac{고정자산}{자기자본}\times 100$$

- 고정장기적합률: 장기자본(자기자본+고정부채)에 대한 고정자산의 비율에 대한 보조비율로 이용되는 것으로 100% 이하일 때 양호한 것으로 판단된다.

$$고정장기적합률=\frac{고정자산}{자기자본+고정부채}\times 100$$

6) 시장가치비율

시장가치비율은 재무제표상의 가치와 시장에서 평가된 가치 간의 비율로 증권시장에서 투자자들이 경영성과를 어떻게 평가하고 있는지를 나타낸다.

$$주가수익비율=\frac{주식가격}{주당순이익}$$

$$주가대장부가치비율=\frac{주식가격}{주당장부가치}$$

$$주당장부가치=\frac{자본금+자본잉여금+이익잉여금}{발행주식수}$$

잠깐 쉬어갑니다

상장기업의 외국인 지분율과 실적

2005년 4월 한국증권선물거래소가 금융업과 관리종목을 제외한 508개 유가증권시장 상장사를 대상으로 분석한 '외국인 지분율과 2004년 실적현황' 자료에 따르면 외국인 지분율이 50% 이상인 21개 기업의 순이익은 총 22조 6,945억 원으로, 전체 상장사가 거둔 순이익 54조 6,875억 원의 41.5%를 차지했다. 이에 비해 외국인 지분율이 10% 미만인 회사수는 조사대상의 66.7%인 339개사에 달하지만 이들 기업의 순이익 총계는 6조 4,579억 원으로 상장사 전체 순이익의 11.8%에 그쳤다.

증권선물거래소 관계자는 "절대적인 순이익 규모뿐 아니라 기업의 이익창출 능력을 가늠하는 지표인 자기자본이익률(ROE) 측면에서도 외국인 지분율이 높은 기업이 상대적으로 우수하다"고 밝혔다. 외국인 지분율이 50% 이상인 기업들의 ROE는 30.3%인 반면 10% 미만인 기업들의 ROE는 13.6%에 불과했다. 이는 연초에 똑같이 1000원을 투자했을 경우 외국인 지분율이 높은 기업은 연말에 303원의 이익을 낸 반면 외국인 지분율 10% 미만 기업은 136원의 이익을 냈다는 의미다. 한편 외국인 지분율이 50% 이상인 기업의 평균 부채비율은 44.7% 로 전체 상장사 평균 부채비율 91.4%의 절반에 불과했다. 반면 외국인 지분율이 10% 미만인 기업들의 부채비율은 113%로 높았다.

〈자료: 문화일보, 2005. 4. 25〉

제 2 절 회계관리활동

1. 회계의 의미

기업은 경영활동을 통하여 이윤을 획득함으로써 계속적으로 생존할 수 있으며, 이러한 기업의 이윤추구 활동은 돈의 흐름에 대한 정보를 필요로 하게 된다. 회계란 기업의 언어로서 개인은 물론 기업의 의사결정에 유용한 정보를 측정해서 전달하는 정보시스템이다. 다시 말해서 회계란 정보이용자가 사정을 잘 알고서 적절한 판단과 의사결정을 할 수 있도록 경제적 정보를 식별하고 측정하여 이를 전달하는 과정이다.

또한 회계는 하나의 서비스활동으로 인식될 수 있다. 즉, 회계는 하나의 서비스활동이다. 그 기능은 경제적 의사결정, 곧 대안의 선택에 유용한 ,경제실체에 관한, 주로 재무적 성격의 양적 정보를 제공하는 것이다. 이는 재무적 성격의 양적 정보를 전달하는 서비스기능에 초점을 두며 비재무적 정보를 배제함으로써 측정상의 객관성을 확보할 수 있다.

결론적으로 회계의 의미를 정리해 보면 회계란, 회계정보이용자가 합리적 판단과 경제적 의사결정을 위해 특정 경제실체에 관한 유용한 재무적 정보를 측정하고 전달해 주는 정보시스템이라고 할 수 있다.

2. 회계정보의 이용자

회계정보의 주요 이용자와 이용목적은 [도표 12-5]와 같이 정리할 수 있다.

3. 재무보고

재무보고는 기업 외부의 이해관계자들의 합리적 의사결정을 위해 경영자

도표 12-5 회계정보이용자의 회계정보이용목적

이 용 자	정보이용목적
주주 및 투자자	자본시장에서 현재 및 미래의 투자의사결정과 관련하여 투자위험 및 투자수익을 평가
채 권 자	자금대여의사결정에 필요한 원리금 지급능력을 평가
기업의 종업원	기업의 안정성과 수익성, 급여 및 퇴직금의 지급능력 평가
거 래 처	매입채무 및 기타 미지급금의 지급능력을 평가
고 객	당해 기업과 장기간 거래관계를 유지하고 있거나 그 의존도가 높은 경우 당해 기업의 존속가능성 평가
정부 및 감독기관	자원의 효율적 배분을 위한 정책입안, 기업활동의 규제, 조세정책의 결정, 경제 활동관련 통계 등을 위하여 필요한 정보
소 비 자	기업의 성장추세, 최근동향, 활동범위, 등을 평가

가 기업내부의 재무정보를 제공하는 것으로 주로 재무제표에 의하여 이루어지나, 그 외의 수단에 의해서도 제공될 수 있다.

도표 12-6 재무보고의 범위와 전달수단

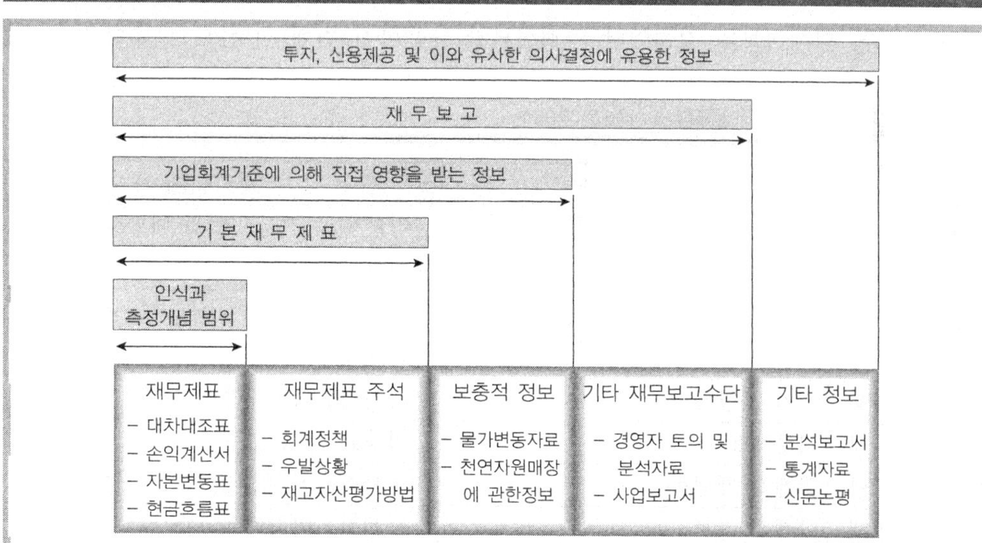

〈자료〉 FASB, statement of financial accounting concepts No.5, 1984.

4. 회계정보의 이용목적과 회계의 목적

(1) 회계정보의 이용목적

한정된 자원을 효율적으로 배분하기 위하여 정보이용자들의 합리적 판단과 경제적 의사결정을 하는데 유용한 정보를 제공하는데 목적이 있다.

(2) 회계의 목적

회계의 주요 목적은 다음과 같다.

- 한정된 자원의 효율적 사용을 위한 의사결정
- 경영자의 수탁책임의 평가 · 해명을 위한 보고목적에 이용
- 경영자의 관리적 의사결정에 유용한 정보제공
- 공공정책에 대한 기초 자료를 제공: 사회적 기능, 통제의 촉진

5. 회계정보 유용성의 조건[6)]

회계정보가 유용성을 확보하기 위해서 요구되는 회계정보의 질적 속성, 즉, 회계정보의 기준이란 회계정보가 유용하기 위해 지녀야 할 속성 또는 회

도표 12-7 회계정보이용의 분류

구 분	재무회계	관리회계
이 용 자	투자자, 채권자 등 외부정보이용자	경영자, 중간관리자 등 내부정보이용자
목 적	외부보고	내부보고
작 성 원 칙	일반적으로 인정된 회계원칙	경제학, 통계학, 심리학 등 다양한 학문
정보의 내용	과거 지향적	과거지향적 · 미래지향적
보 고 형 태	재무제표	일정한 형식 없음
분 석 개 념	회계적 개념들	의사결정에 유용한 모든 기법들
정보의 형태	화폐적 정보	화폐적 · 비화폐적 정보
성 격	객관성을 강조	주관적이더라도 적합한 자료 강조

계정보를 측정 · 평가하는 기준을 의미한다.

오늘날 회계목적은 정보이용자의 경제적 의사결정에 유용한 회계정보를 제공하는 것이고, 회계정보는 이용자들에게 유용하게 이용될 수 있다는 사실로부터 가치를 갖는다는 점에서 유용성은 회계정보가 갖추어야 할 가장 중요한 속성이며, 또한 어떠한 회계정보를 평가하기 위한 가장 기본적인 기준이 된다.

회계정보가 값어치 있는 유용한 정보가 되기 위해서는 몇 가지의 기준들이 필요하다([도표 12-8] 참조).

도표 12-8 회계정보의 질적 특성

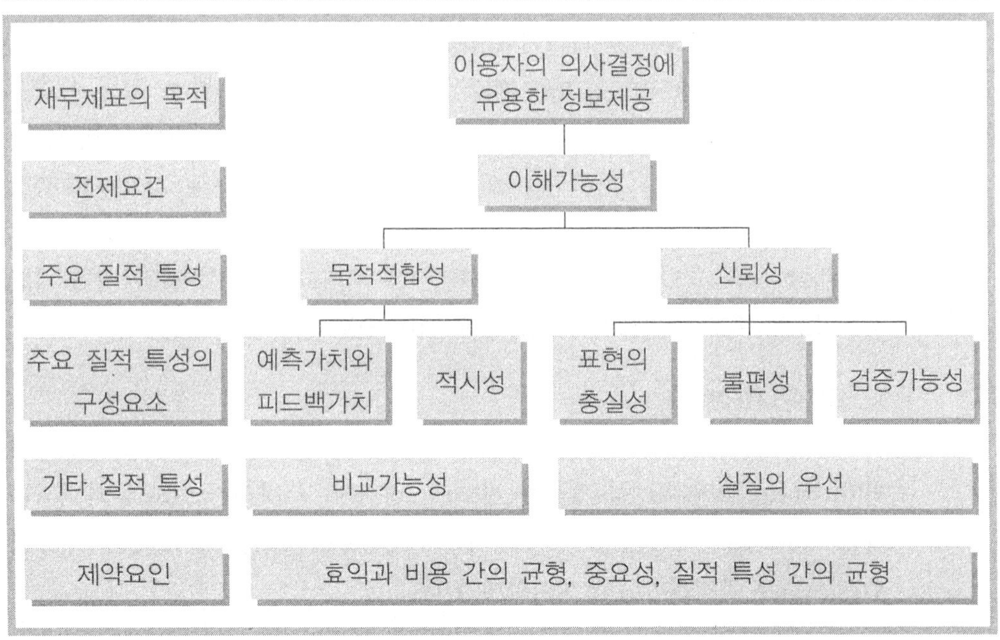

(1) 목적적합성

정보이용자의 이용목적에 적합한 정보여야 하는데 이를 목적적합성이라고 한다. 즉, 회계정보가 유용하기 위해서는 동일한 현상에 대한 여러 가지 표현 중에 그 정보의 의도된 이용목적에 가장 적합한 것이 선택되어야 한다는 것을 의미한다. 예컨대. 재고자산은 역사적.평가 또는 재취득원가로 표시될 수 있는데, 만약, 재고자산에 관한 회계정보가 과세소득을 계산하기 위한 목적에 이용될 것이라면 역사적 원가가 보다 유용할 것이며, 반면 보험의 사고보상액을 계산하기 위한 목적에 이용될 것이라면 재취득원가가 보다 유용할 것이다.

따라서 회계가 유용한 정보를 제공하기 위해서는, 그 정보의 이용목적을 파악하는 것이 매우 중요하다. 한편 어떤 회계정보가 특정목적에 유용하나 다른 목적에는 유용하지 못할 수도 있기 때문에, 그 정보가 다른 목적에는 적합하지 못할 지도 모른다는 사실을 정보이용자에게 주지시킬 필요가 있으며, 예측가치와 피드백가치 및 적시성으로 구성되어 있다.

1) 예측가치와 피드백가치

예측가치는 정보이용자가 기업실체의 미래재무상태, 경영성과, 순현금흐름 등 미래에 대한 예측능력을 제고시켜 그 정보가 활용될 수 있는 능력을 말한다. 피드백가치는 제공되는 회계정보가 기업실체의 재무상태, 경영성과, 순현금흐름 등에 대한 정보이용자의 당초 기대치를 확인 또는 수정하게 함으로써 의사결정에 영향을 미칠 수 있는 능력을 말한다.

예측가치와 피드백가치는 상호 관련성을 지니고 있어서 예측가치를 가진 회계정보는 반드시 피드백가치를 갖게 되며 서로 분리할 수 없다.

2) 적 시 성

정보가 의사결정에 영향을 미칠 수 있는 시점에 정보이용자에게 전달되어야 한다는 질적 특성을 말하는 것으로, 적시성 그 자체가 정보를 목적적합하게 하는 것은 아니지만 적시에 제공되지 않는 정보는 의사결정에 이용할 수 없으므로 목적적합성을 상실하게 된다.

(2) 신 뢰 성

회계정보가 유용하기 위해서 필요한 기준은 신뢰성의 기준으로서 신뢰성은 믿을 수 있는 정보의 속성을 의미하며, 유용성을 위한 중요한 회계정보기준이다. 이는 회계정보가 그것이 나타내 주는 실제의 현상과의 관계가 항상 일정할 때 얻어질 수 있는 것이며, 개념적으로 객관성(검증가능성), 불편성, 그리고 표현의 충실성으로 구성된 것이라 할 수 있다.

1) 검증가능성

검증가능성이란 2인 이상의 전문가가 동일한 자료를 검토하여 유사한 결론에 도달할 수 있는 정보의 한 속성으로서 상대적 개념으로 이해되고 있다.

2) 불 편 성

불편성이란 회계정보가 어느 한 쪽으로 치우치지 않아야 한다는 것, 즉 편의(bias)가 없어야 한다는 것을 의미한다. 여기서 편의는 근본적으로 측정인 또는 측정시스템이 어느 한 쪽으로 기울어져 있기 때문에 발생하며 그 값은 측정인 또는 측정시스템에 의해서 얻어지는 측정치의 분포와 의사결정모형에 이용하여 최적의 결정을 얻게 될 측정치와의 차이에 의해서 계산되어질 수 있다.

결론적으로 신뢰성은 검증가능성과 불편성으로 구성되며, 어느 한 조건이 충족되어도 다른 조건이 충족되지 않으면 신뢰성은 크게 될 수 없다.

3) 표현의 충실성

표현의 충실성이란, 회계정보가 신뢰성을 갖기 위해서는 그 정보가 나타내고자 하거나 나타낼 것으로 기대되는 거래나 사건을 사실대로 표현해야 한다는 질적 특성을 말한다. 이는 측정치인 정보와 측정대상인 거래나 사건이 일치하는 정도를 의미한다.

6. 회계정보 질적 특성의 상충관계

회계거래를 측정, 보고함에 있어 정보의 질적 특성은 서로 상충될 수 있다. 상충되는 질적 특성 간의 선택은 재무보고의 목적을 최대한 달성할 수 있는 방향으로 이루어져야 하며, 질적 특성 간의 상대적 중요성은 획일적으로 결정되는 것이 아니라 각 특정상황에 따라 판단되어야 한다.

도표 12-9 목적적합성과 신뢰성의 상충관계

구 분	목적적합성	신 뢰 성
자산의 평가	공정가액	역사적 원가
수익인식(도급공사)	진행기준	완성기준
재무제표보고	분기 · 반기재무제표	연차재무제표
주식평가(중대한 영향력이 있는 경우)	지분법	원가법
개발비 처리방법	자산처리	비용처리
합병회계	매수법(공정가액합병)	지분통합법(장부가액합병)

7. 재무제표의 의의와 종류

(1) 재무제표의 의의

재무제표란 기업의 거래를 측정, 기록, 분류, 요약하여 작성되는 회계보고서로서 기업의 경제적, 재무적 상황을 나타내는 표로 정기적으로 작성(회계보고서, 재무보고서, 결산보고서 등)된다. 이러한 재무제표는 재무회계에 의해 수집 · 처리된 정보를 정기적으로 사용하는 정보이용자에게 전달하는 수단이다. 재무제표는 기업의 경제적 활동의 결과가 재무회계과정을 통하여 수집 · 분석 · 수량화 · 분류 · 기록 · 요약되는데 다음의 정보가 보고된다.

- 일정시점의 재무상태에 관한 정보(B/S)
- 일정기간의 경영성과에 관한 정보(I/S)
- 재무제표 자체의 일부로서 재무제표의 주석과 비화폐적 정보를 표시(F/S 일부)

(2) 재무제표의 종류

1) 대차대조표(balance sheet)

기업의 일정시점의 재무상태를 표시하는 표로서 자산, 부채, 자본의 상태를 표시하며, 기업의 부를 표시하는 표이다.

2) 손익계산서(income statement)

기업의 일정기간의 경영성과를 나타내는 표로서 수익, 비용, 순손익을 표시하며 기업의 손익결과를 표시한다.

3) 이익잉여금처분계산서(statement of appropriation of retained earnings)

이익잉여금의 처분내용을 표시하는 표로서, 처분 전 이익잉여금이 배당금·법정적립금·임의적립금 등으로 얼마나 처분되었는가를 표시한다.

4) 현금흐름표(statement of cash flows)

기업의 일정기간의 현금의 유입(원천)·유출(운영)을 영업활동·투자활동·재무활동으로 나누어 표시하는 표로서 기초현금·기말현금도 표시한다.

도표 12-10 재무제표 간의 연계관계

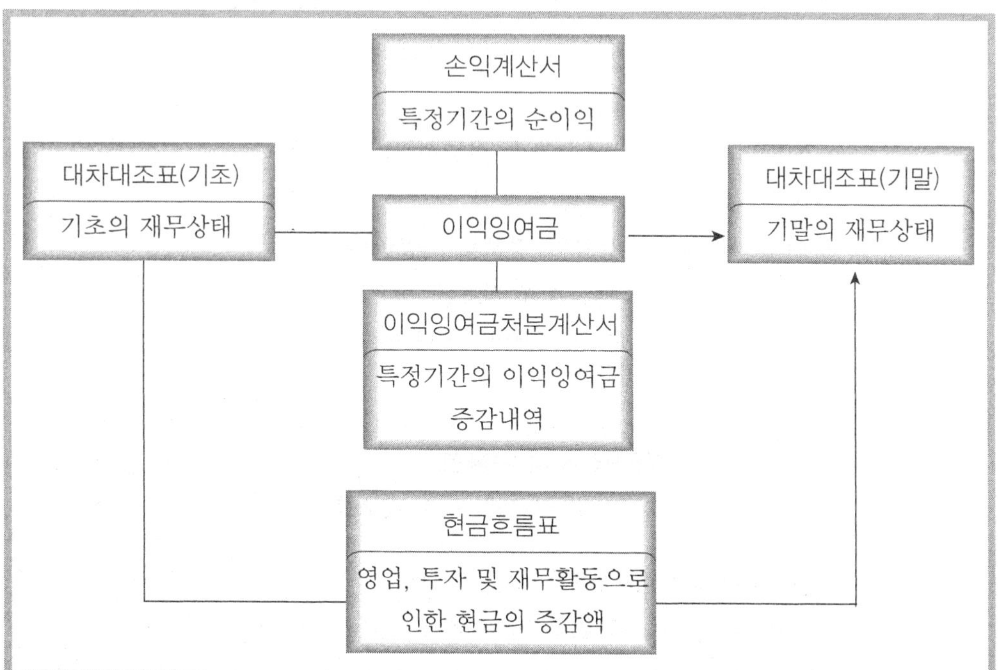

(2) 재무제표의 유용성[7)]

1) 대차대조표의 유용성

대차대조표가 지니는 주요 정보는 다음과 같다.

- 일정 시점의 재무상태(재정상태)에 관한 정보를 제공한다.
- 기업의 순운전자본 보유상태를 공시함으로써 유동성상태, 지급능력에 관한 정보를 제공한다.
- 채권자 지분(부채), 소유주 지분(자본)에 관한 정보를 제공한다.
- 기업의 재무구조, 자본구조, 자본구성에 관한 정보를 제공한다.
- 기업의 재력(financial strength)에 관한 평가정보를 제공한다.

2) 손익계산서의 유용성

한편 손익계산서는 다음과 같은 정보를 제공한다.

- 기업의 경영활동에 대한 일정기간의 경영성과 및 수익 · 비용 · 순이익에 관한 정보를 제공한다.
- 기업의 수익성 평가에 관한 정보제공(과거 또는 잠재적 수익력) 및 미래 현금흐름을 예측하는데 유용한 정보를 제공한다.
- 이익계획 수립에 유용한 정보를 제공한다.
- 경영자의 업적평가에 관한 정보를 제공한다.
- 기업의 내부적으로 경영계획, 배당정책, 세금결정의 기초자료를 제공한다.

3) 이익잉여금처분계산서의 유용성

이익잉여금처분계산서는 다음과 같은 정보를 제공한다.

- 이익배당에 관한 정보를 제공한다.
- 법정적립금, 임의적립금 등에 관한 정보를 제공한다.
- 전기이월이익잉여금, 당기순이익, 임의적립금 등의 이입액, 차기이월 이익잉여금에 관한 정보도 제공한다.

도표 12-11 이익잉여금의 분류

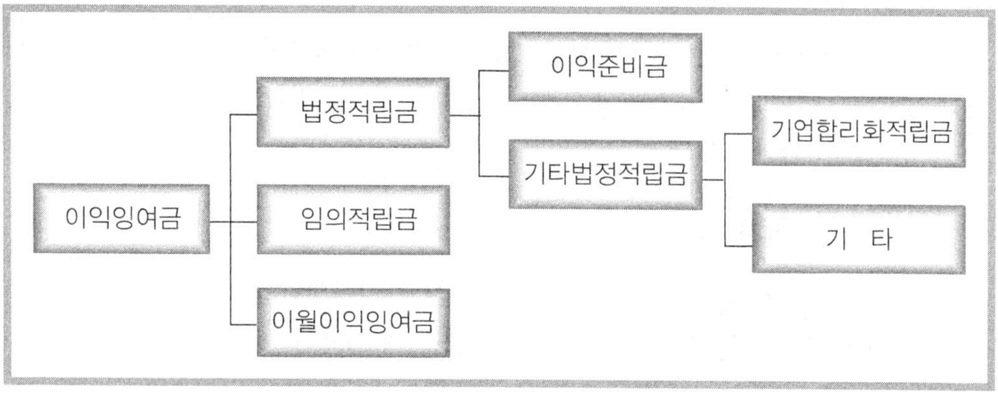

8. 회계감사

정보이용자에게 제공되는 회계정보에 오류나 부정이 개입되어 있다면 정보이용자의 합리적이고 정상적인 의사결정을 할 수 없고 사회적으로 큰 문제를 발생할 수 있다. 이 때문에 우리나라는 '주식회사의 외부감사에 관한 법률'에서 일정규모의 이상의 기업은 그들의 재무제표를 공인회계사에게 반드시 감사를 받도록 규정하고 있다.

이와 같이 기업이 창출한 회계정보의 신뢰성을 검증하는 것을 회계감사라 하며, 회계감사에는 적정의견, 한정의견, 부적정의견, 의견거절의 네 가지가 있다.

(1) 적정의견

기업회계기준에 의거 재무제표가 작성되어서 재무상태와 경영성과를 적정하게 표시하고 있는 경우의 의견이다.

(2) 한정의견

일정한 예외사항을 제외하고 재무제표가 전체적으로 적정하게 작성되었다고 판단 시 나타내는 의견이다.

(3) 부적정의견

기업회계기준의 위배사실이 중요하며 이를 수정하지 않는 한 재무제표 자체의 의미가 상실되거나 또는 재무제표 전체의 내용을 오도할 가능성이 있다고 판단시 나타내는 의견이다.

(4) 의견거절

특히 중요한 감사의견범위의 제한으로 감사의견을 표명할 만큼 충분히 감사증거를 확보하지 못했을 때 나타내는 의견이다.

읽을 거리

분식회계의 유혹

회계는 기업을 둘러싸고 있는 다수의 이해관계자, 즉 투자자, 채권자, 정부, 소비자, 종업원, 지역사회 등이 합리적 의사결정을 할 수 있도록 유용한 재무정보를 생산하여 전달하는 기업의 언어이다. 이를 통하여 투자자들은 어느 회사의 주식을 살 것인지, 금융회사들은 어떤 회사에 자금을 대출할 것인지, 대출한다면 어떤 조건으로 할 것인지, 정부는 어느 기업에서 얼마의 세금을 거둘 것인지를 결정할 수 있다. 회계를 통해 수익성과 성장성이 높은 기업이나 산업에는 충분한 사회적 자원이 배분되어 경제 발전에 기여하게 되고 그렇지 못한 기업이나 산업에는 자원배분이 이루어지지 않아 자연스레 도태되는 시장 메카니즘으로 작동하게 된다.

그런데 분식회계가 이루어질 경우 기업의 주요 이해관계자는 정확한 기업정보를 알 수 없게 되어 의사결정의 오류를 범하게 되고 이는 결국 사회적 손해로 되돌아오게 된다. 분식(粉飾)의 사전적 의미는 '거죽만 발라 꾸민다'는 뜻으로서 '분칠하고 꾸며서 잘 보이게 한다'는 것이다. 그러므로 분식회계 또는 분식결산은 기업이 자산이나 이익은 크게 부풀리고 부채나 손실은 작게 보이도록 하는 등 회계장부의 수치를 조작하여 회사 재무상태를 실제보다 좋게 위장하는 것을 말한다. 영어로는 WINDOW DRESSING 또는 ACCOUNT FRAUD(회계 사기)라고 하는데 회계 사기가 좀더 범죄적 성격이 짙은 것을 말한다.

분식회계는 주주와 채권자들의 판단을 왜곡시켜 손해를 끼치기 때문에 법으로 금지되어 있지만, 우리나라에서는 공인회계사의 감사보고서를 통해서도 분식회계 사실이 제대로 밝혀지지 않는 때가 많다.

분식회계를 실시하는 방법은 여러 가지가 있다. 첫째는 가공매출액 계상방법으로 제품을 제조하여 팔지도 않고 허위로 만들어진 매출을 의미한다. 즉, 제품을 제조하지 않았거나, 제조하였더라도 판매하지도 않은 상황에서 매출을 한 것처럼 재무제표에 매출액을 계상하는 방법이다. 이 경우 당기순이익은 높아진다.

두 번째 방법은 재고자산 과다계상방법이다. 기업은 제품을 만들고서 팔리지 않으면 이를 재고자산으로 보유하게 된다. 이러한 재고자산은 자산의 형태로 보유하게 되는데, 재고자산의 가치를 높게 부풀리거나 그 재고량을 늘리는 방법으로 기업의 보유자산을 늘리는 방법이다.

세 번째 방법은 부채의 과소계상방법으로 부채가 높은 기업은 자본시장에서 낮은 평가를 받게 되므로, 가능한 한 부채는 낮은 수준에서 유지하는 것이 기업의 입장에서는 유리하다. 따라서 부채가 있음에도 재무제표에 기재하지 않는 것도 분식회계의 방법 중 하나이다.

분식회계는 불황기에 회사의 신용도를 높여 주가를 유지시키고 자금조달을 용이하게 할 수 있으나 회사의 재무상태가 거짓으로 만들어지기 때문에 투자자나 채권자들의 판단을 오도하게 된다. 즉, 투자자들이 엉터리 재무제표를 믿고 기업가치를 과대평가해서 비싼 값에 주식을 샀다가 큰 손해를 보게 되고 금융기관은 빌려준 돈을 제대로 회수하지 못하게 된다. 국가 전체적으로는 자원이 효율적으로 배분되지 못해 생산성이 떨어질 수밖에 없다. 외국투자자들이 만약 이런 기업에 투자해서 손해를 본다면 우리 기업들을 신뢰하지 못해 투자자금을 회수하고 결국 외환위기와 같은 최악의 경우까지 나타날 수 있다.

우리나라가 지난 1997년에 겪은 외환위기(IMF)사건도 어찌보면 이와 같은 분식회계에 의하여 기업성과가 알맹이없이 과대포장된 결과에 영향을 받은 바 크다 할 것이다.

그럼에도 아직도 분식회계는 CEO(최고경영자)들에게는 고성장 · 고수익에 대한 집착과 심리적 부담에다 도덕적 해이까지 맞물려서 쉽게 물리칠 수 없는 유혹이 되고 있다. 과거 우리나라 굴지의 대기업이 IMF라는 국가적 위기하에서도 분식회계를 통하여 기업실적을 허위로 부풀림으로써 자금을 대출해 준 금융기관과 투자자, 일반 국민들이 엄청난 손해를 본 일이 있으며, 모 건설 역시 이 문제로 사회를 떠들썩하게 하였다. 또 모 기업은 기업 스스로 과거의 분식회계사실을 밝히고 용서를 구한 적이 있다. 최근에는 투명경영의 상징이라는 벤처기업에 있어서까지 분식회계 사실이 밝혀져 큰 충격을 주고 있다.

지난 2004년 금융감독원의 발표자료에 의하면 2004년 상반기 분식회계 적발사례는 102건으로 2003년 전체 분식회계 적발사례인 94건을 넘어섰던 것으로 나타나고 있다. 금감원의 분식회계 적발건수는 2001년 122건에서 2002년 147건으로 증가했다가 2003년 94건으로 줄어들었으나 적발사례가 다시 급증세로 반전한 것이다. 분식회계가 적발된 기업도 2001년 60개사, 2002년 59개사, 2003년 46개사 등으로 감소세를 보이다 2004년 상반기에는 무려 41개사가 회계기준을 위반, 증가세로 돌아섰다.

특히 금감원이 분식회계 기업에 부과한 조치중 분식회계 혐의가 무거운 '고발' 건수도 2001년 1건(4명), 2002년 6건(7명), 2003년 6건(11명), 2004년 상반기 7건(11명)으로 급격히 늘어났으며, 또 분식회계로 인해 회사의 임원이 중징계인 해임권고를 받은 기업이 2001년에는 전혀 없었으나 2002년 19개사, 27명, 2003년 11개사 21명, 2004년 상반기 12개사 15명으로 증가세로 반전됐다.

그럼에도 분식회계가 끊이지 않고 지속되는 것은 무엇보다 기업의 경영윤리의식이 퇴색하고 기업의 성장을 위해서라면 일부 비도덕적인 행동도 눈감아주는 천민자본주의 의식이 우리 사회에 팽배하기 때문이다.

따라서 분식회계가 사라지기 위해서는 분식회계의 방지를 위한 여러 가지 제도적 장치를 갖추는 것도 중요하지만 우리 사회에 도덕적 의식을 강화시키기 위한 노력이 선행되어야 한다. 이를 통하여 올바른 '게임의 룰'을 만들어낼 수 있기 때문이다. 또한 기업경영자 스스로 분식회계가 지니고 있는 유혹의 틀에서 벗어날 수 있어야 할 것이다. 양치기 소년의 우화처럼 '한번쯤이야', '이번 한번만' 하는 유혹은 기업의 신뢰를 떨어뜨림으로써 기업을 영원한 파멸의 길로 몰아가는 원인이 된다. 2001년 10월 미국 재계 7위이자 세계최대 에너지 기업인 엔론사가 15억 달러에 달하는 분식회계 사실이 밝혀져 파산했다. 또 최근 분식회계 사실이 드러난 우리나라의 몇몇 기업들 또한 주가하락과 기업신뢰도 하락으로 시장에서 퇴출될 위기에 놓여 있다.

토론문제

1. 오늘날 재무관리가 중요시 된 이유에 대하여 전통적 관점과 비교하여 설명해 보시오.
2. 기업의 자본조달수단에 대하여 정리해 보시오.
3. 정부에서 기업들에게 자기부채비율을 낮추도록 하는 이유가 무엇인지 조사하여 설명해 보시오.
4. 회계활동이 기업에 있어서 왜 필요한지 사례를 들어 설명하시오.
5. 대차대조표와 손익계산서의 중요성이 무엇인지 정리해 보시오.
6. 회계정보의 이해관계자들이 회계정보를 효율적으로 활용한 사례를 정리해 보시오.
7. 분식회계의 원인과 사례를 분석하고 그에 따른 문제와 대처방안에 대하여 토론하여 보시오.

참고문헌 및 자료

1) 조희영 · 박상범(2002), 현대 경영학원론, 민영사, p. 453.
2) J. C. Van Horne(1983), *Financial management and policy*, 6th ed., Prentice-Hall. Inc., pp. 11~13.
3) 김병윤 외(2000), 경영학원론, 명경사, pp. 453~456.; 고동희 외(2002), 경영학원론, 명경사, pp. 270~276.
4) J. F. Weston(1984), *Managerial Finance*, 7th ed., The Dryden Press, p. 394.
5) 조희영 · 박상범(2002), 현대 경영학원론, 민영사, pp. 494~497.
6) 송인만 · 윤순석(2000), 중급재무회계, 신영사, pp. 68~76.
7) 남상우(2002), 회계이론, 다산출판사, pp. 27~31.

제13장

경영정보시스템

이 장을 공부하고 나면

1. 기업에 있어 정보의 중요성에 대하여 이해할 수 있습니다.
2. 정보시스템의 종류와 기본적 개념에 대하여 인식할 수 있습니다.
3. 경영정보시스템이 경영에 어떤 영향을 미치는지 알 수 있습니다.
4. 정보기술이 기업에서 어떻게 활용되고 있는지 알 수 있습니다.
5. 인공지능이 경영에 어떻게 활용되는지 이해할 수 있습니다.

이 장의 주요 목차는

워밍업

정보는 생성하는 것도 중요하지만 이를 효율적으로 관리하는 것도 중요하다. 모든 조직은 각기 필요한 정보를 얻으려고 노력하고 있다. 그러나 근래 들어 정보관리의 중요성이 강조되면서 생성 및 관리해야 하는 정보의 양이 급격하게 증가하고 있고 또한 증가한 정보의 양을 적재적소에 활용하기 위한 관리가 점점 어려워지고 있다.

위와 같은 문제를 해결하고 체계적인 정보관리를 위하여 개발된 것이 정보시스템이다. 많은 정보기술 기업이 정보시스템을 개발하고 그 성능을 개선하기 위하여 꾸준히 업그레이드하고 있다. 하지만 많은 기업이나 공공기관에서 정보시스템의 중요성을 인식하여 일찍이 각종 정보시스템을 도입하였으나 제대로 완성하지 못하는 경우도 많았다. 이와 같이 정보관리의 어려움에도 불구하고 정보화수준은 기업의 경쟁력을 결정짓는 한 요소가 되고 있으므로 많은 공공기관이나 기업들은 정보시스템 구축에 많은 비용을 투자하고 있다. 정보시스템에는 해당 조직 내에서 만들어지는 정보, 조직이 필요한 내외적인 정보가 모두 집적되기 때문에 최고경영자는 정보의 통제에도 큰 관심을 가져야 한다.

주요 용어와 개념

- 자　　료
- 정　　보
- 정보시스템
- 경영정보시스템
- 파일처리방식
- 데이터베이스시스템
- 하위 정보시스템의 분류
- 의사결정
- 의사결정지원시스템
- 전자상거래
- 인공지능
- 전문가시스템
- 시스템개발주기
- 프로토타이밍방식
- 정보시스템의 평가
- 정보시스템의 평가방법

제 1 절

정보와 기업경영

1. 정보의 의의와 특성

(1) 정보의 의의[1)]

흔히 데이터와 정보는 같은 의미로 사용 하는 경우가 있으나 개념적으로는 차이가 존재한다. 데이터(Data)란 일반적으로 특정한 일에 유용하게 사용될지도 모르는 사실을 의미 하며, 정보(Information)란 이런 데이터를 특정목적과 용도에 맞고 목적에 적합하게 사용할 수 있도록 구성, 추출, 요약된 데이터라 할 수 있다. 또한 데이터나 정보와는 다른 개념으로 인간의 의사결정에 영향을 미치는 본능, 아이디어, 규칙, 절차 등을 의미하는 지식(Knowledge)이 있다.

도표 13-1 자료와 정보의 관계

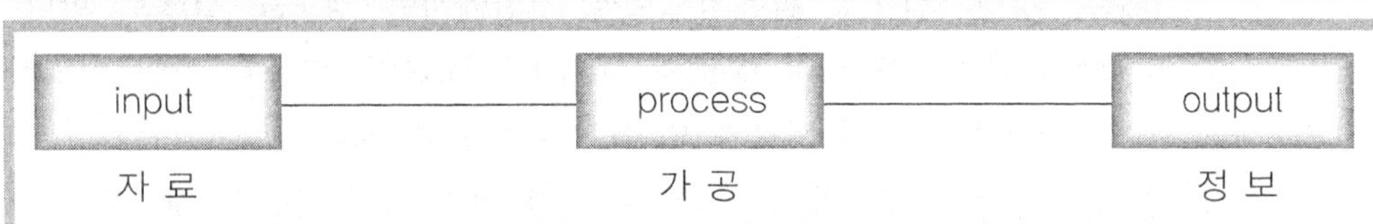

2) 정보의 특성[2)]

1) 적합성(relevance)

관리자가 의사결정을 해야 하는 상황에서 제공되는 정보가 정보를 필요로 하는 목적에 맞게 사용될 수 있을 때 적합성이 있다고 한다. 즉, 제공되는 정보가 얼마나 적합한가, 의사결정 내용과 얼마나 연관되어 있는가에 관한 것으로 제공되는 정보로 의사결정이 향상되었다면 적합성이 높다는 것을 의미한다. 하지만, 같은 내용의 정보라도 정보를 사용하는 목적에 따라 적합성이 달라지므로 정보의 적합성을 절대적 기준으로 보기는 어렵다.

2) 적시성(timeliness)

정보의 가치는 시간에 따라 변할 수 있으므로 정보가 필요한 때 적시에 공급되는 정도를 말하는 것으로 제공되는 시기가 어긋나면 아무리 의사결정에 적합한 정보라도 정보의 가치는 없다.

3) 정확성(accuracy)

정보란 항상 정확한 정보만을 수집하는 것이 어렵기 때문에 정보에 있어 어느 정도의 오류가 포함되어 있는가를 말하는 것으로 오류가 많은 정보는 정확한 의사결정을 할 수 없게 한다.

4) 증거성(verifiability)

정보의 정확성을 확인할 수 있는 능력으로 만일 정보의 정확성을 확인할 수 없다면 그 정보는 신뢰할 수 없게 되므로 그 가치는 낮게 평가된다.

2. 기업경영과 정보기술

정보는 경영자원으로 활용됨으로써 기업에서는 정보를 필요로 한다. 그 이유에 대하여 대프트(R. Daft)와 렌겔(R. Lengel)은 다음과 같이 설명하고 있다. 조직은 필요한 정보가 없거나 부족할 때 불확실성이 증가되는데 이러한 불확실성과 정보의 모호성으로 인한 여러 가지 상충된 해석을 감소시키기 위해 정보가 필요하다고 설명하고 있다.

그러나 기업경영에서 필요한 공통적인 정보는 세 가지로 분류할 수 있다.

- 환경에 대한 정보로 국제정보, 사회정보, 고객정보등과 같은 조직의 외부에서 유입되어 기업경영에 영향을 미치는 정보
- 기업실체에 대한 정보로 기업 이미지, 분위기, 문화 등과 같은 정보
- 기업활동에 관한 정보로 재무구조, 수익구조, 재고 등에 관한 정보

이와 같은 다양한 정보의 필요와 관련하여 정보기술이 기업기술에 어떻게 활용될 수 있는지 살펴보자.

(1) 데이터베이스시스템

1) 파일처리방식

데이터를 저장하고 필요한 형태로 처리하는 기술로 전통적인 방법으로 파일처리방식이 있다. 이 방식은 정보시스템을 설계할 때 기업 혹은 각각의 조직의 부서에서 개별프로그램의 용도에 맞게 각각의 파일형태를 구축하는 방식이다. 따라서 이 파일처리방식에서는 각각의 고유 업무에 따라 별개의 데이터 파일을 구축하여 보유하므로 동일내용의 데이터 중복저장, 데이터 공유의 제한, 표준화 결여, 프로그램 유지보수의 어려움 등의 단점이 있다.

2) 데이터베이스방식

데이터베이스(database)란 데이터의 중복성을 최소화하고, 조직에서의 다양한 정보요구를 충족시킬 수 있도록 상호 관련된 데이터를 모아 놓은 데이터의 통합된 집합체를 말하는 것으로, 파일처리방식에서 독립적으로 관리된 파일을 통합하여 응용프로그램과 독립적으로 구성하므로 다양한 사용자와 응용프로그램의 데이터들을 공유할 수 있도록 한다. 이러한 데이터베이스의 공유는 데이터베이스관리시스템(DBMS)라는 소프트웨어를 통해 가능하다. 데이터의 일관성유지, 데이터의 공유, 표준화, 보안, 유연성과 편리성 등의 이점이 있다.

(2) 정보통신

정보통신이란 정보의 수집, 가공, 처리, 전달에 관련된 일련의 과정을 말하며, 전화와 같이 음성의 전달을 위한 전기통신, 컴퓨터에서 생성되는 데이터의 교환을 위한 데이터 통신, 컴퓨터간의 상호 연결을 통하여 자원을 공유하고 업무의 분산적인 처리를 가능케 하는 컴퓨터 통신, 컴퓨터와 통신기술의 발전과 결합으로 다양한 형태의 정보를 고속, 대용량으로 전달하는 고도의 정보통신으로 발전하고 있다.

기업경영에서 정보통신의 대표적인 활용 예로는 다음과 같은 것들이 있다.

1) 전자문서교환(EDI: electronic data interchange)

전자문서교환이란 기업 간에 교환되는 거래양식을 컴퓨터로 작성하고 통신망을 이용하여 직접 전송하는 정보교환방식을 의미한다.

이를 이용하여 얻을 수 있는 이점으로는 기존의 문서교환방식에서 발생하던 전달의 지연과 우편배달상의 불확실성, 신속한 전달로 비용의 절감, 불필요한 작업의 감소로 인한 내부 작업방식의 개선, 고객의 불만에 신속히 대처 하여 고객서비스의 수준의 향상 등에 있다.

2) 근거리통신망(LAN : local area network)

근거리 통신망이란 한정된 지역 내에서 고속의 데이터 전달을 목적으로 큰 건물 또는 인접된 지역 내에서 다수의 독립된 컴퓨터들이 서로 정보를 교환할 수 있도록 구성된 통신망이다. 기업자원을 서로 공유할 수 있게 하여 업무의 분산처리, 자원의 공유, 정보의 신속전달로 인한 효율성 증가 등의 이점으로 기업경영에 많이 확산되고 있다.

3) 부가가치통신망(VAN : value added network)

부가가치 통신망이란 회선을 직접 보유하거나 통신사업지의 회선을 임차하여 음성 및 데이터 정보의 축적, 가공, 전송, 처리 등의 서비스를 제공하는 것이다. 부가가치 통신은 정보통신기술과 통신망을 기반으로 다양하고 창의적인 서비스를 창출해 낼 수 있어 생활의 편리함과 정보의 활용가치를 높이는데 중요한 역할을 할 수 있으며, 기업은 정보시스템의 핵심만을 보유, 관리 하고 그 외는 부가통신망에 위탁할 수 있어 기업이 정보관리부분의 비대화를 방지할 수 있고, 이로 인하여 업무의 효율성을 얻을 수 있다.

3. 경영정보시스템(MIS)

(1) 정보시스템의 의의

정보시스템(Information Systems: IS)은 데이터를 입력받아 정보로 변환시키는 시스템으로 경영관리나 경영상의 의사결정 및 통제에 필요한 데이터를 획득, 저장, 가공하여 적절한 시기에 적절한 형태로 의사결정자에게 제공함으로써 조직의 목표를 더욱 효과적으로 달성할 수 있도록 그 결과를 보여 주거나, 검색 또는 지원할 수 있게 하는 통합적 컴퓨터 정보시스템을 말한다.

이러한 정보시스템을 활용하는 가운데 경영관리 및 정보보고를 주목적으로 하는 시스템을 경영정보시스템(Management Information Systems: MIS)이라 한다. 경영정보시스템은 경영관리 정보의 제공, 다양한 자료의 통합저장, 통합 저장된 자료의 종합·요약된 정보의 제공의 역할을 하며, 경영정보시스템의 주체는 최고경영자뿐만 아니라 조직의 전체 구성원을 포함한다.[3)]

도표 13-2 경영정보시스템의 개념

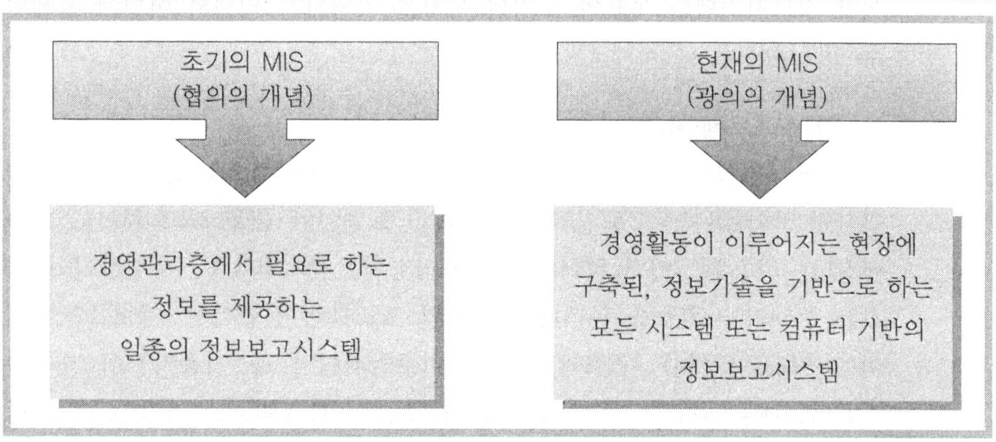

(2) 정보시스템의 역할

정보시스템은 의사결정자가 과거에 접근할 수 없었던 각 부문별 정보를 통합적으로 검토할 수 있게 하여 과거의 정보를 공유하지 못해서 초래하였던 비효율성을 감소시킬 수 있다. 또한 정보시스템을 기업내부뿐만 아니라 기업의 외부 즉, 고객과 공급자들과도 정보를 공유할 수 있게 하여 고객측면에서는 고객 개개인의 욕구수준을 기업의 의사결정에 반영할 수 있게 하며, 공급업자측면에서는 공급업자의 욕구수준을 즉시 전달할 수 있게 하여 그에 따른 비효율을 감소시킬 수 있다.

(3) 정보시스템의 구성요소

정보시스템은 컴퓨터를 기반으로 하고 있으므로 정보시스템이 지향하는 목표를 원활히 이루기 위해서는 하드웨어, 소프트웨어, 데이터베이스, 사람과 같은 하위시스템으로 구성되어 있다.

1) 하드웨어(H/W: Hardware)

하드웨어란 기계적인 구조를 가지고 있는 전산장비를 일컫는 것으로, 종류로는 중앙처리장치(CPU), 주기억장치(RAM), 보조기억장치(자기디스크, CD-ROM), 입력기구(키보드, 마우스, 스캐너 등), 출력기구(모니터, 프린터, 플로터 등), 통신을 위한 네트워크 장비 등이 있다. 기업경영에서 하드웨어에 관한 의사결정을 내리는 데에 일차적으로 고려해야 할 점은 하드웨어가 정보시스템의 목표와 조직의 목적을 지원하기 위해서 어떻게 사용될 수 있느냐이다.

2) 소프트웨어(S/W: Software)

소프트웨어는 컴퓨터가 인식하는 명령어를 논리적으로 순서에 맞게 나열하여 모아놓은 것으로 크게 시스템소프트웨어와 응용소프트웨어로 나누어진다. 시스템 소프트웨어는 중앙처리장치, 주기억장치, 주변장치 등과 같은 컴퓨터 자원들을 관리하는 일련의 프로그램 집합이며, 응용소프트웨어는 워드프로세서, 스프레드시트, 비주얼베이직 등 사용자들이 특정한 컴퓨터문제를 해결할 수 있도록 도와 주는 프로그램들로 각각은 서로 다른 기능을 수행한다.

3) 데이터베이스(DB: database)

데이터베이스란 정보시스템에 필요한 자료들을 정해진 규칙에 의해 저장하는 저장소를 말한다.

4) 사　람

위의 구성요소들을 이용하여 여러 가지 의사결정을 할 수 있는 인적자원을 말하는 것으로 시스템개발자, 시스템분석가, 사용자가 있다.

제2절 정보시스템의 변화와 활용

정보통신기술의 발전에 따라 기업수준에서 활용되는 정보시스템은 비약적인 발전을 거듭하고 있다. 초기의 단순한 거래처리시스템으로부터 최근에서 전략자원에서 정보를 활용하고자 하는 전략정보시시스템까지 발전하고 있다.

도표 13-3 정보시스템의 역할변화

거래처리시스템 (TPS) → 경영정보시스템 (MIS) → 의사결정지원시스템 (DSS) → 전략정보시스템 (SIS)

정보에 대한 인식 및 그에 따른 정보시스템의 목적을 발전과정에 따라 정리하면 [도표 13-4]와 같다.

도표 13-4 정보시스템의 역할변화과정

정보시스템	정보인식	정보시스템 목적
TPS	필요악(1950~1960년대)	거래와 업무처리의 데이터처리의 효율성 증대
MIS	보고 및 통제의 수단 (1960~1970년대)	효과적인 경영관리를 위한 효율적 정보제공
DSS/ESS	의사결정의 기본자료 (1970~1980년대)	효과적 의사결정에 필요한 정보제공
SIS	전략적 자원, 경쟁무기 (1980~1990년대)	경쟁우위의 획득과 유지, 전략경영의 지원

다음 부분에서는 경영관리 및 의사결정, 전략적 목적하에 정보시스템이 어떻게 활용되는지를 살펴보자.

1. 경영관리와 정보시스템

(1) 경영관리의 과정

경영관리란 기업의 목적달성을 위해 제한된 인적 · 물적 자원을 최적으로 배분하여 효율적으로 활용하고자 하는 노력으로 plan-do-see의 연속순환과정을 거친다. 원활한 기업 활동을 가능케 하는 경영관리는 계획(planning), 조직(organizing), 지휘(leading), 조정(coordinating), 통제(controlling)의 순환과정을 거친다.

(2) 계층별 경영관리정보시스템

경영관리는 조직계층에 따라 각기 다른 특성과 기능으로 체계화되는데, 경영관리 기능을 수행하는 조직계층을 경영계층이라 한다. 대체적으로 상위계층으로 갈수록 비정형적이고 전략적 업무를 수행하며, 하위경영층으로 갈수록 정형적이고 일상적 업무를 수행한다. 이미 이 부분에 대해서는 이전 장에서 충분히 살펴본 바 있으므로 자세한 설명은 피하기

도표 13-5 경영활동 계층과 정보시스템 종류

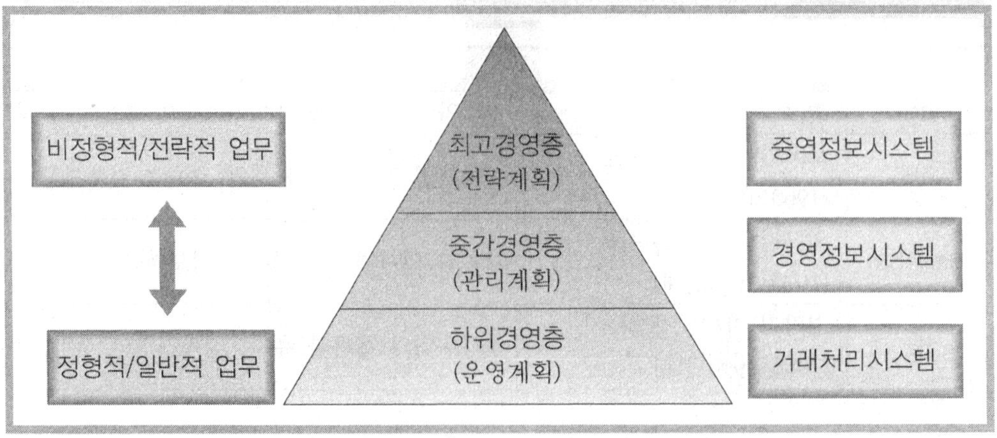

로 하자.

경영계층별 정보시스템을 살펴보면 다음과 같다.[4)]

1) **거래처리시스템**(TPS: transaction processing system)

정보처리시스템을 구성하는 가장 기본적인 정보시스템으로 기업활동의 기본적인 업무인 거래를 처리하며, 이로부터 발생하는 데이터를 저장·관리한다. TPS는 표준화된 운영절차에 따라 데이터처리 업무를 수행할 뿐, 문제해결이나 새로운 기회의 추구와 같은 의사결정을 지원하는 용도로 사용되지 않는다.

2) **경영정보시스템**(MIS: management information system)

하위관리층의 업무를 감독하고 통제하며, 최고경영층의 의사결정에 필요한 정보를 제공하는 시스템으로 가정 기본적인 목적은 관리정보의 제공, 자료의 통합저장, 종합·요약된 정보 등에 있다.

3) **중역정보시스템**(EIS: executive information system)

최고 경영층의 전략적 기획과 각종 의사결정과 같은 경영활동에 필요한 정보를 제공하는 시스템으로 상세한 업무 데이터보다는 요약된 정보, 즉 전략의 목적을 달성할 수 있는 결정적인 요인들에 관한 정보를 제공한다.

도표 13-6 경영계층에 따른 정보시스템의 비교

정보시스템의 종류	기 능	지원업무의 정형화 정도	전형적인 사용자
거래처리시스템	거래처리를 통해 발생되는 데이터를 획득하고 저장	일상적인 업무로 표준화된 절차와 규정이 존재	거래처리를 담당하는 실무자와 하위관리층
경영처리시스템	경영관리에 필요한 정보제공	일상적인 구조화된 업무와 비정형적인 업무 지원	중간관리층
중역정보시스템	최고경영자의 전략기획업무지원	전략수립, 신사업의 타당성 등과 같은 비정형화된 업무 지원	최고경영층

2. 의사결정과 정보시스템

(1) 의사결정의 의의

의사결정이란 경영환경이 복잡해지고 경쟁이 심해질수록 경영계층에서는 더욱 정확하고 합리적인 의사결정이 요구되는데 이러한 상황에서 주어진 문제를 해결할 수 있는 여러 대안 가운데 가장 적절한 대안을 선택하는 과정을 말한다. 의사결정은 문제인지, 설계, 선택, 실행이라는 단계를 거친다.

도표 13-7 의사결정단계

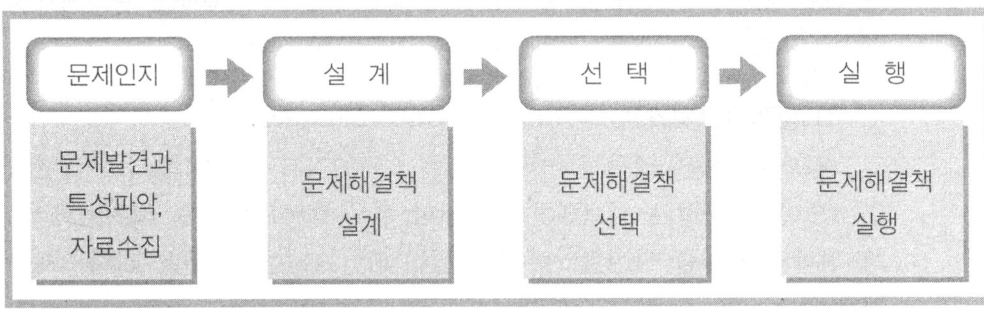

(2) 의사결정지원시스템(DSS: decision support systems)

DSS는 기업경영에서 당면하는 의사결정단계의 각 단계를 지원하고, 또한 여러 가지 의사결정 문제를 극복하기 위하여 여러 가지 대안을 개발하고, 비교 · 평가하며, 합리적 의사결정을 가능하게 하는 의사결정과정을 지원하는 시스템으로 전통적인 데이터 처리와 경영과학의 계량적 분석기법을 통합하여 의사결정자가 보다 쉽고 정확하게, 그리고 신속하고 다양하게 문제를 해결할 수 있는 정보시스템 환경을 제공한다.

경영관리자가 합리적인 의사결정을 하기 위해서는 조직내부 · 외부 및 공식 · 비공식 등의 다양한 원천으로부터 데이터를 획득하여 의사결정에 필요한 정보처리를 할 수 있도록 설계되어야 하며 또한 의사결정이 이루어지는 동안에 발생 가능한 환경의 변화를 반영할 수 있도록 유연하게 설계되어야 한다.

3. 전략정보시스템(Strategic Information Systems: SIS)

최고경영층의 경영활동을 돕는 시스템으로 계량적인 자료보다는 직관이나 경험에 의한 의사결정을 지원함으로써 내부적으로는 현재의 조직의 전반적인 능력을 평가하고 과거자료를 이용한 미래예측 기능이 제공되며 외부적으로는 기업내부의 정보와 은행 등과 같은 외부의 정보를 연결하는 기능을 제공한다.

도표 13-8 가치사슬과 정보기술의 전략적 활용

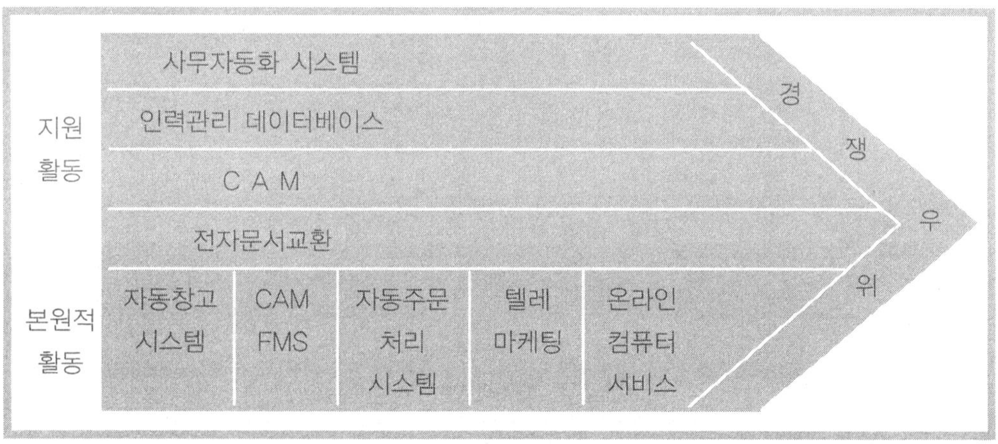

4. 정보기술의 경영활용

(1) 비즈니스 프로세스 리엔지리어링(BPR)

BPR은 비용·품질·서비스·속도 등의 기업핵심요소를 극적으로 향상시키기 위하여, 업무 프로세스를 근본적으로 다시 생각하여 완전히 새롭게 재설계하는 것으로 경영환경변화에의 대응, 조직의 복잡성 증대와 효율성 저하에의 대처, 정보기술을 통한 새로운 기회의 모색 등에 있어 필요성이 증대되고 있다.

BPR의 실행절차는 상황과 여건에 따라 다양하게 이루어질 수 있으나 개략적인 절차는 [도표 13-9]와 같이 나타낼 수 있다.

도표 13-9 BPR의 실행절차

1	경영비전과 프로세스의 목적 설정 - 목적의 우선순위와 BPR의 최종목적 선정
2	경영혁신 대상 프로세스 선정 - 중요하거나 개선해야 할 프로세스를 정의
3	기존 프로세스의 이해와 평가 - 현재의 문제점 및 개선기준을 설정
4	정보기술을 이용한 프로세스의 재설계 - 새로운 프로세스 접근방법을 모색
5	새로운 프로세스의 시범 운용 - 조직적, 기술적인 측면을 구현

(2) 전사적 자원관리

전사적 자원관리(ERP: enterprise resource planning)란 재무, 인사, 생산, 판매, 회계 등 독립적으로 운영되던 기능, 혹은 프로세스들을 업무표준화를 통해 하나의 체계로 통합하여, 기업의 물적, 인적 자원의 활용을 극대화시키는 경영관리체계를 의미한다.

ERP는 항상 기업시스템이 잘 운영되도록 유지시켜 주는 기업내부의 통제활동을 포함하고 있으며, 중간관리기능과 하위관리기능의 통합이기도 하다. ERP 응용 패키지는 이러한 통합 경영관리체계를 정보기술로 구현하여 통합 솔루션으로 제공되는 정보 시스템으로 필요한 프로세스를 선택적으로 구현할 수 있고, 전사적으로 쉽게 확장할 수 있다. 또한 ERP는 다양한 프로세스에서 운영될 수 있는 유연성을 갖추고 있으며 업무변화에 따른 시스템의 수정이 용이하며, 조직내외의 다른 시스템과 호환성을 유지하기 위해 개방형 시스템 등의 특성이 있어 기업은 수익성과 성장성을 높일 수 있게 한다.[5)]

(3) 벤치마킹

벤치마킹은 발전모형으로 삼을 수 있는 기업의 성과지표를 기준으로 목표를 설정하고 이를 달성할 수 있는 구체적인 개선노력을 추구하는 것으로 항상 정확한 정보에 입각한 객관적인 지표를 이용하여, 전략의 수행으로부터 구체적인 업무수행절차에 이르는 조직의 모든 활동을 대상으로 효과성과 효율성을 향상시키고자 한다.

(4)칼스(CALS)

칼스는 제품기획, 개발, 판매계획, 생산준비, 구매, 생산, 배송, 설치, 운용, 보수, 고객 서비스라는 기업활동 전반에 대한 비즈니스 프로세스를 개선하여 기업내부 및 외부에 대한 거래정보의 흐름을 완전히 전자화함으로써 기업업무를 보다 빠르고 효율적이면서 저렴하게 수행하기 위한 전략이다. 핵심요소로는 정보교환 표준, 전자문서교환, 통합데이터베이스, 정보모델링, 동시공학(CE: Concurrent Engineering), 정보통신으로 구분할 수 있다.

(5) 전자상거래

기업, 개인, 정부 간의 상품 및 서비스 거래에 필요한 모든 정보를 컴퓨터 및 통신망을 이용하여 교환하고 거래하는 방식으로 비즈니스 목적 달성을 위해 정보기술을 활용하여 거래당사자 간에 전자적인 방식으로 거래하는 것으로 기업간 거래방식의 혁신 및 상품과 서비스 제공의 효율성 향상을 가능하게 한다.

잠깐 쉬어갑니다

우리나라의 전자상거래규모

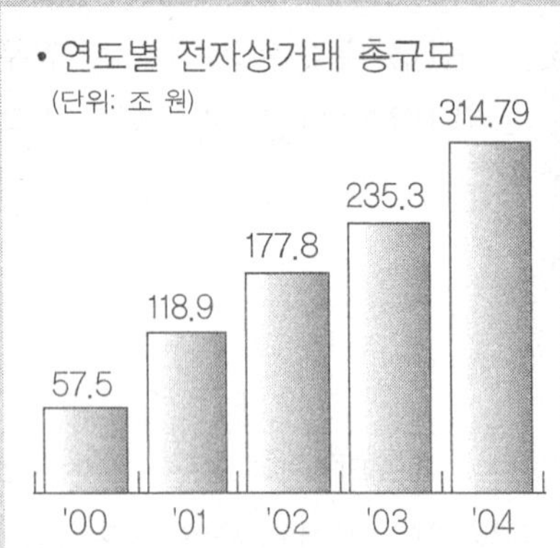

2004년 한해 동안 인터넷을 이용한 전자상거래 규모가 314조 원을 돌파, 4년만에 5배 이상 늘어난 것으로 집계됐다. 통계청이 발표한 '2004년 4·4분기 전자상거래 통계조사'에 따르면 작년 전자상거래 총규모는 314조 790억 원으로 전년도의 235조 250억 원보다 33.6% 늘었다. 이는 전자상거래 조사가 처음 실시된 2000년 57조 5,580억 원보다 무려 5.5배 가량 증가한 수치다. 또 전체 상거래 중 전자상거래가 차지하는 비중도 17.1%로 전년보다 3.6% 포인트 높아졌다.

거래주체별로는 기업간(B2B) 전자상거래는 276조3,990억원, 기업·정부간(B2G) 전자상거래는 27조3,490억원으로 전년보다 각각 35.1%, 26.4%씩 증가했다. 반면 기업·소비자간(B2C) 거래는 6조4,430억원으로 전년보다 5.7% 늘어나는 데 그쳤다. 전체 전자상거래에서의 비중도 2.1%로 전년도의 2.6%보다 줄었다.

〈자료: 서울경제, 2005. 4. 17〉

제 3 절

인공지능과 전문가시스템

1. 인공지능이란?[6)]

데이터의 가공처리로 생성된 정보는 체계적인 활용을 통해 지식으로 축적되는데 이러한 지식을 자원으로써 기업경영에 활용하는 경영기법을 지식경영이라하며, 이러한 지식경영을 활용하는데 있어 지능을 기계로 실현하고자 하는 정보기술 중의 연구 분야를 인공지능(AI: artificial intelligence)이라 한다.

인공지능은 기초연구분야와 활용연구 분야로 구분된다. 기초연구분야는 지능의 기계화에 필요한 기본개념과 이론을 제공하는 분야로 문제해결, 지식표현, 탐색, 계획수립분야를 말한다. 활용연구분야로는 경영의사결정, 교육적 지식을 응용하는 분야(수학, 화학, 교육 등), 본능적 지식을 응용하는 분야(언어, 영상인식 등)가 있다.

도표 13-10 인공지능의 연구 분야

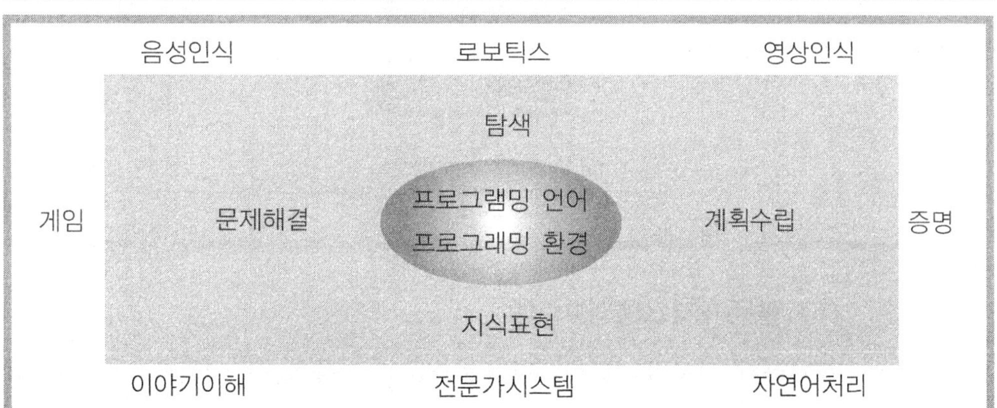

2. 전문가시스템

(1) 전문가시스템의 정의

인공지능의 활용분야에서 가장 성공적인 분야가 전문가시스템(Expert System)으로 이는 특정 문제영역에서 전문가의 축적된 경험과 지식을 컴퓨터에 체계화하여 의사결정을 지원하거나 자동화하는 정보시스템을 말한다.

(2) 전문가시스템의 구성요소

전문가시스템은 전문지식을 컴퓨터가 인식할 수 있는 형태로 표현하고 저장하는 지식베이스(KB: knowiedge base), 저장된 지식에 근거하여 추론을 수행하는 추론기관(IE: inference engine), 추론과정을 설명하는 기관, 사용자와 시스템 간의 인테페이스를 가능하게 해 주는 인테페이스기관(UIU: user interface unit), 그리고 데이터베이스(DB: database)로 구성된다.

도표 13-11 전문가시스템 구성

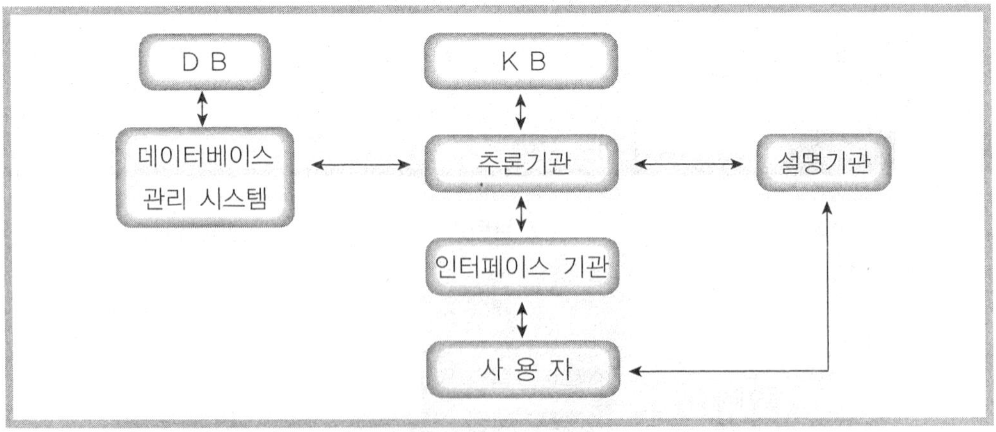

(3) 전문가시스템의 이점

체계화된 전문가 지식은 비전문가들이 사용할 수 있는데, 다음과 같은 이점이 있다.

- 항구적 보관이 가능하다.
- 지식의 이전이나 학습이 용이하다.
- 전문가시스템의 지식은 문서화가 용이하다.
- 실제 전문가보다 더욱 일관성 있는 결과를 제공할 수 있다.
- 적은 비용으로 전문가시스템은 구축이 가능하다.

(4) 전문가시스템의 활용

전문가시스템은 산업 전분야에 활용되어 과학적 방법이나 경험적 지식만으로 해결하지 못했던 문제나, 어려웠던 문제를 해결할 수 있으며 한두 사람의 전문가보다는 더 나은 의사결정의 성과를 거둘 수 있다. 또

잠깐 쉬어갑니다

삼성의료원의 종합의료정보시스템

삼성의료원은 먼저 시스템을 설계하고 병원을 거기에 맞추어 지었을 정도로 의료정보화에 관심이 지대하다. 시스템으로 지원되는 병원업무는 크게 네 가지이다. 수납과 예약을 관장하는 원무, 처방전을 발급하고 전달하는 진료, 각종검사를 포괄하는 진료지원, 기업경영에 해당하는 일반관리 업무가 시스템을 중심으로 돌아간다.

각각의 시스템을 사용하는 이들이 의사, 약사, 기사, 원무원 등으로 다양하고 무엇보다도 모든 서비스가 환자를 중심으로 이루어져야 한다는 점이 다른 시스템과 다르다. 어떤 시스템보다도 '사람' 중심의 시스템이다. 의료정보시스템의 핵심은 환자들의 대기시간을 줄이는 것이다. 삼성의료원은 평균 대기시간 10분을 목표로 시스템을 설계했고 지금도 장기투약자를 제외한 일반 환자들의 투약대시간은 목표수준에 근접해 있다. 개원 초기에 예상했던 수의 두 배가 넘는 하루 4천명 규모의 외래환자를 창구나 진료실을 확장하지 않고도 수용할 수 있는 것도 시스템의 덕분이다.

의료정보시스템은 의사들이 잘 활용하는가에 따라 성공 여부가 결정된다. 삼성의료원에서도 시스템도입 초기에는 의사들이 '권위' 를 내세우며 직접 입력하기를 꺼려 정보가 잘 활용되지 않았다. 의사들이 컴퓨터 자판에 익숙하지 않는 탓도 있었지만 기존의 의료형태를 그대로 유지하려고 했기 때문이다. 그래서 부각시킨 부분이 KMS(지식관리시스템)이었다. 의사들이 처방 전을 직접 입력해야 처방 데이터가 축적되고, 연구에 도움을 줄 수 있다는 점을 강조한 것이다. 실제로 병원KMS는 가장 이상적인 KMS가 될 수 있다. '어떤 환자에게는 어떤 처방과 치료를 하면 효과적이다' 는 의사들의 노하우를 공유할 수 있다면 최적의 치료를 할 수 있기 때문이다.

〈자료: 레포트 월드, 2005. 1. 1〉

한 신속하고, 논리적이며, 일관성을 가지며 전문가의 지식을 보존 및 재생산할 수 있어 조직의 전문성 향상에 기여하여 새로운 조직구성원의 훈련도구로 활용하여 조직에 빨리 적응하도록 한다.

3. 인공신경망과 경영

기업은 급변하는 환경 속에서 여러 가지 상황에 직면하게 된다. 또한 이러한 상황을 잘 헤쳐 나가기 위해서는 주어진 정보를 최대한 이용하는 것이 필요하다. 그러나 일반적으로 정보는 매우 불규칙하여 계량하기 어려운 성격을 가지고 있으므로 그 처리가 용이하지 않다. 따라서 이러한 불확실한 정보를 다룰 수 있는 시스템이 요구된다. 이러한 문제를 해결하기 위한 한 가지 대안책으로 현재 각광받고 있는 방법이 인공신경망이다.

(1) 인공신경망의 기본개념[7)]

과거 인공지능의 한계였던 학습능력의 실현을 목적으로 하는 인공지능의 새로운 연구분야로 폰 노이만(J. von Neumann)식의 컴퓨터에서의 문제해결방식이 순차적인 명령문으로 구성된 프로그램을 수행하는데 반해, 신경망이론은 많은 계산단위로 이루어진 고집적 병렬망을 이용하여 복수개의 가능성을 동시에 탐구하는 방식을 취한다.

(2) 신경망의 정보처리기능

첫번째는 연상으로 신경망에 일정한 패턴이 저장될 수 있다고 가정할 경우, 나중에 이 신경망에 저장된 패턴과 비슷한 패턴이 입력되면 신경망은 기억된 패턴 중에 입력패턴과 가장 가까운 패턴을 찾아내는 정보처리 수행과정을 말하며, 두 번째 신경망의 다른 기능은 입력패턴을 몇 개의 클래스나 부류로 분류하는 것이며, 세 번째는 일반화로 제한된 입력데이터를 이용하여 이 입력데이터가 형성하고 있는 패턴을 찾아내는 기능을 말한다.

(3) 인공신경망의 활용

과거에는 전기, 전자 등 주로 공학적 분야에 응용이 한정되어 왔지만, 최근에는 최적화, 일정관리, 품질관리, 물류관리 등과 같은 생산관리 분야, 각종 예측 분야, 주식시장 분석과 같은 재무관리분야 등 경영문제 전반에 걸친 응용이 시도되고 있다. 이와 같이 인공신경망이 잘 활용되고 있는 이유로는 기업이 당면해 있는 경영환경이 동적이며, 이와 같은 상황에서 고려해야 할 변수가 많고, 기존의 통계적인 방법으로 분석할 수 없는 변수들이 있기 때문이다.

잠깐 쉬어갑니다

인공신경망 기법의 활용

신용카드 도둑이 설 자리를 잃고 있다. 카드사들이 분실, 도난 조기검색시스템을 도입한 뒤 도난카드의 부정사용으로인한 피해가 대폭 줄어 들었기 때문이다. 비씨카드의 경우 분실도난 조기검색시스템을 가동한 지 1년 만에 연간 보상액이 1백30억 원에서 30억 원선으로 감소했다.

이 회사는 자체개발한 분실도난 조기검색시스템을 지난해 상반기부터 가동하고 있다. 이 시스템은 과거 5년간 남의 카드를 부정하게 사용한 사람들의 카드이용 행태를 인공신경망(Neural Network Application) 기법으로 컴퓨터에 학습시킨 것이다. 이에 따라 모든 카드거래의 이용시간, 금액, 장소, 가맹점 업종 등 거래정보를 분석해 회원의 평상시 거래와 다른 특성이 발견되면 즉각 카드승인이 거절된다. 예를 들어 평소 한가한 시간대에 쇼핑이나 주유시 신용카드를 쓰던 주부회원이 귀금속 업소나 유흥업소에서 일정 금액 이상 카드를 사용하려면 승인이 나지 않는다. 카드사 직원과 전화통화로 본인 여부를 확인하는 절차를 거치도록 되어 있다. 이 시스템을 도입한 뒤 부정사용 발생건수가 과거 월평균 2천건에서 9백건으로 감소됐고 회원당 보상금액도 크게 줄고 있는 추세다.

〈자료: 한국경제, 1999. 6. 30〉

제 4 절

정보시스템 개발과 평가

1. 정보시스템의 개발

(1) 시스템개발 수명주기(System Development Life Cycle: SDLC)

정보시스템에 대한 개발계획이 경영층에 의해 승인되고 우선순위에 따라 시스템개발이 추진될 때, 기업은 어떠한 방식으로 시스템을 개발할 것인지를 결정해야 한다. 조직 차원에서 장기간의 기획과정을 통해 시스템을 개발한 경우나, 비교적 정형화된 업무를 위해 정보시스템을 개발하는 경우 가장 많이 사용되는 방법이다.

그러나 이 방식은 개발과정의 연속, 장시간의 개발과정, 개발비용의 과다 등의 문제와 개발대상 업무도 조직의 기본적이고 정형화된 업무만 대상으로 하는 등 많은 한계를 지니고 있다.

도표 13-12 SDLC의 단계별 과정

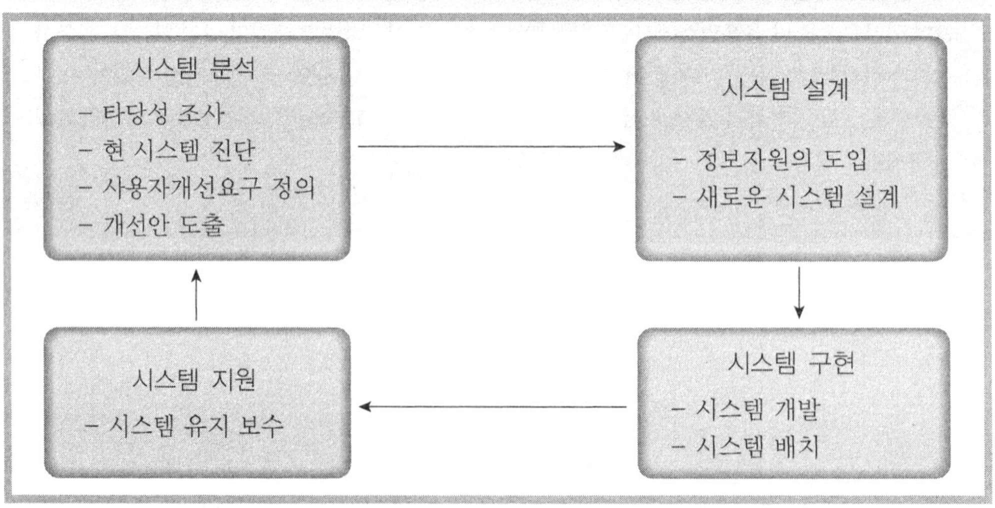

SDLC는 시스템을 하나의 생명체로 인식하여 출생에서부터 폐기까지의 과정을 단계별로 정의한 방법론으로 일반적으로 〈도표 13-12〉와 같은 단계별 과정을 거치며, 각 단계에서는 완성해야 할 작업이 있고, 그 작업의 결과는 다음단계의 입력요소로 활용된다.

(2) 정보공학(Information Engineering: IE)

정보공학은 기업전략을 기반으로 정보시스템을 기획, 분석, 설계, 실현하는 통합적인 개발방법으로 기존의 SDLC방식으로 개발된 시스템들은 프로세스를 중심으로 개발되어 변화가 없는 정형화된 업무에 효율적이나, 기업의 업무는 환경과 전략의 변화에 따라 항상 변화하므로 프로세스의 분석이나 설계를 다시 해야 하는 번거로움을 있어 업무 프로세스보다는 정보를 중심으로 한 새로운 개발방법론으로 많이 활용되고 있다.

(3) 프로토타이핑방식(Prototyping)

대상업무를 명확하게 정의하기 어렵거나 사용자 요구가 변하기 쉬운 경우 기존의 SDLC방법으로는 적합하지 않다. 이러한 문제를 개선하기 위해 사용자의 기본적인 요구만을 반영하여 최대한 빠른 시간 내에 소규모의 모형시스템을 개발하고 이를 토대로 계속적인 수정요구사항을 반영하여 시스템을 개선하여 사용자의 요구사항을 더욱 정확히 반영할수 있도록 개발된 방식이 프로토타이핑방식이다.

(4) 최종사용자 컴퓨팅(End-User Computing: ECU)

최종사용자가 자기에게 필요한 응용시스템을 개발하여 사용하고 이를 계속적으로 개선해 나가는 시스템이다. 이와 같이 사용자가 직접 응용시스템을 개발할 수 있게 된 환경으로는 시스템개발 요구의 적체, 컴퓨터기술의 발전, 정보기술에 대한 사용자 수준 향상, 전산부서에 대한 새로운 역할기대 등의 환경요인으로 최종사용자 컴퓨팅 방식은 점점 확산되어가고 있다.

2. 정보시스템의 평가

(1) 정보시스템 평가의 개념

정보시스템의 개발 및 도입, 운영, 정보자원의 관리에 관한 업무들이 사전에 설정된 목표 또는 계획대로 수행되고 있는가를 확인하고 분석하는 것이다. 평가는 객관적 방법에 의해서 이루어지는 것이 바람직하겠지만 사용자 만족도, 업무개선의 정도 등과 같이 현실적으로 계량화 불가능한 요소들이 많기 때문에 많은 제약이 따른다. 그러므로 객관적 방법이 주로 사용되며, 이의 사용이 불가능한 경우 주관적 방법을 병행하여 사용함으로써 평가의 신뢰성을 향상시켜야 한다. 주로 사용되는 방법으로는 비용효과분석과 소프트웨어 품질의 평가 등이 있다.

(2) 정보시스템의 평가방법

1) 비용효과 분석

투자에 따르는 비용과 투자결과 얻게 되는 이익이나 효과를 비교분석하는 계량화된 기법을 말한다. 정보시스템평가에 있어서 비용효과분석은 투자대상인 정보시스템을 구축하고 운용하는데 소요되는 비용과 정보시스템 구축으로 인한 경영성과의 향상효과를 측정하고 비교는 것을 말한다. 비용효과 분석은 계량화된 지표를 이용하므로 객관적인 평가가 이루어질 수 있지만, 중요한 평가항목을 계량화하기 어려운 경우 완전한 평가를 기대할 수 없는 단점이 있다.

2) 소프트웨어 품질평가

정보시스템을 구성하는 요소 중 소프트웨어는 표준화가 어렵고 이에 따라 평가 또한 일관성 있는 방법을 적용하기가 어려운 분야로 인식되고 있다. 그러나 최근 산업 생산품의 표준화를 위해 국제표준기구에서는 ISO 9000시리즈를 통해 표준화된 품질관리 체계의 정립을 요구하고 있다. 소프트웨어의 품질평가에 대한 체계적인 지침으로는 ISO 9001을 소프트산업에 맞게 변형한 ISO 9000-3이 이용된다. 이 지침은 소프트웨어의 구매자가 공급자에게 소프트웨어의 품질을 보증할 수 있는 능력의 실증을 요구하는 경우 필요한 지침을 제공하며, 개발에서부터 유지보수에 이르는 전 과정에서 발생가능 한 품질의 부적합성을 사전에 방지하는 것을 목표로 한다. 원래 ISO 9000시리즈는 제조업 분야에서 처음 적용되기 시작하였으나, 현재는 그 적용범위가 점차 확대되고 있다.

도표 13-13 ISO 9000시리즈의 구성과 용도

종 류	내 용
ISO 9000-1	ISO 9000시리즈의 선택을 위한 지침
ISO 9001	설계, 개발, 생산, 설치, 서비스와 관련된 품질보증을 위한 표준지침 제공
ISO 9002	생산 및 설치에 대한 품질보증을 위한 표준지침 제공
ISO 9003	최종검사 및 테스트에 대한 품질보증을 위한 표준지침 제공
ISO 9004-1	제품이나 서비스의 품질에 영향을 미치는 기술적, 행정적, 인적요소에 대한 표준지침 제공

읽을 거리

인공지능

인공지능이란 넓은 의미에서 인공으로 만든 물체, 특히 디지털 컴퓨터나 컴퓨터에 의해 제어되는 로봇 장치가 인간 사고를 특징짓는 고차원적 정신 활동 능력을 갖는 것을 말한다. 이 용어는 또한 인간의 고차원적 정신 활동을 지닐 수 있는 시스템을 설계하고 발전시키려는데 관련이 있는 컴퓨터 과학의 한 분야를 지칭하는 데 자주 쓰이기도 한다.

이런 인공지능은 크게 두 가지 흐름으로 연구되고 있다. 첫 번째는 심리학적이고 생리적인 연구를 행하는 흐름이다. 이것은 인간의 사고과정을 연구하는 것으로 지능이 무엇인가를 이해하는 것을 주요 연구 과제로 삼고 있다. 두 번째는 컴퓨터나 컴퓨터에 의해 제어되는 로봇 등 복잡한 시스템 내에서 인간의 사고 과정을 표현하고, 흉내내도록 하는 것을 연구하는 흐름이다.

다양한 종류의 연구 방향과 주제들이 인공지능의 범주에 포함되고 있다. 이 중 중요한 연구분야들로는 정보처리(information processing), 패턴인식(pattern recognition), 게임을 할 수 있는 컴퓨터(game-playing computer), 그리고 의학적 진단(medical diagnosis) 등이다.

전문가 시스템은 1960년대 중반 처음으로 연구되기 시작했고, 인공 지능의 응용 분야 가운데 가장 활발하게 연구되고 있는 분야 중의 하나이다. 전문가 시스템이라는 용어는 지식 기반 전문가 시스템(Knowledge-Based Expert System)에서 유래한 것이다. 특정한 문제를 해결해 주는 전문가의 추론과정을 모방해 조언을 해 주는 시스템으로, 인공지능 작업을 행하도록 프로그램된 컴퓨터는 인간처럼 많은 지식과 이를 선택할 수 있는 능력의 부족을 보충하기 위해 매우 빠른 속력으로 많은 양의 정보를 처리하게끔 설계되고 있다. 전문가 시스템은 인간이 행하는 문제 해결 과정과 판단과정을 시뮬레이션해 매우 빠른 속력으로 문제해결과 판단을 내려 주는 것을 주 임무로 하고 있다.

지적 능력의 필수조건 중의 하나는 배울 수 있는 능력일 것이다. 새로운 사실을 알게 되고, 이를 이전에 알고 있던 지식과 비교해서 수정하고 보완해 새로이 습득하는 능력은 인간만의 독특한 양상이라고 생각하기 쉽다. 그렇지만 컴퓨터를 통해 이러한 '배움'의 능력을 구현하고자 하는 연구분야가 바로 인공신경망 컴퓨터이다.

뇌 신경세포의 자료처리방식을 퍼셉트론(perceptron)이라 불리는 실험적인 컴퓨터 칩들의 연결망을 통해 흉내내고자 한 이 시도를 통해 과학자들은 단지 명령하는 그대로 작동하는 컴퓨터가 아닌, 배움을 통해 학습하고 나아가 스스로 판단하는 컴퓨터를 설계하려 하고 있다.

인공지능은 다른 상업적인 여러 분야에서도 개발되고 있다. 우선 지능을 지닌 컴퓨터를 통해 사람을 가르치는 ICAI 시스템이 있으며, 자동으로 컴퓨터 프로그램을 작성해 주는 자동 프로그래밍 기술, 각종 로보틱스와 센서 기술, 지능형 워크스테이션 등이 있다.

많은 과학자들은 진정한 인공지능이 과연 가능한 것인지에 대해 의심하고 있다. 인간 정신 활동의 많은 부분은 여전히 이해되지 못한 채로 남아 있으며, 컴퓨터와 프로그램의 설계는 아직

본질적으로 알려지지 않은 복잡한 과정들을 시뮬레이션 할 수는 없기 때문이다.

이러한 한계를 뛰어넘고자 하는 시도는 현재 두 가지 방향으로 시도되고 있다. 하나는 인간 정신활동을 과학적으로 이해하기 위한 인지과학이고, 다른 하나는 인간 두뇌의 신경체계를 묘사한 인공신경망 컴퓨터의 연구이다.

최근에 가장 야심적인 인공지능 계획은 콜로라도에 있는 기업(Genobyte)의 한 실험실에서 행해지고 있다. 로보코네코(Robokoneko)라 불리는 이 인공 두뇌 프로젝트가 성공한다면 이 두뇌는 아마 인공 생명의 첫 슈퍼스타가 될 것이다. 계획대로라면 이 두뇌는 일반적으로 몇 백 개의 인공신경을 사용해서 행해지는 연구와는 달리 4억 개의 인공신경으로 만들어질 것이다. 이들의 연구가 인공지능을 어떤 방향으로 끌고 갈지, 그리고 과연 어떤 결과를 낳을 지 주목된다.

〈자료: 디지털타임스, 2004. 3. 4〉

토론문제

1. 각각의 정보시스템이 기업 내에서 어떤 역할을 하는지 사례를 들어 정리해 보시오.
2. 정보가 기업에 있어 자원으로 관리되어야 할 필요성에 대하여 논하여 보시오.
3. 기업의 데이터를 저장관리하는 방법인 파일처리방식과 데이터처리방식의 차이는 무엇인지 정리해 보시오.
4. 신경망을 이용하여 문제를 효과적으로 해결할 수 있는 사례를 찾아 정리하여 보시오.
5. 정보기술을 활용하여 얻어지는 이익과 발생할 수 있는 문제점들에 대하여 논하여 보시오.
6. 기업의 조직과 업무에 따라 어떤 정보시스템이 개발될 수 있는지 사례를 들어 정리하여 보시오.

참고문헌 및 자료

1) 정기만 · 장영광(2003), 생활속의 경영학, 신영사, pp. 223~224.
2) 이재범(1993). 경영과 M/S, 법문사, pp. 20~21.
3) D. Kroenke(1992), *Management information systems*, McGraw-Hill, p. 6.
4) 조동성(2002), 21세기를 위한 경영학, 서울경제경영, pp. 518~519.
5) C. A. Ptak(2000), *ERP Tools, techniques, and applications for integrating the supply chain*, The st. Lucie press, pp. 10~11.
6) 이건창(2005), 현대 경영의 이해, 무역경영사, p. 321.
7) 한재민(2002), 경영정보시스템, 학현사, pp. 311~313.

제 4 부

미래 사회와 경영

제 14 장

지식경영과 창조적 경영

이 장을 공부하고 나면

1. 과거의 산업사회와 오늘날의 지식사회 간에 어떠한 차이가 있는지를 이해할 수 있습니다.
2. 지식경영이 조직경영에 강조되는 이유를 이해할 수 있습니다.
3. 성공적인 지식경영을 위한 요건과 절차를 이해할 수 있습니다.
4. 디지털시대의 도래가 기업의 경영환경에 어떠한 영향을 미치는지를 이해할 수 있습니다.
5. 창조적 경영이 강조되는 이유와 그 중요성을 인식할 수 있습니다.
6. 창조적 경영을 위하여 조직에서는 어떠한 요소를 장려하고 어떠한 요소를 제거해야 되는지를 인식할 수 있습니다.

이 장의 주요 목차는

워밍업

우리는 정보화사회, 지식정보화사회로 규정되는 현시대를 살아가면서 컴퓨터와 최첨단 IT기기, 정보통신기술의 급속한 발전의 모습을 직접 목격하고 있으며, 격변하는 사회의 모습과 구조하에서 정신을 차릴 수 없을 정도로 큰 변화와 혼동을 경험하고 있다. 새로운 가치창조의 효율적 도구로서 과거의 지식과 경험이 지닌 효용은 계속 감소하고 있다. LP에서 CD로, 비디오 테이프에서 DVD로, 브라운관TV에서 PDP · LCD TV로 과거의 기술로부터 단절된 새로운 혁신이 지속적으로 이루어지고 있다.

영국에서 시작된 산업혁명의 물결는 유럽과 미국 등 구미제국으로 퍼져 나가기 시작하였으나 그 물결은 불과 300년을 지탱하지 못하였다. 20세기의 종언과 함께 새로 불어닥친 정보화혁명이 지식정보화사회라는 새로운 사회구조를 만들어냄으로써 그 자리를 대체하여가고 있기 때문이다.

지식사회에서는 기업 내에 존재하는 조직과 개인이 소유하고 있는 독특한 지식이 기업의 경쟁력을 좌우한다. 지식의 극대화가 경쟁력의 요체가 된다고 볼 수 있다. 살아있는 지식을 기업이 지속적으로 활용할 수 있기 위해서는 전략적으로 지식을 확보하고 관리할 수 있는 시스템을 갖추는 것이 중요하다. 아울러 조직구성원 개개인이 지닌 무한한 창의력의 존재를 인정하고 이를 조직적으로 북돋아주고 격려하는 분위기 또한 매우 중요하다.

주요 용어와 개념

- ▶ 지식사회
- ▶ 지식경영
- ▶ 형 식 직
- ▶ 암 묵 지
- ▶ 지식관리시스템
- ▶ 지식창고
- ▶ 창 조 성
- ▶ 창조적 경영
- ▶ 오케스트라조직
- ▶ 사내기업가제도
- ▶ 분사경영
- ▶ 수평적 사고
- ▶ 무의식의 세계
- ▶ 창조성 개발
- ▶ 지식노동자
- ▶ 산업사회
- ▶ 단절의 시대
- ▶ 권력이동

제 1 절 지식사회와 지식경영

1. 지식사회의 모습

오늘날 국가경쟁력의 원천이 지식이라고 말하는 것은 이제 평범한 일이 되었다. 피터 드러커(P. Drucker)가 일찍이 예언했던 '지식사회'를 본격적으로 맞이하고 있는 지금 세계는 '지식열풍'이 일고 있다. 그는 '지식사회'라는 용어를 새롭게 사용하면서 새로운 사회에서는 지식이 가장 중요한 역할을 하게 될 것이라는 의미에서 21세기 사회를 '지식사회'라고

도표 14-1 산업사회와 지식사회의 특성 비교

구 분	산 업 사 회	지 식 사 회
일의 성격	• 돈을 벌기 위한 수단 • 분업의 극대화(단능공) • 노동력은 투입요소의 하나 • 일은 고통스럽다는 인식	• 자기자신의 표현수단 • 다기능, 다능공화 • 일과 관련된 사람들과의 대화 중시 • 일을 통한 만족
조직의 성격	• 수직적, 관료적인 조직 • 최고경영자만이 전체 조망 가능 • 상호 경쟁, 상호 불신, 깍아내리기, 부서이기주의 팽배	• 수평적, 가변적인 조직 • 서로 돕고 협력하는 문화 • 상호 존중의 문화형성 • 조직보다는 개인의 역할이 중요
기업의 성격	• 주주, 소유주가 우선 이해관계자 • 과학적 경영 • 상사에게 권력집중	• 지식근로자가 가장 중요한 이해관계자 • 참여적 임파워먼트 경영 • 지식소유자에게 권력부여
노사 관계	• 대립과 갈등관계 • 집단적, 소모적 교섭구조 • 인적자원관리 미비	• 참여와 협력관계 • 개인적, 생산적 교섭구조 • 인적자원관리 중시

〈자료〉 한국경영자총협회(2000), 디지털시대의 인적자원관리, p. 11 일부 수정.

규정했다.

지식이 이렇게 중요성을 얻게 된 것은 지식의 의미가 달라졌기 때문이다. 드러커에 의하면 지식의 발전은 3단계를 거쳤다. 그 첫 번째 단계는 산업혁명을 거치면서 나타났다고 보고 있는데, 지식이 기술과 도구로 변화된 경우이다. 산업혁명으로 인해 증기기관, 방직기계, 철도 등이 개발되고, 자본생산성을 엄청나게 향상시켰다. 둘째 단계는 테일러에 의해 지식이 작업방식에 적용되어 노동자의 생산성을 획기적으로 향상시킨 생산성혁명을 거치면서 나타났다.

그리고 지식 발전의 마지막 단계는 지식이 다른 지식들과 결합하는 단계이다. 이를 드러커 교수는 '지식혁명' 또는 '경영혁명'이라 명명하였다. 지식이 다른 지식들과 결합하여 새로운 지식을 창출하게 되면서 인류는 지금 또다시 폭발적인 생산성 향상을 경험하고 있다.

「디지털경제」(*Digital Economy*)라는 책으로 유명한 탭스콧(D. Tapscott)의 연구결과에 따르면 미국의 경우 이미 전 직종의 60%가 지식을 매개로 업무활동을 하는 지식노동자로 전환되고 있으며, 그 중의 약 80% 정도가 지식창출활동에 직접적으로 관여하는 업종에 종사하고 있다고 한다.[1] 그의 이러한 주장은 우리사회가 이미 정보화사회의 문턱을 넘어 새로운 산업구조로 재편되고 있음을 보여주는 것이다.

드러커(P. F. Drucker)도 20세기에 경영이 기여한 것 가운데 가장 중요하고, 진실로 고유한 것은 제조분야에서 육체근로자의 생산성을 50배나 증가시킨 사실에 주목할 필요가 있으며, 20세기에 회사가 보유한 가장 가치 있는 자산은 그 회사의 생산시설이었으나 이제는 기업이든 비기업이든 21세기의 가장 가치 있는 자산은 그 기관의 지식근로자와 그들의 생산성이라는 것이며, 21세기에도 경영이 해야 할 가장 중요한 기여는 지식작업(knowledge work)과 지식근로자(knowledge worker)의 생산성을 향상시키는 것이라고 주장한다.[2]

이러한 지식산업의 발전으로 말미암아 [도표 14-2]와 같이 기업의 경영방식뿐만 아니라 근로자의 일하는 방식까지 변화시키고 있다. 과거의 산업사회의 기업경영원리는 어떻게 하면 종업원을 잘 감독하고 철저하게 관리하여 생산성을 증가시킬 것인가에 대한 고민에서 시작되었다면, 지식사회에서는 어떻게 하면 종업원이 가지고 있는 능력과 창의력을 기업의 생산성과 연결시킬 수 있을 것인가에 대한 고민에서 시작될 것이다. 이것은 커다란 변화이다. 기업에서 종업원은 더 이상 아랫사람이나 권력의 약자가 아니라 동등한 파트너로서 자신이 가진 지식자산을 활용하여 기업의 성장에 기여할 수 있는 귀중한 인적자원으로 인식되고 있는 실정이다.[3]

도표 14-2 지식사회와 산업사회의 일하는 방식 비교

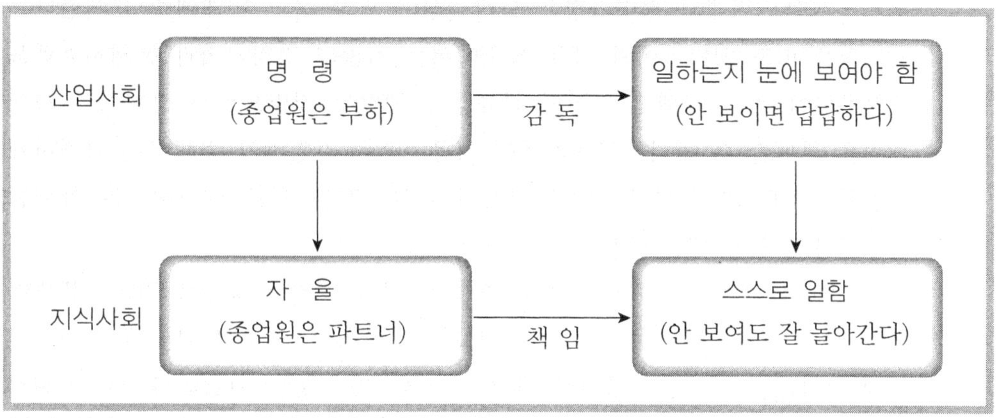

〈자료〉 이재규(2003), 글로벌 지식사회의 지식경영학원론, 박영사, p. 68.

2. 지식경영(knowledge management)

(1) 지식경영의 등장배경

1) 무형자산에 대한 새로운 인식

많은 기업들이 지식경영(knowledge management)에 관심을 갖게 된 것은 무엇보다 지식자원의 소중함을 절실하게 체험하고 있기 때문일 것이다. 특히 IMF 경제위기가 끝날 무렵 국내 대기업의 많은 인력들이 회사를 떠나 벤처기업의 사장이 되거나 더 나은 조건의 기업으로 이동하면서 지식경영의 중요성이 더욱 강조되었다고 할 수 있다. 조직의 인력이동이 심하게 나타나면서 인적자원이 떠나면서 그가 갖고 있던 지식자원도 조직에서 함께 떠나게 되어 결국은 기업의 지적자원이 소실된다는 것이다.

2) 환경변화에 대한 예측능력의 요구

지식경영이 대두되게 된 또 하나의 배경은 지금까지의 기업경영활동과 새로운 시대가 요구하는 경영활동의 차이에서 비롯됐다. 지금까지 기업들은 외적 환경이 예측 가능했기 때문에 그러한 예측을 바탕으로 효율성에 근거한 기업 활동을 해왔다. 기업들은 예측을 바탕으로 미리 정해진 경영목표를 달성하기 위해 종업원들의 행동을 통제하는 것을 강조해 왔다.

그러나 현대의 경영환경은 불확실성이 아주 높고 미래예측이 어렵다는 특징을 띠고 있다. 이와 같은 상황에서는 기존의 경영기법과 통제시스템을 활용하여 미리 정해진 기업의 목표를 수행하는 것만으로는 장기적인 경쟁력을 획득할 수 없다. 현대기업을 성공적으로 경영하기 위해서는 급격하게 변하는 기업의 외부환경이 발생시키는 문제점을 새롭게 이해하는 능력을 요구하고 있기 때문이다.

따라서 기업 활동의 초점은 '문제에 대한 적절한 해답을 찾는 것' 뿐만 아니라 '문제가 무엇인지, 어떤 문제가 발생할 가능성이 있는지를 적절하게 찾아내는 것' 에 맞춰져야 하므로 조직 내에 있는 창의력과 아이디어를 끌어내고 이를 또 다른 창조로 이끌 수 있는 지식경영이 필요한 것이다.

3) 정보기술의 발달

정보기술의 발달과 인터넷의 급격한 확산과 활용은 기업경영에도 많은 영향을 미쳤다. 정보기술의 발달로 인해 기업 내의 개인은 과거보다 훨씬 더 적은 시간을 투자하여 많은 정보에 접근할 수 있게 되었다. 기업 내에서 정보를 신속하게 처리하고, 체계적으로 분류하고 축적할 뿐만 아니라 다수의 관련자가 쉽게 공유할 수 있도록 기여했다고 볼 수 있다. 편리하고 획기적인 정보기술은 기업이 지식경영을 체계적으로 접근할 수 있는 바탕이 되었다.

(2) 지식경영의 정의 및 개념

'현대사회는 지식경영이다. 지식경영시대가 도래했다' 라는 말을 자주 듣는다. 지식경영을 이해하기 위해서는 '지식이란 무엇인가?' 에 대한 검토가 먼저 이루어져야 한다.

1) 지식, 정보, 데이터

지식은 인간만이 가지고 있는 독특한 무형자산이다. 그 일반적인 정의는 다음과 같다. "지식이란 정보를 집적하고 체계화하여 장래의 일반적 사용에 대비해 보편성을 갖도록 한 것이다."

지식은 사실이나 데이터(data), 정보보다 상위의 개념으로, 정보가 타당한 행동기준으로 전환된 상태이다. 즉, [도표 14-3]과 같이 데이터는 말 그대로 어떤 현상에 대한 객관적인 사실(예: 주가와 주식거래에 대한 데이터)이다. 그러나 정보는 수집된 데이터를 문제해결과 의사결정에 도움이 될 수 있도록 일정한 패턴으로 정리 해 놓은 것(예: 수집된 주가와 거래량에 대한 데이터를 차트로 정리하고 5일, 10일 이동평균선과 비교한 결과)이다.

도표 14-3 데이터 · 정보 · 지식의 개념

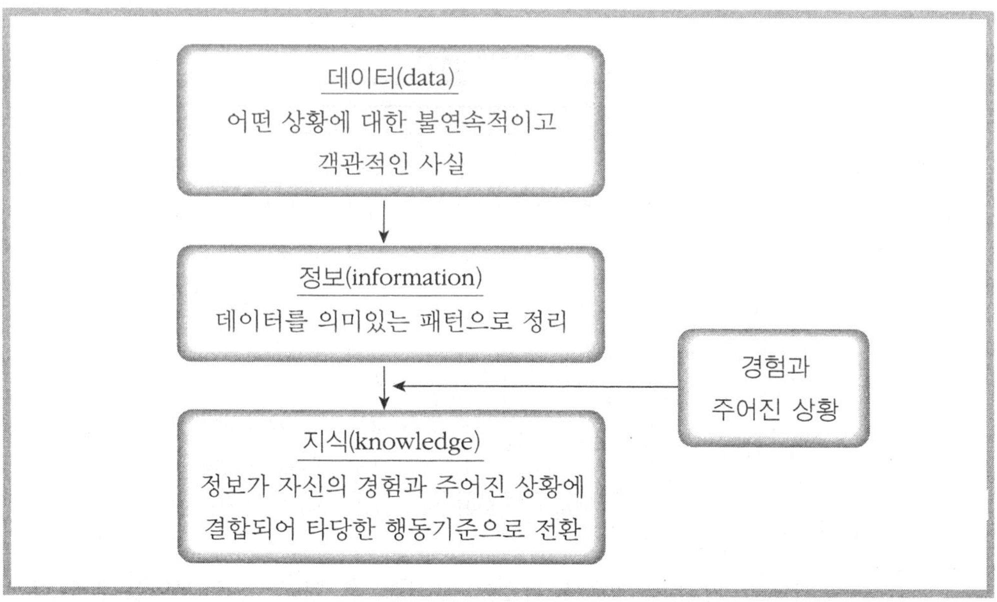

이러한 정보에 개인에게 축적된 경험과 주어진 상황이 결합되어 개인의 타당한 행동기준으로 변환된 앎의 내용이 바로 지식(예: 위의 정보에 투자자 자신의 과거 경험과 주식시장을 둘러싼 정치, 경제적 상황을 고려하여 올

바른 투자에 대한 행동판단의 기준 등)이다. 이러한 지식은 각각의 개인이 지니고 있는 고유한 지적 가치로서 지식경영의 모태로 작용하게 된다.

2) 지식의 유형

지식사회에서는 기업 내에 존재하는 조직과 개인이 소유하고 있는 독특한 지식이 기업의 경쟁력을 좌우한다. 지식의 극대화가 경쟁력의 요체가 된다고 볼 수 있다. 그런데 지식이 무엇인가라는 물음에 드러커는 "일하는 방법을 끊임없이 개선, 개발, 혁신해 부가가치를 높이는 것"으로 새롭게 정의하고 있다. 이와 같이 지식사회에서 요구하는 지식은 '살아있는 지식'을 의미한다.

지식창조과정을 이론화한 노나카 이쿠지로(野中郁次郎) 교수는 지식을 전달하는 형태에 따라 형식적인 지식(形式知, explicit knowledge)과 암묵적인 지식(暗默知, tacit knowledge)으로 구분하면서 암묵적인 지식의 중요성을 강조하고 있다.[4)]

도표 14-4 암묵지와 형식지의 개념과 특징

지식의 유형	개 념	특 징
암묵지	그 내용을 언어나 부호로 표현하기 곤란하고, 구성원의 행동과 머리 속에 체화되어 있는 지식(스킬, 노하우, 판단/행동 기준, 가치체계	• 정보 시스템 등을 통해 공유, 학습하기 곤란함 • 지식보유자와의 직접 접촉/경험학습을 통해 공유/전파가능
형식지	그 내용을 언어나 부호로 표현 가능한 유형화된 지식(규정, 업무 처리 절차, 매뉴얼, S/W, 특허 등)	• 데이터베이스 등 정보시스템을 통해 효율적으로 공유 가능함. • 교육 등 일반적인 지식 전파 수단으로 전파 가능함

〈자료〉 野中郁次郎(1998), 지식창조기업: 이것이 지식경영의 핵심이다, 갈정웅 외(역), 창해출판.

형식적인 지식은 문자나 기호로 표시할 수 있어 다른 사람들에게 쉽게 전달될 수 있는 지식을 말한다. 데이터베이스, 문서, 매뉴얼, 화학식 등의 공식, 컴퓨터프로그램 등의 형태로 표현될 수 있다. 반면에 암묵적인 지식은 사람의 두뇌나 조직에 체화되어 있어 지식의 습득에 오랜 시간이 요구될 뿐만 아니라 다른 사람들에게 이전이 용이하지 않은 지식을 말한다. 암묵적인 지식은 숙련기술 등과 같이 쉽게 형식화할 수 없는 노하우를 지칭하며 주로 도제관계, 현장실습 및 실험, 사례연구, 학습, 동료와의 상호교류를 통해 얻어지는 지식을 말한다.

한 조사통계에 의하면 기업 내 존재하는 지식은 80%가 암묵지이고 나머지 20%는 형식지로 구성되어 있다고 한다. 그리고 형식지는 모방하기 쉽고 기업 간 이동이 용이하므로 기업이 지속적인 경쟁우위를 누리기 어려운 경우가 많다. 따라서 기업 내 존재하는 대부분의 지식이 암묵지이고 모방과 전이가 어려운 지식이라면 기업에서 보유하고 있는 암묵지를 발굴하고 이를 기업의 지식자원으로 축적하여 공유할 수 있는 시스템을 개발하는 것이 무엇보다 중요하다.

3) 지식경영의 정의

지식을 문서화시키기 용이한 객관적 실체로 보느냐 아니면 인간의 창조적 고뇌가 동반된 역동적 과정으로 파악하느냐에 따라 지식경영에 대한 접근방법도 확연히 다를 수 있다. 즉 시각과 관점에 따라 지식경영의 정의가 다르게 표현될 수 있다.[5)]

먼저 지식경영에 대한 이론적 기초와 실천적 방법론 개발에 공헌을 한 위그(K. Wiig)의 정의를 보면 "지식경영이란 기업의 지식관련 경영활동의 효과성을 극대화하고 지식자산으로부터 최대의 부가가치를 창출하기 위해 지식을 창출, 갱신, 적용하는 일련의 체계적이고 명시적이며 의도적인 활동이다"라고 정의하고 있으며, 노나카 이쿠지로(野中郁次郎) 교수의 정의를 보면 "지식경영이란 쉽게 외재화, 객관화시킬 수 없는 암묵적인 지식을 공유·승화시켜 형식화하고, 이를 통해 새롭게 창조된 형식적인 지식(형식지)을 다시 암묵적인 지식으로 선순환시킴으로써 조직적 경쟁력을 확보하는 경영활동이다"라고 정의하고 있다.

이상과 같은 지식경영에 대한 정의를 종합하면 하나의 공통적인 견해를 발견할 수가 있다. 즉 도처에 산재된 지식 또는 새롭게 창출해야 할 지식의 영역을 규명, 창출하고 이를 필요로 하는 사람이 필요한 장소에서, 필요할 때 활용함으로써 미시적으로는 업무성과를 극대화하고 거시적으로는 회사의 경쟁력을 제고시키는 경영활동이 바로 지식경영이라는 사실을 알 수 있다.

(3) 지식경영 프로세스

지식경영의 정의에서 설명한 바와 같이 지식경영은 조직 내 외부에 존재하는 지식을 창출 및 획득하고 축적하고 공유하고 활용하는 과정이다. 지식경영의 프로세스에 대한 연구는 여러 학자들에 의해 다양하게 제시되고 있지만 주로 위의 네 가지 단계와 비슷한 형태라고 볼 수 있는데 그 내용을 살펴보면 아래와 같다.

도표 14-5 지식경영의 프로세스

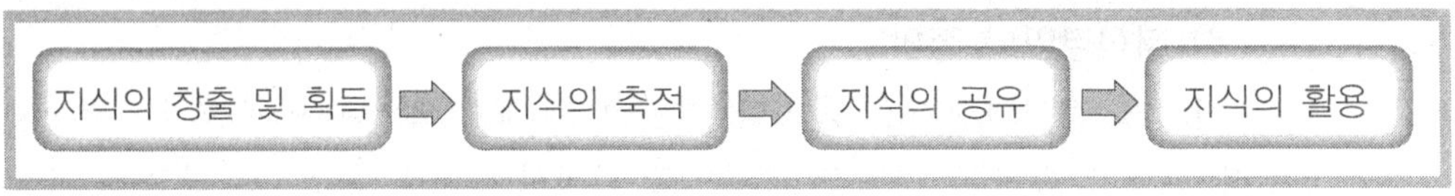

1) 창출 및 획득

새로운 지식을 발견 및 개발하는 단계이다. 또한 기존에 존재하는 암묵지를 형식지로 변화시키고, 개인 지식을 수집하는 단계이다.

2) 축　적

지식을 체계적으로 분류하여 저장하는 단계이다.

3) 공　유

저장된 지식을 조직전체에 확산시켜 사용하도록 하는 단계이다. 지식은 단순히 보유하고 있는 것만으로는 쓸모가 없다. 지식 경영프로세스 가운데 가장 달성되기 어려운 단계이다. 그러나 지식은 필요로 하는 사람들에게 공유되어야 진정한 지식으로의 가치가 있다.

4) 활　용

지식을 사용하는 단계로 이의 피드백이 지식경영 프로세스의 다른 단계들로 들어갈 수 있다.

(4) 지식관리시스템

지식관리시스템(knowledge management system)이란 정보기술을 이용하여 개인이나 조직 차원의 지식경영 프로세스를 지원하는 시스템을 말한다. 다시 말해서 "개인과 조직이 지식을 기반으로 해서 지식의 생성·축적·공유·활용에 이르는 일련의 활동을 원활하게 할 수 있도록 정보기술을 통해 지원하는 것"으로 정의할 수 있다.

1) 지식창고(idea warehouse)의 구축

지식경영의 가장 기본적인 인프라는 지식과 정보를 축적하는 지식창고이다. 지식창고는 기업활동에서 획득한 지식과 정보를 저장하고, 이를 바탕으로 더욱 효과적인 기업활동을 전개할 수 있도록 하려는 것이다. 지식창고에는 고객, 경쟁사, 자사를 중심으로 형성되는 의미 있는 모든 정보가 저장되어야 한다.

2) 지식지도의 활용

다양한 지식의 원천으로부터 수집된 지식은 지식창고에 저장되고 지식을 용이하게 구분하고 인식할 수 있는 적절한 지식분류체계를 수립하여 지식지도(Knowledge map)를 만든다. 지식지도는 지식을 필요한 사람에게 전달할 수 있도록 지원하는 도구로서, 지식의 접근을 용이하도록 분류하는 체계이다. 예를 들면 검색창 등을 통해 쉽게 자신에게 필요한 지식을 찾을 수 있는데 이것이 바로 지식지도에 의한 것이다.

3) 지식의 공유와 활용

지식은 단순히 보유하고 있는 것만으로는 쓸모가 없다. 지식을 공유하고 이를 활용할 때 비로소 지식은 의미가 있는 것이다. 지식공유는 민주적이며 개방적인 조직문화가 선행되어야 한다. 수직적인 조직구조보다는 수평적 조직구조가 지식공유를 위해 바람직하며, 성과측정을 통해 개인을 평가할 수 있는 성과평가시스템이 연공서열에 의한 것보다 바람직한 모델이 된다.

아무리 가치 있는 지식이라도 사용하지 않고, 새롭게 가치를 부여하지 않으면 그 가치는 쉽게 사라지고 만다. 지식은 사용할수록 그 가치가 증폭되는 특성을 지니고 있으므로 조직구성원들의 지식사용을 적극 권장하고 지원해야 한다.

도표 14-6 지식관리시스템을 통한 지식경영 프로세스

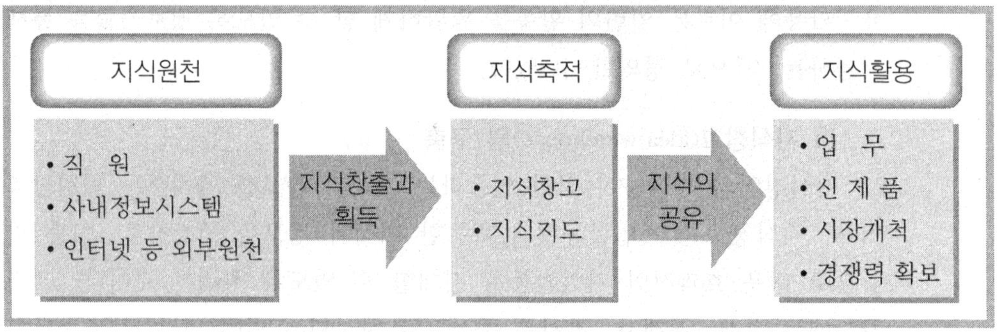

(5) 지식경영의 접근방법

지식경영에 대한 접근방법은 크게 두 가지 측면으로 나누어질 수 있다고 한다. 지식의 전파, 공유 및 관리에 중점을 두는 '지식관리시스템적 접근'과 새로운 지식의 창조와 전파 및 공유과정에 역점을 두는 '지식창조론적 접근'으로 나누어진다고 할 수 있다.

1) 지식관리시스템적 접근

지식관리 시스템적 접근은 암묵지보다 형식지를 강조하며, 주로 정보처리기술, 전산시스템, 경영정보시스템 등과 같이 정보기술을 활용하여 가시적인 지식관리시스템 구축에 역점을 두는 컨설팅업체에 의해 주도되고 있다.

지식관리 시스템적 접근에서 논의하는 지식은 주로 지식을 객관적으로 측정 가능한 형식지로 파악하고 이러한 지식을 어떻게 창출, 전파, 공유하고 지식을 필요로 하는 사람에게 실시간으로 제공하여 업무성과를 극대화시킬 것인지에 관심을 두고 있는 것이다. 여기에는 지식관리시스템이 결정적인 역할을 한다. 다시 말해서 이러한 접근방법은 지식가치를 객관적으로 측정, 재무적 가치로 환산하는 방법과 지식을 공유할 수 있는 방법적 대안

모색에 많은 관심이 있으며, 대부분의 서구 지식경영 이론가와 컨설팅 업체의 지식경영에 대한 접근방법은 이에 해당한다.

2) 지식창조론적 접근

지식창조론적 접근은 「지식창조의 기업」이라는 책으로 유명한 노나카교수 등이 주장하는 접근법이다. '지식창조론적 접근'에서는 '지식관리시스템적 접근'은 진정한 지식의 전파와 공유가 불가능하다고 역설하고 있다.

지식관리시스템을 통해서 전파되고 공유될 수 있는 것은 기껏해야 정보수준에 불과하기 때문에 지식 창출과 공유의 주체인 조직구성원의 자발적 지식창출 활동과 조직구성원 간의 대화나 비공식적 만남을 통한 자연스러운 지식공유 과정을 어떻게 촉진시킬 것인지에 관심을 둔다. 그러므로 지식창조론적 접근은 조직문화적 접근이나 조직구조 및 운영방식의 개선에 역점을 두어야 할 것이다.

이와 같은 맥락에서 개인의 지식창조 및 조직의 창조적 경영을 위한 구체적 방안의 모색은 제2절에서 자세히 다루기로 한다.

이상에서 살펴본 바와 같이 지식경영에 대한 두 가지 접근법이 서로 다른 견해를 보이고 있지만 궁극적으로는 지식관리시스템적 접근법과 지식창조론적 접근법이 통합되어 두 가지 접근법에서 주장하는 방법들을 병행하여 적용하는 것이 바람직하다고 볼 수 있다.

제 2 절 창조적 경영

1. 창조적 경영의 의의와 중요성

(1) 창조성의 의의

창조적 경영을 논하기에 앞서 창조성이라는 개념을 먼저 살펴보아야 할 것이다. 창조성은 우선 기존의 것을 거부하는 혁신적 성격을 갖는다. 즉 창조성은 변화에 대한 아이디어와 관련되어 있다. 피카소는 "모든 창조 행위는 일종의 파괴행위이다"라고 말하였다. 경제학자인 슘페터도 기업가(Entrepreneur)를 "창조적 파괴"의 주체로 정의한 바 있다.

창조성의 또 다른 특징은 탐색적(heuristic)이다. 탐색적이라는 말은 고정된 규칙에 의해 움직이고 문제해결 과정이 명확하다는 의미의 정형적, 또는 연산적이라는 말과는 대조적이다. 다시 말해서 기계의 작동이나 수학 공식이 정형적이라면 그림 그리기나 건물의 설계와 같은 일은 탐색적인 일로서, 이전에 수행되지 않은 일이며, 그 일의 수행방법이 명확히 정의되지 않고 문제해결 과정이 별도로 정해져 있지 않다.

또한 창조성은 특이한 속성을 지닌 자원으로 볼 수 있다. 즉, 창조성은 사용할수록 고갈되는 것이 아니라 더 커지는 특성을 갖는다고 할 수 있다. 왜냐하면 사용할수록 창조적 과정을 원활하게 하는 데 필요한 지식과 경험이 축적될 뿐만 아니라, 창조성의 발휘 주체인 구성원들의 보람과 의욕을 증대시키게 되며 그러한 분위기가 다시 창조적인 신규 인력을 유입시킴으로써 조직의 전체적인 창조성은 더욱 커지기 때문이다.

반면에 조직의 창조성 자원을 사용하지 않는다면 그대로 남아 있는 것이 아니라 소멸해 버리고 마는 속성이 있다. 왜냐하면 창조적 구성원들을 실망시킴으로써 의기소침하게 만들거나 급기야는 그 조직을 떠나게 할 수 있기 때문이다. 이러한 창조성의 활용은 비단 기업창업뿐만 아니라 기존

기업에게도 생존과 번영에 중요한 영향을 미치고 있다.

(2) 창조적 경영의 의의와 중요성

지금까지 기업은 창의력이 있다고 생각되는 인물을 선발하거나 독창적인 아이디어를 외부로부터 사들이는 것으로 창의력을 대처해 왔다. 그러나 지금은 구성원 모두가 업무에 있어서나 기술에 있어서 창의력을 발휘하도록 요구받고 있다. 조직의 전반적인 환경이 구성원 모두로 하여금 창의력을 발휘할 수 있는 환경으로 변화하고 있는 것이다.

창조적 경영이 중요시되고 있는 이유는 현대기업 환경에서 창의력이 기업생존에 중요한 열쇠이기 때문이다. 지식사회의 가장 큰 특징인 정보와 지식에 쉽게 접근할 수 있다는 점은 누구나 갖고 있는 지식으로는 경쟁할 수 없다는 의미를 역설적으로 내포하고 있다. 다시 말해서 누구나 다양한 정보를 쉽게 이용할 수 있는 이러한 시대에는 경쟁력을 갖추기 위해서 창조성을 개발하고 독창적인 아이디어로 승부 할 수밖에 없다는 것이다. 기업의 구성원이 현재에 만족하여 미래에 도전하지 않고, 창의력을 개발하지 않으려 한다면 그 기업의 앞날은 어둡다.

그러므로 기업과 구성원 모두는 지식사회에 필요한 창의적 능력을 키우는 일이 중요하며, 우수한 두뇌가 자유롭게 창조성을 발휘할 수 있는 환경을 조성하지 않으면 안 된다.

창조적 경영은 뚜렷하게 그 정의가 제시되기 어렵지만 실천적으로는 단순경영, 열린 경영이라는 말로 함축할 수 있을 것이다. 단순경영이란 기업의 조직·인사·정보 시스템을 단순화하고 관리·감독 기능을 축소시키며 자율책임을 바탕으로 운영한다는 것을 말한다. 열린 경영이란 인간과 인간, 인간과 사회, 인간과 환경이 파동으로 연결되고 결합되어 있음을 깨닫고 서로 호흡을 같이 하자는 경영철학이다.

본 절에서는 창조적 경영의 구체적 방안으로 창조적 기업의 특성 및 창조적 경영기법들을 살펴보고자 한다.

2. 창조적 조직과 창조적 경영

(1) 창조적 조직의 유형

창조적 조직은 어떤 모습일까? 정확하게 정의하기 어렵지만 몇 가지 특성을 공유하고 있을 것이다. 먼저 수평적 조직의 형태를 취하며, 매우 유동적인 면모를 갖추었다고 할 수 있다. 창조적 조직은 크면서도 동시에 작고, 개인적이면서도 세계적이며, 창조적이면서도 책임감 있고, 프로젝트에 따라 회사 내외에서 필요한 인력을 모으고 과제가 끝나면 해체하는 유동적인 개념으로 변모하는 특성을 소유하고 있을 것이다.

1) 오케스트라형 조직

드러커(P. Drucker)는 미래의 살아남을 수 있는 기업의 조직구조로 오케스트라형 조직을 꼽았다. 정보시대에 살아남을 수 있는 조직은 의사전달방식이 피라미드 체계여서는 안 되고 하위층의 혁신적 아이디어가 잘 종합될 수 있는 하의상달의 오케스트라형 체계여야 한다는 것이다. 오케스트라는 단계적 의사전달이 아니라 단원 모두가 악보라는 미래상을 공유하고 한 사람의 지휘자 밑에서 직접 교신이 가능한 체계이다.

2) 토끼풀 조직

피터스(T. peters)는 혼돈과 격변의 현대시대를 가리켜 미친 시대(crazy times)이라 규정하고, 이런 시대에는 미친 조직(crazy organization)이 요구된다고 하였다. 따라서 이 격변의 시대에 적응할 수 있는 조직으로 민첩한 네트워크 조직을 보기로 들면서 토끼풀(shamrock) 조직을 제시하였다.

토끼풀 조직은 1989년 영국의 컨설턴트인 핸디(Handy)에 의해 창안된 것으로 토끼풀잎을 조직에 대입하여 토끼풀 한 잎이 핵심능력을 소유하고 있는 전문기능인으로 구성되고, 또 하나의 잎을 구성하는 전문가와 독립계약 사원들이 조직 내의 업무를 분담하게 한다. 그 이외의 업무를 수행하는 시간제 근로자들과 임시직 사원들이 세 번째 잎을 구성하게 된다. 이 조직은 알고 보면 단순하고 쉬워 보이지만 이를 실천에 옮기기는 쉽지 않다. 이러한 조직형태를 활용하여 막대한 효과를 본 기업은 닌텐도사로 알려져 있다. 닌텐도사는 핵심적인 설계 및 마케팅관리 기능을 토끼풀의 핵심기능으로 보고 이러한 기능을 닌텐도 기업 내부에서 유지하도록 하여 부가가치를 높이고, 그 외의 업무는 전부 토끼풀잎의 하나인 합작사와 특허권자인 외부에 맡겼기 때문에 성공하였다고 볼 수 있다.

이러한 조직형태를 활용하여 성공하기 위해서는 먼저 기업의 비교우위가 있는 핵심기능이 어떤 것인가를 파악하여 핵심기능과 부수적 기능에 맞는 구성전략과 새로운 조직편성전략을 동시에 구상할 필요가 있다.

3) 팀형 조직

팀제는 과거의 과·부제 조직에서 존재하던 부서 간, 계층 간 장벽을 허물고 실무자 간, 그리고 담당자와 팀장 간의 팀웍을 강조한 조직이다. 팀제는 팀원들이 자기분야에서 최고 전문가로 기능을 발휘함으로써 조직을 생산적이고 효과적으로 만드는 데 목적을 두고 있다. 회사마다 다소 다르지만 팀장은 과장부터 이사까지 여러 직급이 맡는다. 따라서 팀장 외에 부장, 차장, 과장, 대리 등은 팀원으로 명명된다. 팀원은 자기 담당업무를 갖고 팀장에게만 책임을 지는 구조다. 그런데 일부 기업의 팀제를 들여다보면 부장과 차장은 그대로 두고 과장이나 대리를 팀장으로 명칭만 바꾸어서 운영하고 있는 경우가 많다. 기존의 수직적 계층구조는 그대로 유지하면서 팀장이라는 계층을 더 추가시키는 경우가 많기 때문에 우리나라 기업문화에서 팀제가 제대로 정착하기 어렵다는 사실을 증명하고 있다.

가장 핵심적인 역량을 가진 구성원이 팀장의 역할을 맡고 기존의 간부 및 직원은 그를 중심으로 의사결정하고 일을 추진해야 하는데 이것은 유교적 가치가 지배적인 우리나라 사람들의 의식구조에 큰 걸림돌이 될 것이다. 그러나 팀제의 원래 취지는 수직적으로 많은 계층구조를 파격적으로 줄여서 실무자의 창의적인 아이디어와 능력이 변질되지 않고 업무에 바로 연결될 수 있는 창의적 조직의 면모를 갖추자는 것이다.

4) 가상기업과 가상조직

정보기술의 발달과 함께 가상기업 및 가상조직이 활발하게 전개되고 있다. 이것은 기존 조직의 특성과는 전혀 다른 면모를 가지고 있다. 가상기업(VC: virtual corporation)은 동종업체, 협력업체는 물론 심지어 경쟁업체

간에도 합작 또는 협력관계를 맺고 이를 기업간에 첨단 정보통신기술을 활용하여 정보를 공유함으로써 신기술개발과 시장개척을 효율적으로 할 수 있는 새로운 기업형태를 말한다. 다시 말해서 가상기업이란 핵심역량이 있는 부문만 당해 기업이 직접 운영하고 그 외 부문은 아웃소싱하여 다른 기업에 용역을 주는 기업을 말한다. 이들 다른 기업과의 기업통합을 위해서는 정보시스템이 뒷받침되어야 한다. EC(electronic commerce: 전자상 거래) 또는 CALS의 개발·발전은 가상기업의 출현을 가속화시킨다고 할 수 있다.

가상기업이 가지는 의의를 살펴보면 기업이 신규 조직을 설립하기 위해서는 많은 기간이 소요되고 이에 투자된 자금이 장기간 회수되지 못하기 때문에 생산규모의 확장이나 신규시장 진출 시 기업활동에서 발생하는 단점을 최소화하고 부가가치 창출에 필요한 인원, 장비 등을 유연성 있게 확보하는데 있다.

3. 창조적 경영의 방법

(1) 사내기업가제도

사내기업가제도는 기업내부의 구성원이 사업아이디어를 제안하고 수행할 수 있는 제도이다. 공모한 아이디어 중 채택된 경우 실제로 사업수행을 할 수 있도록 물적, 인적, 재무적 자원을 적극 지원하고 아이디어의 제안자는 사업의 주역이 되어 자신의 사업을 수행할 수 있는 기회가 제공된다.

(2) 분사경영

급변하는 환경에서 규모가 큰 기업이 직면한 최대의 경영과제는 조직의 비대화와 대기업병을 극복하고 신규사업개발에 보다 민첩하게 도전하는 것이다. 이를 위해 덩치가 큰 기업들은 벤처기업의 장점을 살려 창의력이 뛰어난 젊은 인재를 발굴하고 유능한 중년세대가 활약할 수 있는 활동의 장을 별도로 만들어 조직의 활성화를 기하는 것도 고려하고 있다. 이러한 기업의 전략으로 분사경영을 제시할 수 있다.

분사란 본사조직을 분할하여 소조직화하고 이들에게 권한을 위임하는 것이다. 이는 소조직에 속한 종업원들에게는 자아실현의 꿈을 실현할 수 있는 비전을 제시함으로써 일할 의욕을 주고 창의성을 발휘할 수 있는 기회를 줌과 동시에 본사의 최고경영자에게는 소조직화된 기업집단의 효율적 관리와 자원의 효율적 배분을 통해 기업 전체의 지속적인 성장을 추구하게 하는 경영전략이다. 분사경영의 유형으로는 소사장제, 사내벤처, 분사제가 있다.

(3) 타이머신팀, 뉴턴제도, 독립사업 조직

조직의 창의성을 높이기 위해 경영자는 구성원의 아이디어가 활발하게 전개되도록 조직분위기를 조성하고 그것을 제도화할 필요가 있다.

삼성전자 정보통신부문 타임머신팀의 업무는 신제품 개발, 신시장 개척, 미래산업분야에 대한 아이디어를 창출하는 일이다. 팀의 구성원은 각자가 편한 시간에 자유롭게 출퇴근하면서 목표와 활동계획은 스스로 관리하고 기안에서 최종 결재까지 자기 사인 한번으로 끝난다. 관련예산도 알아서 책정하고 집행한다. 타임머신팀은 자연스럽게 새로운 아이디어가 나오고 또 그 아이디어가 적극 수용되는 미래형 기업조직이다. 기존 조직관리 개념에서 보면 파격적인 이 팀은 입사 3년된 평사원의 건의로 탄생하였다. 개성과 창의력을 말살하는 조직은 살아남을 수 없다면 획기적인 조직개편을 주장한 것이다. 이 건의가 부장단에게 받아들여졌고, 일상적인 시간과 공간개념을 초월하여 새로운 시각에서 아이디어를 찾는다는 뜻에서 타임머신이라는 이름이 붙여지게 되었다.

삼성전자에서는 이외에도 가전부문과 컴퓨터부문에서 뉴턴제도, 독립사업조직과 같은 제도를 실시하고 있다. 뉴턴제도는 자기 업무분야가 아니더라도 좋은 아이디어가 떠오르면 회사로부터 예산을 지원받아 연구하는 제도이며 실패해도 책임은 없다. 독립사업 조직은 회사경영관리와 예산운영에 독자적 권한을 갖는 초소형 조직으로 자기가 조직해 스스로 능력을 발휘하도록 하는 것이다.

잠깐 쉬어갑시다

3M의 사내기업가제도

3M은 신제품의 개발을 위하여 상당한 규모의 R&D 비용을 투자하고 있는 회사로서 창의적 문화와 기업가정신을 고취하기 위하여 전사 및 각 사업부 차원에서 벤처자금을 조성해 놓고 공식적인 지원부서로서 벤처사업부를 두고 적극적으로 지원한다. 3M에서는 아이디어 제안자가 필요한 인력을 구성하고 독립적으로 제품의 시장출시 전까지 자유롭게 개발에 몰두할 수 있도록 하고 있다. 연간 1회 평가를 통하여 신제품의 연간 매출액이 50만 달러를 넘으면 독립적 사내기업으로 승격되고 새로운 사업부 평가기준으로서 ROI, 매출성장률, 매출이익률, 신제품비율 등의 지표를 활용한다. 만약 30개월간 누적적자가 200만 달러를 초과하면 프로젝트팀은 해체된다.

3M에서는 사원들이 자유롭고 창의적으로 신제품 개발에 몰두할 수 있도록 사내 기업에 지원하는 직원은 전직이 아닌 사내 전환배치의 형식으로 처리한다. 또한 보상에 있어서 기본급은 그대로 보장해 주며 변동성과급에 있어서 파격적으로 사업성과를 반영하여 지급하는 방식으로 되어 있다.

신규사업의 실패 시에도 동일한 직급과 대우를 보장해 주며 원래의 직무로 복귀시켜 직원들은 매우 자유롭게 신규사업이나 신제품 개발에 몰두할 수 있게 된다. 따라서 자신의 사업적 능력과 풍부한 창의력을 바탕으로 새로운 업무에 도전하고자 하는 많은 유능한 인적자원들은 3M을 지원하게 된다.

〈자료: 매일경제, 2001. 2. 21〉

4. 창조적 경영을 위한 제언

(1) 인간존중

변화하는 세계에서 과거만 생각하는 경영자는 조직을 성장시킬 수 없다. 지금까지 성공한 각종 경영혁신운동의 내면에는 인간존중의 경영, 창조적 인적자원관리, 경영전략과 비전의 공유 등이 자리 잡고 있다.

특히 창조성이라는 무형자산이 기업경영의 중요한 전략으로 자리매김하고 있는 시점에서 인적자원에 대한 가치를 올바로 평가하고 기업이 구성원의 창조성을 유발시킬 수 있는 산실이 될 수 있도록 노력해야 할 것이다.

(2) 고정관념의 파괴

이제 기업은 남과 다른 시각으로 세상을 볼 줄 아는 사람, 생각을 뒤집을 줄 아는 사람, 정답은 언제나 여러 가지일 수 있다고 생각하는 사람에게 관심을 보이고 있다. 창의성을 발휘하려면 지금까지의 고정관념을 탈피해야 한다. 다르게 생각하면 다르게 보인다.

(3) 시간의 창조적 활용

시간은 누구에게나 하루 24시간, 즉 1,440분이 주어진다. 이를 초로 바꾸면 8만 6,400초이다. 그러나 이 시간을 어떻게 활용하느냐에 따라 시간 가치는 크게 달라진다. 이제는 시간을 창조하는 시대이다. 시테크란, 정보 및 정보기술을 활용하여 적은 시간으로 높은 성과를 올리는 동시에 여유시간을 창조하여 삶의 질을 향상시키는 기술이다.

기업구성원들이 창조적으로 일하고 남는 시간도 창조적으로 활용하여 새로운 창조로 돌아올 수 있도록 시테크의 중요성을 인식시킬 필요가 있다.

(4) 자유와 개방적 사고

구성원들에게 자유로운 분위기를 보장하고 열린 사고를 하도록 하지 않으면 창의력을 발휘할 수 없다. 망치질만 전문으로 하는 사람은 모든 문제를 못과 같이 본다. 다른 식의 사고를 거부하는 것이다. 조직이 창조적이기 위해서는 보다 열린 태도를 유지해야 하며, 정보를 공유하고 자유로운 토론이 이루어질 수 있도록 해야 한다. 구성원들로 하여금 다른 사람의 생각과 아이디어에 보다 넓게 접하고, 많은 정보를 받아들여 더 새롭고 특이한 아이디어를 산출할 수 있도록 해야 한다. 개방적 사고는 창조하는 사람들로 하여금 상호 작용을 촉진하고 상호 작용은 다시 창조를 촉진한다. 따라서 관리자는 조직의 벽과 경계선을 고집하지 말고 그것을 과감히 부숴 미지의 세계로 나아갈 수 있도록 해야 한다. 나아가 경영자가 구성원의 실패까지도 용납하고 그것마저 자산으로 만드는 성숙함을 보일 때 조직의 창의성은 커진다.

(5) 수평적 사고

수평적 사고란, 어떤 문제해결의 과제가 주어졌을 때 기존의 전통적 사고에서 벗어나 전혀 새로운 사고를 통한 해결방법을 모색하는 것이다. 다음에서 수평적 사고의 예를 들어보기로 한다. LA올림픽은 역대 올림픽 경기 사상 최초로 흑자를 남긴 사례로 유명하다. 모스크바, 독일의 뮌헨, 캐나다의 몬트리올 등에서 개최되었던 올림픽이 모두 적자투성으로 마무리가 된 반면, LA올림픽은 연방정부 · 주정부 · 시의 지원이 없이도 2억 1천 5백만 달러라는 흑자를 기록하였던 것이다. 이러한 흑자의 기록은 바로 수평적 사고와 이의 실천에 있었다. 수평적 사고는 성화 봉송식에서 시작되었다.

과거의 성화 봉송식은 그리스에서 채화한 후 비행기를 통해 개최지로 이송되어 선수들에 의해 올림픽 주경기장에 도착하는 것이 관례였다. 또한 이에 따르는 소요 시간도 불과 두 시간 정도로 대중의 관심은 아주 짧은 시간뿐이었다.

이에 반하여 LA올림픽에서 취한 방식은 성화를 미국 동부지역에 도착시켜서 유력인사나 장애자들의 손에 의해 LA까지 봉송하여 매스컴의 초점이 되고 2주일 이상 세계의 관심을 집중시켰다. 그 결과 1천만 달러의 봉송비용을 모금하고 광고주들이 줄을 이어서 LA올림픽을 성공시킨 큰 계기가 되었다. 이것이 수평적 사고인 것이다.

잠깐 쉬어갑니다

3M과 Post-it

사무실의 책상, 수첩 사이에서 흔히 볼 수 있는 포스트 잇이 성공한 발명품이라는 데에는 이젠 이견이 없는 듯하다. 그러나 그것이 처음 발명되었을 당시에, 이 새로운 접착시스템은 실패작이라는 불명예스러운 딱지를 달고 다니는 불운을 겪어야 했다. 1970년대, 3M사에서 일하던 스펜서 실버(Spencer Silver)라는 과학자는 너무 강하게 붙지 않는 새로운 접착제를 개발해서 그것을 어디에 이용할 것인가 궁리하고 있었다. 도대체 접착제답지 않은 접착물질을 어떻게 써야 할지 대책이 서지 않았기 때문이다. 3M사의 고민은 5년 동안이나 계속되었다. 아주 새로운 신물질 합성에 성공한 것이 틀림없지만, 사용할 용도를 발견할 수 없었던 것이다. 급기야 이 신물질은 폐기처분의 위기에까지 몰리게 되었다.

그러던 중 1974년 어느 주일, 실패작으로 몰려있던 새로운 접착물질에 새로운 가능성이 제기되기에 이르렀다. 3M의 커머셜 테이프 제품 사업부에 근무하던 아서 프라이(Arther Fry)가 아주 색다른 제안을 해 왔기 때문이다. 즉, 찬송가 사이에 끼워 둔 쪽지들이 떨어지면서 불편함을 느낀 그가 종이 쪽지들에 그 접착제를 붙여 활용할 수 있음을 제안했기 때문이다. 접착제는 절대 떨어지지 않아야 한다는 고정관념이 깨지는 순간이었다.

〈자료: http://www.scienceall.com〉

제 3 절

창조적 개인의 개발

1. 인간의 창의성과 잠재능력

인간의 역사는 창조의 역사라 할 수 있다. 원시사회로부터 현대문명에 이르기까지 인류의 역사를 되돌아보면, 그야말로 창조로 점철된 역사인 것이다. 그리고 그 문화창조의 속도가 너무 빨라 같은 시대에 살면서도 세대 차이를 느낄 정도가 되었다.

우리는 우리가 사는 시대를 가리켜 '단절의 시대'라고까지 부르고 있다. 현대인은 IT시대에 살고 있고 21세기는 지식사회로 통칭되고 있다. 지식사회란 창조적인 사회인 것이다. 결국 문화창조의 역사를 통해서 볼 때 우리는 창조하는 개인, 창조하는 집단, 창조하는 국가만이 인류문화 창조의 선구자가 되고 세계의 역사를 변혁시킬 수 있다는 사실을 인식할 수 있다. 이와 같이 중요한 창조성은 몇 사람에게만 부여되는 천부적인 능력인가, 아니면 만인이 타고난 것인데 몇몇 사람만이 창의력을 개발하여 인류사회에 공헌하고 있는가 하는 의문에 빠지게 된다. 그런데 이러한 물음에 대해서 불행하게도 창의력이란 몇 사람에게만 부여된 천부적인 것이라는 견해가 개인이나 조직 내의 전통적이고 지배적인 생각이었다.

만약 우리가 이러한 견해를 인정한다면 수많은 평범한 사람들은 희망을 가질 수도 없으며, 자포자기 상태에서 의미 없는 삶을 누리게 될지도 모른다. 그러나 다행히도 일부 학자들은 우리들 모두가 창조적인 능력을 가지고 있다고 믿고 있다. 모든 사람은 무한한 창의력을 지니고 있는데, 창조적 능력의 개발 여하에 따라서 창조적인 사람도 되고 그렇지 못한 사람으로 전락하게도 된다는 것이다. 인간은 누구나 무한한 잠재력을 가지고 있다.

이에 대한 설명을 [도표 14-7]을 통해서 하고자 한다. 즉, 인간의 창조적 능력을 태어날 때부터 지니고 있는 것으로 보는 학자들은 [도표 14-7]의 무의식의 세계를 바로 잠재능력으로 생각하는 것이다.

도표 14-7 무의식의 세계

이곳이 바로 창의력의 보고라는 것이다. 무의식의 세계에 대한 개념은 정신분석학의 아버지라고 불리우는 프로이트(S. Freud)에 의해 주장되었다. 그런데 이 무의식은 곧 인간의 잠재의식을 말하며, 이는 무한한 잠재능력의 심연을 의미한다. 이에 대한 찬반의 주장은 아직까지도 계속되고 있지만 여기에서는 긍정적인 입장에서 논지를 펴나가고자 한다. 어떤 학자들은 20세기 인류사회를 변혁시킨 4대 사건으로 다윈의 진화론, 아인슈타인의 상대성 원리의 발견, 레닌의 공산혁명, 프로이트의 무의식의 발견을 들고 있다. 이만큼 프로이트의 무의식의 발견은 인류사에 큰 파장을 불러 일으켰다.

2. 창조와 상상력의 관계[6)]

산업현장의 가치창조는 정보에 인간의 상상력이 결합된 결과이다. 순수예술 분야에 있어서의 창조는 상상력이 가장 순수하게 발휘된 결과이다. 베토벤의 음악이 그렇고, 칸딘스키의 미술이 그렇다. 그들은 아름다움을 창조하기 위하여 상상력을 종횡무진으로 발휘한 것이다.

상상력은 퀴리(Curie) 부부가 라듐(radium)을 발견할 때에도 결정적인 역할을 했다. 퀴리 부부는 광석 속에 있는 우라늄의 산화물로부터 라듐을 분리해내기 위해 4년 동안 실험을 계속해왔다. 5,677회의 실험 끝에 라듐이 녹아 있을 것으로 믿어지는 용액이 담긴 그릇에서 액체가 증발한 후 라듐의 결정이 나타나기를 기다리고 있었다. 1902년 섣달 그믐날이었다. 그러나 액체가 다 증발한 후에도 그릇 속에는 아무 것도 남아있지 않았다. 퀴리 부부는 낙망 속에 그날 밤을 지샜다. 그러다가 잠 속에서 퀴리 부인이 '라듐의 양이 아주 적다면 그릇 밑바닥에 눈에 보이지 않을 만큼이라도 라듐이 깔려 있을 지도 모른다'는 상상을 해 냈다.

이 상상이 떠오르자 퀴리 부인은 곧장 실험실로 달려가 그 빈 그릇을 찾았다. 한 밤의 어둠 속에서 빈 그릇의 밑바닥으로부터 푸른 불빛을 발견했다. 라듐의 존재를 예언한 지 45개월 후인 1903년 1월 1일 밤의 일이었다. 이미 존재하고 있는 진실을 찾아내는 데 있어서도 상상력은 그렇게 중요했다 이처럼 인간에 의한 창조는 상상력을 필요로 한다.

인간의 상상력에 관하여 깊이 통찰한 철학자로 칸트(Immanuel Kant)가 있다. 칸트는 "머리가 좋은 사람이란 결국 상상력이 좋은 사람이다"라고 했다. 신비주의 시인 윌리암 블레이크(William Blake)는 상상력을 예찬하며 다음과 같은 구절을 남겼다.

> 모래알 하나에서 세계를 보며
> 들 꽃 하나에서 우주를 본다.
> 무한을 한 손에 움켜잡으며
> 한 시간 속에서 영원을 느낀다.

이처럼 인간의 상상력은 많은 현인과 예술가들의 예찬을 받아왔다. 그도 그럴 것이 인류의 문화와 예술, 그리고 산업을 발전시킨 이들은 보통사람들이 볼 수 없는 것을 머리 속에 그려보고, 들을 수 없는 소리를 들으면서 많은 창조의 업적을 남겼기 때문이다. 인간의 상상력은 어디에서 올까? 무한한 잠재능력에서 나온다고 할 수 있다.

3. 창조적 개인의 특성

창조적 행위자들의 일관성 있는 특성들로는 다음과 같은 점들을 지적할 수 있다.

(1) 가 치 관

창의적 행위자의 가치관은 미학적인 것인 동시에 기능적 실용성에 치중한 것이기도 하다.

(2) 속　　성

창의적 행위자는 자신만만하며 독립적인 동시에 비판에 민감하고 상처받기 쉽다.

(3) 욕　　구

창의적 행위자는 자율적이며, 자신의 재능이나 주체성을 잘 알고 있는 동시에 성취에 대한 인정이나 승인을 얻고자 하는 욕구도 가지고 있다.

(4) 지　　식

창의적 행위자는 정보를 얻으려고 노력하는 동시에 객관에 의존하기도 한다.

그러나 앞에서 말한 바와 같이 하늘이 탄생시킨 창조적 천재가 따로 있다고 생각하는 것은 어리석은 일이다. 신은 우리 모두에게 보이지 않는 위대한 능력을 주었다. 그것을 깨닫는 자는 창조의 천재가 되고 깨닫지 못한 자는 우둔한 바보가 된다. 인간은 모두 불성과 신성을 부여받은 위대한 창조물이다.

4. 개인의 창조성 개발의 과정

(1) 개인의 창조적 과정

조직에서 창조적 분위기를 조성하기 위해서는 먼저 개인의 창의적 과정에 대해서 알아보는 것이 필요하다. 창조적 과정은 [도표 14-8]을 음미해보면 매우 흥미 있는 점들을 발견하게 될 것이다. [도표 14-8]에서 보는 바와 같이 창조적 과정은 준비(preparation)단계, 잠복(incubation)단계, 통찰(insight)단계, 확인(verification)단계의 4단계로 나누어 볼 수가 있다.[7] 그

도표 14-8 창조력 개발과정

〈자료〉H. J. Reitz(1981), *Behavior in organization*, Homewood, Ill.: Richard D. Irwin, Inc, p. 178.

러나 이 단계들이 완전히 분리될 수 있거나 항상 이러한 절차를 밟는 것은 아니다. 확인이 준비단계에서 진행될 수도 있으며, 잠복기가 확인단계에서 진행되어 보다 새롭고 나은 통찰력이 발생하여 이 두 과정을 개선시킬 수도 있다.

이러한 예는 인간의 성장단계에서 찾아볼 수 있다. 어떤 사람은 일찍이 창조력을 발휘하는 반면 어떤 사람은 여러 단계를 밟으면서 창조력을 발휘하기도 한다.

1) 준비단계

창조적 과정의 준비단계는 ① 노출, ② 작업, ③ 모티베이션으로 나누어 설명할 수 있다.

가) 노출(exposure)

업적을 남길 만한 창조력을 발휘하기 위해서는 궁극적으로 통찰력, 즉 어떤 깨달음의 경지에 도달하여야 하는데, 이 깨달음을 얻기 위해서는 필요한 자료나 정보를 모아야 한다. 여기에서 많은 노력과 시간이 필요하게 된다. 이러한 정보나 자료를 모으는 과정을 노출이라 한다.

나) 작업(work)

창조적인 업적을 이룩하기 위해서는 부단한 작업이 필요하다. 그 작업은 노출에서 얻은 자료와 정보를 이용한다. "한 송이의 국화꽃을 피우기 위해 봄부터 소쩍새는 그렇게 울었나 보다"라는 시에서처럼 가을에 국화꽃 한 송이를 피우기 위해서 봄부터 소쩍새가 그렇게도 울었다는데, 우리가 이 사회에 남길 수 있는 유익한 것을 창조하기 위해서는 정말 부단한 노력이 필요하다. 인생은 봄동산의 산보객이 아니다. 위대한 예술가가 무아의 삼매경에서 작품활동에 정성을 바치는 것처럼 우리도 목표를 향해서 정진하는 것이 창조적 삶의 자세라 하겠다.

다) 모티베이션(motivation)

어떤 분야에서나 새로운 창조를 위해서는 이에 대한 동기부여와 그에 따른 피나는 노력이 필요하다. 창조를 위해서는 강한 욕구와 목표의 설정이 전제되어야 한다. 첨단의학을 연구하는 의학도가 늙지 않는 약을 만들어 내야겠다든가, 음악도가 베토벤 이상의 위대한 작곡을 하고 싶다든가,

마음에 든 미인과 결혼하고야 말겠다는 등의 강한 욕구가 있어야 창조가 가능한 것이다.

2) 잠복단계

잠복단계는 준비단계의 많은 노력 후에 오는 휴식기라 할 수 있다. 목표를 달성하기 위해서는 열심히 작업을 한 후에 잠깐 휴식을 취하는 동안에 인간이 상상하지도 못했던 위대한 발견을 하게 되는 예는 매우 많다. 이러한 현상은 아직 과학적으로 입증되지는 않고 있지만 창의적 업적의 많은 예를 남기고 있다는 사실을 기억할 필요가 있다. 이 단계는 무의식적 사고가 이루어지고 있다고 불 수 있다. 인간의 능력은 무한한 데 잠재되어 있다가 어떤 기회가 오면 잠재력이 발휘된다. 무의식은 의식세계의 배후에 잠재되어 있기 때문에 의식의 세계에서 문제를 해결하려고 몰두하다가 잠깐 쉬는 사이 번개처럼 아이디어가 떠오르는 경우가 많다. 뉴턴의 만유인력은 사과나무 밑에서 쉬는 동안에 발견되었고, 유명한 아르키메데스의 부력의 원리는 연구실 아닌 목욕탕에서 발견되었다. 또한 제임스 와트슨의 철도에 대한 구상은 공원을 산책하는 동안에 이루어졌다. 그렇다고 이해한 발명을 하기 위해 매일 공원에서 빈둥거리거나, 요사이 유행하는 찜질방에서 매일 휴식을 즐긴다고 하여 위해한 창조자가 되는 것은 아니다. 신은 인간에게 휴식기의 선물을 주셨는데 그 선물은 땀흘려 일하는 자의 잠깐

잠깐 쉬어갑니다

간디의 통찰

인도의 간디는 아프리카로 가는 도중 카이로역에서 새로 태어난 것이다. 그는 변호사의 꿈을 안고 산 사람이었다. 영국사람처럼 살아보는 것이 그의 꿈이었다. 그런데 변호사 자격을 얻은 뒤에 아프리카로 가기 위해서 1등표를 산 것이 큰 계기가 되었다. 그는 나도 변호사이니 1등석을 타야지 하고 1등석에 앉아 있다가 백인 승무원들에게 유색인종이라는 이유로 모욕을 당하고 출입문 밖으로 던져졌다. 기차가 떠난 뒤 쓰러졌던 간디는 일어나는 순간, 위대한 깨달음을 얻고 위대한 간디로 다시 태어난 것이다. 그는 너무도 억울하여 눈물을 흘렸는데 그 눈물은 영원을 향한 눈물이 되었다. 다시 태어나는 눈물이 되었고 깨달음의 눈물이었다. 그 순간부터 그는 유색인종의 자유와 독립을 위해서 일생을 바치게 되었던 것이다.

동안의 휴식시간에 찾아오는 것이다.

3) 통찰단계

통찰단계는 어떤 개인이 처음으로 새롭고 가치 있는 어떤 아이디어나 연상을 얻었을 때 일어나는 현상이다. 앞에서 말한 준비단계와 잠복단계는 이 통찰력, 즉 깨달음을 얻기 위한 과정이라 할 수 있다. 통찰단계에서는 종종 감정적인 면을 수반한다. 즉 성과에 대해 만족과 자부심을 느끼게 되고 긴장이 풀어지면 종전과는 다른 감정을 느끼게 되어 깨달음에 이르기까지의 어려움과 깨달음의 결과를 다른 사람들과 나누고자 한다. 통찰력은 뉴턴이 만유인력의 법칙을 발견할 때와 같이 순간적인 영감이나 시나 그림에서와 같은 점진적인 의식, 페니실린의 발견과 같이 전혀 우연한 상황에서 오기도 한다.

4) 확인단계

확인단계에서도 준비단계에서처럼 많은 노력이 필요하다. 통찰력이 아이디어라는 보석의 원석이라고 한다면, 확인단계는 이를 갈고 닦아 영롱한 빛의 아름다운 보석으로 만드는 과정이라고 할 수 있다. 아인슈타인의 상대성 원리라는 아이디어를 계속 연구하여 실용화시키는 단계는 확인단계인 것이다.

과학자나 기업인이나 훌륭한 아이디어를 가지고도 성공하지 못하는 경우는 이 확인단계에 문제가 있기 때문이다. 그러므로 확인단계에서는 새로운 수학이론의 검증에서와 같이 일반적으로 인정되는 기준에 대한 비교 같은 것을 필요로 한다. 또한 화학이나 물리학에서와 같이 실험을 요하기도 하는 것이며, 소설이나 시에서와 같이 평론가들의 비평이 필요하며, 건축이나 공학에서처럼 실제적인 설계를 필요로 하는 것이다.

(2) 창조적 분위기 조성

창조성을 발휘하기 위해서는 개인의 노력도 물론 중요하지만 환경의 조성도 중요하다. 가정에서는 가정환경을, 학교에서는 교육환경을, 조직에서는 조직환경을, 사회에서는 사회환경을 조성함으로써 개인이 창조력을 발휘할 수 있도록 여건을 마련해 주어야 한다. 조직에서 구성원들의 창조적 행위가 조성되도록 하기 위해서는 경영자들이 이런 행위를 방해하는 요인들을 이해하여 제거해 주고, 동시에 창조적 행위를 촉진시켜 줄 수 있는 분위기의 조성과 기법을 개발하여야 한다.

1) 창조적 행위에 대한 방해요인의 제거

창의적 행위가 활발하게 이루어지지 못하는 것은 개인이 표현하는 데 어떤 제약을 받고 있기 때문이라고 할 수 있다. 스님은 득도하기 좋은 환경을 찾아 깊은 산 속의 암자로 들어가는 것이며, 기업인은 좋은 아이디어를 개발하기 위하여 해외의 기업체를 순방하고, 학자들은 선진국으로 유학을 가는 것이다. 이런 것은 제약요인을 제거하기 위한 행위인 것이다. 여기에서 중요한 제약요인을 들면 다음과 같다.

가) 두려움과 불안

두려움과 불안은 창조성과 역의 관계를 갖는다. 불안의 정도가 크면 창조성이 낮아지고 불안의 정도가 낮으면 창조성이 높아지게 된다. 산사의 암자에서 수도하는 수도승이 밤을 두려워하고 혼자 사는 것을 불안해 한다면 각성을 할 수 없다. 기업인이 새로운 아이디어로 사업을 시작하려고 하는데, 신념이 없이 불안에 떨면 결론은 시작하기도 전에 벌써 나오는 것이다. 해인사 어느 암자에서 토굴에서 3년 결사하고 밖으로 나온 한 스님이 깨닫지 못했다 하면서 다시 토굴로 들어가고 말았다. 한 인간의 의지에 경탄하지 않을 수 없었다.

나) 평가에 대한 두려움

평가에 대한 두려움이 클수록 창의력을 저하시킨다는 것이 일반적인 견해라고 하나, 뚜렷한 연구결과는 아직 없다. 그러나 신념에 찬 창조의 결과에 대하여 자신을 갖도록 해 주는 것이 바람직하다.

다) 방　어

인간은 자기방어본능이 있다. 그러나 지나친 방어본능은 자기의 창의력을 위축시키는 결과를 가져온다. 도전과 모험이 없는 방어적 생활은 창의력 발휘의 저해요인 것이다.

라) 문　화

문화적인 요인들도 창조성을 제약하는 경우가 있다. 인간은 문화의 아들이다. 어떤 문화를 배경으로 성장한 인간인가 혹은 기업인가에 따라 그 인간과 그 기업의 특성이 형성된다. 그래서 문화창조라는 것은 중요한 것이다.

이와 같은 몇 가지 요인들이 창의력을 방해하는 요인들이라 할 수 있다. 따라서 이러한 요인을 만들어 내는 억압적인 조직분위기는 창조성을 저해하게 된다. 창조나 혁신은 위험을 수반하므로 성공에 대한 보상보다는 실패에 대한 결과로 압박을 주는 조직에서는 창의적 행위는 기대할 수가 없다.

현대사회는 조직사회이므로 조직에 있어서의 창의력 방해요인을 더 들어보기로 하자.

- 첫째, 조직의 불안정성은 창의적 행위를 방해한다. 불안정한 조직은 구성원들에게 불안감을 안겨주게 된다. 어떤 조직에서든지 직무할당이나 작업관계, 감독, 정책 등이 계속 변화하게 되면 조직의 구성원들이 창조력을 발휘하기는 어려운 것이다.
- 둘째, 또한 너무 경직되고 폐쇄적인 조직구조도 창조성을 저해하는 경우가 많으며 지나치게 공식적으로 운영되는 조직은 구성원들이 새로운 정보나 아이디어에 접할 기회가 적어 참신한 대안을 마련하기가 어렵다.
- 셋째, 중앙집권적인 조직구조도 타 부문과의 커뮤니케이션의 곤란으로 인하여 창의적 과정의 단계에 나쁜 영향을 미칠 수 있다. 창의적 행위과정의 환경을 조성해 주기 위해서는 신축성 있는 조직의 운영이 필요하다. 넷째, 실패에서 배우는 개방된 분위기가 필요하다.

2) 창조적 행위에 대한 조장

개인의 창조성을 조장해 주는 요인들을 보면 다음과 같다.

가) 강 화

강화는 창조력을 발휘하도록 어떤 보상을 주는 것이다. 인간의 모든 행위는 보상을 전제를 한다고 생각하는 것이 옳을 것이다. 직접적으로는 보상을 원치 않는 행위도 밖으로는 나타나지 않은 보상심리가 잠재되어 있는 것이다. 그러므로 창조력뿐만 아니라 인간에게 어떤 행동을 하게 하기 위해서는 강화가 필요한 것이다.

나) 목표와 시한

어떤 과업의 달성을 위해서는 과업의 질과 양을 정하고 완료시한을 정하여 주는 것이 창의성 발휘의 촉진제가 된다. 어떤 기관으로부터 프로젝트를 받는 경우, 요구하는 내용과 착수금을 받는다. 이럴 때는 착수금은 강화효과를 내기도 하려니와 목표와 시한에 대한 요구사항이 되기도 한다. 목표와 시한이 없는 연구와 기업경영은 단절의 시대를 사는 오늘의 사회에서 생존할 수 없다.

다) 노력의 추가

교수나 작가가 정해진 신간에 쫓겨 처음 쓴 원고를 수정하지 않고 그대로 제출하는 경우와 2차의 시한을 할애 받아 초고를 수정하여 제출하는 경우는 그 내용의 충실함에 있어서의 차이가 많다. 또한 어떤 문제의 해결안이 마련되었을 때 일차 해결안을 만들어 낸 후 다시 2차 해결안을 만들었는데 그것을 비교한 결과 2차 해결안이 1차의 것보다 더 좋았다는 연구결과가 나왔다고 한다. 이런 연구의 경우를 미루어 보더라도 창조를 위한 노력의 추가는 창조적 행위를 조장한다고 볼 수 있다. 인간이 달을 정복하기까지 얼마나 많은 추가적 노력이 있었겠는가?

라) 자유와 자율성

창조를 위해서는 자유와 자율성이 보장되어야 한다. 위대한 창조자들은 주위에서 조소나 압박을 받은 경우도 많지만 창조적 행위의 조장을 위해서는 조소나 압박으로부터 자유로워야 하고 창조적 과정에 있어서의 자율성이 보장되어야 한다. 그러나 방임적인 자유나 자율성을 뜻하는 것은 아니고 목표와 시한이 정해지는 것과 같은 적절한 제약은 창조성의 발휘를 도와주는 것이다. 사이버 시대에 창조성 발휘를 위해서 출퇴근 시간도, 복장도 자율에 맡기는 직장이 늘고 있다. 주어진 시간에 목표를 완성하는 결과를 보여주면 되는 것이다.

마) 신축성과 복잡성

조직의 운영에 있어서 직무의 신축성과 복잡성도 조직에서의 창조성 개발에 도움을 준다. 신축성은 조직이 새롭고 종래와는 다른 작업방식을 받아들이는 것을 가능하게 한다. 복잡성은 전문화와 자율성을 증가시킨다. 조직에 신축성이 있고 복잡성도 존재해야 한다는 것은 조직은 여러 가지 다양한 배경과 전문적 지식을 가진 개인들로 이루어지기 때문이며 이러한 다양한 현상이 창조성 발휘를 촉진시키는 것이다.

이와 같이 강화, 목표와 시한, 노력의 추가, 자유와 자율성, 신축성과 복잡성이 창조성의 발현을 용이하게 한다면 이러한 상황을 제공하는 조직이야말로 풍부한 창조적 잠재력을 갖게 된다는 것은 명백한 일이다. 조직이 창조력 개발에 관심이 없고 또한 창조력을 발휘하는 구성원을 무시하고 압박한다면 창의적 능력의 발휘는 요원한 것이다.

명확하고 실행 가능한 목표를 갖는 조직은 창의성을 용이하게 해 주는 지침을 제공하는 것이 된다. 이것은 적게는 개인으로부터 크게는 대기업, 국가에 이르기까지 마찬가지다.

구성원들을 지원하고 위험부담을 감수하며 실패하더라도 이를 받아들이는 조직분위기에서 창조력과 혁신이 이루어진다.

읽을 거리

폴라로이드 실패의 교훈

폴라로이드는 즉석 촬영 카메라로 세계를 석권하며 영상기술의 상징과도 같이 여겨졌던 기업이다. 1937에 설립된 이 회사는 60여 년 동안 인스턴트 카메라시장을 석권하였고, 1994년에는 23억 달러의 매출에 1억1,700백만 달러의 이익을 내는 종업원 2만 명 이상의 우량기업이었다. 이처럼 잘 나가던 폴라로이드는 2001년 10월 법원에 파산신청을 내고 회사를 정리했고 끝내 투자가에 의해 기업이 인수 · 합병되고 말았다. 좋은 기술력에 높은 브랜드 네임을 자랑했던 기업이 넘어 갈 수밖에 없었던 이유는 무엇일까.

폴라로이드란 이름은 수십 년간 세계적으로 인스턴트 카메라의 대명사였다. 브랜드 네임은 물론 우수한 엔지니어와 과학자를 많이 보유, 첨단의 연구개발을 하는 것으로 명성이 높았고 탁월한 마케팅을 통한 유통망도 전세계 구석구석으로 뻗어 있었다. 한때 구 소련에 진출한 미국기업 중 제일 성공적인 기업 중의 하나였다. 현재 사진시장을 석권하고 있는 디지털 카메라를 미래의 대체상품으로 선정, 사업 전환 전략을 준비했고 이 부문에서 성공할 수 있는 아이디어와 인적 · 물적 자원을 확보하면서 성공할 기회도 충분히 있었다. 이 회사는 원래부터 보수적이어서 품질관리가 엄격했고 최고의 품질은 자체생산으로만 가능하다는 생각으로 전생산과정을 수직계열화하고, 거의 모든 제품을 자체 생산해 왔다. 차세대 제품인 디지털 생산도 종전과 같은 방법인 자체생산으로 추진하는 것이 가장 좋다고 이 회사의 경영진은 생각했다.

그러나 기존시설로 새로운 개념인 디지털 마켓에 적응하기에는 비용도 많이 들었고, 제품생산에 소요되는 기간도 엄청나게 지연됐다. 만약 이 회사가 핵심 기술 개발에만 집중하면서 카메라 생산과 이미징 프로세스를 외주에 맡겼었다면 크게 성공했을 것이다. 질 좋은 카메라를 디지털제품에 경험이 있는 가전업체에서 빠르고 싸게 생산 공급하여, 폴라로이드란 강력한 브랜드를 배경으로 거래선의 높은 신뢰를 충분히 활용하였더라면 남보다 먼저 시장을 석권했을 것이다. 자체 기술로 만든 제품이 값이 비싸게 먹혔고, 그 과정에서 제품 개발이 지연됐다. 아무리 브랜드 네임이 좋다 해도 경쟁에서 지는 것은 뻔한 이치이고, 기업은 무너질 수밖에 없었다.

기업이 상품과 경영기법을 끊임없이 개혁하고, 변화시키기 위해 노력해야 한다는 것은 모든 경영의 과제이다. 이러한 개혁과 변화는 기업의 이익으로 반드시 귀결돼야 한다. 개혁성향만 있거나 창의적이라는 것은 기업의 입장에서 큰 의미가 있는 것이 아니다. 개혁적 기업이 되어 이익을 낼 수 있어야 진정한 개혁인 것이다. 미국 기업의 예를 보면 개혁적인 아이디어가 종종 이익보다는 회사에 손실을 가져오는 경우가 허다하다. 프록터 앤드 갬블(P&G)은 250여 개의 브랜드 가운데 불과 12개의 브랜드가 매출과 이익의 50% 이상을 내고 있다고 한다. 따라서 238개에 이르는 대부분의 브랜드는 매출이나 이익에 큰 기여를 못한다는 뜻이다. 많은 기업이 창의력을 북돋으며, 신사업을 추진하고 사내 기업가를 키우며 훌륭한 아이디어와 상품을 개발하려고 노력하지만, 이를 기업에 이익을 가져오는 성공된 사업으로 발전시키기가 얼마나 어려운지를 말해주고 있다.

기업의 성장과 발전 더 나가서 생존을 위해서 반드시 필요한 변화 노력이 성공할 수 있는 방안은 무엇이 있을까. 새로운 사업에 진출하거나 대체상품이나 신상품을 개발하는 경우 몇 가지 방법을 생각할 수 있다. 먼저 변화에 관련된 모든 일을 자사 독자적으로 접근하는 방식은 재고해 볼 사안이다. 폴라로이드가 디지털 카메라를 대체상품으로 개발하기 위해 모든 일을 자사 중심으로 해결하려 했던 접근방법은 성공할 경우에는 얻을 것이 크겠지만, 실패할 경우엔 위험 부담이 큰 것이 문제이다. 때론 회사의 성패를 좌우할 수 있다. 한국의 유행어로 말하자면 '올인' (all in) 전략은 실패할 경우를 대비해야 한다는 것이다.

다음으로 사업의 핵심 주요 부분만 자체로 수행하고 대부분을 다른 기업과 컨소시엄을 구성하거나, 전략적 제휴를 맺고 추진할 필요가 있다. 이런 방법을 추구할 경우 이익을 독차지할 기회는 없어진다. 하지만 위험을 분산할 수 있고, 여러 분야에 전문성이 있는 다른 기업과 업무를 제휴하여 개발속도를 높이고 소요경비를 절감하는 등의 시너지 효과를 얻어 효율성을 높일 수가 있다. 어떤 방법이 옳은지의 문제는 회사가 처한 여건과 시장상황 그리고 사업의 타이밍에 따라 신중히 검토돼야 한다. 중요한 것은 이익을 내지 못하는 변화 노력은 그것이 아무리 놀랍게 창조적일지라도 또 하나의 경비지출과 회사의 부담만을 가중시키는 결과를 초래한다는 점을 염두에 두어야 한다는 사실이다.

〈자료: 김영만, "폴라로이드의 실패," 서울경제, 2004. 2. 29〉

토론문제

1. 지식경영의 시대와 디지털경영시대에 경영자에게는 어떠한 역할이 요구된다고 봅니까?
2. 산업사회와 지식사회의 근본적 차이는 무엇입니까?
3. 무형자산으로서 지식의 중요성이 높아지는 배경은 무엇 때문이라고 생각합니까?
4. 지식경영을 위하여 조직에서 취할 수 있는 방법으로는 어떠한 것들이 있습니까?
5. 창조적 경영이 강조되는 이유를 설명하고 창조적 경영의 성공사례를 찾아 보시오.
6. 사내기업가가 강조되는 이유를 설명하고 그 성공사례를 찾아 보시오.
7. 개개인의 창의력개발을 위하여 조직적 차원에서 활용할 수 있는 방법에는 어떠한 것들이 있습니까?
8. 수평적 사고란 무엇이며, 이것이 기업경영에 지니는 중요성은 무엇 때문입니까?
9. 산토끼의 반대말은 무엇일까요? 정답은 언제나 여러 개일 수 있습니다.

참고문헌 및 자료

1) D. Tapscot(1996), *Digital economy: Promise and peril in the age of networked intelligence*, New York: McGraw-Hill.
2) P. F. Drucker(1999), 21세기 지식경영, 이재규(역), 한국경제신문사, p. 241.
3) 이재규(2003), 글로벌 지식사회의 지식경영학원론, 박영사.
4) 野中郁次郎(1998), 지식창조기업: 이것이 지식경영의 핵심이다, 갈정웅 외(역), 창해출판.
5) 박성수 외(2005), 새로운 인적자원관리, 전남대학교 출판부, pp. 25~26.
6) 윤석철(1990), 프린시피아 메네지멘타, 경문사, pp. 98~100.
7) H. J. Reitz(1981), *Behavior in organization*, Homwood, Ill.: Richard D. Irwin, Inc., pp. 177~182.

제 15 장

미래 사회의 변화와 경영혁신

이 장을 공부하고 나면

1. 미래 사회의 변화가 기업환경에 어떠한 변화를 가져올지를 가늠할 수 있습니다.
2. 미래 소비자욕구가 어떠한 방향으로 예측되는지를 알 수 있습니다.
3. 경영혁신의 중요성과 주요 기법에 대한 이해를 높일 수 있습니다.
4. 경영혁신이 성공적으로 이루어지기 위한 요건을 이해할 수 있습니다.
5. 조직변화의 필요성이 야기되었을 때 효과적인 조직변화와 개발을 가능토록 하는 요인과 절차를 이해할 수 있습니다.

이 장의 주요 목차는

워밍업

오늘날 우리는 정보화사회, 지식정보화사회로 규정되는 시대를 살아가면서 컴퓨터와 정보통신기술의 급속한 발전의 모습을 직접 목격하고 있으며, 격변하는 사회의 모습과 구조하에서 정신을 차릴 수 없을 정도로 큰 변화와 혼동을 경험하고 있다. 그러나 시인은 시대의 예언자라 하지만, 기업인은 산업사회의 예언자로서 항상 미래의 변화모습에 귀기울이고 정보를 체계화하여 준비하는 자세를 갖추어야 한다.

최근 사기업은 물론이고 정부조직 및 공기업에 이르기까지 '경영혁신'이 끊임없이 강조되고 있다. 이는 무엇보다 조직을 둘러싼 환경의 급속한 변화와 경쟁구도의 강화 속에서 지속적으로 혁신을 추구하고 경쟁력을 높이는 기업만이 살아남을 수 있다는 적자생존의 논리가 당연한 것으로 받아들여지고 있기 때문이다.

그러나 이와 같이 경영혁신이 지속적으로 강조되는 것은 다른 한편으로 그만큼 경영혁신이 어렵다는 것을 의미하는 것이기도 하다. 실제로 경영혁신에 성공적인 조직은 그리 많지 않으며, 그 성공사례가 벤치마킹의 대상이 되기도 한다. 편안함과 기존에 자신들이 가지고 있었던 권력과 방식에 안주하려고 하는 조직구성원들에 있어서 경영혁신은 귀찮고 경우에 따라서는 큰 위협이 될 수 있다. 이것은 비단 기업조직에만 한정되어 나타나는 것은 아니며, 정치 · 사회 · 경제 · 문화 등 모든 영역에서 공통적으로 발견되는 현상이다.

따라서 경영자는 무조건으로 경영혁신을 추구하기보다는 조직 내에 경영혁신의 분위기와 필요성을 전파하기 위한 여건을 먼저 만들어 놓는 것이 중요하며, 신뢰는 그 가운데에서 가장 중요한 핵심적 요인이다.

주요 용어와 개념

- 상호주의 사회
- 디지털사회
- 스마트소비
- 경영혁신
- 6 시그마
- 아웃소싱
- 다운사이징
- 리엔지니어링
- 핵심역량
- 조직변화
- 포괄적 접근모형
- 조직변화에 대한 저항
- 저항의 관리
- 조직개발
- 감수성 훈련
- 사업구조조정

제 1 절

미래 사회와 기업환경의 변화

우리가 미래 사회라고 떠들던 21세기는 이미 우리들의 삶 속에 놓여져 있으며, 사회의 통합과 기술의 발달로 인해 사회는 급속도로 변화하고 있다. 미래학자들은 미래를 점치지 말라고 역설을 늘어놓지만, 이렇게 급변하는 시대에서는 미래에 대한 정확한 예측과 혁신만이 생존전략이다. 우리나라는 지난 1995년 국민소득 1만 불을 돌파하고, 1996년 OECD에 가입하였으나, 오늘날까지도 '마(魔)의 만 불' 시기에서 헤매고 있다. 현재 우리는 향후 10년의 도약과 퇴보를 좌우할 결단의 시점에 놓여 있는 것이다.

세계인은 공동선(共同善)을 구축하여 함께 살아야 한다. 그러나 세계는 아직도 약육강식의 역사가 계속되고 있다. 이러한 세계사의 현실 속에서 인류가 함께 살아가야 하고, 살아갈 사회는 어떻게 변화될 것이며, 변화되어야 하는가를 생각해 보기로 한다.[1)]

1. 미래 사회변화의 모습

(1) 거대한 글로벌 사회

미래의 사회는 문자 그대로 개방사회가 되어 세계는 급속히 글로벌사회화하여 갈 것이다. 이에 따라 국제경쟁 또한 심화되어 다국적 기업의 세계시장 영향력이 증대되고, 개발능력을 중심으로 진영(陣營) 결성을 통한 신상품의 공동개발과 경쟁이 가속화될 것이다.

(2) 상호주의 사회

아직도 세계는 약육강식과 초강대국에 의한 지배논리가 강하지만, 미래의 세계는 주고 받음의 공동체적 삶을 위해서 상호주의 사회로 가야 되고 또 그러한 방향으로 나아갈 것이다.

(3) 기업간 제휴의 시대

기업들이 제휴를 통해 세계경제 속에 융합될 것이다. 소액지분 참여라든지 합작, 연구 및 판매 컨소시엄, 자회사, 특별프로젝트를 위한 공동운영, 기술교환 등 제휴방법은 다양하다. 많은 중규모 기업과 소규모 기업들까지도 세계경제에 적극적으로 참여하지 않으면 안 될 것이다.

(4) 기업의 구조조정시대

미래의 기업은 구조조정의 시대를 예고하고 있고, 또 현재도 진행 중이다. 예컨대 IBM은 몇 년 전 참새 떼에 쪼여 쓰러지는 공룡과 같은 위기가 돌아왔을 때 공룡을 분해하여 13개 소단위 회사로 구조조정하여 재기하였다. 미래 두뇌싸움의 시대에는 정부의 구조조정, 노조의 구조조정, 대기업과 중소기업의 끊임없는 구조조정만이 살아남을 수 있을 것이다.

(5) 디지털 사회

디지털 기술의 결합을 통한 이종(異種)산업 간 연계가 확대되고 있고, 디지털화는 사회의 모든 부문에 광범위한 영향을 미치게 될 것이다. 디지털이 일상 생활에 깊숙이 침투하고, 정보와 기술이 더욱 빠르게 전파되며, 인터넷의 확산으로 '가상공간'이 출현하면서 전세계가 단일망으로 통합될 것이다.

또한 유비쿼터스(ubiquitous)시대가 도래하여 시공을 초월한 만남이 이루어질 것이다. 유비쿼터스란 물이나 공기처럼 시공을 초월해 '언제 어디에나 존재한다'는 뜻의 라틴어로, 사용자가 컴퓨터나 네트워크를 의식하지 않고 장소에 상관없이 자유롭게 네트워크에 접속할 수 있는 환경을 말한다.

(6) '삶의 질'이 중요시 되는 사회

분배·형평을 중시하는 사회적 요구가 증대되고, 국제적 공조가 요구되는 사안에 대한 국제협력 및 감시가 갈수록 증대되고 있다. 인권·환경·복지분야를 중심으로 다국적 비정부기구의 활동이 점차 활발해질 전망이다. 또한 '자원소비형, 환경파괴형' 산업에 대한 국제적 제약이 강화되고 있다. 일례로, 2001년도 대(對) EU수출의 70%가 환경규제 대상품목이었다.

2. 미래 기업환경의 변화

21세기는 시공(時空)의 초월시대가 예상된다. 인간은 달의 정복을 넘어서 화성을 정복하기에 이르렀다. 이것은 얼마나 경이로운 일인가. 이러한 현상은 기업의 세계에 엄청난 변화를 예고하고 있으며, 그러한 변화를 예측하고 대응하는 기업은 생존하고, 그렇지 못한 기업은 무너지게 될 것이다. 여기에서 우리는 예상되는 미래의 기업환경의 변화를 정리하여 보자.

(1) 제조기술의 변화

미래 기업의 제조기술은 소형화, 경량화의 추세로 갈 것이다. 예컨대, 지금까지 자동차의 안전도는 크기와 무게에 비례하였으나, 미래의 자동차는 무게는 줄이고 연비는 높이면서 튼튼하고 안전한 자동차의 생산을 가능토록 하는 방향으로 개발될 것이다. 1998년 미국 디트로이트 모터쇼에서는 알루미늄엔진이 등장했고 차무게를 40%까지 줄인 자동차모델이 등장하였다. 포드사가 내놓은 컨셉트카 P2000디아트는 무게가 900kg으로 같은 크기인 포드의 토러스(1천4백93kg)에 비해 40% 가벼우며 차체크기와 안전도, 승차감 등은 토러스 수준이다. 반면, 연비는 기존 승용차에 비해 35%~40% 이상 개선하고, 배기가스를 대폭 줄였다고 한다. 또한 수소와 전기를 동력으로 하는 하이브리드 자동차가 이미 상용화되고 있다. 자동차는 기계공업의 총화라는 점에서 이와 같은 변화는 전산업으로 확산될 것이다.

(2) 무형자산의 시대

부가가치의 원천이 하드웨어에서 소프트웨어로 이전되어, 제품의 유형가치보다는 정보, 서비스, 컨텐츠 등의 무형가치가 증가하게 될 것이다. 또한 서비스산업의 비중이 점차 확대되어 산업구조의 소프트화가 진전될 것이다. 예컨대, 국내의 서비스 산업비율은 1970년도에 46%에서 2002년도에 55%로 증가하였다(미국 73.7%, 일본 67.7%, 영국 71.5%, 독일 68.5%; 2002년 기준). 이에 따라 인적자원이 기업과 국가 경쟁력을 좌우하게 되었고, 우수 인재의 양성 및 유인 능력에 대한 중요성이 증대되고 있다.

(3) 제조업의 양극화현상

초거대기업이 등장할 것이고 한편으로는 여전히 중소기업이 존립하게 될 것이다. 초거대기업은 새로운 형태의 다국적기업의 등장으로 나타나고 있으며, 항공기회사의 합병, 자동차회사의 인수합병 등 세계적 초거대기업들이 탄생하게 되어 임직원의 다국적화가 이루어지질 것이며, 또 현재 진행되고 있다. 중소기업도 탈지역화현상이 일어나 국제분업에 참여하게 될 것이며 경영 · 지식 · 기술의 국제화가 가속화되리라 예상된다.

(4) 인본주의 경향의 강화

전산업에서 자연친화형 제품과 관련된 기술개발이 가속화되고 있으며, 제품의 안전성에 대한 규제가 더욱 강화될 것이다. 또한 남녀노소 누구나 간편히 사용할 수 있는 유니버설 제품의 개발이 추진되고 있다. 문화 · 레저 산업을 필두로 서비스 산업의 비중이 더욱 확대될 것이다. 향후 엔터테인먼트와 미디어 산업이 빠르게 성장할 것으로 전망된다.

(5) 소비자 욕구의 변화

소비형태는 인류의 경제력 향상에 따라 두 가지 형태로 나타날 것이다. 하나는 초부자들과 상류층을 위한 다품종 소량 생산체제가 계속될 것이고, 다른 한편에서는 중산층이나 서민층을 위해서 대량 생산체제도 지속될 것이다. 기업은 이와 같은 소비자 욕구를 충족시키기 위한 변화를 계속해야 할 것이다.

(6) 지식 · 정보 · 기술사회의 가속화

미래 아니 오늘도 지식 · 정보 · 기술이 지배하는 사회가 되고 있다. 인간의 삶의 질과 힘(force)은 지식사회로 이동하고 있다. 지식의 서천설은 지식이 서쪽으로 이동하면서 지식사회가 힘있는 사회가 되고, 힘있는 국가가 되었으며 그 국가들에 의해서 세계는 지배를 받는다는 것이다. 침체된 경제를 다시 일으킨 미국은 지식 · 정보 · 기술의 우위를 확보하고 세계경제에 가장 큰 영향을 주고 있다. 인류의 오늘은 과학기술의 발달에 있다. 한국의 미래는 세계 속에서 과학기술이 점하는 비율에 따라 결정될 것이다.

3. 미래 소비자욕구의 변화

(1) 속도(speed)화와 편리화의 추구

미래 소비사회의 특징은 속도의 가속화시대가 급속도로 전개된다는 점이다. 미래의 경제는 규모의 경제에서 속도의 경제로 나아가고 있다. 다른 기업보다 소비자가 원하는 제품을 가장 빠른 시간에 가장 적정가격에 원하는 장소에 도착하게 하여야 한다. 또한 인간은 편리의 문명을 향해서 경쟁을 하고 있다. 다른 기업보다 편리한 제품, 이것이 기업의 목적이 되어야 한다.

(2) 감성의 중시

이미지와 미적 측면을 중시하는 소비생활의 감성화, 패션화가 진행되고 있고, 휴머니즘과 부드러움을 함께 제공하는 휴먼터치형 상품을 요구하고 있다. 소비자들은 '제품'이 아니라 '제품과 서비스의 체험'을 함께 구매하는 방향으로 나아가고 있다. 우리는 스타벅스에서 단순히 커피만을 마시지 않고, 환경친화적이고 현대적인 스타벅스 특유의 문화를 함께 경험한다. 또한 소비에 엔터테인먼트적 기능을 결합해 하고 있다. 일례로 할인점 '홈플러스'는 '가치점'이라는 컨셉을 내걸고 쇼핑기능 외에 오락 · 문화 · 외식 · 행정 등 점포의 복합화를 추진해 나가고 있다.

(3) 다 양 화

소득수준이 높아지고 문명이 발달하면 소비자의 욕구는 다양화하게 된다. 예컨대 오늘날 각 자동화회사들에서 생산하는 자동차 차종은 얼마나 다양화되고 있는가. 자동차왕 포드(H. Ford)는 T형 자동차를 30년 동안 생산하였으나 그 때와 지금을 비교하여 보라.

(4) 스마트 소비

신뢰할 수 있는 정보를 수집, 선별하는 능력을 보유하고 있으며, 기업이 제공하는 혜택들을 실용적으로 사용한다. 특히, 전문가 집단이나 온라인 동호회로부터의 입소문(word of mouth)에 의존하는 경향이 두드러지므로, 이에 대한 관리가 필요하다. 또한 소유에 연연하지 않고 리스나 렌털을 통해 소비 목적을 달성한다.

제2절 경영혁신의 요구와 기법

1. 경영혁신이란

최근 사기업은 물론이고 정부조직 및 공기업에 이르기까지 '경영혁신'이 끊임없이 강조되고 있다. 이는 무엇보다 조직을 둘러싼 환경의 급속한 변화와 경쟁구도의 강화 속에서 지속적으로 혁신을 추구하고 경쟁력을 높이는 기업만이 살아남을 수 있다는 적자생존의 논리가 당연한 것으로 받아들여지고 있기 때문이다.

그러나 이와 같이 경영혁신이 지속적으로 강조되는 것은 다른 한편으로 그만큼 경영혁신이 어렵다는 것을 의미하는 것이기도 하다. 실제로 경영혁신에 성공적인 조직은 그리 많지 않으며, 그 성공사례가 벤치마킹의 대상이 되기도 한다. 즉, 경영혁신이란 조직의 여러 부문에서의 변화를 요구하며, 이를 가리켜 슘페터(J. A. Schumpeter) 교수는 창조적 파괴라고 표현하였다. 따라서 편안함과 기존에 자신들이 가지고 있었던 권력과 방식에 안주하려고 하는 조직구성원들에 있어서 경영혁신은 귀찮고 경우에 따라서는 큰 위협이 될 수 있다. 이것은 비단 기업조직에만 한정되어 나타나는 것은 아니며, 정치 · 사회 · 경제 · 문화 등 모든 영역에서 공통적으로 발견되는 현상이다.

중국의 고전에 따르면 '獸皮治去其毛曰革 革便也'라는 말이 있다. 이는 '짐승의 가죽에서 털을 뽑아 다듬은 것을 혁(革)이라 하며, 혁은 편한 것이다'라는 의미이다. 즉, 옛사람들은 짐승의 몸에서 갓 벗겨낸 가죽에서 털과 기름을 제거하고 무두질로 부드럽게 잘 다듬은 가죽을 새롭게 한다는 의미로 '혁신'(革新)이라는 용어를 사용했던 것이다.[2)]

이와 같은 혁신의 개념을 기업경영에 받아들인 것이 경영혁신이며, 이는 신규기술인 새로운 패러다임을 도입하여 기존의 경영전반을 획기적으로 변화하는 것을 의미한다고 할 수 있다.

2. 경영혁신의 중요성과 대상

(1) 경영혁신의 중요성

앞서 언급한 것과 같이 경영혁신은 오늘날 어떠한 형태로든 끊임없이 요구되고 있다. 이는 무엇보다 저비용·고효율의 조직운영을 통하여 조직의 경쟁력을 갖추는 것이 기업생존의 필수요건으로 인식되고 있기 때문이다. 끊임없는 원가절감과 생산성 향상을 통하여 보다 낮은 원가로 제품과 서비스를 제공하는 능력은 기업조직과 소비자에게 모두 이익이 되는 '윈-윈'(win-win)전략이 될 수 있다.

일본의 경제주간지 「니케이(日經)비즈니스」에 따르면 지난 100년 동안 일본 100대 기업에 올랐던 기업의 평균수명은 30년에 불과한 것으로 나타나고 있으며, 최근 미국의 2,000개 기업을 대상으로 조사한 결과에 따르면 기업의 평균수명이 10년밖에 되지 않는 것으로 나타나고 있다. 이는 세계시장의 통합으로 기업 간 경쟁이 격화되고, 과학기술의 급속한 발전으로 산업 및 제품의 주기가 짧아져 기업의 초기 사망률이 높아진 까닭이다.[3)]

우리 나라 역시 1960년대와 비교하여 오늘날까지 상위 10대 재벌에 들었던 기업 가운데 현재까지 그 위상을 유지하고 있는 곳은 2개 기업에 불과하다. 또한 한국경제연구원의 표본조사 연구(2003)에 따르더라도 1984년부터 1994년의 기간 동안 창업된 신생기업의 10년 생존율은 63.9%에 불과하였다.[4)]

이와 같은 결과는 기업을 경영하는데 지속적인 혁신이 이루어지지 않으면 경쟁에 뒤처지고 도태되어 갈 수밖에 없다는 것을 보여주고 있다.

(2) 경영혁신의 대상

경영혁신의 기업전체 차원에서 변화를 일으키는 것이다. 따라서 경영혁신의 대상은 어느 일부 공정 또는 부서라기보다는 기업조직을 구성하는

도표 15-1 경영혁신의 종류와 개념

혁신의 종류		발생장소	혁신의 개념	예
기술혁신	공정혁신	생산공정	생산효율성을 높이기 위하여 작업방법, 장비, 작업흐름에 새로운 변화를 도입하여 실용화한 것	20세기 초 Ford 자동차의 주문생산→대량생산, 최근의 FMS(유연생산방식)
	제품혁신	제품이나 서비스	새로운 제품 혹은 서비스를 개발 하거나 혹은 기존의 제품/서비스를 개선하는 것	Apple사의 PC개발, 기타 신제품
관리혁신		-조직구조 -절차나 관리방식 -정보통제 시스템	조직구조나 절차 등과 같은 조직의 사회시스템에 새로운 아이디어를 도입하여 실용화한 것	국내 각 기업의 사내벤처제도의 도입
인적자원 혁신		조직구성원	종업원의 태도나 가치, 업무능력 등에 있어서의 변화를 야기할 수 있도록 새로운 아이디어를 도입하여 실용화한 것	조직개발 프로그램, 사내대학 개설, 조직문화 개조

〈자료〉 정대용(2001), 중소 · 벤처경영론, 삼영사, p. 280.

전체 요소가 그 대상이 된다. [도표 15-1]에서는 혁신의 대상에 따라 그 방법이 어떻게 이루어질 수 있는 가를 보여주고 있다.[5)]

3. 경영혁신의 기법

IMF, 구조조정, 청년실업, 국제화, 개방화 등 수많은 위협과 도전에 직면한 우리 기업들은 앞으로 계속해서 존속하고 발전하기 위해서는 어떻게 해야 하는가? 현재 우리나라 사기업이나 공공기업을 경영함에 있어서 심각한 문제 중의 하나는 최고경영자들의 조직관리와 관련한 의식의 후진성이다. 무엇보다 우리나라 최고경영자들은 조직관리의 중요성을 제대로 인식하지 못하고 있다.

현재를 비롯한 장래에 기업을 존속시키고 계속하여 이익을 창출하기 위해서는 여러 요인들이 존재하지만, 그 가운데 가장 중요하고도 기본적

도표 15-2 세계 각국 경영자들의 능력 비교

순위	국가	순위	국가
1	네덜란드	38	일본
23	미국	43	중국
31	영국	46	한국
36	대만	47	러시아

〈자료〉 International Institute for Management Development, 2000에서 발췌.

인 요인은 최고경영자라 할 수 있을 것이다.

그럼에도 [도표 15-2]에서 보는 것과 같이 우리나라 경영자들의 능력은 다른 주요 경쟁국에 비하여 높지 않은 것으로 나타나고 있다. 물론 이러한 결과들은 현재의 각 국가의 경제적 차원이나 정치적 영향력 차원에서 견주어 볼 때, 비례적인 결과를 보여주지는 않는다. 그러나 능력이라는 면만을 살펴본다면 한국은 46위에 랭크되어 교육 한국이라는 말이 무색하게 외국의 관리자들에 비해 많이 뒤지는 것으로 나타나고 있다.

물론 현재에 뛰어난 한국 경영자들이 세계 곳곳에서 이름을 떨치고 있는 시점이기도 하지만, 우리 기업들은 적어도 환경변화에 대응하여 새로운 조직구조 및 경영기법을 도입하기 전에 모든 것의 기본은 최고경영자 스스로의 자각에서부터 시작된다는 점을 인식하는 것이 중요하다고 본다.

우리나라 경영자들은 이제까지 수많은 선진 경영혁신기법들을 큰 여과과정 없이 모방하는 경향이 있었다. 세계의 유명한 기업들이 시행한다 싶으면 유행처럼 많은 국내기업들이 새로운 경영혁신기법을 도입하고 그 효과를 시험하고자 노력하여 왔다. 그럼에도 많은 사례에서 나타난 것과 같이 그 효과는 일부기업에 한정되는 경우가 많았으며, 오히려 조직의 경쟁력을 약화시키는 원인이 되기도 하였다. 이는 아무리 좋은 보약이라 할지라도 체질에 맞아야 한다는 것처럼 아무리 좋은 경영혁신기법이라 할지라도 조직의 문화와 조직구성원에 의해 뒷받침되고 시스템이 따라주지 않는 한 성공적이지 못할 수 있음을 의미한다는 것이라 할 수 있다.

최근까지 유행처럼 번져간 경영혁신기법들은 그 수를 헤아리기 어려울 만큼 많지만 대표적인 기법과 사례를 살펴보면 다음과 같다.

(1) 6 시그마

1) 6 시그마의 의미

6 sigma는 Motorola에 근무하던 해리(M. J. Harry)에 의해 1987년 창안되었다. 당시 정부용 전자기기 사업부에 근무하던 해리는 어떻게 하면 품질을 획기적으로 향상시킬 수 있을 것인가를 고민하던 중 통계지식을 활용하자는 착안을 하게 되었다. 그리스 문자인 시그마는 통계학적 용어로 표준편차를 의미한다. 통계학에서는 1백만 번에 3.4회 오차가 나는 수준을 6시그마로 규정하고 있다. 5시그마는 1백만 번에 2백33회, 4시그마는 6천2백10회 미스가 발생하는 수준이다. 6시그마는 실제업무상 실현될 수 있는 가장 낮은 수준의 에러로 인정되고 있다.

따라서 경영혁신 수단으로서의 6시그마 운동은 제품설계 제조 및 서비스의 품질산포를 최소화해 규격상한과 하한이 품질 중심으로부터 6시그마 거리(1백만 개 중 3.4개)에 있도록 하겠다는 것이다.

6시그마 경영은 모토롤라에서 처음 시행된 이후 GE, SONY를 거쳐 국내에서는 삼성SDI에서 1996년부터 시행되었으며 현재는 대부분의 자동차회사 및 전자회사를 중심으로 폭넓게 적용되고 있다.

2) 6 시그마 도입의 효과

6시그마운동을 통하여 기대되는 효과는 다음과 같다.

- 손실비용을 획기적으로 줄임으로써 이익의 극대화
- 사내 품질혁신 전문가 양성
- 통계적 기법을 통한 문제해결능력 배양
- 팀활동을 통한 팀원 및 부서간 업무 원활
- 품질향상을 통한 고객만족

잠깐 쉬어갑니다

LG전자의 6시스마

6시그마 경영의 국내 선구자격인 LG전자는 기업내부에 많은 변화를 경험했다. 이는 LG전자의 직원들 간에 6시그마 경영을 통해 정확한 분석과 합리적인 근거를 바탕으로 하는 인식이 급속도로 사내에 확산된 것으로 나타났다. 이에 따라 6시그마를 더욱 더 확산시키려는 움직임이 거세게 일어났으며 디지털LG를 표방하는 LG전자의 성격에도 잘 부합된다는 인식이 커졌다.

6시그마를 처음 도입한 LG전자의 홈 어플라이언스 사업본부는 사업본부 소속 전 임직원을 대상으로 6시그마를 활용한 "1 대 1 프로젝트"를 실시하고 이를 승진 및 고과에 반영했다. 이 사업본부는 97년에 109개, 98년에 663개의 6시그마 프로젝트를 단행, 전체적으로 75%의 불량개선효과를 거뒀다. 구체적인 예를 들면 세탁기의 클러치에서 나타난 불량을 90% 이상 감소시켰으며 청소기 전원 코드부의 내부단선 불량이 가혹시험조건에서 무려 10만 ppm이던 것을 완전히 제거했다. 여기에다 6천ppm이던 가스렌지 R-밸브의 시장불량도 사라졌다.

LG전자는 6시그마를 통해 불량이 감소하면서 고객의 신뢰가 높아졌다. 또 시장에서의 서비스비용이 절감되고 현장에서는 생산성이 향상되는 효과도 생겼다. 또 6시그마의 효과가 가시적으로 입증되면서 생산부문만이 아니라 R&D부문, 그리고 사무부문에까지 확대되는 효과도 거두고 있다.

〈자료: http://yesform.empas.com〉

(2) 아웃소싱(outsourcing)

1) 아웃소싱의 의의

아웃소싱은 인소싱(insourcing)과 반대되는 개념으로 기업 내부의 프로젝트를 제 3 자에게 위탁해 처리하거나, 외부 전산 전문업체가 고객의 정보처리 업무의 일부 또는 전부를 장기간 운영·관리하는 것을 의미한다.

2) 등장배경 및 특징

1980년대 후반에 미국 기업이 제조업 분야에서 활용하기 시작한 이후 전세계 기업들로 급격히 확산되고 있는데, 이는 기술진보가 가속화되고 경쟁이 심화되면서 기업의 내부조직(인소싱)을 통한 경제활동비용보다 아웃소싱을 통한 거래비용이 훨씬 적게 든다는 점에 따른 것이다. 즉, 국내외의 경제 상황 악화와 이에 따른 경쟁의 격화로 인해 한정된 자원을 가진 기업이 모든 분야에서 최고의 위치를 유지하기 어렵게 되면서 해당 기업이 가장 유력한 분야나 핵심역량에 자원을 집중시키고, 나머지 활동은 외부의 전문기업에 위탁 처리함으로써 경제효과를 극대화하는 전략을 말한다.

보통 상호 복합적이고 의존적이며, 장기적인 파트너 관계를 형성해 하나의 통합 시스템으로 운영될 뿐 아니라, 비용절감보다는 기업의 성장과 경쟁력 · 핵심역량 강화를 위한 대안으로 운영된다는 점에서 임시적 · 단기적 · 반복적인 컨설팅 · 외주 · 하청 등과는 많은 차이가 있다.

결국 세계 시장의 급격한 변화와 경쟁력 심화에 따라 기존의 인소싱에 주력하던 기업들도 경영자원을 집중시키고 핵심역량을 강화하기 위한 수단으로 아웃소싱을 채택하고 있고, 이 추세는 갈수록 늘어날 것으로 보인다. 그러나 가격증가에 따른 저효율과 발주사 직원의 전직, 직원의 직무감소로 인한 직원 수 초과, 공급업체와 발주사 간의 마찰, 공급업체의 미

잠깐 쉬어갑니다

온라인 채용사이트의 채용대행 서비스

온라인 채용사이트들이 제공하는 채용대행 서비스는 입사지원서 접수에서부터 서류전형과 적성검사 등 최종 면접을 제외한 전 과정을 대신해 주는 서비스. 기업들이 영어 및 학과성적 등 각종 기준만 제시해 주면 채용대행업체들은 이 기준에 의거 수천 명 혹은 수만 명에 달하는 지원자 중 최종 면접에 참여할 몇 배수를 가려준다.

아웃소싱 특수 누리는 채용업체인 잡코리아(www.jobkorea.co.kr)는 올 하반기에만 무려 90여 개사의 채용을 대행했다. 11월말 현재 채용대행을 의뢰한 기업은 대우건설, 신한은행, 한미은행, 유한킴벌리, 울트라건설 등 모두 1백50개사. 이는 지난해 같은 기간보다 6배나 증가한 수치다.

인크루트(www.incruit.com)도 채용대행 특수를 톡톡히 누리고 있다. 11월말 현재 실적은 이 업무를 처음 시작한 2000년보다 35배나 증가한 1백40건이 이르고 있다. 채용대행 실적은 2000년의 경우 4개사에 불과했으나, 2001년 24개사, 2002년 78개사 등으로 매년 2백% 이상 급성장하고 있다. 스카우트(www.scout.co.kr)도 지난해에는 50개 기업의 채용을 대행했으나 올 11월 말 현재 80개사의 채용을 맡았다.

최근 심각해진 취업난 탓에 구직자들이 채용기업을 가리지 않고 "묻지마 지원" 추세를 보이는 것도 기업들이 채용대행 업체를 찾는 이유 중 하나다. 70명 모집에 모두 1만22명이 지원, 평균 1백43대 1의 경쟁률을 기록한 산업은행은 지난 2001년부터 채용대행을 맡기고 있다.

〈자료: 한국경제신문, 2003. 12. 12〉

숙한 관리와 구성원의 직무 혼동 등의 위험 요소도 가지고 있다.

(3) 다운사이징(downsizing)

1) 다운사이징의 정의

다운사이징은 보통 "의도적인 인력의 감축"으로 정의되고 있으며, 우리나라 기업들이 생각하는 다운사이징 역시 인력의 감축을 위주로 한 듯하다. 넓은 의미에서의 다운사이징은 조직의 효율성, 생산성, 그리고 경쟁력을 개선하기 위해 조직 인력의 규모, 비용구조, 업무 프로세스(work process)등에 변화를 가져오는 일련의 조치들을 말한다. 구체적으로 다운사이징은 다음의 네 가지 특성을 포함한다.

2) 다운사이징의 4가지 특성

- 다운사이징은 조직에게 자연발생적으로 일어나는 일이 아니라 조직이 의도적으로 시작하는 것이다. 따라서 다운사이징은 단순히 조직이 쇠퇴하면서 규모가 축소되는 경우와는 구별된다.
- 다운사이징은 보통 인력의 감축을 수반하지만 그것에만 한정되지는 않는다. 다운사이징과 동시에 조직의 특정 부분에서는 새로운 제품이 추가되거나 새로운 수익의 근원이 창출되거나 하면서 인원을 증가시킬 수도 있게 되는데 결과적으로는 단위 산출량당 인력의 수가 이전 수준보다는 줄어들 때 그것도 다운사이징에 포함시키는 것으로 본다.
- 다운사이징은 조직의 위기상황에서 방어적인 수단으로 쓰일 수 있지만, 아무 문제가 없는 조직이 성과를 더욱 높이기 위한 전향적/공격적인 수단으로 쓰일 수도 있다.
- 다운사이징은 의도를 했던 하지 않았던 간에 결국은 업무 프로세스(work process)에 영향을 미치게 된다. 다운사이징이 단순한 인력의 감축으로 나타내게 되면 예전보다 적은 수의 사람들이 예전과 동일한 양의 업무를 수행해야 하므로 변화가 오게 마련이다.

3) 다운사이징의 양면성

다운사이징이 반드시 기업의 장기적인 경쟁력을 높일 수 있다고는 볼 수 없지만, 악화되는 수익성을 반전시키는 데 때로는 효과적일 수도 있다고 본다. 다운사이징의 긍정적인 언급되는 것으로는 간접비의 감소, 관료적인 비효율성의 감소, 신속한 의사결정, 효율적이고 효과적인 의사소통, 생산성의 증가, 품질과 고객 서비스의 향상, 그리고 좀더 적극적으로 위험 부담을 하고자 하는 의도(risk taking)의 증가 등을 든다.

반대로 다운사이징의 부정적인 결과들을 보고하는 경우도 많다. 사실 다운사이징의 효과에 대해서는 바라던 재무적 혹은 다른 측면에서의 성과를 거두지 못했다는 결과가 더 많다.

다운사이징이 효과를 거두지 못하는 이유로는 ① 다운사이징 자체가 효과적으로 수행되지 못함으로써 의도했던 비용의 감축이나 효율성의 제고가 달성되지 못했거나, ② 다운사이징이 조직 내 구성원들의 반감과 저항을 야기함으로써 조직의 경쟁력 개발에 도움이 되지 못했다는 점 등을 들 수 있다.

다운사이징이나 계속되는 다운사이징의 위협은 살아 남은 사람들이라도 자신감(self-efficacy), 자부심(self-esteem), 직무만족, 조직 몰입도 등에 부정적인 영향을 미침으로써 태만, 결근율, 이직률 등이 증가하는 역기능이 있다. 이외에도 저하된 동기부여와 사기로 인하여, 종업원 참여 프로그램에 대한 냉소적인 태도의 만연과 참여도 저하 등과 관련하여 상당한 비용이 소요되었다.

(4) 리엔지니어링

1) 리엔지니어링의 의의

마이클 해머 등에 의해 제창된 리엔지니어링(BPR: business process reengineering)이 불황에 허덕이는 상황을 극복하는 기법으로서 주목을 받고 있다. 리엔지니어링의 창시자인 해머는 '비용, 서비스, 속도와 같은 현재의 중요한 평가척도의 극적인 향상을 위해 업무 프로세스를 본질적으로 재사고하고 재설계하는 것'이라고 정의한 바 있다.

리엔지니어링은 현재 하고 있는 내용에 초점을 맞추어 업무를 바꾸는 것보다는 불필요한 정보를 제거하고 동시에 단순화하는 것이다. 뿐만 아니라 리엔지니어링은 단지 업무처리과정만을 변화하는 것이 아니다. 기업

내 여러 관련부문에 많은 변화를 가져온다. 따라서 업무를 재설계할 때는 반드시 직무내용, 조직구조, 관리시스템 등 업무처리과정에 관계되는 모든 경영요소를 전사적인 차원에서 재구성해야 한다.

업무 재설계가 필요한 문제영역이 도출되면 재설계의 범위를 검토하고 업무활동 간의 가치흐름을 파악해야 한다. 여기서 가치흐름이란 업무에서 가치의 근원은 업무활동을 통해 고객을 만족시키는 데서 도출된다고 인식하여 어떻게 업무가 이루어지고 상호 작용은 어떻게 되는가에 관한 것이다.

대상업무가 근본적으로 개선될 수 있도록 가치흐름을 면밀히 분석한 후, 획기적인 목표달성을 가능하게 가치흐름을 재정비한다. 그리고 근본

도표 15-3 경영개선과 리엔지리어링의 차이

구 분	경영개선	리엔지리어링
변화의 정도	부가적	근본적
출 발 점	현재의 관리과정	과감한 재설계
변화의 횟수	한번 그리고 지속적	한번
걸리는 시간	짧다	길다
참 여	아래에서 위로	위에서 아래도
범 위	기능 내의 좁은 범위	기능과 기능 간의 넓은 범위
위 험 도	보통	높다
기본도구	통계	정보통신기술
무엇이 바뀌는가?	문화	문화 및 구조
동 기	경쟁에서 뒤지지 않기 위해 점차적인 개선을 추구	차별화된 경쟁우위를 추구
고객의 정의	업무과정사슬의 바로 다음 사람	업무과정의 최종결과를 접하는 사람
프로젝트팀	업무과정에 관여하고 있는 사람들	업무과정에 관여하고 있는 사람들과 외부컨설턴트
개선목표	매년 10~20%	9~12개월 안에 50%
조직내 역량	조직의 역량 강화	조직의 역할변 화

〈자료〉 유필화 외(2001), 디지털시대의 경영학, 박영사, p. 541.

적인 변화가 기업에 유익한지를 검토하여 조직을 변경하고 새로운 가치흐름을 구현한다. [도표 15-3]에서는 단순한 경영개선과 리엔지니어링이 어떠한 차이가 있는지를 보여주고 있다.[6)]

2) 리엔지니어링의 도입시기

리엔지니어링을 언제 도입해야 하는지를 모른다면 다음과 같은 세 가지 상황에 맞추어 기업을 진단해 보아야 한다.

첫째, 자신의 기업상황이 절망적이라고 생각되면 리엔지니어링을 도입해야만 한다. 재정적으로 기업이 어려움을 겪고 있거나 프로세스 운영이 어려울 때, 그리고 경쟁자가 자신의 기업보다 우위에 있다고 생각되면 도입한다. 또한 고객의 요청이 있을 때도 리엔지니어링을 시도해야 한다.

둘째, 변화가 예견될 때이다. 중요한 환경변화가 예상된다면 그 변화의 홍수에 휩쓸리지 않고 살아남기 위해 리엔지니어링을 과감하게 도입해야 한다.

성공적인 리엔지니어링은 비전을 공유하고, 거대한 목표를 가지며, 고객에 초점을 맞추는 차원에서 가치흐름을 인식함으로써 가능한 것이다.

잠깐 쉬어갑니다

리엔지니어링의 성공사례

비즈니스 리엔지니어링의 성공사례는 아직 많이 나타나고 있지는 않지만, 그 효과는 놀라울 정도가 되어 많은 기업들의 관심을 끌고 있다. 예를 들어 IBM의 신용조회 작업의 경영혁신은 작업기간을 7일에서 1일로 단축시켰으며, 종업원의 생산성도 10배의 증가를 수반하였다. 이 과정에서 IBM에서는 50%의 작업자동화를 실현할 수 있었다. 자동차부속회사인 Federal-Mogul은 제품개발부문에서 신규 부품의 제작기간을 20주에서 20일로 단축시켰다. 모든 부품을 카탈로그를 이용하여 새롭게 제작하지 않고 과거 제품의 설계를 이용하도록 하였다. 보험회사인 Mutual Benefit Life는 보험증 발급업무인 언더라이팅 시간을 2달에서 2일로, 비용은 1/2로 감축시키는 성과를 가져왔다. 이 회사에서는 18단계를 거쳐 수행되던 작업을 1인이 컴퓨터를 이용하여 수행하도록 하였다. 미국 국세청에서는 비즈니스 리엔지니어링을 시도하여 직원을 1/2로, 지점의 수는 1/3로 감축하고, 감사의 수익은 33%를 증가시켰다.

(5) 사업구조조정

사업구조조정은 기업 가치를 높이기 위해 장기적 관점에서 기업의 자원배분구조를 바꾸는 것이다. 즉 경쟁업체에 비해 더 잘할 수 있는 핵심역량을 식별하고 이에 집중적인 자원배분을 함으로써 경쟁력과 기업가치를 증대시키는 데 그 목적을 두고 있다.

그간 우리 기업들은 이러한 유한한 자원 범위 안에서 경쟁역량을 구축하는 선택과 집중을 소홀히 해 왔다. 내실보다는 외형을 중시하는 소유경영자들이 가치관에도 기인한 바 있지만 경쟁이 미약한 국내시장에서 상대적으로 규모가 큰 대기업을 모든 것을 잘 해 낼 수 있다는 자만에 빠진 결과이기도 하다.

이러한 문제를 극복하기 위해 사업구조조정 전략의 수립을 위한 사업가치평가, 사업포트폴리오 분석, 자원 · 역량분석, 경쟁우위평가 등 일련의 분석과정을 거쳐야 한다. 이들 분석에 따라 핵심역량 관점의 사업구조조정 방안을 제시하는 것이 중요하다. 뿐만 아니라 실무적 유용성을 높이기 위해서 사업매각/축소, MBO, 기업분할, 아웃소싱 등 다양한 사업구조조정이 차지하는 전략적 무게에 비추어 볼 때 무엇보다 중요한 것은 경영자의 결단력과 구성원의 참여와 수용이다. 경영자와 기업구성원이 과거의 사고와 관행이 집착하여, 사업수를 줄이는 데 주저하거나 계속 양적인 규모에만 집착하면 그 기업은 결국 환경변화 압력에 압도당하고 궁극적으로는 생존기반을 상실하게 될 것이다.

제3절

조직변화와 조직개발

1. 조직변화의 요구

앞서 살펴본 것과 같이 경영혁신이 지속적으로 강조되는 것은 다른 한편으로 그만큼 경영혁신이 어렵다는 것을 의미하는 것이기도 하다. 실제로 경영혁신에 성공적인 조직은 그리 많지 않으며, 그 성공사례가 벤치마킹의 대상이 되기도 한다.

그러나 다른 조직에서 성공한 혁신사례가 상당한 효과를 지니고 있다고 하여 그와 같은 제도의 도입이 자사의 조직에도 동일한 효과를 제공할 것이라고 단정적으로 말하기는 어렵다. 유사업종이라 할지라도 시장에서의 위치, 조직의 규모, 채택한 전략 등에 따라 그 효과는 얼마든지 달라질 수 있기 때문이다. 또한 새로운 변화를 추진할 경우 이미 기존의 조직체계 아래에서 안정을 누리던 조직구성원들의 반발로부터, 기존에 잘 연결되던 내부조직들을 일시에 파괴하지 않으면 안 될 수도 있다. 수 년 전 우리 나라의 대기업 총수는 "마누라 빼고는 다 바꾸어야 한다"며 변화의 중요성을 강조한 바 있다.

따라서 어차피 환경변화에 따라 조직의 변화가 불가피하다면 문제는 그러한 변화가 부작용을 최대한으로 억제하면서 기대효과를 극대화시킬 수 있도록 계획적인 조직변화(planned organizational change)가 이루어져야 할 것이다. 그러나 현실적으로 보았을 때 조직변화가 이론처럼 계획적으로, 민첩하게 이루어지는 경우를 발견하기는 매우 어렵다. 즉, 환경 및 전략의 변화가 있은 후 한참 뒤에야 어쩔 수 없이 변화하지 않으면 안 될 시점에 와서야 변화가 이루어지는 경우가 많다. 따라서 경영자는 그야말로 마술과 같이 계획화된 방향으로 조직변화를 추구하고 그와 같은 과정에서 조직구성원들의 저항을 최소화시키기 위해서는 효과적인 조직변화의 단계를 인식할 필요가 있다.

2. 조직변화과정의 단계

(1) Lewin의 모형

유명한 조직이론가인 레윈(K. Lewin)은 모든 변화는 세 가지의 단계를 필요로 한다는 점을 제시한다.[7]

1) 1단계: 해빙의 단계

첫 번째 단계는 해빙(unfreezing)의 단계이다. 이는 변화에 대한 필요성을 명확히 하여 조직구성원들로 하여금 변화를 인식·수용토록 하는 단계이다.

2) 2단계: 변화의 단계

두 번째 단계는 변화 그 자체(change itself)의 단계이다. 이는 숙련된 변화담당자가 동일화와 내명화의 과정을 통하여 새로운 가치·태도·행동을 형성시키는 단계이다. 이 단계에서 조직구성원은 변화담당자의 가치·태도·행동을 받아들이고 내면화함으로써 자신의 성과와 유효성을 높일 수 있다.

3) 3단계: 재동결의 단계

마지막 단계는 새로운 행동을 재동결(refreezing) 또는 강화(reinforcing)하는 단계이다. 이는 새로운 행동양상을 지지 또는 강화체계에 의해 동결하여 새로운 규범으로 정착시키는 단계이다. 즉, 일정한 시간이 지난 후에도 과거의 행동양상으로 되돌아가지 못하도록 하여 새로운 행동양상에 안정성을 부여할 수 있다.

(2) 포괄적 접근모형

조직변화에 대한 포괄적 접근모형에서는 시스템적인 관점에서 성공적인 변화를 이끌 수 있는 특정한 단계들을 체계적으로 제시한다.[8] [도표 15-4]에서는 그와 같은 관점에서 확장된 모형을 보여주고 있다. 주요한 단

도표 15-4 변화에 대한 포괄적 접근모형

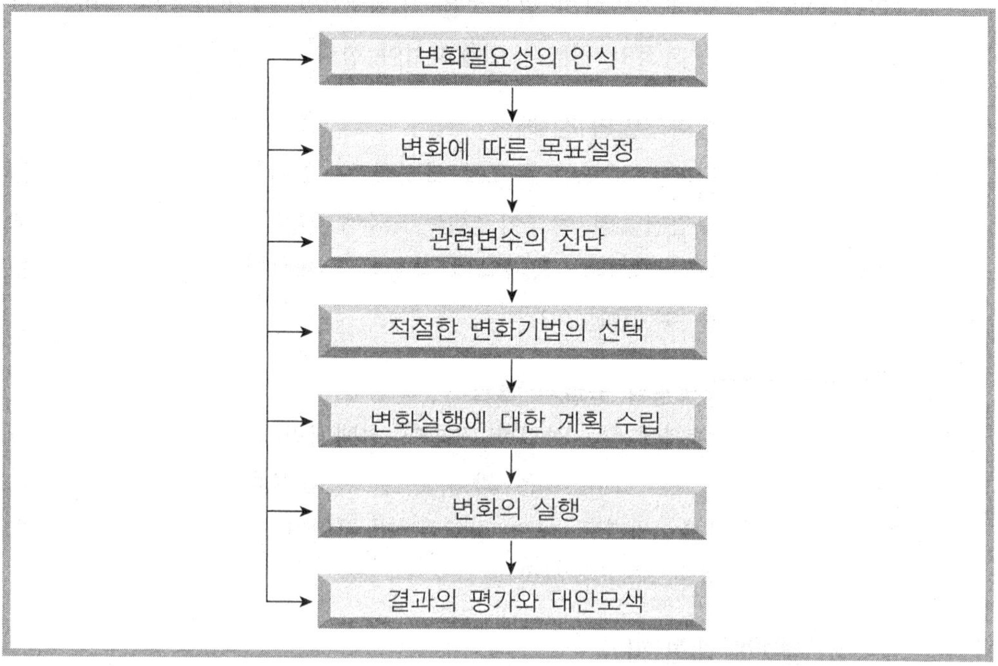

계를 살펴보면 다음과 같다.

1) 1단계: 변화 필요성의 인식

첫 단계는 변화의 필요성을 인식하는 단계이다. 변화의 필요성은 종업원의 불평과 불만, 생산성의 감소, 종업원들의 이직, 판매 감소, 노사분규 등 다양한 요인에 의해 인식될 수 있다.

2) 2단계: 목표의 구체화

일단 변화의 필요성이 인식되면 경영자는 변화에 따른 목표를 구체화할 수 있어야 한다. 예를 들어 시장점유율의 확대, 새로운 시장에의 성공적 진입, 종업원들의 도덕성 회복, 노사갈등의 종식, 새로운 투자기회의 인식 등과 같은 것들은 모두 그와 같은 목표가 된다.

3) 3단계: 변화의 요구에 대한 원인분석

세 번째의 과정은 변화의 필요성을 야기한 근본적인 원인이 무엇인지 진단하는 것이다. 예컨대, 종업원들의 이직은 낮은 임금, 열악한 근무환경, 상사와의 갈등, 종업원들의 불만족 등에 기인할 수 있다. 따라서 종업원들의 이직이 조직변화의 필요성을 가져왔지만, 경영자들은 올바른 변화를 위해서는 근본적인 원인을 이해하여야 한다.

4) 4단계: 변화기법의 선택

네 번째의 단계는 의도한 목표를 달성할 수 있는 변화기법을 선택하는 것이다. 만약 종업원들의 이직이 낮은 임금에 의한 것이라면, 새로운 보상시스템이 요구될 것이며, 상사와의 갈등이 문제하면 다양한 대인관계개선기법이 선택될 수 있다.

5) 변화실행계획의 수립과 실행

다섯 번째 단계에서는 적절한 기법이 선택되면 그에 대한 실행계획이 수립되어져야 한다. 그와 같은 과정에서는 종업원들의 참여수준을 어느 정도로 할 것인지, 기간은 어느 정도로 할 것인지, 비용은 어느 정도 요구되는지를 명확히 하여야 한다.

6) 결과에 대한 평가

마지막으로 변화가 계획과 같이 실행되면 그 결과 또한 평가되어야 한다. 예를 들어 조직변화를 통하여 종업원들의 이직 감소를 기대하였다면 경영자들은 그에 따른 효과가 어느 정도나 되는지를 분명히 검토할 수 있어야 하며, 만약 기대한 성과가 나타나지 않고 종업원들의 이직이 여전히 높게 나타난다면 또 다른 변화를 추구하여야 할 것이다.

3. 변화에 대한 저항과 관리

(1) 조직변화에 대한 저항

조직변화는 환경의 발전적 요인에 의한 변화이거나 또는 상황의 악화로 인한 변화이든 간에, 이를 추진하는 과정에서 조직구성원으로부터 많은 저항을 받을 수 있다. 따라서 조직에서 요구하는 변화가 계획한 대로 효율적으로 이루어지지 못하는 경우가 많이 있는데, 일반적으로 변화라는 것은 조직구성원의 안정된 직무와 지위 및 환경을 위협하는 요소로 지각됨으로써 흔히 그들의 저항을 유발하게 된다. 조직변화에 따른 저항이 발생하는 이유로는 불안, 사회적 손실, 경제적 손실, 새로운 요구에 대한 불안, 통제에 대한 불안, 노조의 반대 등이 있다.

(2) 저항의 관리

조직변화에 대한 저항을 관리하는 방법에는 다음과 같은 것이 있다.

- 변화에 대한 교육을 실시하고 활발한 의사소통과 참여를 통하여 변화의 필요성을 인식시킨다.
- 변화담당자는 변화대상자에게 계획을 설명하고 변화과정에 이들을 참여시킴으로써 변화에 대한 저항을 미리 예방한다.
- 변화과정을 쉽게 하고 변화대상자들을 훈련을 통해 지원한다.
- 변화대상자들에게 사전에 변화에 대하여 협상을 하고 동의를 구한다.
- 변화에 대해 저항하지 못하도록 조작을 실시한다.

도표 15-5 단계별 저항에 대한 대처방법

해빙단계	변화단계	재동결단계
• 변화의 필요성에 대한 공유 • 변화가 경영자와 종업원에 대해 야기할 수 있는 문제의 광범위하고, 솔직하며, 활발한 커뮤니케이션	• 변화에 따른 이익의 설명 • 변화노력을 관리할 수 있는 신망있는 관리자확보 • 변화에 따른 영향을 받을 수 있는 사람들에게 자신들의 요구를 제시할 수 있는 기회제공 • 변화의 시기를 잘 선택 • 변화의 두려움을 최소화할 수 있도록 가능한 고용안정성을 제시 • 변화에 따른 새롭고 충분한 교육기회의 제공 • 관리가능한 속도로 변화를 추진	• 최고경영층의 충분한 지원 • 변화가 성공적으로 이루어졌음을 공식화 함 • 변화에 따른 종업원들의 스트레스를 감소시켜주기 위한 노력의 실시

〈자료〉 G. J. Iskat & J. Liebowiz(1996), "What to do when employees resist change," *Supervision*, 1 Aug.

• 명시적이거나 암시적인 위협을 가함으로써 강제로 변화계획에 따르도록 한다.

한편 앞서 살펴본 레윈의 조직변화의 단계에 따라 나타날 수 있는 저항에 대처할 수 있는 방법을 살펴보면 [도표 15-5]와 같다.[9)]

4. 조직개발

(1) 조직개발의 의의

앞서 살펴본 조직변화부분을 살펴볼 경우 조직변화가 얼마나 어렵고 복잡한 과정인가를 알 수 있다. 따라서 기업은 조직변화를 하지 않으면 안 되는 실질적 문제에 직면해서야 이를 서두르기보다는, 평소에 조직 자체의 분위기를 유기적(organic) 존재로 준비시켜 놓음으로써 환경변화에 대해서 탄력적으로 대응할 수 있도록 할 필요가 있는데 이를 위해 이루어지는 과정이 조직개발이다.

전형적으로 조직개발은 행동과학이론과 연구조사, 그리고 여러 기술 등을 이용하고 있고, 조직구성원과 변화담당자들의 공동노력을 통해 발생한다. 그리고 조직개발은 조직을 개발시킴으로써 조직의 건강을 유지하도록 하기 위하여 심리학, 사회학, 인류학, 사회심리학 등과 같은 여러 행동과학의 개념을 방법론을 이용하려는 시도라 할 수 있다.

조직개발에 관한 이론과 실천에서는 몇 가지의 매우 중요한 가정을 전제로 하고 있다. 첫째는 조직구성원들은 성장하고 능력을 개발하고자 하는 욕구를 지니고 있으며, 둘째 조직구성원들은 조직 내의 타인들에 의해 중요한 존재로 받아들여지고자 하는 강한 욕구를 지니고 있다는 점이다.

따라서 조직의 변화를 다루는 경영자들은 다음과 같은 점을 고려하여야 한다,

• 의식적으로 변화의 필요성을 언급한다.
• 성과기준과 개선에 대한 우선권을 확립하기 위한 명확한 과정과 절차를 개발한다.

- 그 조직에 관련된 자료를 수집한다.
- 체계적이고 적절한 피드백을 촉진한다.
- 이를 통하여 변화과정에서 참여자들에 대한 적절한 인센티브를 고안하고 실행할 수 있어야 한다.

(2) 조직개발의 기법

조직개발을 위한 대표적인 기법으로는 다음과 같은 것들이 있다.

1) 진단활동

의사들이 환자의 현재의 상태를 진단하는 것과 마찬가지로, 조직개발을 위한 진단활동은 조직의 현재 상태를 진단하는 것을 의미한다. 이와 같은 진단활동을 위하여 경영자들은 설문지, 의견 및 태도조사, 면접, 관찰 등의 기법을 통하여 조직의 다양한 특성들을 평가할 수 있다.

2) 팀 구 축

팀 구축(team building)은 가장 보편적으로 활용되는 조직개발기법으로 조직내의 다양한 작업집단을 개선하고 그 유효성을 증대시키는데 목적이 있다. 즉, 조직의 공식적인 업무를 수행하는 작업집단의 구성원들이 협조적인 관계를 형성하고 임무수행의 효율화를 도모할 수 있도록 하려는 것이 팀 구축법의 목표이다. 팀 구축은 팀워크를 개선하는 방법에 초점을 둔 것으로 일정의 실험실훈련의 변형된 형태이다.

3) 조사피드백

조사피드백(survey feedback)에서는 각각의 종업원들은 직무만족과 감독스타일과 같은 부분에 대한 지각이나 태도를 측정하고자 고안된 설문지에 응답하고 그 결과를 피드백 받는다. 피드백대상에는 상사 역시 포함된다. 이를 통하여 상사는 자신의 부하들이 자신을 어떻게 바라보는지를 알 수 있게 됨으로써 자신의 행동을 변화시킬 수 있는 기회를 가질 수 있다. 피드백이 이루어진 후에는 결과를 평가하고 건설적인 변화를 제시할 수 있는 집담회 등이 이루어지기도 한다.

4) 3자 조정법

3자조정법(third-party peacemaking)의 목적은 갈등과정을 조사하고 갈등의 원인을 진단하며 제3자의 조정을 통하여 갈등을 해결하도록 도와 주는데 있다. 3자 조정법은 개인뿐만 아니라 집단 또는 조직에도 적용될 수 있다.

5) 과정자문법

과정자문법은 외부관리자의 도움으로 집단내 부서나 집단 간에 발생하는 과정을 개선하려는 기법이다. 과정상담자는 정상적인 작업의 흐름, 회합의 진행, 집단성원 사이의 공식적 · 비공식적인 접촉에서 발생하는 다양한 인간활동과 같은 과정을 주로 관심을 갖고 있다. 구체적으로는 의사전달, 집단구성원의 기능적 역할, 집단적 의사결정과 문제해결, 집단규범과 성장, 리더십과 권한, 집단 간 과정과 같은 부분이 있다.

6) 감수성 훈련

감수성 훈련(sensitivity training)은 조직개발기법으로 자주 활용되는 방법으로 T그룹 훈련이라고도 한다. 이 훈련은 서로 알지 못하는 수십 명의 참가자들을 모든 관계집단에서 분리시켜 소위 '문화의 고도'(孤島)라고 하는 사회적 고립조건하에서 여러 주 동안 생활하도록 함으로써 그 동안 자기가 타인에게 어떠한 영향을 미치고 있으며, 또 자기가 타인으로부터 어떻게 인지되고 있는가 등을 감지하는 능력을 개발시키는데 중점을 둔 훈련방법이다.

7) 코칭과 카운셀링

코칭(coaching)과 카운셀링(counseling)은 개개인에게 비평가적인 피드백을 제공한다. 즉, 코칭과 카운셀링 기법의 목적은 타인들이 자신을 어떻게 바라보는지에 대한 보다 나은 감각을 개발하고 자신들의 작업관련 목표를 달성하기 위하여 타인들을 도와줄 수 있는 행동을 개발하는데 있다. 따라서 이 기법은 현재의 시점보다는 미래시점에서의 성과를 향상시키는데 초점이 있다.

읽을 거리

혁신보다 신뢰가 중요하다

세계의 기업들은 자신의 업계에서, 그리고 지역사회에서 최고의 직장으로 평가받기 위해 서로 치열한 경쟁을 벌이고 있다. 이는 기업경영을 위해서는 물론이고 사회 전체적으로도 매우 중요한 의미를 갖는 환영할 만한 현상이다.

20년 전 한 출판사에서는 내게 전화를 걸어 미국에서 "가장 일하기 좋은 1백대 기업"을 선정, 책을 내지 않겠냐고 물었다. 나는 "일하기 더러운 1백대 기업"을 고르는 게 나을 거라고 대답했다. 일반적으로 당시 경영자들은 직장의 근무여건과 회사수익 간 관계를 고려하려 들지 않았다.

그러나 지난 1993년 일하기 좋은 1백대 기업을 선정, 출판에 들어갈 때 세상은 급변했다. 다운사이징, 리엔지니어링 등 경영혁신이 사회적 이슈였다. 그런 시도들은 그러나 단명으로 끝났다. 대개 수천 명의 종업원을 해고하는 방향으로 흘렀기 때문이다. 기업들은 생존에만 관심이 있었다. 직장은 소외됐고 경영혁신은 요원했다. 실패를 경험한 이후에야 기업들은 인적자원의 중요성을 깨달았다. 기업들이 리엔지니어링에 실패한 것은 과거에는 전혀 예기치 못했던 도전에 직면했기 때문이다.

첫째, 글로벌 경쟁체제이다. 오늘날 기업들은 한층 강도높은 경쟁구도 속에 놓여 있다. 전통적으로 독점상태였던 항공 · 전기 · 통신 등에서 규제완화가 이뤄져 새로운 경쟁자들이 생겨났다. 경쟁자는 자국내에서뿐 아니라 글로벌 차원에서 나타났다.

둘째, 기업들은 갈수록 가속도가 붙는 기술변화의 속도를 맛보고 있다. 남들과 경쟁에서 우위를 보이기 위해서 하이테크에서만 아니라 소매업종이나 출판계 등에서도 기술개발에 나서야 하는 상황이다.

마지막으로 노동시장에서도 심각한 변화가 나타났다. 10년 전과는 비교할 수 없을 만큼 여성인력이 늘었고 신세대로 충원되고 있다. 특히 신세대는 그 아버지 할아버지대와는 달리 회사에 요구하는 사항이 많고 언제라도 더 좋은 여건을 찾아 떠날 준비가 돼 있다.

이 3가지 도전은 경영자와 근로자 관계가 근본적으로 재정립되지 않고는 기업이 생존할 수 없다는 점을 시사하고 있다. 세계적 기업들은 최고의 직장이 되기 위해 치열한 경쟁을 벌인다. 종업원들이 적극적으로 협조하고 직무를 수행할 때 좋은 품질의 제품을 만들어낼 수 있기 때문이다. 일할수 있는 가장 편안한 환경을 제공할 때 경쟁우위를 누릴 수있는 혁신이 일어나는 것이다. 나는 수년동안 포천지의 일하기 좋은 1백대 기업을 선정하면서 이 기업들로부터 몇 가지 교훈을 얻었다.

개념적으로는 간단하다. 일하기 좋은 회사를 만들려면 기업조직을 일하기 좋은 환경을 만든다는 차원에서 새롭게 구축하면 된다. 연봉과 수당은 충분조건이 아니다. 특별히 많이 준다고 되는 게 아니다. 1백대 기업의 경영자들은 늘 종업원들을 감동시킬 만한 "독특하고 상식을 뛰어넘는 보상"(benefits)에 대해 고민한다. 이 보상을 받는 종업원들은 "우리 회사는 특별한 곳"이란 인식을 갖는다. 동시에 1백대 기업은 인간존중의 철학을 갖고 있다. 신뢰의 문화를 형성하기 위해 부단히 노력한다. 신뢰는 추상적이지 않다. 창조되기도 하고 파괴되기도 한다.

신뢰관계를 유지하기 위해 가장 중요한 것은 "개방된 대화" 이다. 늘 쌍방향의 대화를 함으로써 종업원들의 믿음을 얻는 것이다. 다른 하나는 "감사" 를 통해 종업원들이 존중받고 있다는 인식을 갖게 하는 일이다. 적지 않은 숫자의 기업들이 아직도 신뢰경영의 중요성을 알지 못한다.

이들은 빠른 길을 택하고 있다고 자위하지만 결코 빨리 갈 수 없다. 기술개발은 독려한다고만 이뤄지지 않는다. 개발할수 있는 환경을 만들어야 한다. 경영자들은 가장 손쉬운 "감사드립니다" 는 말부터 시작해야 한다.

〈자료: 로버트 레버링, 한국경제 기고문 중에서 발췌, 1999. 9. 1〉

토론문제

1. 미래 사회의 변화가 기업환경에 미칠 수 있는 주요 영향요인에 대해 토론하여 보자.
2. 과거 1980년대와 비교하여 소비자의 기대와 욕구가 어떻게 변화되었는지 구체적 사례를 통하여 제시하여 보시오.
3. 경영혁신이 강조되는 이유를 제시하여 보시오.
4. 다운사이징의 성공과 실패사례를 중심으로 그 원인을 찾아 토론하여 봅시다.
5. 경영혁신의 성공과 실패사례를 찾아보고 그 원인을 제시하여 보시오,
6. 조직변화에 사람들이 저항하는 원인은 무엇이며, 이를 해결할 수 있는 방법에는 어떠한 것들이 있습니까?
7. 조직변화에 있어서 최고경영자의 역할로서는 어떠한 부분이 강조되는지에 대하여 제시하여 보시오.

참고문헌 및 자료

1) 김종재 · 윤종록 · 이경근(2005), 중소기업의 창업과 경영, 박영사, pp. 505~511.
2) 행정자치부(2005), 지방공기업 경영혁신 추진지침.
3) 잭 웰치 · 수지 웰치(2005), 위대한 승리, 김주현(역), 청림출판.
4) 이병기(2003), 한국신생기업의 생존요인: 이론과 실증, 한국경제연구원.
5) 정대용(2001), 중소 · 벤처경영론, 삼영사.
6) 유필화 외(2001), 디지털시대의 경영학, 박영사, pp. 541.
7) K. Lewin(1947), "Frontiers in group dynamics: Concepts, method and reality in social science," *Human Relations*, June, pp. 34~35.
8) R. W. Griffin(1999), *Fundamentals of management*, 3rd ed., Boston: Houghton Mifflin Company, pp. 189~190.
9) G. J. Iskat & J. Liebowiz(1996), "What to do when employees resist change," *Supervision*, 1. Aug.

국문색인

ㄱ

ㅇ

ㅈ

ㅊ

ㅋ

ㅌ

영문색인

[공저자약력]

김 종 재

성균관대학교 경상대학(상학사)
조선대학교 대학원(상학석사)
조선대학교 대학원(경영학박사)
미국 University of Texas at Austin 경영대학원 연구교수
전남대학교 경영대학장, 경영대학원장, 사회교육원장, 대학원장 역임
한국인사조직학회 부회장, 한국경영학회 부회장, 대한경영학회 회장 역임
현) 전남대학교 경영대학 명예교수, 광주평화아카데미 이사장

[주요저서]

조직행동론(박영사, 1992)
현대중소기업경영론(박영사, 1998)
인적자원관리(공저, 법문사, 2001)
인간관계론(박영사, 2003)
중소기업의 창업과 경영(공저, 박영사, 2005)

이 한 재

조선대학교 대학원(경영학박사)
한국경영학회 이사, 한국재무관리학회 이사, 한국재무학회 상임이사, 대한경영학회 상임이사, 한국산업경제학회 회장 역임
현) 조선대학교 경영학부 교수, 조선대학교 경영경제연구소장, 한국산업경제학회 고문, 경영지도사

[주요저서 및 논문]

알기쉬운 경영학의 이해(공저, 박영사, 1999)
새로운 경영학(공저, 보림, 2005)
과거 시장수익률과 반대투자전략
거래량을 이용한 계속투자전략과 반전효과
중국주식시장에서 A, B주식의 교차자기상관에 관한 연구
기관투자자의 주식지분율과 비정상수익률간의 관계
중국자본시장에 대한 연구 등 다수

박 춘 호

고려대학교 대학원(경영학석사)
전남대학교 대학원(경영학박사)
한국방송통신대학교 독학학위 취득 종합시험 문항개발위원 역임
현) 광주대학교 경영학부 교수

[주요저서 및 논문]

금융회계론(광주대학교 출판부, 1999)
회사채 발행제도에 대한 소고
전자상거래 마케팅전략에 관한 연구
일별수익률과 월별수익률의 검증력에 관한 분석적 연구
금융환경 변화에 따른 ALM시스템 구축방안
효율적 시장가설의 검증결과에 대한 비교연구
대출등급분류결정을 위한 회계정보의 유용성에 관한 연구 등 다수

이 경 근

조선대학교 경상대학(경영학사)
전남대학교 대학원(경영학석사)
전남대학교 대학원(경영학박사)
전남대학교 기업경영연구소 전임연구원
한국인사관리학회, 대한경영학회, 한일경상학회 이사 역임
새교육공동체위원회 특별과제 연구위원
동아인재대학 복지관광학부 조교수
현) 순천대학교 사회과학대학 경영학과 부교수

[주요저서 및 논문]

중소기업의 창업과 경영(공저, 박영사, 2005)
새로운 인적자원관리(공저, 전남대학교출판부, 2005)
조직공정성과 임금만족간의 인과관계
상호작용적 공정성지각이 고과에 대한 태도에 미치는 영향
상사에 대한 신뢰 및 조직지원인식에 대한 조직공정성의 효과와 조직시민행동과의 관계
부하의 과업수행, 맥락수행과 상사의 주관적 평가간의 관계와 인상관리행동의 조절효과 등 다수

경영의 이해

2006년 3월 5일 초판발행
2016년 2월 10일 중판발행

공저자 김종재 · 이한재 · 박춘호 · 이경근
발행인 안 종 만
발행처 (주) 박영사
서울특별시 종로구 새문안로3길 36, 1601
전화 (733)6771 FAX (736)4818
등록 1959. 3. 11. 제300-1959-1호(倫)

www.pybook.co.kr e-mail: pys@pybook.co.kr

정 가 23,000원 ISBN 89-7189-377-X